Consciência

FUNDAÇÃO EDITORA DA UNESP

Presidente do Conselho Curador
Herman Jacobus Cornelis Voorwald

Diretor-Presidente
José Castilho Marques Neto

Editor-Executivo
Jézio Hernani Bomfim Gutierre

Conselho Editorial Acadêmico
Alberto Tsuyoshi Ikeda
Célia Aparecida Ferreira Tolentino
Eda Maria Góes
Elisabeth Criscuolo Urbinati
Ildeberto Muniz de Almeida
Luiz Gonzaga Marchezan
Nilson Ghirardello
Paulo César Corrêa Borges
Sérgio Vicente Motta
Vicente Pleitez

Editores-Assistentes
Anderson Nobara
Henrique Zanardi
Jorge Pereira Filho

Christopher S. Hill

Consciência

Tradução
Alzira Allegro

© 2009 by Christopher S. Hill
Cambridge University Press

© 2010 da tradução brasileira

Título original: *Consciousness*

Direitos de pulicação reservados à:
Fundação Editora da UNESP (FEU)
Praça da Sé, 108
01001-900 – São Paulo – SP
Tel.: (0xx11) 3242-7171
Fax: (0xx11) 3242-7172
www.editoraunesp.com.br
www.livrariaunesp.com.br
feu@editora.unesp.br

CIP – Brasil. Catalogação na fonte
Sindicato Nacional dos Editores de Livros, RJ

H545c

Hill, Christopher S.
Consciência / Christopher S. Hill ; tradução Alzira Allegro. – São Paulo : Editora Unesp, 2011.
399 p.

Tradução de: Consciousness
Inclui bibliografia e índice
ISBN 978-85-393-0142-3

1. Consciência. 2. Filosofia da mente. I. Título.

11-3399.   CDD: 153
                                                    CDU: 159.95

A Editora Unesp não se responsabiliza pela disponibilização nem pela precisão do conteúdo dos sites de terceiros mencionados nesta publicação e não garante que o conteúdo apresentado em tais sites são, ou permanecerão, corretos e apropriados.

Editora afiliada:

Asociación de Editoriales Universitarias
de América Latina y el Caribe

Associação Brasileira de
Editoras Universitárias

Para Lee Warren,
por sua sabedoria, generosidade e espírito brincalhão.

Agradecimentos

Em várias fases de meu trabalho, recebi inestimável ajuda de Anil Gupta, com quem conversei diversas vezes. Ele desempenhou duas funções: a do crítico e a da parteira. Sou profundamente grato por seus conselhos e apoio. As conversas e as trocas de e-mail que mantive com David Bennett, Ned Block, Justin Broackes, Anthony Brueckner, Alex Byrne, David Chalmers, Paul Coppock, Ivan Fox, Christopher Frey, Jeremy Goodman, Anjana Jacob, Sean Kelly, Jaegwon Kim, Uriah Kriegel, Joseph Levine, Heather Logue, William Lycan, Jack Lyons, Brian McLaughlin, Kevin Morris, Maxwell Pines, Jeffrey Poland, Eoin Ryan, Joshua Schechter, Eric Schwitzgebel, Thomas Senor, Sydney Shoemaker, Susanna Siegel, Ernest Sosa, Michael Tarr, James Van Cleve, Barbara von Eckardt e William Warren também foram de enorme ajuda. Agradeço especialmente a Bennett e Warren.

Alguns capítulos e partes deles serviram de base para palestras na Australian National University, Cornell University, Monash University, University of Arizona, University of Arkansas, University of Connecticut, University of California, Davis, University of Manitoba, University of Melbourne, University of Pittsburgh e University of Sydney. As perguntas e comentários feitos pelas plateias nessas

Consciência

instituições, assim como as palestras que fiz na Divisão do Pacífico da American Philosophyical Association, Southern Society for Philosophy and Psychology e uma conferência na University of Magdeburg constribuíram consideravelmente para que eu compreendesse melhor os assuntos. Lembro-me, em especial, de uma observação feita por John Bigelow após minha fala na Monash.

Anil Gupta, Joseph Levine e dois árbitros anônimos da Cambridge University Press leram a penúltima versão do manuscrito e fizeram observações críticas seguidas de sugestões extremamente perspicazes. Seus comentários resultaram em muitas melhorias e no aprimoramento da obra.

Sou também muito grato à Brown University pelo apoio financeiro e pelas duas licenças concedidas enquanto eu desenvolvia este projeto; agradeço, ainda, ao Centro de Consciência da Australian National University e ao Centro de Filosofia da Ciência da University of Pittsburg.

Versões iniciais das ideias contidas neste trabalho foram publicadas em livros ou jornais por Murat Aydede, Alex Byrne, Rocco Gennaro, Uriah Kriegel, David Sosa e Ernest Sosa. A eles, meu agradecimento pelo estímulo, *insights* e paciência.

Agradeço também à Blackwell Publishing e à MIT Press a permissão para reimprimir partes dos seguintes trabalhos: Remarks on David Papineau's Thinking about Consciousness, *Philosophy and Phenomenological Research* LXXI (2005), 147-158; The Perception of Size and Shape, *Philosophical Issues* 18 (2008), 294-315 (em coautoria com David Bennett); e OW! The Paradox of Pain, (In: Ayede, Murat (ed.). Pain: New Essays on Its Nature and the Methodology of Its Study. Cambridge, MA: MIT Press, 2005. p.75-98).

As fotografias reproduzidas nos capítulos 5 e 7 foram feitas por Barbara von Eckardt.

Sumário

Lista de figuras XI

1. Formas de consciência 1
2. Teorias dos *qualia* 39
3. Consciência [A], representação e experiência 99
4. A refutação do dualismo 141
5. Consciência [A] visual e *qualia* visuais 181
6. Ai! O paradoxo da dor 241
7. *O clima interior*: a metafísica dos *qualia* emocionais 273
8. Introspecção e consciência 309
9. Um resumo, dois adendos e um olhar mais além 351

Referências 371
Índice remissivo 381

Lista de figuras

Figura 5.1. Divergência radical: Exemplo A   225

Figura 5.2. Divergência radical: Exemplo B   225

Figura 7.1. Expressões faciais de alegria, raiva, tristeza, surpresa, aversão e medo   293

1
Formas de consciência

É comum distinguir cinco formas de consciência:[1] *consciência agente* (quando dizemos que um agente está "perdendo a consciência" ou "recobrando a consciência"), *consciência proposicional* (expressa pela construção "consciente *de que*"), *consciência introspectiva* (quando dizemos coisas como "A afeição que ele tem por mim é totalmente consciente, mas sua hostilidade não"), *consciência relacional* (expressa pela construção "consciente *de*") e *consciência fenomênica* (propriedade de estados mentais em uma dimensão fenomenológica – isto é, quando eles se apresentam a nós com características qualitativas, tais como a sensação de dor e o sabor de uma laranja).

Ao longo deste livro, farei uma exposição sobre cada uma dessas formas de consciência, embora algumas terão mais ênfase que outras. Para ser mais específico, muito pouco será dito sobre a consciência agente e a consciência proposicional, pois na medida em

---

1 Para estabelecer a diferença entre os termos em inglês *consciousness* e *awareness*, os quais, de maneira geral, são igualmente traduzidos como "consciência", optou-se, com o objetivo de evitar eventuais dúvidas, por diferenciá-los no decorrer do texto com a seguinte caracterização: "consciência" quando o original registra *consciousness*, e "consciência [A]", quando o original registra *awareness*. (N. T.)

Consciência

que os problemas filosóficos concernentes a essas duas formas de consciência relacionam-se à mente (em oposição aos problemas das instâncias e aos do conhecimento), elas são redutíveis a problemas que surgem em conexão com outras formas de consciência. Sendo assim, não há por que analisá-las separadamente. Terei mais a dizer sobre as três formas restantes, em especial sobre a consciência fenomênica. A razão para isso relaciona-se à capacidade que esse tipo de consciência tem em produzir perplexidade filosófica, a qual é desproporcionalmente maior em relação às demais. Historicamente, a tarefa de explicar a consciência fenomênica é considerada a responsabilidade mais desafiadora na filosofia da mente, e talvez até mesmo de toda a filosofia – ideia essa amplamente compartilhada pelos filósofos contemporâneos.

Além dessas cinco formas de consciência citadas, será discutida também o que considero a sexta forma – a qual, por bons motivos, pode ser chamada de consciência experiencial.

Ao que parece, temos, pelo menos, duas noções de experiência. Uma delas aplica-se a estados mentais que apresentam uma fenomenologia própria e, portanto, assemelha-se à consciência fenomênica. A outra noção de experiência tem um significado mais geral: aplica-se a estados com uma fenomenologia própria – exatamente como a primeira – e também a pensamentos, juízos, suposições, volições e todos os outros estados mentais que contam como *atitudes proposicionais ocorrentes*. (Como é de costume, utilizo o termo "atitude proposicional" em referência a estados mentais que podem ser descritos com verbos que pedem um complemento de oração. "Acreditar" é um estado mental desse tipo, porque crenças podem ser descritas pela combinação de "acredita que" mais uma sentença declarativa. E uma *atitude proposicional* será *ocorrente* se ela for um evento. Um pensamento é um evento, assim como o é a volição, mas a maioria das crenças e desejos são estados duradouros que permanecem conosco mesmo quando estamos dormindo.)

Então, quando refletimos sobre a noção mais ampla de experiência, ao que me parece, achamos que ela requer que os elementos aos

Formas de consciência

quais se aplica sejam conscientes. Que para ter uma experiência é preciso estar consciente. Essa intuição é ratificada por dicionários. Assim, no terceiro verbete para "experiência", meu *Webster* diz que experiências são "os eventos conscientes que formam a vida de um indivíduo",[2] e no *OED*, o quarto verbete diz que ter uma experiência é ser "conscientemente o sujeito de um estado ou condição".[3] Vou tomar esse testemunho por seu valor real – consciência experiencial é realmente uma forma de consciência – e supor que esse tipo de consciência não pode ser reduzido a nenhuma das outras formas. Assim, como apresenta problemas próprios, requer que seja analisada separadamente.

Por fim, algumas vezes afirma-se que há uma sétima forma de consciência – a *consciência de acesso* –, que se constitui somente daqueles estados mentais superiores que controlam a fala, o raciocínio e a ação intencional.[4] Serão feitas algumas reflexões sobre essa proposição no presente capítulo, mas elas não terão muita relevância nas discussões posteriores. Por razões que virão à tona, as caracterizações comuns da consciência de acesso são vistas como aproximações da descrição de consciência experiencial. Elas são sugestivas, porém surgem problemas quando tentamos pensar nelas escolhendo uma forma de consciência independente das outras.

Até aqui, utilizei o termo *formas* para me referir às diferentes consciências; mas como, de algum modo, é preferível falar em *conceitos* ou *noções* de consciência, com frequência, adotarei essa última expressão. Em parte, isso será feito por razões estilísticas, mas principalmente com o objetivo de enfatizar o fato de que nossos conceitos de consciência podem representar, de maneira equivocada, os fenômenos aos quais eles se referem.

---

2 *Webster's Ninth New Collegiate Dictionary*, p.437.

3 *The Oxford English Dictionary*, p.563.

4 Block, On a Confusion about a Function of Consciousness. *Behavioral and Brain Sciences*, 18, p.227-47. Reimpressão com algumas alterações em Block, Flanagan; Güzeldere (eds.), *The Nature of Consciousness*, p.375-415.

Consciência

Nas seções subsequentes, expandiremos as descrições das diversas formas de consciência, caracterizaremos alguns dos problemas que elas acarretam e esboçaremos os principais temas dos capítulos posteriores.

1.1 Consciência agente

Consciência agente é a propriedade que os seres humanos adultos apresentam quando estão despertos e quando estão sonhando. É possível que agentes diferentes dos humanos também a manifestem, porém, para isso, é necessário que haja a capacidade de ter experiências e de se envolver em várias formas de atividades cognitivas em um nível razoavelmente alto. Nesse sentido, pode-se afirmar que uma lesma não apresenta essa forma de consciência; na verdade, relutamos em atribuí-la a insetos.

Considere um agente que esteja despertando ou saindo de um coma. Em casos assim, costumamos dizer que ele está "recobrando a consciência". E em que, exatamente, consiste essa transição? Certamente, o que temos em mente, quando dizemos que esse agente está recobrando a consciência, é que ele está recomeçando a pensar e sentir, a perceber o mundo e a experienciar sensações físicas. Se estados de consciência desse tipo não estivessem ocorrendo, então, creio que o conceito de consciência agente não teria uma base de apoio. Em resumo, desfrutar de estados mentais conscientes é condição *necessária* da consciência agente. Entretanto, é também uma condição *suficiente*. Seria absurdo negar a consciência de alguém que está conscientemente pensando em determinado tópico ou percebendo um objeto ou um evento. Quando há um grande fluxo de eventos conscientes, ou mesmo um minúsculo fluir, a consciência agente também é uma presença necessária.

Diante desses fatos, podemos reconhecer que a noção de consciência agente não é um conceito básico ou fundamental. Ela pode ser explicada em termos dos conceitos que utilizamos para atribuir consciência a estados mentais individuais. Parece que há apenas

Formas de consciência

três conceitos que desempenham essa função: o de consciência introspectiva, o de consciência fenomênica e o de consciência experiencial. Portanto, é possível explicá-la afirmando que um agente está consciente apenas caso ele se encontre em um ou mais de um estado mental que seja introspectivamente consciente, ou fenomenicamente consciente, ou experiencialmente consciente.

Algumas vezes, argumenta-se que a consciência agente surge de forma gradativa e que isso deveria ser reconhecido explicitamente em qualquer explicação dessa natureza. Na medida em que isso seja verdadeiro, entretanto, ele pode ser resolvido apelando-se para o número, para a variedade e para a complexidade mental dos estados conscientes de que um agente está desfrutando. Por exemplo, quando alguém diz que Bill está, aos poucos, perdendo a consciência, o que se parece querer dizer é que há uma diminuição no número e/ou variedade dos estados conscientes de Bill e/ou que suas experiências estão menos complexas. Da mesma forma, um aumento no nível de consciência seria uma intensificação do fluxo de consciência – isto é, um aumento no número de eventos no fluxo, ou na quantidade de tipos de eventos no fluxo ou na complexidade dos eventos individuais.

1.2 Consciência proposicional

As atribuições da consciência proposicional são equivalentes às atribuições do *conhecimento* proposicional. Assim, em termos gerais, quando é apropriado dizer que alguém está consciente de que *p*, é também apropriado dizer que ele sabe que *p*; e quando é apropriado dizer que um indivíduo sabe que *p*, é também apropriado dizer que ele está consciente de que *p*.

Essa tese de equivalência é ocasionalmente contestada com o argumento de que a consciência proposicional é um *tipo especial* de conhecimento proposicional. Mais especificamente, afirma-se algumas vezes que a consciência proposicional é o conhecimento proposicional que está *ativo* ou *operante* – conhecimento que, no presente, está on-line e disponível para uso imediato por uma variada gama de faculdades cognitivas de alto nível. Isso, porém, não é verdade. Portanto, pode fazer pleno sentido dizer que um soldado está consciente de que haverá uma batalha amanhã, mesmo que ele esteja adormecido. Além disso, considere a seguinte troca dialógica:

> JACK: Bill está consciente do fato de que Mary não gosta dele?
> JILL: Até onde sei, Bill não tem pensado muito em Mary ultimamente, se é que ele realmente pensa nela; mas tenho certeza de que ele está consciente de que ela não gosta dele. É o tipo de coisa de que ele dificilmente se esqueceria.

A resposta de Jill nos soa um pouco esquisita – acharíamos esse diálogo mais natural se Jill tivesse dito que Bill *sabe* que Mary não gosta dele. Mesmo assim, não é difícil interpretarmos sua resposta como literalmente verdadeira. E, sem dúvida, se ela é literalmente verdadeira, então não pode ser que "consciente de que" seja utilizado apenas para atribuir conhecimento *operante*.

Parece, então, que essa objeção à tese da equivalência está equivocada. Contudo, ela é compreensível, pois há um sentido secundário em "consciente de que" que realmente carrega a sugestão de que o conhecimento é, no presente, operante. Assim, seria bastante natural dizer o seguinte:

> Bill sabe que deve chegar em casa até meia-noite, mas não está agora *consciente* disso – no momento, ele não tem cabeça para nada, exceto para ouvir música e dançar.

Afirmações desse tipo são, com frequência, consideradas verdadeiras. Contudo, esse poderia não ser o caso, a menos que "consciente de que" *possa* ser usado para atribuir conhecimento ativo. Consequentemente, deve haver dois sentidos para "consciente de que": um sentido principal, equivalente a "sabe que", e um sentido secundário, de uso mais circunscrito. (Digo que o último sentido é secundário, porque geralmente é necessário enfatizar "consciente" a fim de trazê-lo para o primeiro plano).

Com base nessas observações, fica fácil perceber que o sentido principal de "consciente de que" não apresenta qualquer desafio especial para alguém que esteja tentando compreender a consciência. Com certeza, ele apresenta uma série de problemas interessantes a alguém que esteja tentando compreender *conhecimento;* mas um filósofo da consciência está interessado, sobretudo, na natureza da mente, e não na capacidade de adquirir conhecimento do mundo. Daí, a menos que seja também um epistemólogo, um filósofo da consciência deve deixar de lado o sentido primário de "consciente de que", por ser irrelevante às suas preocupações principais.

A mesma coisa se aplica, com certa ressalva, ao sentido secundário de "consciente de que". Para compreender a natureza do conhecimento proposicional *ativo,* deve-se enfocar principalmente o conhecimento proposicional. Entretanto, é preciso considerar também o que significa, para um estado mental, estar ativo ou operante. Por essa razão, a responsabilidade de explicar o sentido secundário não se restringe unicamente aos epistemólogos. Parte dela pertence aos filósofos da mente. Mesmo assim, contudo, acho que o filósofo da consciência pode deixar de lado o sentido secundário de "consciente de que". Na medida em que envolve a noção de um estado mental ativo, esse sentido apresenta alguns problemas relevantes às preocupações principais do filósofo; porém, como veremos, esses problemas surgem independentemente, em conexão com a consciência experiencial e a consciência de acesso. Esses problemas adicionais não são inerentes ao sentido secundário de "consciente de que".

1.3 Consciência introspectiva

Considera-se um estado mental como introspectivamente consciente se ele for *realmente* objeto de consciência [A] introspectiva; entretanto, parece que também estamos dispostos a atribuir consciência introspectiva a estados mentais se os agentes envolvidos puderem se *tornar* conscientes deles, seja simplesmente redirecionando sua atenção, seja fazendo uma pergunta como "O que exatamente estou percebendo agora?" Nesse sentido, estamos bem preparados para dizer algo como "Todos os sentimentos de John em relação a sua irmã são conscientes, embora alguns de seus sentimentos em relação a seu irmão sejam reprimidos". Quando dizemos algo desse tipo, não pretendemos insinuar que todos os estados mentais aos quais estamos atribuindo consciência são objetos de consciência introspectiva explícita. Para sermos mais claros, queremos dizer que esses estados facilmente se tornariam objetos de consciência se o agente voltasse sua atenção para eles. Em geral, distinguimos entre *consciência introspectiva real* e *consciência introspectiva potencial* e aplicamos essa distinção tanto a eventos mentais quanto a estados contínuos – como as atitudes de um indivíduo com relação a seus irmãos.

Parece que os estados caracterizados por consciência introspectiva real são muito circunscritos, pelo menos em comparação com os estados de consciência introspectiva potencial. Dessa maneira, há muito pouca evidência introspectiva do fato de estarmos sempre monitorando ativamente nossos processos mentais, em cuja natureza prestamos atenção, e parece muito pouco provável que o cérebro possa achar vantajoso despender energia numa monitoração constante desse tipo. Por outro lado, é provável que a consciência introspectiva potencial esteja distribuída de forma bem ampla. De fato, em seres humanos adultos, pode até ser verdade que todas as experiências, inclusive atitudes proposicionais ocorrentes e eventos com dimensão qualitativa, poderiam facilmente se tornar objetos de consciência introspectiva. Ainda assim, falando de forma metafísica, a consciência introspectiva real é mais determinante que a consciência introspectiva potencial, pois esta existe apenas quando a consciência real pode surgir. Portanto, neste trabalho, enfocarei principalmente a consciência real.

Há duas variedades de consciência introspectiva real – a consciência real de *ocorrências* mentais e a consciência real de estados mentais *perduráveis*, armazenados e estáticos. A consciência real de ocorrência acontece, por exemplo, quando um agente registra um pensamento passageiro e também quando reconhece que está percebendo um objeto de determinado tipo. Por outro lado, há a consciência real de um estado armazenado, quando um agente acredita (e sempre acreditou) que Albany é a capital de Nova York. Então, pode parecer, num primeiro momento, que a consciência [A] de estados contínuos é bem diferente da consciência [A] de estados ocorrentes; mas um exame mais detalhado mostra que existe uma razão para achar que essas duas formas de consciência estão intimamente relacionadas. Assim, é provável que seja necessário ativar ou "revigorar" um estado contínuo, a fim de reconhecer sua existência introspectivamente. Por exemplo, para reconhecer que um indivíduo tem aquela crença sobre Albany, parece necessário ativá-la de alguma forma – talvez com a pergunta "Qual é a capital do estado de Nova York?" Uma vez ativado esse estado, pode-se passar da manifestação ocorrente resultante dela (por exemplo, a resposta, "Albany!") para uma conclusão introspectiva, que confirma o estado contínuo. Se isso estiver correto, então esse exemplo é semelhante a casos em que um indivíduo obtém consciência [A] ocorrente real de um estado ocorrente. Tanto no primeiro como no último caso, ele passa de um estado mental ocorrente para uma avaliação introspectiva.

Além de mostrar que a consciência introspectiva real de estados perduráveis está intimamente ligada à consciência introspectiva real de ocorrências mentais, essa linha de pensamento mostra que a primeira, de fato, depende da última. A consciência introspectiva de ocorrências é mais importante que a consciência introspectiva de estados perduráveis. Considerando essa dependência, ocupar-me-ei, no presente estudo, principalmente – embora não exclusivamente – da consciência de ocorrências.

A consciência [A] introspectiva de um estado mental é independente de informações sobre o mundo exterior e é também imediata, no sentido de que não deriva de correntes de raciocínio. Se chegarmos a uma crença quanto a um de nossos estados mentais por meio de inferências de nosso comportamento ou porque um terapeuta nos apresentou uma teoria sobre nossos estados mentais que, de forma convincente, explica alguns de nossos sonhos e experiências emocionais, a crença não se qualifica como introspectiva. Entretanto, seria provavelmente um equívoco reunir vários autores, argumentando que crenças introspectivas devem ser totalmente não inferenciais. Falando de maneira geral, alcançar consciência [A] introspectiva de um estado mental é uma questão de passar do próprio estado para um juízo desse estado. É natural pensar em transições desse tipo como inferências.

Como já observamos, um estado é considerado introspectivamente consciente apenas no caso de ele ser objeto de consciência introspectiva. Conclui-se, então, que questões sobre a consciência introspectiva são, sobretudo, questões relacionadas à natureza da introspecção. Um dos principais pontos a respeito da introspecção refere-se à natureza dos veículos da consciência introspectiva – os estados metacognitivos que representam ou registram nossos estados de primeira ordem. Vários filósofos contemporâneos endossam a concepção de esses veículos terem um caráter perceptual – ou, pelo menos, quase perceptual –, ao passo que outros sustentam que eles envolvem conceitualização e tomam a forma de juízos. Essa controvérsia será objeto de maior atenção em capítulo posterior.

Outra questão muito importante sobre a introspecção diz respeito aos processos pelos quais se produz a consciência introspectiva. À primeira vista, pelo menos, esses processos parecem ser altamente variegados. Considere, por exemplo, uma situação em que você acha que está percebendo um quadrado vermelho. Acredito que, nesse caso, é muito natural supor que esse juízo introspectivo seja produzido por um processo inferencial relativamente direto – um processo semelhante àquele que produz a conclusão não introspectiva de que há um objeto à sua frente. Imagine agora uma situação em que eu lhe pergunte se você acha que a população de Londres é maior que a de Nova York. Suponha que uma resposta a essa pergunta esteja armazenada em algum lugar de sua memória e que, uma vez ativada, ela o leve a se autoatribuir a crença de que Londres é maior. Como exatamente você chegou a essa conclusão? Não foi, aparentemente,

Formas de consciência

por uma inferência direta que tem mais ou menos a mesma forma de inferências perceptuais, mas sim buscando vários arquivos da memória – um procedimento semelhante a uma busca no Google. Mais especificamente, parece que minha pergunta ativa um mecanismo de pesquisa com as palavras-chave "Londres", "Nova York" e "população", e depois o coloca em movimento. Esses dois exemplos nos levam à seguinte questão: seria a introspecção altamente multiforme, da maneira como os exemplos sugerem, ou teriam os vários processos introspectivos uma natureza comum que emerge quando eles são considerados com maior acuidade? Da mesma maneira como lidamos com a questão dos veículos da introspecção, iremos examinar mais detalhadamente esse ponto a respeito dos processos introspectivos.

Encerro esta discussão introdutória mencionando que a consciência introspectiva é da maior relevância científica. Isso foi inicialmente enfatizado por Freud. Muitos componentes do modelo freudiano da mente são agora ampla e corretamente descartados como pseudocientíficos, mas as noções de consciência introspectiva real e potencial continuam a exercer papéis fundamentais na psicologia. Os estados mentais acessíveis à introspecção são precisamente aqueles que podem ser relatados na fala (evidentemente, em sujeitos com capacidade linguística normal), e é a capacidade que tem um agente de relatar seus estados mentais que fornece a principal evidência para as teorias científicas da consciência. Além disso, há uma boa razão para achar que estados introspectivamente conscientes são também acessíveis a vasta gama de faculdades cognitivas de alto nível, inclusive aquelas responsáveis pelo raciocínio e controle do comportamento. Parece que a consciência introspectiva potencial marca uma junção causal na mente, um *locus* de relevância causal e de autoridade que é de extrema importância no processamento cognitivo.

1.4 Consciência experiencial

Antes de mais nada, é importante compreender bem essa forma de consciência, pois ela vem a ser extremamente relevante para cada

Consciência

uma das outras formas. Para compreendê-las, é necessário entender suas respectivas relações com a consciência experiencial.

Conforme vimos, os estados mentais experienciais recaem em uma ou outra das duas categorias principais: atitudes proposicionais ocorrentes e estados com uma fenomenologia particular. Pensamentos, volições e desejos transitórios contam como experiências, e o mesmo acontece com os estados perceptuais, experiências de dor e imagens mentais. Acontece que os elementos dessas duas categorias são bem diferentes uns dos outros. Portanto, atitudes ocorrentes têm objetos proposicionais com conteúdos conceituais, e eles são individualizados por formas lógicas, mas isso não parece ser verdadeiro no que diz respeito a estados com uma fenomenologia própria (doravante designados como *estados-P*). Por exemplo, embora pareça ser verdade que o juízo da forma *se p então q* seja diferente do correspondente juízo da forma *ou não-p ou q*, não estaríamos inclinados a dizer que os conteúdos de experiências perceptuais são individualizados por diferenças lógicas desse tipo. Outra distinção importante deriva da natureza fenomenológica ou qualitativa de elementos da segunda categoria. Há boas razões para duvidar de que pensamentos, volições e outras atitudes ocorrentes sejam individualizados fenomenologicamente. Quando estamos conscientes de um pensamento, estamos necessariamente conscientes de seu conteúdo; mas parece que não temos consciência de quaisquer propriedades, como as que são normalmente citadas como paradigmas da fenomenologia – a dor, como é sentir raiva, como percebemos coisas amarelas, qual é o sabor da laranja e assim por diante. Consequentemente, o fato de que *estados-P* tenham uma natureza qualitativa resulta em uma diferença metafísica de importância considerável. Tendo em vista essas diferenças, é, à primeira vista, bem desconcertante juntarmos elementos das duas categorias sob um único conceito, chamando-os de "experiências". O que – se é que isso é possível – todos os estados que classificamos dessa maneira compartilham?

Existem apenas três possibilidades. Pode ser que atitudes ocorrentes e *estados-P* compartilhem uma característica intrínseca que se revela pela introspecção. Talvez elas tenham certo halo ou fosforescência. Pode ser também que achemos que elas tenham relações semelhantes com as instâncias responsáveis pela consciência [A] introspectiva, que as consideremos como experiências conscientes porque podemos nos tornar conscientes *delas* de maneiras semelhantes e/ou em níveis semelhantes. E, por último, pode ser que elas tenham relações semelhantes a uma gama de faculdades cognitivas de alto nível – as quais incluem as faculdades responsáveis pela consciência introspectiva, mas também várias outras. A ideia aqui é a de que, se um estado mental deve ser considerado como uma experiência, ele precisa estar disponível ou acessível a várias dessas faculdades, mas não necessariamente a todas elas. Portanto, de acordo com essa proposição, se um estado mental se manifesta em uma criatura à qual falta a capacidade de consciência introspectiva, ele ainda assim pode ter *status* experiencial, desde que esteja disponível a outras faculdades de ordem superior, tais como aquelas responsáveis pela formação de crenças e desejos. Discutirei cada uma dessas possibilidades por vez.[5]

---

5 Há outras maneiras de tentar explicar a *consciência experiencial*, mas as considero como muito menos plausíveis que as três que cito no texto. Uma alternativa que deveria pelo menos ser mencionada é a visão de que estados de consciência experiencial são assim dotados porque envolvem *consciência [A] reflexiva* – isto é, a visão de que cada estado experimentalmente consciente fornece a seu sujeito consciência daquele próprio estado. A ideia de que a consciência é reflexiva está atualmente em voga (ver, por exemplo: Kriegel; Williford (eds.), *Self Representational Approaches to Consciousness*), mas não vejo nela qualquer mérito, sobretudo quando – como é normalmente o caso hoje – ela é explicada em termos de autorrepresentação. Aqui está um pequeno argumento em defesa de minha posição: "Em termos gerais, quando um estado mental M representa um item x, é porque é útil para as instâncias cognitivas que posicionam M para obter informações sobre x. Por essa razão, se um estado mental M representasse a si próprio, além de representar um estado exterior das coisas, isso ocorreria porque M foi utilizado por, pelo menos, duas instâncias cognitivas diferentes – uma que realizou uma tarefa orientada para o mundo (por exemplo, elaborar planos) e, portanto, necessitou de informações sobre o mundo, e outra que realizou uma tarefa metacognitiva (por exemplo, avaliar evidência para juízos), e, dessa forma,

Consciência

Quando você considera um estado experiencial introspectivamente, você tem consciência de uma fosforescência intrínseca que esse estado compartilha com todas as outras experiências? Quando considera um pensamento introspectivamente, por exemplo, você tem consciência de que ele tem uma propriedade intrínseca compartilhada com desejos transitórios, estados perceptuais e experiências de dor? Meu palpite é que sua resposta a essas perguntas será "não". Certamente, para mim, essa seria a resposta. Quando presto atenção introspectivamente em um pensamento, estou ciente de propriedades relacionadas ao conteúdo que o distinguem de outros pensamentos, e também de propriedades como a de *ser um pensamento* compartilhado com outros, mas não consigo diferenciar uma característica intrínseca que esteja presente, quando considero introspectivamente experiências de tipos bem diferentes, tais como a experiência perceptual de uma folha verde ou a de uma dor no pé direito. Se há uma fosforescência com a qual todas as experiências compartilham, ela é invisível e se protege timidamente da introspecção "atrás" das propriedades mais diretas às quais temos acesso. Entretanto, nenhuma dessas propriedades poderia nos dar uma *razão* para agrupar todas as experiências sob um conceito único.

E com relação à segunda possibilidade? Será que todas as experiências desfrutam de uma relação especial com as instâncias responsáveis pela consciência [A] introspectiva? Seria o caso, em

---

necessitou de informações sobre os estados mentais. Temos motivos para acreditar, entretanto, que as instâncias metacognitivas têm suas representações próprias e particulares – isto é, representações da forma 'Estou vendo uma chalupa azul' e 'Estou pensando em Nova York', no sentido de que elas têm constituintes com conteúdo psicológico *explícito* (ver Capítulo 8). Supondo que isso esteja correto, não fica claro por que ações metacognitivas deveriam ter qualquer utilidade em representações adicionais de estados mentais. Da mesma forma, parece não haver qualquer sentido supor que as representações relacionadas com o mundo (isto é, representações como experiências perceptuais) também tenham uma segunda camada de conteúdo representacional autorreferencial. Parece improvável que essa suposição possa desenvolver qualquer explicação útil".

Formas de consciência

especial, de todas as experiências se assemelharem, no sentido de elas se *tornarem* objetos de consciência introspectiva caso prestássemos atenção a elas – ou se fizéssemos uma pergunta geral, como "Que tipos de eventos mentais estão ocorrendo agora?" Com certeza, parece correto dizer que experiências estão intimamente relacionadas a instâncias introspectivas em seres humanos adultos. Nossa compreensão introspectiva de atitudes ocorrentes e *estados-P* é imediata, não exige esforço algum e, de maneira geral, é bastante precisa. Mesmo assim, o conceito de experiência não parece redundar no mesmo conceito de um estado mental, que é, de fato ou potencialmente, objeto de consciência introspectiva. Temos grande tendência para atribuir consciência experiencial aos estados mentais de crianças pequenas e animais superiores, apesar de não termos qualquer razão para imputar-lhes capacidade introspectiva. Um chimpanzé pode, de forma consciente, perceber a comida em seu prato e, da mesma forma, decidir que um graveto pode se tornar uma boa ferramenta; mas poderia um chimpanzé ter consciência introspectiva de que está tendo uma experiência perceptual da comida ou de que está avaliando as potencialidades de um graveto? Não há razão para pensarmos dessa forma. Nossa disposição em atribuir consciência experiencial excede em muito a evidência que temos sobre as capacidades introspectivas.[6]

---

6 Devo enfatizar que não estou afirmando que faltam aos animais faculdades metacognitivas, mas apenas que uma perspectiva de bom-senso não fornece nenhuma razão para pensarmos que eles as possuem. Resta saber se os psicólogos encontrarão razões *científicas* para pensar que os animais são capazes de metacognição. Em minha opinião, isso é possível, mas improvável. Dorothy L. Cheney e Robert M. Seyfarth examinam algumas das evidências relevantes (Cheney; Seyfarth, *Baboon Metaphysics*, Capítulo 9), e chegam à opinião de que elas são inconclusivas, mesmo com relação à questão sobre se animais superiores, tais como chimpanzés e babuínos, têm estados metacognitivos. Peter Carruthers fornece outra revisão útil da literatura em Carruthers, Metacognition in Animals. *Mind and Language 23*, p.58-89. De forma persuasiva, ele argumenta que, até o momento, de qualquer forma, não há qualquer evidência experimental convincente de metacognição em animais. Para uma visão oposta, ver Shettleworth; Sutton, Do Animals

Consciência

Ademais, parece que estaríamos bastante dispostos a continuar a atribuir consciência experiencial a outras criaturas mesmo se tivéssemos evidências que, decididamente, descartassem a possibilidade de que elas fossem dotadas de consciência introspectiva. Suponha por um momento que foi estabelecido de maneira conclusiva que os macacos-vervet não possuem faculdades metacognitivas.[7] Suponha, principalmente, que foram encontradas evidências neuroanatômicas demonstrando que os macacos-vervet não possuem os mecanismos cerebrais responsáveis pela metacognição em humanos. Suponha ainda que ficou estabelecido que os macacos-vervet podem pensar a respeito de certos tópicos e também que eles têm estados perceptuais, em geral, bastante semelhantes aos nossos. E, por fim, suponha que ficou estabelecido que, além de não apresentarem consciência introspectiva, esses dois tipos de estados desempenham papéis na economia interna dos macacos-vervet, os quais são semelhantes aos papéis que eles desempenham em nós. Qual é o estado epistêmico que estamos imaginando aqui, aquele que contém o compromisso de negar que os pensamentos e experiências perceptuais dos macacos--vervet são experiências conscientes? Não. Fica fácil perceber que estamos naquele estado, embora achemos perfeitamente apropriado utilizar a noção de experiência e também a noção de consciência, quando caracterizamos os estados mentais dos macacos-vervet.

Know what They Know? In: Hurley; Nudds (eds.), *Rational animals?*, p.235-46. (Ao empreender experimentos nessa área, e também ao interpretá-los, é crucial manter em mente a distinção entre comportamento que exprime o *conhecimento* que o animal tem de que ele se encontra em certo estado mental (por exemplo, um estado de incerteza), e o comportamento que exprime apenas o *fato de que* o animal se encontra nesse estado mental. Não posso debater esse ponto aqui, mas minha impressão é de que Shettleworth e Sutton ignoram essa distinção).

7 Aqui, estou elaborando uma hipótese de que Dorothy L. Cheney e Robert M. Seyfarth, ainda que de forma um pouco tímida, apoiam em sua obra clássica: Cheney; Seyfarth, *How Monkeys See the World*, p.254. Os autores registram várias considerações que pendem a favor do argumento de que "macacos desconhecem o que sabem e não podem refletir acerca de seu conhecimento, suas emoções ou suas crenças".

Formas de consciência

Devemos, então, concluir que experiências são eventos mentais que participam, de alguma maneira, do fluxo de atividades cognitivas de ordem superior. Entretanto, quais são, especificamente, as formas de participação que garantem a esses eventos o *status* de experiências? A resposta que proponho é: um evento mental x está experiencialmente consciente apenas caso x seja – pelo menos potencialmente – um desencadeador causal proximal máximo de várias instâncias cognitivas de ordem superior reconhecidas pela psicologia do senso comum. Essas instâncias incluem aquelas que são responsáveis pela produção da fala, pela formação de crenças e de outras atitudes proposicionais, por escolhas, pela elaboração de planos, por exercitar controle on-line de ações intencionais, por criar memórias, monitorar estados mentais e produzir juízos introspectivos. Ao dizer que um evento mental deve ser um desencadeador causal *maximamente proximal* das instâncias em questão, quero dizer que ele deve ser capaz de realizar trabalho causal sem precisar ser recuperado da memória, "revigorado" ou convertido em uma forma diferente. Resumindo, ele precisa ter condições de realizar trabalho causal sem processamento adicional. Além disso, ao afirmar que um evento mental só precisa ser capaz de servir como um desencadeador causal de *várias* das instâncias relevantes a fim de ser considerado uma experiência, quero dizer que concebo o fato de que as criaturas podem desfrutar de experiências conscientes mesmo que lhes falte uma ou mais dessas instâncias. Como acabamos de ver, embora seja verdade que experiências conscientes em seres humanos adultos podem facilmente tornar-se objetos de consciência introspectiva, estamos preparados para atribuir consciência a estados de criaturas que não têm qualquer capacidade metacognitiva. Com o termo "várias", pretende-se ajustar esse fato. Pretende-se também ajustar o fato de que, em todas as criaturas, experiências de diferentes tipos têm distintas formas de relevância causal. Uma experiência de dor, por exemplo, parece não ser imediatamente relevante para um planejamento ou outras formas de raciocínio prático. Sua relevância causal com relação a essas atividades é indireta, sendo mediada pelas crenças e desejos que ela engendra. Por outro lado, crenças e desejos ocorrentes são imediatamente relevantes ao raciocínio prático.

O que as experiências têm em comum, então, é uma relevância causal imediata com as várias formas de atividade mental de ordem superior.[8] Essa noção tem a virtude de prever e explicar o fato de atribuírmos com confiança o *status* experiencial a eventos mentais e nossa tendência a vacilar ou a nos sentirmos confusos quando confrontados com casos anormais.

Considere o exemplo familiar do motorista de caminhão que, subitamente, se dá conta de que ele não se lembra de absolutamente nada do que aconteceu na última meia hora.[9] Ele sabe, inferindo a partir de sua localização atual, que enfrentou uma rota montanhosa e movimentada, o que lhe exigiu mudar de marcha com frequência e também ajustar-se às mudanças no fluxo do tráfego, mas ele não se recorda dos estados perceptuais que o orientaram nem de quaisquer outros processos mentais que o levaram a adotar uma

---

8 Um árbitro indicou que eventos experiencialmente conscientes poderiam não ser desencadeadores *causais* dos processos que levam à formação de crenças, memórias, planos e assim por diante. Eles nos parecem desencadeadores causais quando os vemos da perspectiva da introspecção; porém, um trabalho de Benjamin Libet indica que nossas percepções de senso comum relativas a poderes causais de eventos mentais conscientes podem algumas vezes ser bastante equivocadas. (A intrigante pesquisa de Libet sugere que volições conscientes com frequência sucedem – mais do que precedem – os estágios iniciais das ações que elas parecem causar, quando vistas da perspectiva da introspecção. Ver, por exemplo: Libet, *Mind Time*: The Temporal Factor in Consciousness. Em resposta a esse ponto, quero apenas fazer duas observações: em minha opinião, o trabalho de Libet não estabelece que decisões conscientes carecem de eficácia causal no que diz respeito a ação (elas poderiam, pelo que o trabalho de Libet nos diz, ser condições necessárias causais dos últimos estágios de ações); e segundo – e mais importante para nossas considerações presentes –, seria possível reformular tudo o que eu disse acerca das ligações constitutivas de experiências conscientes, de tal maneira que a referência à causa fosse substituída, em todos os casos, pela referência à dependência contrafatual.

9 Armstrong, *The Nature of Mind and Other Essays*, p.59.

Formas de consciência

postura flexível e adaptativa. E então: o motorista teve *experiências* perceptuais durante o período do qual não se recorda? Muitos dos que analisam esse caso acham difícil responder a essa pergunta. Há uma propensão a responder "sim", porque se imagina que o motorista tenha tido experiências da estrada e dos outros veículos para chegar com segurança a seu destino. Uma série complexa de ações adaptativas parece requerer orientação de experiências perceptuais. Pelo menos em casos normais, isso é verdadeiro, mas há também uma propensão para considerar os estados perceptuais do motorista como inconscientes. Talvez ele estivesse completamente absorto, pensando no próximo feriado e nas vívidas imagens das caminhadas que faria na praia com sua namorada; ou talvez ele estivesse se consumindo com preocupações sobre a própria saúde ou a de um de seus filhos. Se sua atenção estivesse totalmente ocupada com algum desses quadros, então ele, com toda a probabilidade, estaria confiando fortemente em rotinas visuais e motoras que não requerem consciência para sua execução. Muito provavelmente, não havia necessidade de representações perceptuais da estrada processadas por inteiro e, portanto, nenhuma necessidade de consciência perceptual. Pelo menos, é o que parece.

A noção de que as experiências necessariamente usufruem de ampla relevância causal com relação à atividade mental de ordem superior prenuncia nossa ambivalência quanto ao motorista de caminhão. Afinal, seus estados perceptuais têm um baixo grau de relevância causal. Eles ativam e moldam ações que, por causa de sua plasticidade e adaptabilidade, nos parecem intencionais. Presumivelmente, eles também ativam memórias da estrada pela qual o motorista está seguindo, possibilitando a ele reconhecer assim os pontos de referência importantes e realizar os circuitos adequados. Porém, eles diferem dos paradigmas de consciência experiencial, no sentido de que apresentam apenas esses poderes causais bastante limitados. Assim, por exemplo, eles não conseguem ativar as faculdades que geram decisões e memórias perceptuais. Por essa razão, eles não satisfazem totalmente o requisito da ampla relevância causal.

Na última seção, observamos que a consciência introspectiva potencial parece marcar uma junção causal na mente. Na presente seção, achamos que o mesmo é válido para a consciência experiencial. Se um evento se caracteriza por consciência experiencial, ele desfruta de ampla relevância em relação a faculdades psicológicas que são de importância considerável por seus próprios méritos. Em vista desse fato, é razoável esperar que a ciência se torne cada vez mais interessada na consciência experiencial. Historicamente, tem sido da responsabilidade dos filósofos mapear o campo da consciência experiencial, mas, ao que tudo indica, logo eles terão companheiros nessa empreitada.

Para concluir esta seção, faço um comentário sobre uma possível objeção a presente exposição a respeito de consciência experiencial. Trata-se do seguinte:

De acordo com o exposto, um evento mental é considerado uma experiência consciente em virtude de seus *poderes* causais – seu *potencial* para ativar várias instâncias cognitivas de ordem superior. Então, na prática, a exposição representa a consciência experiencial como um evento disposicional. Maior eflexão, entretanto, mostra que não pensamos em consciência experiencial como um caráter disposicional ou modal. Um pensamento é uma experiência por causa *da forma como ele realmente é*, não por causa do que poderia acontecer a ele em diferentes circunstâncias.

Essa objeção está equivocada. É perfeitamente possível aceitar a presente exposição e, ao mesmo tempo, concordar que a consciência experiencial depende da forma como um evento realmente é, pois as propriedades disposicionais de um estado são propriedades que ele, de fato, apresenta. Além disso, embora as próprias disposições tenham um caráter subjuntivo ou modal, elas são fundamentadas em leis que descrevem relações causais entre eventos reais. É o fato de que um estado realmente satisfaz certas leis que lhe confere propriedades disposicionais. Isso é válido, sobretudo, com relação às disposições invocadas na exposição anterior sobre a consciência experiencial. Se um evento tem as potencialidades especificadas na exposição, isso ocorre porque ele realmente satisfaz leis causais que o associam à atividade de várias faculdades cognitivas de ordem superior – leis essas que sugerem que eventos como o citado sempre – ou geralmente – estimulam tal atividade quando determinadas outras condições são cumpridas. A referência a potencialidades ou disposições poderia facilmente ser substituída por uma lista de leis, se sua natureza exata fosse conhecida. (A natureza das leis não é conhecida porque a psicologia de senso comum não nos permite apreender as "outras condições" que precisam ser satisfeitas para que as experiências realizem trabalho causal).

Objeções como essa são comuns na literatura. É normal criticar teorias que buscam explicar a consciência em termos de potencialidades causais, afirmando que ela depende apenas da natureza real dos eventos. Tomadas ao pé da letra, tais objeções facilmente encontram reações como a que acabo de mostrar. Entretanto, pode ser que elas realmente derivem de uma intuição um pouco mais complexa – a qual pode ser expressa pela afirmação de que a consciência depende na natureza *real* e *manifesta* de um evento mental. Isso significa que: pode ser que aqueles que levantam tais objeções o fazem porque sentem que as disposições e outras propriedades modais não estão manifestas. Porém, se essa intuição é, de fato, a fonte das objeções, então elas derivam, em última análise, do sentido de que a consciência é uma propriedade intrínseca de eventos mentais, a qual nos é acessível pela via da introspecção. Já examinamos essa ideia e a consideramos insatisfatória.

1.5 Consciência de acesso

A noção de consciência de acesso tem recebido um lugar de destaque nas discussões contemporâneas desde a publicação, em 1995, do trabalho de Ned Block "On a Confusion about a Function of Consciousness" ["De uma confusão acerca de uma função da consciência"]. Aqui está o que ele diz em seu trabalho:

Consciência

Um estado é consciente-A se estiver preparado e pronto para controle direto do pensamento e da ação. Mais detalhadamente, uma representação é consciente-A se estiver pronta para uso livre do raciocínio e para controle "racional" direto da ação e da fala. (O termo "racional" significa aqui descartar o tipo de controle que existe na visão cega [*blind sight*]. Um estado-A é aquele que consiste na existência de uma representação-A. Vejo consciência-A como um conceito agrupado em que a reportabilidade é o elemento do grupo com o menor peso, mesmo que seja frequentemente o guia mais prático da consciência-A.[10]

Em trabalhos posteriores, Block considerou a possibilidade de alterar essa definição substituindo a lista de formas específicas de controle por uma referência geral ao controle *global*, mas continuou a dar preferência à sua categorização original. Ele justifica sua preferência pela descrição baseada em lista na passagem a seguir:

[Uma definição que explica "consciente-A" como "diretamente disponível para controle global"] tem a vantagem de evitar uma listagem dos tipos de controle. Isso torna a noção mais geral, aplicando-se a criaturas que têm formas de controle diferentes das nossas. Contudo, há desvantagem nessa vantagem, pois considera organismos simples como se tivessem consciência-A se eles têm representações que estão diretamente disponíveis para controle global de quaisquer recursos que possam ter... [N]ão caberia imputar a uma lesma estados conscientes-A simplesmente porque há algum mecanismo de controle dos recursos que uma lesma pode dominar.[11]

Não queremos dizer que os estados internos das lesmas sejam conscientes, mas sim que estados são conscientes se eles comparti-

---

10 Block, On a Confusion about a Function of Consciousness. *Behavioral and Brain Sciences*, 18, 1995, p.382.
11 Block, Concepts of Consciousness. In: Chalmers, *Philosophy of Mind*: Classical and Contemporary Readings, p.206-18. A citação encontra-se na p.208.

Formas de consciência

lham algumas de nossas faculdades cognitivas de ordem superior. De acordo com Block, a única forma de honrar esses dois compromissos é citar explicitamente as faculdades relevantes ao se definir consciência. Então, dizer que um estado está preparado para fazer algo é o mesmo que dizer que ele está disposto a fazê-lo. Consequentemente, como ficou caracterizado na definição anterior, a consciência de acesso depende de disposições ou tendências causais. Block chegou a se arrepender das consequências de sua definição. De acordo com sua perspectiva atual, é um erro de categoria ver um caráter moral ou disposicional na consciência.[12] Em vez de dizer que um estado mental qualifica-se como consciente se ele estiver preparado para desempenhar determinado papel na cognição, ele agora prefere dizer que a consciência se liga a estados mentais que, de fato, estão "transmitindo" – ou enviando – sinais causais para as faculdades responsáveis pelo raciocínio e comportamento intencional. Esta é, com certeza, uma forma de ajustar a noção de que a consciência não é um evento disposicional, mas que, como vimos, parece derivar de intuições que podem, de maneira apropriada, ser deixadas de lado. Além disso, parece ser um equívoco achar que classificamos estados mentais como conscientes porque temos ciência de que eles estão realmente em contato causal com várias faculdades mentais. Considere um caso em que você está pensando ativamente a respeito de um tópico interessante e, ao mesmo tempo, observando a sala onde se encontra. Você tem algum motivo para achar que sua experiência perceptual está enviando ativamente sinais causais às faculdades responsáveis pelo raciocínio e controle da ação? Não. Você sabe que a experiência perceptual é *capaz de* emitir esses sinais, mas não tem motivos para pensar que ela esteja de fato fazendo isso. Ainda assim, você sabe que seu estado perceptual é consciente. Por essas razões, proponho aqui enfocar a versão mais antiga da posição de Block, de acordo com a qual os estados mentais são conscientes em virtude de estarem preparados para produzir certos efeitos.

---

12 Ibid.

Consciência

Além da nova ênfase na transmissão causal, a descrição que Block faz da consciência de acesso é bastante semelhante à da consciência experiencial que apresentei nas seções anteriores. Cada descrição explica uma noção de consciência em termos causais e cada uma delas representa sua noção-alvo como um conceito em grupo. Isto é, cada exposição explica sua noção-alvo com uma lista de forças causais, mas requer apenas que uma massa crítica – ou "o suficiente" dessas forças – esteja presente para que a noção seja aplicável. Por outro lado, há duas diferenças importantes entre as descrições. Primeiro, a lista de forças causais que utilizo ao caracterizar a consciência experiencial é muito mais longa que a de Block em sua definição de consciência de acesso; segundo, enquanto minha definição permite que estados sem conteúdo representacional sejam vistos como se tivessem consciência experiencial, Block limita a aplicabilidade da consciência de acesso a estados que envolvem representações e têm conteúdo representacional. Essa diferença é importante porque mostra que seria inadequado utilizar a noção de consciência de acesso ao explicar a consciência experiencial. A noção de consciência experiencial aplica-se a estados com uma dimensão fenomenológica, bem como a atitudes proposicionais ocorrentes. Ela se aplica, por exemplo, a experiências de dor. Mas será que experiências de dor envolvem representações? Será que elas têm conteúdo representacional? Responderei a essas questões afirmativamente em capítulos posteriores; mas seria incorreto pensar que respostas afirmativas estão engastadas na psicologia de senso comum; e, justamente por isso, seria incorreto pensar que a noção de consciência experiencial pressupõe que experiências de dor tenham um caráter representacional. Em resumo, a noção de consciência de acesso, conforme definida por Block, sustenta uma pressuposição que não é compartilhada pela noção de consciência experiencial. Conclui-se que seria um erro depender da primeira noção para tentar definir a última.

Será que temos uma noção de consciência que aplicamos apenas a eventos mentais que reconhecemos como portadores de conteúdo?

Formas de consciência

Mais especificamente, será que temos a noção de que estamos dispostos a aplicá-la a outras ocorrências mentais de ordem superior, mas não a experiências de dor? Até onde sei, a resposta é "não". Se uma noção de consciência pode se aplicar a atitudes proposicionais ocorrentes, a experiências perceptuais e a outros estados de ordem superior que admitimos terem conteúdo, ela pode ser aplicada também a experiências de dor – mesmo que nem a introspecção nem a psicologia de senso comum nos deem razão suficiente para acharmos que tais experiências têm conteúdo representacional. A noção de consciência de acesso é uma aproximação razoável de uma noção que, de fato, temos: a de consciência experiencial; e, na verdade, não seria difícil transformar a primeira na última, liberalizando a definição de Block. Contudo, da forma como se apresenta, ela não corresponde a nada que possamos ver em ação em nossa prática real. Portanto, nada mais será dito sobre isso neste trabalho.

1.6 Consciência de

A consciência *de* surge em formas variadas, mas para fins de definição vou me concentrar aqui em consciência perceptual *de*. Trata-se de uma forma particularmente relevante, que tem recebido muita atenção de filósofos e cientistas.

Ser perceptualmente consciente *de* algo é percebê-lo conscientemente, e perceber algo conscientemente significa estar ciente desse algo em decorrência do fato de que o sujeito se encontra em um estado perceptual que indica uma *experiência consciente*. Assim, é possível explicar o que significa estar perceptualmente consciente *de* algo, aplicando a descrição de consciência experiencial feita na Seção 1.5. (Tudo isso se aplica, *mutatis mutandis*, a outras formas de consciência *de*).

Essas observações são perfeitamente corretas e é tudo o que precisamos manter em mente, se estivermos interessados apenas na questão do que torna verdadeira a noção de um estado perceptual *consciente*, ou, em outras palavras, a questão do que consiste a *consciência*

Consciência

de um estado perceptual. Há, contudo, outras questões relativas à consciência perceptual que merecem consideração. Uma delas é se a *consciência [A] perceptual* é essencialmente representacional ou é mais claramente entendida como uma forma de acesso a objetos que não envolvem representações; indo mais além, supondo que a *consciência [A] perceptual* é, de fato, representacional, há perguntas relacionadas aos conteúdos das representações relevantes. Ela é proposicional ou se assemelha mais ao conteúdo de um quadro? Outra questão refere-se à validade da afirmação – feita por muitos filósofos e psicólogos – de que a consciência perceptual das propriedades físicas objetivas de objetos depende da consciência de outras propriedades que podem ser adequadamente chamadas de *aparências*. Há, ainda, mais uma questão, a qual se relaciona ao que torna o objeto de *consciência [A] perceptual* um objeto específico. O que torna verdadeiro o fato de determinado objeto ser o objeto *do* qual um agente está perceptualmente consciente?

Discutirei questões acerca da consciência perceptual *de* nos capítulos 5 e 9.

1.7 Consciência fenomênica

Um estado mental apresenta consciência fenomênica se ele tiver uma dimensão fenomenológica ou, em outras palavras, se dotar quem o apresenta de uma característica qualitativa, ou *quale*. Conforme essa definição deixa claro, se desejamos explicar a consciência fenomênica, é suficiente explicar o que é ser um *quale*, e o que significa a um agente receber um *quale*.

Antes de empreender a tarefa de explicar os *qualia* – assunto principal dos capítulos posteriores –, é necessário adotar uma caracterização inicial de *qualia* como uma classe, uma caracterização que especifica todos eles e que traz sua natureza comum para o primeiro plano. Uma abordagem possível é dizer que *qualia* são propriedades que normalmente pensamos serem *subjetivas,* no sentido de que apenas é possível apreendê-los plenamente do ponto de vista de um sujeito vivenciando uma experiência. São propriedades que – é natural pensar assim – nos são dadas por inteiro quando – e somente quando – as experienciamos diretamente. Seria essa a melhor forma de definir *qualia?* Sem dúvida, essa definição tem uma virtude importante: ela honra as concepções convencionais de que as propriedades são paradigmas do qualitativo. Os paradigmas incluem as características intrínsecas de sensações físicas (por exemplo, a dor), a maneira como vemos os objetos quando os percebemos (por exemplo, como observadores normais veem coisas amarelas à luz do sol), como os sujeitos se sentem ao vivenciar emoções (por exemplo, sentimentos de apatia e fraqueza que acompanham a depressão) e como os objetos aparecem diante de nós quando os imaginamos perceptualmente (por exemplo, as cores que nos surgem quando imaginamos a bandeira americana). Uma reflexão a respeito mostra que a definição dada sugere que todas as propriedades são qualitativas. Isso, certamente, é um ponto a favor da definição. Observe, entretanto, que a caracterização explica os *qualia* como uma tendência nossa para *pensar em* certas propriedades como subjetivas. Ela não os explica como propriedades que *são* genuinamente subjetivas. A razão para isso é que há teorias metafísicas de *qualia* que rejeitam a ideia de que eles podem ser considerados como subjetivos no sentido apropriado. Precisamos de uma descrição de *qualia* que possa ser aceita por todos os que propõem explicações defensáveis de sua natureza metafísica. Não desejamos uma concepção que sugira que partidários de uma ou mais dessas proposições estejam se contradizendo; seria bom ter uma caracterização que conseguisse reconhecer os *qualia* de acordo com suas reais propriedades, em vez daquelas que nós meramente achamos que eles apresentam. Haveria uma caracterização que, ao mesmo tempo, satisfizesse essa condição e fosse aceitável aos partidários de variada gama de pontos de vista?

Caracterizações que se baseiam na subjetividade têm certa aceitação na literatura, mas isso também acontece com as caracterizações de várias outras espécies.

a) De acordo com essa alternativa, os *qualia* são propriedades intrínsecas de experiências que conhecemos por meio da introspecção. Essa descrição tem certo apelo intuitivo, mas não satisfaz o critério de aceitabilidade interperspectival: há teorias bem motivadas de *qualia* que são incompatíveis com ela. Portanto, há teóricos que rejeitam a ideia de que os *qualia* são propriedades de experiências, preferindo afirmar que é a própria experiência que nos fornece acesso aos *qualia*, não algum tipo de ordem superior, uma consciência [A] introspectiva direcionada de cima para a experiência. Dessa perspectiva, os *qualia* são propriedades às quais os sujeitos têm acesso por intermédio de uma relação de consciência [A] experiencial. São objetos de experiência, coisas sobre as quais temos experiência, não propriedades de experiências ou estados de consciência experiencial.

Expandindo a questão: considere um agente que percebe um objeto vermelho em plena luz do dia. Ele tem ciência de certos *qualia* de cor distintos, em decorrência da experiência perceptual que está vivenciando. Alguns teóricos afirmam que os *qualia* em questão são propriedades da experiência e que o agente está ciente deles em virtude de um estado de consciência [A] introspectiva que tem a experiência como seu objeto. Outros refutam esses argumentos, defendendo a ideia de que, em um caso típico, não há qualquer objeto de consciência [A] que seja interior e mental. Pelo contrário, afirmam eles, o único objeto de consciência é o objeto exterior que o agente está percebendo – o objeto vermelho. Portanto, concluem, os *qualia* de cor precisam, de alguma forma, ser propriedades daquele objeto. Além disso, a consciência que o agente tem deles deve ser classificada mais como perceptual que introspectiva.

Essas duas noções desfrutam de certa plausibilidade intuitiva e têm sido fonte de motivação para teorias relevantes acerca dos *qualia*. Não devemos, pois, adotar uma definição de *qualia* que descarte qualquer dessas noções como absurda.

b) Outra opção amplamente aceita vale-se da noção de como é estar em um estado mental. Essa forma de explicar os *qualia* encontra-se no exemplo oferecido por Ned Block:

> Os *qualia* incluem a maneira como as coisas parecem, como elas soam, qual seu cheiro, como é sentir uma dor e, de uma maneira geral, como é viver estados mentais experienciais.

Outros autores apresentam basicamente a mesma descrição.[13] O problema com caracterizações desse tipo é que elas são muito abrangentes. Se "como é" for usado da maneira utilizada em nosso dia a dia, a noção de como é sentir-se em um estado mental inclui muitos componentes ou dimensões de um estado mental diferentes de sua natureza qualitativa. Como é vivenciar a experiência de uma dor? Certamente, isso inclui sentir aversão tanto pela dor em si quanto pelo que quer que se perceba como sua causa, observar o próprio corpo conforme ele se retrai para fugir da dor sentida, desejar que ela termine, sentir-se preocupado sobre o próprio corpo e o curso futuro da dor, concentrar a atenção no local onde ela está localizada e pensar em maneiras de reduzi-la ou de aliviá-la. Nenhum desses aspectos é exclusivamente qualitativo em sua natureza. Como é ver uma abóbora? Com certeza, isso inclui uma consciência [A] amodal das várias partes da abóbora que não são imediatamente acessíveis àquele que a percebe, reações estéticas ao formato e à cor da abóbora, e várias conjecturas quanto a como a abóbora reagiria se fosse submetida a certas forças, tais como ser empurrada. Os *qualia* estão entre as propriedades reconhecidas quando nos referimos a como é sentir-se em um estado mental do tipo *M*, mas estão longe de ser as únicas propriedades envolvidas nisso. Poderíamos

---

13 Block, *Qualia*. In: Gregory, *The Oxford Companion to the Mind*, p.785-9. O fragmento citado encontra-se na p.785.

esperar evitar esse problema afirmando que (a) *qualia* são propriedades que determinam como é encontrar-se em um estado, e (b) *qualia* são independentes dos pensamentos, suposições, preferências, memórias proposicionais, intuições e estados perceptuais amodais envolvidos no referido estado ou que o acompanham. Contudo, depois de uma reflexão a respeito, fica claro que essa resposta é inadequada. A resposta (b) é muito negativa em sua natureza. Não identifica de forma satisfatória o que os *qualia* têm em comum. Além disso, seria necessário um argumento para demonstrar que a lista dos fenômenos excluídos (pensamentos, suposições etc.) está completa. Exceto por isso, não há razão para achar que a descrição consegue especificar todos os *qualia* e nada mais.

c) Em face dessas dificuldades, poderia-se tentar explicar os *qualia* invocando o fato de que, aparentemente, eles geram problemas metafísicos consideráveis. Como veremos no próximo capítulo, há boas razões para considerarmos que eles não são redutíveis a propriedades físicas de qualquer espécie, inclusive às neurobiológicas com as quais se correlacionam mais intensamente. Com isso em mãos, podemos tentar caracterizar os *qualia* listando os paradigmas convencionais e, em seguida, dizer que, de maneira geral, propriedades são consideradas como qualitativas se engendram problemas metafísicos do mesmo tipo engendrados pelos paradigmas. Poderíamos, então, criar uma definição mais concreta, formulando os argumentos convencionais a favor do dualismo de propriedade, a noção de que os *qualia* são ontologicamente independentes de propriedades físicas.

Há algo a ser dito a favor dessa abordagem, mas não há certeza de que isso seja superior ao que mencionei no início – que explica os *qualia* como subjetivos de acordo com o sentido que fazemos deles –, pois não está de maneira alguma claro que os argumentos a favor do dualismo de propriedade são independentes do *take* que

Formas de consciência

fazemos dos *qualia*, isto é, de como pensamos a respeito deles e/ou os experienciamos. Os argumentos podem não depender, em um nível mais profundo, da forma como os *qualia* são em si mesmos, mas da maneira de pensarmos sobre eles, a qual é estimulada pela psicologia do bom-senso e pelo fato de que nosso acesso epistêmico primário a eles envolve uma forma específica de consciência [A] (consciência experiencial), a qual pode ser enganosa em algumas situações. Se for esse o caso, a presente caracterização assemelha-se à primeira, uma vez que, no final, ela se baseia mais em como percebemos os *qualia* do que em como eles realmente são. Parece, entretanto, que essa quarta caracterização não é *menos* bem-sucedida que a inicial, que se baseia em impressões concernentes à subjetividade de certas propriedades. Como a caracterização inicial, esta sugere que todos os paradigmas são, de fato, qualitativos. Ela é também – como na primeira caracterização – compatível com ampla gama de teorias metafísicas de *qualia*. Contudo, não para por aí: é questionável a ideia de que a quarta caracterização surge de intuições intimamente relacionadas àquelas que fornecem motivação para a primeira descrição. Portanto, quando se leva em conta os argumentos convencionais a favor do dualismo de propriedade, percebe-se que eles tendem a depender, em um ponto ou outro, da noção de que os *qualia* são subjetivos, uma vez que nossa compreensão sobre eles deriva do ponto de vista do sujeito que está tendo a experiência.

Embora a primeira e a quarta considerações sejam semelhantes com relação a esses enfoques, darei, neste trabalho, preferência à primeira. Acho-a mais esclarecedora que a segunda, principalmente porque ela não pressupõe uma argumentação complexa, necessária para abraçar a ideia de que os *qualia* parecem, pelo menos, ter uma espécie de autonomia ontológica.

Iniciamos essa pesquisa de opções porque a caracterização inicial dos *qualia* quanto à nossa *impressão* de que eles são subjetivos não é totalmente satisfatória. Achamos, no entanto, que a caracterização inicial é, pelo menos, superior às alternativas. Vou, portanto, adotá-la aqui. Afinal, trata-se apenas de uma descrição preliminar, que foi adotada porque promete fornecer orientação nos estágios iniciais de nossa busca de uma *teoria* esclarecedora dos *qualia*.

Além dessa tipificação preliminar da categoria dos *qualia*, precisamos de uma do que significa, para um estado mental, *apresentar* um caráter qualitativo a um sujeito. Sobre essa questão, há apenas duas visões possíveis. De acordo com uma delas, *qualia* são propriedades de experiências, e um *quale* apresenta-se a um sujeito quando este está introspectivamente consciente de uma experiência. Essa visão indica, por exemplo, que uma experiência de dor é uma experiência que tem a propriedade de *ser uma dor*, e que uma dor se apresenta a um sujeito quando ele apreende metacognitivamente uma experiência que exemplifica essa propriedade. De acordo com a outra visão, *qualia* não são propriedades de experiências, mas, sim, propriedades das quais estamos cientes por termos experiências. De acordo com a segunda visão, isso quer dizer que há uma forma de consciência – consciência experiencial – que tem os *qualia* como seus objetos. Invocamos essa forma de consciência quando, por exemplo, falamos de uma experiência de dor. Uma experiência de dor não é uma experiência que exemplifica a propriedade de *ser uma dor*, mas, em vez disso, é uma forma de consciência da dor. Essa consciência não é metacognitiva nem de segunda ordem; ela é, sim, da primeira ordem, da mesma forma em que a consciência perceptual é simplesmente da primeira ordem. Com base nessa visão, encontrar-se diante de um *quale* simplesmente significa ter consciência experiencial do *quale*, ter uma experiência *do quale*.

Continuarei minhas considerações com base na conjetura de que é correta a segunda dessas duas maneiras de compreender o que significa um *quale* aparecer diante de um sujeito. Justificarei essa escolha com um argumento ampliado no Capítulo 3; porém, tentarei deixar claro, conforme avançamos, que a segunda maneira é muito mais vantajosa que a primeira.

Retornando agora à consciência fenomênica, desejo propor que ela consiste de consciência [A] experiencial de (exemplos de) características qualitativas, as quais achamos natural considerar como subjetivas.

Formas de consciência

Consciência fenomênica é uma forma de *consciência* porque os estados mentais que nos fornecem consciência de características qualitativas são experiencialmente conscientes, no sentido explicado na Seção 1.5. São estados mentais que têm certos poderes causais exclusivos. A consciência fenomênica interessa aos filósofos porque ela provou ser extremamente difícil localizar os *qualia* no mundo físico. Considere, por exemplo, como é nossa percepção de um objeto azul claro, quando o observamos sob a luz forte do sol. Tornou-se muito difícil explicar como esse *quale* relaciona-se a estados do cérebro, e também de explicar como ele está relacionado aos processos físicos no mundo exterior e que são responsáveis causalmente por nossa consciência [A] do *quale*. De fato, como veremos no próximo capítulo, há vários argumentos extremamente persuasivos que mostram que o problema envolvido na identificação da maneira como coisas azuis são percebidas é muito complexo – que o *quale* não está sugerido nem é metafisicamente determinado por qualquer propriedade física ou conjunto de propriedades físicas e, *a fortiori*, que ele não é idêntico a quaisquer propriedades físicas ou conjunto delas. Um de meus objetivos principais no presente estudo é resolver esse problema – mostrar que, apesar de parecer o contrário, os *qualia* podem ser adequadamente considerados como redutíveis a propriedades físicas. A maior parte da discussão resultante é motivada, direta ou indiretamente, pelo meu desejo de atingir esse objetivo.

1.8 Resumo

Minha preocupação neste capítulo é estabelecer ideias, introduzir algumas distinções, argumentar a favor de várias asserções fundamentais e identificar as questões que serão exploradas em maiores detalhes nos capítulos posteriores. A lista dessas questões é a seguinte:

1. Qual é a natureza da introspecção e, correlativamente, da consciência introspectiva?

2. Qual é a natureza da consciência *de*? Mais especificamente, qual é a natureza da consciência perceptual *de*?
3. Qual é a natureza da consciência fenomênica e, em especial, das características qualitativas que servem como seus objetos? Poderiam essas características ser localizadas no mundo físico?

Não terei condições de fornecer respostas que abordam todos os aspectos dessas perguntas, mas tentarei fazer esclarecimentos que antecipam a discussão dos aspectos mais centrais e que apresentam maior significância filosófica.

No caso da primeira questão, conforme já observado, tentarei resolver a controvérsia entre aqueles que sustentam a visão de que a consciência introspectiva sempre envolve conceitualização ou juízo e aqueles que sustentam a visão de que ela é, sobretudo, perceptual ou quase perceptual em sua natureza. À luz da solução que pretendo propor, a introspecção – apropriadamente assim chamada – é sempre conceitual e doxástica. A consciência introspectiva sempre assume a forma de juízo. Sem dúvida, há algo como consciência [A] perceptual ou quase perceptual de estados qualitativos, tais como a dor e a maneira como os objetos são percebidos por nós quando nos deparamos com eles perceptualmente; mas consciência desse tipo não é realmente introspectiva, porque os objetos sobre os quais ela está direcionada não são realmente mentais. Estar consciente de uma dor é perceber uma desordem de determinado tipo no corpo, e estar consciente de como é ver coisas amarelas que aparecem diante de nós é perceber, com relação a um objeto exterior, determinada propriedade dependente de ponto de vista. Não estou reivindicando qualquer plausibilidade imediata para essas ideias. Para ser mais exato, é necessário que haja muito mais discussão para que seus méritos se revelem. Apresentar a argumentação necessária será a minha incumbência nos capítulos posteriores.

Sustentarei também a ideia de que a introspecção é altamente polimórfica, uma vez que os processos responsáveis por juízos introspectivos são muito diversos. Um juízo introspectivo no sentido de

Formas de consciência

que alguém está pensando que *p* inevitavelmente tem uma história causal bem diferente daquele de alguém que está percebendo que *p*. Indo mais além, qualquer juízo sobre um estado ocorrente, sem dúvida alguma, tem uma história bem diferente de qualquer juízo relativo a um estado duradouro que existe em estado de suspensão. Os *outputs* dos processos introspectivos são uniformes – todos eles são juízos de ordem superior. Porém, os *inputs* são muito heterogêneos e requerem formas de processamento altamente heterogêneas.

De minhas considerações sobre a introspecção, conclui-se que as instâncias responsáveis pela consciência introspectiva são dissociáveis daquelas que produzem e utilizam estados mentais de primeira ordem e, portanto, essa consciência introspectiva é dissociável da consciência experiencial, da consciência *de* e da consciência fenomênica.

Quanto à segunda questão, já argumentei que estar consciente *de* um aspecto é percebê-lo pelo fato de o sujeito se encontrar em um estado experiencialmente consciente. Se isso estiver correto, e a descrição da consciência experiencial na Seção 1.5 também, então o que resta é oferecer uma teoria da consciência. Começarei essa tarefa propondo a ideia de que a consciência [A] tem um caráter essencialmente representacional. Ter consciência de um elemento requer, com certeza, encontrar-se em um estado que o represente. Discutirei, depois, a forma de consciência especificamente perceptual. Com base em meus comentários sobre a consciência [A], chegarei à conclusão de que a consciência [A] perceptual tem uma estrutura representacional e que as experiências perceptuais, conteúdos representacionais. Ocupar-me-ei da elaboração desses pontos, explicando as formas mais básicas de conteúdo perceptual. Mais especificamente, tratarei de explicar uma forma de conteúdo representacional que dota as experiências perceptuais de sua dimensão qualitativa (ou, em outras palavras, pretendo esclarecer o que está envolvido no estar consciente de *qualia* perceptuais), além de explanar a forma de conteúdo que sustenta a consciência [A] perceptual de *objetos* exteriores.

No que diz respeito à terceira questão, conforme já prometido, sustentarei que a resposta correta é "sim, os *qualia*, em sua natureza,

35

são físicos, no sentido de que são redutíveis a propriedades físicas". Minha discussão a respeito dos *qualia* consistirá em duas partes. A primeira, que ocupará os capítulos 2 e 4, será a respeito das principais teorias contemporâneas de *qualia* e *consciência [A] qualitativa*. Em grande medida, ela será negativa e crítica, e objetiva preparar o cenário para uma teoria alternativa que desejo propor; a segunda parte apresentará essa teoria alternativa – ou, mais precisamente, as frações dela relacionadas com os *qualia* visuais, a dor e outros *qualia* sensoriais e emocionais. É uma teoria de caráter amplamente representacionalista, uma vez que argumenta a favor de uma descrição representacional de consciência de *qualia* e depende muito de suposições sobre representações no fechamento da "lacuna explicativa" entre os *qualia* e o mundo físico, mas em vários pontos ela difere de maneira significativa de outras versões de representacionalismo. Ela será apresentada nos capítulos 5, 6 e 7. O Capítulo 3 discutirá tópicos básicos pertinentes tanto às minhas objeções a teorias correntes quanto à nova teoria com que desejo substituí-las.

Resumindo, o presente estudo está relacionado a questões sobre a consciência introspectiva, da consciência perceptual *de* e da consciência fenomênica. Já disse quase tudo o que tenho a dizer a respeito de consciência experiencial. Como o leitor deve se lembrar, a Seção 1.5 propõe que a consciência experiencial seja explicada em termos de relações causais com instâncias cognitivas de ordem superior, mas fornece poucas informações de detalhes. No Capítulo 9 pretendo caracterizar de forma resumida o que me parecem ser as questões mais relevantes sobre tais assuntos, mas não tentarei resolvê-los. Em minha opinião, eles devem aguardar avanços em clínicas e laboratórios.

Embora não pretenda discutir explicitamente, mais uma vez, a *consciência experiencial* até o final do livro, abordarei muitas vezes a questão da experiência e, no Capítulo 3, descreverei uma forma de consciência [A] que chamo de *consciência experiencial*. Ao interpretar tais seções, por favor, tenha em mente que, conforme indicado no início, parece haver dois sentidos para o termo "experiência": o

Formas de consciência

sentido amplo, aplicável tanto a atitudes proposicionais ocorrentes quanto a *estados-P* (estados com uma dimensão fenomenológica), e o sentido mais restrito, aplicável apenas a *estados-P*. É o primeiro sentido que temos em mente quando dizemos que pensamentos ou desejos passageiros são experiências; nos referimos ao segundo sentido quando dizemos coisas como "Todo o conhecimento do mundo exterior deriva da experiência" e "A experiência é nossa única fonte de evidência sobre o mundo". De maneira geral, usarei "experiência" no sentido mais restrito – o sentido que se aplica apenas a *estados-P*. Isso é especialmente válido para as passagens em que falo de consciência [A] experiencial. Consciência [consciousness] experiencial é uma propriedade que todas as atitudes ocorrentes e *estados-P* apresentam. Por outro lado, *consciência [A]* experiencial é uma forma de consciência com uma dimensão fenomenológica. Não é uma propriedade de estados mentais, mas uma forma de consciência *de*. É lamentável que a língua inglesa associe dois significados diferentes à mesma palavra, mas pode-se evitar a confusão mantendo a ambiguidade em mente e escolhendo o sentido apropriado ao contexto.

2
Teorias dos *qualia*

Este capítulo ocupa-se de quatro teorias amplamente discutidas da natureza metafísica dos *qualia*: o fisicalismo dos *qualia*, o funcionalismo dos *qualia*, o dualismo de propriedade e uma perspectiva que chamarei de *representacionalismo harmaniano*. Haverá muito mais discussão sobre o dualismo de propriedade que acerca das duas primeiras teorias, pois é um de meus interesses principais no presente trabalho demonstrar que o dualismo de propriedade é falso. O leitor precisa saber como entendo a teoria e o que considero a principal motivação para que ela seja mantida, a fim de poder avaliar as objeções que desenvolvo em relação a ela. Haverá também uma discussão mais elaborada do representacionalismo harmaniano; trata-se do protótipo de uma quinta teoria dos *qualia*, que pretendo articular e defender em capítulos posteriores. Uma discussão dos pontos fortes e fracos do representacionalismo harmaniano nos ajudará a montar o cenário para essa quinta descrição.

2.1 Fisicalismo

Na forma como será entendido aqui, o *fisicalismo dos qualia* (doravante designado apenas *fisicalismo)* é a visão de que os *qualia* são

Consciência

redutíveis a propriedades físicas. O termo "físicas" é utilizado de maneira bem ampla nessa formulação. Ele se aplica a propriedades do tipo daquelas que estão no campo da Física, mas também a propriedades que pertencem ao campo da Biologia. Portanto, propriedades físicas incluem aquelas que são estudadas pela neurociência.

No sentido mais rigoroso do termo, uma propriedade P_1 é considerada como redutível à propriedade P_2 se P_1 for *idêntico a* P_2. Num sentido um pouco menos rigoroso, considera-se uma propriedade P como redutível a um conjunto de propriedades $\sum$, se P for *realizado pelos* membros de $\sum$ – isto é, se instanciações de P consistem em ou são constituídas por instanciações dos membros de $\sum$. E, num sentido ainda menos rigoroso, mas, ainda assim, sólido, considera-se P como redutível aos membros de $\sum$ se P *sobrevém de maneira lógica* às outras propriedades, o que significa que é logicamente impossível haver duas coisas semelhantes com relação aos membros de $\sum$, mas diferentes com relação a P.

De acordo com o *fisicalismo de identidade* [*identity physicalism*], é verdade – no primeiro sentido de "redutível" – que os *qualia* são redutíveis a propriedades físicas. O *fisicalismo de realização* [*realization physicalism*] afirma que isso é verdadeiro no segundo sentido de "redutível", e o *fisicalismo de superveniência* [*supervenience physicalism*], que é verdadeiro no terceiro sentido.

Neste livro, tratarei principalmente do fisicalismo de identidade, embora dispense alguma atenção também às outras versões de fisicalismo. Há três razões para essa escolha. Primeiro, a noção que o fisicalismo de identidade usa para definir redutibilidade, o conceito de identidade, é mais básica e mais claramente compreendida que os conceitos de realização e superveniência. Com efeito, é um conceito lógico e apreendemos bem os princípios lógicos que o governam. Segundo, como veremos logo adiante, há várias razões para aceitarmos o fisicalismo de identidade, e elas parecem bastante substanciais. Essas razões são mais transparentes e mais persuasivas que qualquer outra afirmação que possa ser feita em nome das outras duas formas de fisicalismo. E, como terceira e última razão, do meu ponto de vista, é possível responder às mais relevantes objeções tradicionais ao fisicalismo de identidade, embora a tarefa de encontrar respostas não seja fácil – e, na verdade, ela ocupará nossa atenção em grande parte deste livro.

Uma das considerações que favorecem o fisicalismo de identidade é que temos uma visão mais simples e mais plenamente integrada do mundo se sustentarmos a ideia de que os *qualia* são idênticos a propriedades físicas do que se admitirmos que esses dois campos são separados. Repetindo, se supusermos que os *qualia* são idênticos às propriedades físicas, será fácil nos ajustarmos à intuição de que estados qualitativos são eficazes no sentido causal – uma vez que eles geram comportamento e outros estados mentais e que, ao fazê-lo, produzem trabalho causal necessário, o qual não apenas duplica o que está sendo feito independentemente pelas propriedades físicas. Conseguiremos satisfazer a intuição porque se os *qualia* são *idênticos* às propriedades físicas, eles têm exatamente os mesmos poderes causais dessas últimas. Conclui-se, então, que eles realizam trabalho causal sem simplesmente duplicar o trabalho de propriedades físicas.[1] Um terceiro benefício do fisicalismo de identidade é que ele nos fornece uma explicação do motivo pelo qual estados qualitativos são fortemente correlacionados a certos estados neurais: as correlações existem porque estados qualitativos são *idênticos a* seus correlatos neurais.[2] (Aqui, estou apenas presumindo que existam estreitas correlações psiconeurais. Conforme veremos adiante, essa suposição pode ser sustentada.)[3]

---

1 Em sua forma contemporânea, esse argumento a favor do fisicalismo de identidade deve-se a Jaegwon Kim. Ver: Kim, *Mind in a Physical World*, p.29-47.

2 Esse argumento foi, se não me engano, levantado pela primeira vez em meu livro *Sensations*: A Defense of Type Materialism, p.22-6. O Capítulo 2 de *Sensations* é uma discussão ampliada das considerações a favor do fisicalismo de identidade. O leitor que desejar mais informações a respeito da motivação a favor do fisicalismo de identidade poderá recorrer a esse capítulo.

3 De acordo com meu ponto de vista, a motivação para o fisicalismo de realização é menos sólida que a motivação para o fisicalismo de identidade; mas o fisicalismo

Infelizmente, mesmo apresentando essas virtudes, o fisicalismo de identidade também enfrenta diversas objeções. Nos parágrafos seguintes, farei ponderações sobre uma objeção amplamente considerada importante, mas que é, na verdade, bastante equivocada. Nas seções posteriores, farei considerações sobre as objeções que surgem do dualismo de propriedade. Cada argumento a favor do dualismo é, de fato, um argumento contra o fisicalismo. Pretendo rever esses argumentos e discutir como um defensor do fisicalismo poderia responder a eles.

O *argumento da realização múltipla* rejeita a ideia de que os *qualia* se correlacionam de forma peculiar às propriedades físicas. Em vez disso – de acordo com o argumento apresentado –, os *qualia se realizam de forma múltipla* por propriedades físicas. Então, por exemplo, ele nega que haja uma propriedade física P, de tal forma que P é instanciado quando – e apenas quando – a dor é instanciada. Ou melhor, o argumento afirma que há uma gama de propriedades físicas P_1, ..., P_n, de tal forma que a dor está correlacionada a P_1 em membros da espécie S_1, correlacionada a P_2 em membros da espécie S_2, ... e correlacionada a P_n em membros da espécie S_n. Em termos mais concretos, de acordo com o argumento, a propriedade neural correlacionada à dor em seres humanos é provavelmente bem diferente daquela correlacionada com a dor em polvos, e ambas as propriedades são possivelmente bem distintas daquela correlacionada

---

de realização apoia-se no princípio de que tudo o mais sendo igual, é apropriado dar preferência a teorias que representam seus domínios como unificados e integrados. Um relato de fatos qualitativos que os representasse constituídos de fatos físicos postularia mais unidade e um grau mais alto de integração que um relato dualista que os representasse como ligados aos fatos físicos apenas por leis contingentes da natureza. Consequentemente, com base na suposição de que tudo o mais é igual, o princípio dado nos autoriza a preferir o fisicalismo de realização a visões dualistas. Portanto, em minha opinião, há, de qualquer maneira, algo a ser dito acerca do fisicalismo de realização. No geral, entretanto, não tenho muita fé nas possibilidades do fisicalismo de superveniência. Ofereço uma razão para essa ideia no Apêndice, no final deste capítulo (p.104)

à dor em cascavéis. Portanto, a afirmação mais enfática que podemos fazer sobre a relação entre a dor e o mundo físico é que ela se realiza por P_1 em membros de S_1, por P_2 em membros de S_2 e assim por diante. Não podemos afirmar que a relação envolve identidade, pois está claro que não se pode dizer que a dor é idêntica a todas essas propriedades de realização, e seria arbitrário escolher uma delas e afirmar que uma dor é idêntica a ela. Por conseguinte, o fisicalismo de identidade é falso.[4]

Essa linha de pensamento tem exercido enorme influência, mas, em minha opinião, ela está prejudicada pela observação de que somos orientados, sobretudo, por considerações de similaridade ao atribuirmos estados qualitativos a membros de outras espécies. Assim, por exemplo, um membro da espécie – digamos – morcego deve nos parecer adequadamente semelhante, para ser visto na condição de estar experienciando uma dor. Dessa forma, em nosso dia a dia estamos cientes apenas de formas superficiais de similaridade, as quais relacionam-se com o comportamento manifesto e, como resultado, estamos frequentemente dispostos a atribuir dor a criaturas cujo comportamento seja produzido por mecanismos neurais bem diferentes daqueles responsáveis pelo comportamento de humanos quando sentem dor. Entretanto, os critérios que governam nosso uso do conceito de dor são implicitamente sensíveis a similaridades e diferenças microestruturais interiores, bem como a macrossimilaridades e macrodiferenças exteriores, conforme fica demonstrado no fato de que nos tornamos cada vez mais cautelosos em nossas atribuições de estados mentais a outras criaturas conforme aumenta nosso conhecimento de diferenças neurais interespecíficas. Talvez estejamos dispostos a atribuir formas de dor a certas criaturas às quais sabemos faltar nosso aparelho altamente sofisticado de processamento de informações de danos corporais, mas tendemos a relutar em supor que a experiência de dor pela qual elas passam

---

4 Esse argumento foi proposto por Hilary Putnam. Ver seu Psychological Predicates, em Capitan; Merrill (eds.), *Art, Mind and Religion*, p.37-48.

seja, de qualquer forma, semelhante à nossa. Em geral, parece que diferenças substanciais em estrutura neural oferecem boas razões, seja para nos abstermos de atribuir estados qualitativos a outras criaturas ou para afirmar que a dimensão qualitativa da existência delas é bastante distante da nossa.[5]

Então, claro, se isso for verdadeiro, dificilmente as considerações relativas à constituição neural de outras criaturas poderão nos fornecer boas razões para rejeitarmos o fisicalismo de identidade. Pelo contrário, uma vez que nossos critérios de atribuição de estados qualitativos são sensíveis a diferenças neurais, temos boas razões para supor que diferenças interespecíficas em estados qualitativos sejam acompanhadas de diferenças neurais de uma maneira que defensores do fisicalismo de identidade devem achar plenamente compatível.

É necessário enfatizar que a linha de raciocínio não nos obriga a negar que membros de espécies remotas compartilham com seres humanos propriedades qualitativas altamente determináveis ou genéricas. O argumento é apenas que nossos princípios não exigem que digamos que membros de espécies remotas têm as propriedades qualitativas altamente determinadas que temos. É necessário enfatizar também que a última afirmação é suficiente para derrotar o argumento da realização múltipla. Um defensor do fisicalismo de identidade pode admitir sem medo de crítica que criaturas de épocas remotas compartilham nossas propriedades qualitativas altamente determináveis, com a única condição de que eles também compartilhem algumas de nossas propriedades neurais altamente determináveis.

Diante dessas reflexões, fica razoavelmente claro que se deve tomar o fisicalismo de identidade de maneira séria se se pretende considerar seriamente quaisquer das versões de fisicalismo que diferenciamos. Na realidade, porém, há motivos para pensar que devemos estreitar o âmbito de nossa atenção ainda mais e destacar uma forma específica de fisicalismo de identidade, o qual, algumas

---

5 Essa é, em essência, a linha de raciocínio que utilizo contra o argumento da realização múltipla em *Sensations*, Capítulo 9.

Teorias dos *qualia*

vezes, é chamado *fisicalismo de estado central* [*central state physicalism*].
Segue a doutrina do fisicalismo CS:

Os *qualia* são idênticos a propriedades neurais que são instanciadas por eventos no sistema nervoso central – mais particularmente,
por eventos no córtex cerebral.

À primeira vista, pelo menos, os *qualia* estão mais intimamente
correlacionados a propriedades neurais de eventos corticais do que
a quaisquer outras propriedades físicas. Se isso estiver correto, o
fisicalismo CS é a forma mais viável de fisicalismo de identidade.[6]
Graças às suas virtudes, o fisicalismo de identidade continuará
a desempenhar papel relevante neste capítulo. Para sermos mais
específicos, nossa preocupação na maior parte do capítulo recairá na
oposição entre fisicalismo CS e a visão dualista de que os *qualia* são
independentes de propriedades físicas. Haverá, contudo, uma breve
discussão do fisicalismo de realização na Seção 2.3, e uma discussão
mais elaborada do fisicalismo de superveniência no Apêndice, no
final deste capítulo.

2.2 Funcionalismo

Uma propriedade P é *causal* apenas se os objetos que apresentarem
P o façam em virtude de suas relações causais reais e potenciais. Por
exemplo, a propriedade de ser um abridor de latas é causal, pois as
coisas que a apresentam fazem-no porque têm um poder causal: a
habilidade de abrir latas. A propriedade de ser uma calculadora de
bolso é causal, uma vez que pode ser analisada em termos de dois
poderes causais: tem a habilidade de calcular valores de funções

---

6 O fisicalismo CS foi originalmente proposto em: Place, Is Consciousness a Brain
   Process? *British Journal of Psychology 47*, p.44-50, e em: Smart, Sensations and
   Brain Processes. *Philosophical Review 68*, p.141-56. Meu *Sensations* é uma defesa
   dessa visão.

Consciência

simples e pode ser carregada no bolso. Um terceiro exemplo é a propriedade *C*, explicada com a seguinte definição: o estado interior de um agente tem *C* apenas caso (i) o estado seja normalmente provocado por um dano ao corpo, e (ii) ele geralmente tenha efeitos que incluem: afastar-se do estímulo causador do dano, cuidar da parte do corpo que sofreu esse dano, contrair-se e chorar. Note que *C* está tomado de dores.

Uma propriedade *funcional* é uma propriedade causal de um tipo específico. Mais particularmente, ela é funcional se for uma propriedade apresentada por estados mentais de agentes como resultado de suas relações causais reais e potenciais com estímulos ambientais, com comportamento e diversos outros estados mentais. Por exemplo, a propriedade C^* é uma propriedade funcional: o estado interior de um agente apresenta C^* apenas caso (i) o estado seja normalmente causado por um dano ao corpo; (ii) ele normalmente tenha efeitos que incluem recuar do estímulo causador do dano, cuidar de uma parte afetada do corpo, retrair-se e chorar; e (iii) normalmente cause sofrimento e uma aversão duradoura pela causa do dano. Tanto *C* como C^* são tomados de dores, mas a definição em C^* parece melhor que a definição em *C* porque capta o que é distinto acerca de dores. Dessa maneira, por exemplo, parece que um robô comparativamente simples poderia se encontrar em um estado que apresenta *C*, mas nunca poderia se encontrar em um estado que apresenta C^*, a menos que pudesse experienciar sofrimento e aversão. Obviamente, sofrimento e aversão são estados mentais.

O *funcionalismo* é a visão de que cada propriedade mental é idêntica a uma propriedade funcional.[7] Assim, por exemplo, uma versão de funcionalismo poderia alegar que a dor é idêntica à propriedade funcional C^*. De maneira geral, o funcionalismo concebe estados mentais

---

7 O funcionalismo nasceu com "Psychological Predicates", de Putnam. Ver: Putnam, *Psychological Predicates*. In: Kim, *Philosophy of Mind*. Os capítulos 5 e 6 fornecem uma excelente exposição e exame dessa ideia.

Teorias dos *qualia*

como diferentes nós em uma complexa rede causal que se envolve em transações causais com o mundo exterior, recebendo *inputs* sensoriais e emitindo *outputs* comportamentais.[8]

Funcionalismo de qualia é a visão de que os *qualia* são idênticos às propriedades funcionais. É essa forma restrita de funcionalismo que será considerada aqui.

Os funcionalistas que estudam os *qualia* geralmente preferem sua teoria a seu fisicalismo, pois acreditam que a teoria concilia melhor a suposta realizabilidade múltipla de estados qualitativos. Já que os funcionalistas explicam estados mentais em termos de funções causais abstratas, eles podem dizer que estados qualitativos são compartilhados por criaturas com tipos de cérebros muito diferentes. Para perceber por que poderia ser assim, considere o exemplo simples de uma propriedade causal – a propriedade de ser um abridor de latas. Coisas com estruturas muito diferentes podem servir como abridores de latas. Da mesma forma, embora quase todos sejam feitos de metal, é possível utilizar muitos tipos diferentes de metal em sua manufatura. Abridores de latas podem diferir uns dos outros radicalmente na composição material. Assim, a propriedade de ser um abridor de latas é realizável de múltiplas maneiras. Em geral, propriedades causais são realizáveis de múltiplas maneiras por propriedades físicas.

Como pudemos perceber, embora muitas pessoas achem o argumento da realizabilidade múltipla persuasivo, parece que ele apresenta uma falha – pelo menos no caso específico dos *qualia*. Como resultado, a vantagem normalmente alegada para o funcionalismo dos *qualia* é ilusória. Além disso, ele apresenta uma desvantagem muito séria. Refletindo a respeito, achamos bastante implausível que os *qualia* possam ser analisados *exaustivamente* em termos de relações causais reais e potenciais. Imagine uma sensação física leve – algo como um formigamento. Em geral, quando temos consciência de

---

8 Kim, *Philosophy of Mind*, p.104.

um formigamento, não temos consciência de quaisquer interações causais entre outros aspectos e ele nem de quaisquer interações entre outros elementos e ele. Da mesma forma, não temos consciência de uma *tendência* que gera vários efeitos. Um formigamento não nos faz, por exemplo, querer coçar a parte do corpo onde ele se manifesta. E nem nos induz a continuar atentos a ele – formigamentos não têm nada de especialmente interessante. Portanto, seria ir contra a intuição dizer que *tudo o que existe sobre formigamento* são relações causais. Ademais, uma boa reflexão mostra que o mesmo vale para estados qualitativos muito mais poderosos, como a dor. Evidentemente, quando temos consciência de uma dor, temos consciência de que ela gera vários efeitos e também várias tendências causais – por exemplo, ela faz você desejar que ela acabe. Porém, seria plausível afirmar que *tudo o que existe sobre dor* são efeitos e tendências? Para mim, de qualquer forma, é óbvio que a resposta deveria ser "não". (Curiosamente, essa resposta é ratificada pelo testemunho de pacientes com assimbolia da dor e outros distúrbios que desvinculam a dor de seus efeitos normais. Apesar de não mais achar que dores são terríveis ou mesmo incômodas, pacientes desse tipo continuam a chamar certas sensações de "dores" e a sustentar que elas têm o mesmo caráter sensorial ou qualitativo que tinham antes da desvinculação.[9] De maneira geral, parece que estados qualitativos têm pelo menos aspectos ou componentes que podem ser identificados independentemente de suas funções causais. O fisicalismo de estado central – que associa os *qualia* a propriedades neurais mais do que a papéis causais – está em muito melhor posição para acomodar esses aspectos que o funcionalismo.

Está claro, pois, que a introspecção fornece razões para que o funcionalismo dos *qualia* seja rejeitado. Nesse caso, seria possível oferecer o contra-argumento de que a introspecção não deveria ser o árbitro final de descrições metafísicas de *qualia*. Talvez haja motivos teóricos para vincular os *qualia* a propriedades funcionais. E talvez a

---

9 Ver, por exemplo, Grahek, *Feeling Pain and Being in Pain*.

Teorias dos *qualia*

introspecção seja simplesmente míope demais para registrar o caráter funcional dos *qualia*. De maneira geral, sou favorável a observações dessa natureza. Há boas razões para considerarmos que a introspecção é um instrumento altamente falível. Por conseguinte, *se* for válido que, em determinado caso, há razões teóricas para supormos que uma característica seja diferente daquela representada pela introspecção, *então* pode ser conveniente ignorar o testemunho da introspecção. No caso presente, entretanto, não vejo qualquer razão teórica para uma identificação coletiva dos *qualia* com propriedades funcionais. O único argumento que cobre de maneira geral essa identificação é aquele da realização múltipla, o qual achamos muitíssimo falho.

Devo enfatizar que a objeção anterior está direcionada apenas contra o funcionalismo dos *qualia*. O ponto da objeção é que os estados qualitativos têm aspectos ou dimensões que podem ser identificados independentemente de relações causais com *inputs*, *outputs* e outros estados mentais. Existem fenômenos mentais aos quais faltam tais dimensões. Tratamentos funcionalistas desses fenômenos são imunes à objeção.

2.3 Dualismo de propriedade, parte 1

O princípio central do dualismo de propriedade é que os *qualia* são *sui generis*. Os *qualia* não são redutíveis nem a propriedades físicas de qualquer espécie nem a propriedades funcionais. Essa visão compreende três formas: o *dualismo de identidade* nega que os *qualia* sejam idênticos a propriedades físicas ou funcionais; o *dualismo de realização* nega que os *qualia* sejam realizados por propriedades de qualquer uma dessas duas outras espécies; e o *dualismo de superveniência* nega que os *qualia* sobrevenham a propriedades de qualquer uma das outras espécies.

Nenhuma das versões do dualismo de propriedade nega que existam leis da natureza que associem *qualia* a estados de outros tipos. Pelo contrário, elas reconhecem perfeitamente que há leis rígidas associando a dor e outros *qualia* a várias formas de atividade cortical. Alegam apenas que qualquer uma dessas leis precisa ser metafisicamente contingente – que elas não envolvem relações de necessidade lógica. A dor pode estar associada a determinado tipo de atividade cerebral, *B*, por leis da natureza, mas não é redutível a *B*.

Minha preocupação principal será com o dualismo de identidade, sobretudo porque ele é diametralmente oposto ao fisicalismo de identidade. Conforme indicado anteriormente, o fisicalismo de identidade é mais transparente que outras formas de fisicalismo e, de alguma maneira, à primeira vista, é também corroborado por um conjunto maior e mais persuasivo de considerações. Outra razão para considerarmos o dualismo de identidade é que ele recebe apoio particularmente forte de intuições e argumentos. Entretanto, levarei em conta com maior atenção um argumento muito instigante a favor do dualismo de realização, e discutirei o dualismo de superveniência em um apêndice. Cada uma das formas de dualismo de propriedade tem certo apelo e com este contribui para a teoria geral e abrangente de que os *qualia* são *sui generis*. Qualquer tentativa de avaliar a teoria abrangente precisa estabelecer contato com todas as suas manifestações concretas.

Esta seção dedica-se exclusivamente a argumentos a favor do dualismo de propriedade – haverá um total de seis seções. A próxima discutirá algumas réplicas aos argumentos e também vai comparar os méritos do dualismo de propriedade com os do fisicalismo.

O argumento modal cartesiano

O argumento modal [*modal argument*] que discutirei aqui pretende estabelecer o dualismo de propriedade, mas deriva de um argumento a favor do dualismo de substância que Descartes apresenta na *Sexta meditação*. O dualismo de substância é a ideia de que a mente, considerada como uma substância mental, é distinta do corpo físico e também de todas as outras partes, inclusive do cérebro. Ao argumentar a favor dessa ideia, Descartes inicia endossando o Princípio da Conceptibilidade/Possibilidade, a seguir descrito:

Teorias dos *qualia*

Tudo aquilo que compreendo clara e distintamente pode ter sido criado por Deus para corresponder exatamente àquilo que compreendo da forma como o faço.[10]

Em seguida, ele infere o seguinte Princípio da Separabilidade:

O fato de que posso clara e distintamente compreender uma coisa separada de outra é suficiente para me dar a certeza de que as duas coisas são distintas, uma vez que elas podem ser separadas, pelo menos por Deus.

Ao chegar ao Princípio da Separabilidade, ele, evidentemente, está pressupondo uma segunda premissa que não afirma de modo explícito. Essa premissa adicional deve ser algo como:

Se é possível que duas coisas existam separadas uma da outra, então essas duas coisas são distintas.

A premissa restante é uma proposição em que Descartes consegue compreender a mente como existindo independentemente do corpo, e o corpo, independentemente da mente:

Tenho um sentido de mim mesmo que é claro e distinto, uma vez que sou simplesmente uma coisa pensante, não extensa; e, por outro lado, tenho uma ideia clara do corpo, uma vez que ele é simplesmente uma coisa extensa, não pensante.

Combinando o Princípio da Separabilidade com essa afirmação sobre a maneira como compreende a mente e o corpo, Descartes atinge o ponto em que endossa o dualismo de substância:

---

10 Todas as citações de Descartes foram extraídas de: Cottingham; Stoothoff; Murdoch, *The Philosophical Writings of Descartes*, p.14.

É certo que sou realmente distinto de meu corpo e posso existir sem ele.

O que chama a atenção nesse argumento é que ele justifica uma forma de dualismo, invocando o Princípio da Conceptibilidade/Possibilidade.

O argumento de Descartes contém uma pressuposição que atualmente muitos questionam – a teoria de que a mente consciente é uma substância. Da perspectiva contemporânea, a mente consciente não é um objeto contínuo que satisfaz certos critérios de unidade e persistência e que existe independentemente de estados e processos mentais especiais; em vez disso, ela é mais bem percebida como uma espécie de construção lógica, o conjunto ou a totalidade de estados e processos considerados como conscientes, ou como um modo de funcionar de uma substância que também tem uma série de modos de funcionar inconscientes. Há, contudo, certos argumentos correlatos que não são questionados por dúvidas a respeito da substancialidade da mente consciente. Um deles utiliza o Princípio da Conceptibilidade/Possibilidade para justificar o dualismo de *propriedade*. É esse argumento que desejo focalizar aqui.

Antes de prosseguirmos, no entanto, devemos tomar nota de uma objeção feita por Arnauld contra o argumento de Descartes a favor do dualismo de substância.[11] Arnauld iniciou suas reflexões indicando que é possível que alguém conceba determinado aspecto sem considerar que ele apresente certas propriedades essenciais. Em especial, observou ele, é possível conceber um triângulo correto independentemente de ele apresentar a propriedade de Pitágoras (isto é, sem que ele preencha a condição de que o quadrado da hipotenusa é igual à soma dos quadrados dos catetos). "Como ter certeza", Arnauld perguntou então a Descartes,

---

11 Arnauld, Sixth Set of Objections. In: Cottingham; Stoothoff; Murdoch, *The Philosophical Writings of Descartes*, p.278-84.

de que algo assim não está acontecendo quando você concebe sua mente sem que ela seja acompanhada do corpo? Talvez ao conceber a mente, você esteja deixando de conceber todas as suas propriedades essenciais, e pode ser que algumas dessas propriedades tenham um caráter físico. Que garantias você tem de que não seria este o caso?

De acordo com minha leitura de Descartes, ele nunca avaliou plenamente a força dessa objeção, embora tenha, sem dúvida, tentado lidar com ela de várias maneiras. Não examinarei a resposta dele aqui. Em vez disso, apenas farei a observação de que ele precisa de uma premissa adicional, pois, quando concebe a mente de forma clara e distinta, ele também a concebe *de forma completa*, uma vez que a concebe com todas as propriedades essenciais que ela, de fato, apresenta.

Se reconfigurarmos o argumento de Descartes para que ele se relacione com nosso tópico presente – os *qualia* – e com o interesse do foco de definidade que dirigimos ao caso específico da dor, teremos a seguinte linha de raciocínio:

Primeira premissa: temos condições de conceber clara e distintamente situações em que a dor existe sem estar acompanhada de atividade φ. (Utilizo aqui a expressão atividade φ para representar certa propriedade neurobiológica – aquela que, de fato, será correlacionada mais intimamente com a dor).

Segunda premissa: quando concebemos a dor, nós a concebemos de forma completa, ou seja, ao concebê-la, fazemos justiça a todas as suas propriedades essenciais.

Terceira premissa: se estiver em nosso poder conceber o caso de que p clara, distinta e inteiramente, então há uma possibilidade genuína de que p.

Lema: pela primeira, segunda e terceira premissas, é genuinamente possível que a dor exista sem estar acompanhada de atividade φ.

Quarta premissa: se é genuinamente possível que x exista sem estar acompanhado de y, então x não é idêntico a y.

Conclusão: a dor não é idêntica à atividade φ.

Podemos nos valer de argumento semelhante para mostrar que todo *quale* é distinto da propriedade neural com a qual ele está associado mais intimamente no mundo real.

A primeira, terceira e quarta premissas desse argumento têm – todas elas – certo apelo intuitivo, mas a segunda premissa necessita de uma defesa. É verdade que imaginamos a dor de maneira completa? Num primeiro momento, pelo menos, a resposta é "sim". Suponhamos que a estejamos imaginando de uma perspectiva de primeira pessoa e que essa seja a forma de conceber dor com a qual o argumento se relaciona. Então, quando concebemos a dor com base nessa perspectiva, nossa concepção é determinada pela experiência que temos da dor. É possível que essa experiência não consiga revelar plenamente a natureza essencial da dor? Parece que a resposta deveria ser "não". Afinal, quando experimentamos dores, nossa percepção delas é *direta*, isto é, não há qualquer figura mediadora ou modo de apresentação. Dores *se autoapresentam*, não são apresentadas a nós por alguma outra coisa, o que poderia ocluir suas naturezas essenciais. Além disso, dores não nos são concedidas com base em perspectivas: não faz sentido falar de experienciar dores sob diferentes pontos de vista; isto é, não faz sentido perguntar como veríamos as dores se pudéssemos experienciar sua "parte traseira" ou sua "parte interior". Por essa razão, não pode ser que dores tenham partes ou aspectos que a experiência não consiga registrar. Como, então, poderia ser que dores têm uma dimensão oculta? Mais especificamente, como poderiam elas ter uma dimensão oculta que inclua propriedades como aquelas que *envolvem o lançamento de milhares de neurônios* ou *a liberação de neurotransmissores*? Parece que nossos modelos normais de como as dimensões podem se ocultar não encontram aplicação nesse caso.

Como frequentemente se pode notar, é possível construir argumentos semelhantes para mostrar que os *qualia* são distintos de propriedades funcionais, bem como de propriedades físicas. (A partir daqui usarei a expressão "propriedade física" em um sentido bastante abrangente, em que ela representa tanto as propriedades físicas como as funcionais).

O argumento do conhecimento

Embora seja possível encontrar precursores do argumento do conhecimento em vários textos anteriores, parece que ele foi explicitamente formalizado pela primeira vez em artigos que Frank Jackson escreveu na década de 1980. É da seguinte maneira que Jackson expõe seu argumento:

> Mary é uma cientista brilhante que, por quaisquer razões que sejam, obrigou-se a investigar o mundo a partir de uma sala em preto e branco *via* um monitor de televisão em preto e branco.

Ela está se especializando em neurofisiologia da visão e adquire – vamos supor – todas as informações físicas possíveis sobre o que acontece quando vemos tomates maduros ou o céu e usamos termos como "vermelho" e "azul" e assim por diante. Ela descobre, por exemplo, exatamente que combinações de comprimento de ondas provenientes do céu estimulam a retina e como exatamente isso produz, pela *via* do sistema nervoso central, a contração das cordas vocais e a expulsão de ar dos pulmões resultante da articulação da sentença "O céu é azul"... O que acontecerá quando Mary sair de sua sala em preto e branco ou receber um monitor de televisão em cores? Ela *aprenderá* alguma coisa ou não? Parece óbvio demais que ela aprenderá algo a respeito do mundo e da experiência visual que temos dele; mas também é inevitável concluir que seu conhecimento prévio era incompleto; no entanto, ela possuía *todas* as informações físicas. Portanto, há mais o que conhecer do que apenas isso, e o fisicalismo é falso.[12]

Em outra parte, Jackson nos diz exatamente o que Mary descobrirá: "Pois quando sair da sala em preto e branco ou receber uma

---

12 Jackson, Epiphenomenal Qualia. *Philosophical Quarterly 32*, p.127-36. O ensaio foi reimpresso em: Chalmers (ed.), *Philosophy of Mind*: Classical and Contemporary Readings, p.273-80. O fragmento citado encontra-se na p.275.

Consciência

televisão colorida, ela descobrirá como é, por exemplo, ver algo vermelho".[13] Outra maneira de expressar essa ideia é dizer que ela perceberá que aparência têm as coisas vermelhas; e ainda outra forma é dizer que ela se familiarizará com a aparência que coisas vermelhas oferecem a observadores comuns.

A linha de raciocínio de Jackson pode ser reformulada como um argumento formal, conforme segue:

Primeira premissa: antes de deixar a sala em preto e branco, Mary conhecia todos os fatos físicos sobre cor e percepção de cor.

Segunda premissa: ainda assim, havia um fato a respeito de cor que ela não conhecia – o fato de que coisas vermelhas têm determinada aparência.

Terceira premissa: se é possível conhecer todos os membros de determinado conjunto $\sum$ de fatos sem ter condições de conhecer f, um fato dado, f não é idêntico a nenhum dos membros de $\sum$.

Conclusão: o fato de que coisas vermelhas têm determinada aparência não é idêntico a nenhum dos fatos físicos sobre cor e visão de cor.

Essa linha de raciocínio ocupa-se apenas de um *quale* de cor específico. Conforme Jackson aponta, entretanto, é fácil fazer generalizações:

Está claro que o mesmo estilo de argumento do conhecimento poderia ser estabelecido para o paladar, para a audição, para as sensações físicas e, de maneira geral, para os vários estados mentais que, segundo se pensa, têm (como diferentemente se afirma) sentidos crus, características fenomênicas ou *qualia*.[14]

---

13 Jackson, What Mary Didn't Know. *Journal of Philosophy 83*, p.291-5, reimpresso em: Block; Flanagan; Güzeldere (eds.), *The Nature of Consciousness*, p.567-70. O fragmento citado encontra-se na p.567.

14 Jackson, Epiphenomenal Qualia. In: Chalmers (ed.), *Philosophy of Mind*: Classical and Contemporary Readings, p.275.

O argumento de Nagel

Em seu magnífico ensaio "What is it Like to be a Bat?" [Como é ser um morcego?], Thomas Nagel apresenta uma crítica de teorias reducionistas dos *qualia* e da consciência fenomênica, que ainda hoje, passados mais de trinta anos, desfruta de enorme prestígio.[15] Nagel nos diz que não é sua intenção promover o dualismo de propriedade; pelo contrário, ele pretende mostrar que a discussão sobre os *qualia* precisa ser reestruturada de forma que possa ser conduzida além dos conflitos entre fisicalismo, dualismo de propriedade e das outras posições convencionais. Uma reflexão, entretanto, mostra que sua linha de pensamento pode facilmente ser ajustada para produzir um argumento a favor do dualismo de propriedade. Além disso, para muitos leitores, parece que esse argumento não se desestabiliza pelas preocupações de Nagel acerca dos méritos das posições convencionais. O argumento traz consigo um fascínio direto e imediato que lhe assegura uma análise independente.

Nagel inicia sua discussão afirmando que o caráter qualitativo específico de uma experiência é subjetivo, querendo dizer que ele pode ser plenamente apreciado apenas do ponto de vista do sujeito da experiência. No caso de um morcego, por exemplo:

> podemos atribuir *tipos* gerais de experiência com base na estrutura e comportamento do animal. Assim, descrevemos o sonar de morcegos como uma forma de percepção tridimensional que lhes garante orientação no escuro; acreditamos que os morcegos sentem algumas versões de dor, medo, fome e desejo, e que eles têm outros tipos mais comuns de percepção além do sonar. Contudo, acreditamos que essas experiências também têm, em cada caso, um caráter subjetivo específico, que está além de nossa capacidade de compreensão.[16]

---

15 Nagel, What is it Like to be a Bat? *Philosophical Review 83*, p.435-50, reimpresso em: Chalmers (ed.), *Philosophy of Mind*: Classical and Contemporary Readings, p.219-26.

16 Ibid., p.221.

Consciência

Nagel explica a noção-chave da subjetividade na passagem seguinte:

Há um sentido em que os fatos fenomenológicos são perfeitamente objetivos: podemos conhecer ou dizer qual é a qualidade da experiência de outra pessoa. Entretanto, eles são subjetivos, no sentido de que mesmo essa atribuição objetiva de experiência é possível apenas para alguém suficientemente semelhante ao objeto de atribuição, para que seja possível adotar seu ponto de vista – compreender a atribuição na primeira pessoa, bem como na terceira, por assim dizer. Quanto mais diferente de nós mesmos for o outro que vivencia a experiência, menor será o sucesso que se pode esperar dessa empreitada.[17]

Combinadas, essas duas passagens nos apresentam a tese a seguir, que, no fim, utilizarei como a premissa inicial de um argumento a favor do dualismo de propriedade:

Primeira premissa: fatos a respeito do caráter qualitativo de uma experiência são plenamente acessíveis apenas do ponto de vista do ser que é o sujeito da experiência.

No Capítulo 1, descrevi os *qualia* como características que *supomos* serem plenamente acessíveis apenas do ponto de vista do sujeito que está vivendo a experiência. Com efeito, esse primeiro princípio de Nagel sustenta que estamos *corretos* em supor que certas características têm apenas essa muito limitada espécie de acessibilidade. As características que *supomos* ter apenas a forma limitada *realmente têm* apenas a forma limitada.

Depois de fornecer razões a favor do primeiro princípio, Nagel prossegue raciocinando da seguinte forma:

---

17 Ibid., p.222.

Teorias dos *qualia*

Isso está diretamente relacionado ao problema mente/corpo, pois se os fatos da experiência – fatos sobre como é *para* o organismo que vive a experiência – são acessíveis apenas de um ponto de vista, então é um mistério como o verdadeiro caráter de experiências poderia ser revelado na operação física daquele organismo. Este último é um campo de fatos objetivos *par excellence* – o tipo que pode ser observado e compreendido de muitos pontos de vista e por diferentes sistemas perceptuais. Não há obstáculos imaginativos comparáveis para a aquisição da neurofisiologia de morcegos por cientistas humanos, e morcegos inteligentes ou marcianos poderiam aprender mais do que nós jamais conseguiremos aprender a respeito do cérebro humano.[18]

Conforme eu o entendo, o ponto principal desse excerto é o seguinte princípio sobre a natureza física de um sujeito que está vivenciando a experiência:

Segunda premissa: os fatos a respeito da constituição física de um sujeito são plenamente acessíveis do ponto de vista de terceira pessoa e também de uma variedade de outros pontos de vista ocupados por membros de outras espécies.

Assim como o priméiro, esse segundo princípio é extremamente plausível.

Agora, acrescentemos o truísmo a seguir às duas opiniões que já sinalizamos:

Terceira premissa: se fatos acerca da natureza qualitativa da experiência de um sujeito estão plenamente disponíveis apenas do ponto de vista do sujeito que a está experienciando, e fatos sobre a constituição física de um sujeito estão disponíveis a partir de uma variedade de pontos de

---

18 Ibid., p.222

Consciência

vista, então os primeiros fatos não são idênticos a qualquer subconjunto dos últimos.

Combinada com as duas primeiras, a nova premissa gera uma conclusão mais ou menos assim:

Conclusão: fatos sobre a natureza qualitativa das experiências de um sujeito não são idênticos a qualquer conjunto de fatos sobre a constituição física desse sujeito.

Isso é, obviamente, uma versão do dualismo de propriedade.

Como se pode notar, a presente conclusão não é aquela que o próprio Nagel recomenda. Pelo contrário, ele prefere ver a primeira e a segunda premissas como desestabilizadoras da motivação a favor de posições como o fisicalismo e o dualismo de propriedade, e até como contestadoras da significância de ambos. Na verdade, se admitirmos – que é o que acho que devemos fazer – que a primeira e a segunda premissas são significativas e bem motivadas, então precisamos adotar uma atitude semelhante com relação à conclusão. Dessa forma, considerando que a terminologia na terceira premissa também aparece na primeira e na segunda, devemos acreditar que a terceira premissa é plenamente significativa se as outras o são. Além disso, considerando que admitimos a significância da terceira premissa, devemos também admitir a verdade nela contida, pois ela é um exemplo de um princípio de lógica (a Lei de Leibniz). Assim, contrariamente ao que o próprio Nagel afirma, há um forte argumento que transfere fácil e naturalmente o magnetismo intuitivo da primeira e da segunda premissa para o dualismo de propriedade.

O argumento da lacuna explicativa

Joseph Levine é basicamente o responsável por articular a intuição de que há uma lacuna explicativa que separa os processos cerebrais da dimensão qualitativa da experiência de um sujeito, e também por

Teorias dos *qualia*

enfatizar sua importância para o debate entre fisicalistas e defensores do dualismo de propriedade. Em especial, ele foi o primeiro a notar que essa lacuna poderia fornecer a base de um argumento que dá suporte adicional ao dualismo.

O argumento começa com a seguinte observação:

> [Se] o materialismo é realmente válido, deve haver uma explicação de como o mental surge do físico. [...] Se a natureza é um sistema grande, legítimo e ordenado, como os materialistas (ou naturalistas) insistem que ela seja, então deve ser possível explicar a ocorrência de qualquer parte desse sistema no que diz respeito aos princípios básicos que governam a natureza como um todo.[19]

O segundo passo indica que parece impossível explicar a existência dos *qualia* em termos de processos cerebrais – ou ocorrências físicas de qualquer outra espécie.

O problema, no entanto, é que há boas razões para pensarmos que, diferentemente de outros macrodomínios, quando se trata de *qualia*, não apenas carecemos de detalhes meramente suficientes para fornecer a explicação necessária, mas de qualquer ideia de como tal teoria poderia operar; isto é, há uma lacuna explicativa entre o físico e o mental (pelo menos no que diz respeito aos *qualia*).[20]

Levine desenvolve essa visão da seguinte forma:

> À medida que examino minha caixa vermelha de disquetes, estou vivenciando uma experiência visual de natureza avermelhada. Uma luz de composição especial está saindo da caixa e estimulando minha

---

19 Levine, *Purple Haze*, p.69. Devo mencionar que Levine não vê seu argumento como uma refutação do fisicalismo, mas antes como um argumento poderoso a favor do dualismo, o qual os fisicalistas ainda não conseguiram contestar.
20 Ibid., p.69.

61

retina de uma maneira especial. Essa estimulação retiniana agora gera outros impulsos do nervo óptico, o que, por fim, gera vários eventos neurais no córtex visual. Onde, em tudo isso, podemos ver os eventos que explicam o fato de eu estar tendo uma experiência avermelhada? Parece que não há qualquer conexão discernível entre a descrição física e a mental, e portanto, nenhuma explicação da última em relação à primeira.[21]

Juntos, os dois primeiros excertos levam à falsidade do materialismo, e o terceiro nos ajuda a ver que a principal alegação do segundo é realmente bastante plausível.

Os fragmentos citados fornecem a essência do argumento da lacuna explicativa, mas não levam em conta uma série de detalhes importantes. Um deles é a ideia de que uma explicação completa e final dos fatos que envolvem uma propriedade P_1 em termos de fatos que envolvem uma propriedade P_2 deveria tornar inconcebível a ideia de que os últimos fatos poderiam ter ocorrido sem terem sido acompanhados dos primeiros. Levine ilustra essa noção recorrendo à explicação convencional do que ocorre no nível macro quando a água ferve, considerando a energia cinética de moléculas H_2O.

Moléculas H_2O movem-se em diferentes velocidades. Algumas moléculas que por acaso se encontram perto da superfície do líquido, ao mover-se com rapidez, têm suficiente energia cinética para escapar das forças intermoleculares de atração que mantêm o líquido intacto. Essas moléculas penetram na atmosfera. Isso é a evaporação. O valor preciso das forças intermoleculares de atração de moléculas H_2O determina a pressão de vapor de massas líquidas de H_2O, a pressão exercida pelas moléculas que tentam escapar para o ar saturado. Conforme a energia cinética média das moléculas aumenta, também aumenta a pressão do vapor. Quando a pressão

---

21 Ibid., p.77.

Teorias dos *qualia*

do vapor atinge o ponto em que se torna igual à pressão atmosférica, grandes bolhas se formam dentro do líquido e se rompem na superfície. A água está fervendo.[22]

Em seguida, Levine faz a seguinte afirmação: "Considerando uma elaboração suficientemente vívida como esta acima, é *inconcebível* que H_2O não deva ferver a 212° ao nível do mar...".[23] Outra ideia adicional é a afirmação – familiar e originária do argumento modal cartesiano – de que sendo S qualquer conjunto de fatos envolvendo propriedades físicas do cérebro, é fácil supor a existência dos membros de S sem estarem acompanhados de quaisquer fatos qualitativos. Aqui está um fragmento em que Levine expressa esse ponto:

> Não importa quão rica a história neurofisiológica se torne, continua a parecer bastante coerente imaginar que tudo isso deve estar acontecendo sem haver algo que se assemelhe à experiência de vivenciar os estados em questão. No entanto, se a história física realmente explicou o caráter qualitativo, não seria tão claramente concebível que os *qualia* devessem estar faltando.[24]

Considerando que Levine confia tanto na conceptibilidade de situações envolvendo fatos neurofisiológicos, mas nenhum fato qualitativo, é grande a tentação de supor que seu raciocínio seja apenas uma variante do raciocínio cartesiano que consideramos anteriormente – que o argumento da lacuna explicativa cai no argumento modal cartesiano. Isso, entretanto, seria um equívoco. O argumento modal cartesiano explora intuições acerca da relação entre conceptibilidade e possibilidade; o argumento da lacuna depende de intuições a respeito da relação entre conceptibilidade e explicação.

---

22 Ibid., p.79.
23 Ibid., p.79 (grifo meu).
24 Ibid., p.79.

Consciência

Reunindo as várias ideias que estamos examinando em um argumento formal, chegamos a uma linha de raciocínio que se aproxima da que segue:

Primeira premissa: se o materialismo é verdadeiro, então existe uma explicação plena e derradeira de fatos envolvendo propriedades qualitativas a respeito de fatos envolvendo propriedades físicas.

Segunda premissa: se há uma explicação plena e derradeira de fatos qualitativos com relação a certos fatos físicos, então deveria ser implausível que os últimos fatos pudessem ocorrer sem estar acompanhados dos primeiros.

Terceira premissa: em que $\sum$ é qualquer conjunto de fatos físicos, é possível supor os membros de $\sum$ existindo sem estar acompanhados de quaisquer fatos qualitativos.

Conclusão: o materialismo é falso.

Como pudemos notar, Levine levanta argumentos persuasivos para suas premissas. À primeira vista, pelo menos, o argumento se sustenta.

Mas, o que, exatamente, significa a conclusão? Quais são as propriedades definidoras da visão que Levine chama de "materialismo"? A resposta é que, da mesma maneira que Levine concebe essa teoria, o materialismo afirma que cada propriedade que não é em si mesma uma propriedade física básica, realiza-se por propriedades físicas básicas.[25] Portanto, quando se restringe às propriedades que nos são de interesse especial, o materialismo é mais ou menos equivalente ao princípio que anteriormente chamei de "fisicalismo de realização" – o princípio de que cada propriedade qualitativa se realiza por propriedades físicas. Uma vez que é bem-sucedido, o argumento de Levine pesa contra essa visão e também promove seu oposto, o dualismo de realização.

---

25 Ibid., p.21.

Podemos nos perguntar se considerações que têm a ver com a lacuna explicativa podem também ser utilizadas para questionar outras formas de fisicalismo. Em especial, poderiam tais considerações ser utilizadas para colocar em questão o fisicalismo de identidade? Fazer essa pergunta é indagar se a seguinte variante da primeira premissa está correta:

(*) Se o fisicalismo de identidade é válido, então existe uma explicação plena e derradeira de fatos envolvendo propriedades qualitativas sobre fatos envolvendo propriedades físicas.

A resposta parece ser "sim", pois é plausível que se possa explicar um fato envolvendo uma propriedade qualitativa P_1, demonstrando que ela é resultado de um conjunto de fatos envolvendo uma propriedade física P_2 e uma afirmação no sentido de que P_1 é idêntico a P_2. E o que dizer sobre a tese que muitos consideram como *fisicalismo mínimo* ou *básico* – a de que todas as propriedades sobrevêm a propriedades físicas? Seria ela contestada por considerações que têm a ver com a lacuna? Fazer essa segunda pergunta é indagar se (**) está correto:

(**) Se o fisicalismo de superveniência é válido, então existe uma explicação plena e derradeira de fatos envolvendo propriedades qualitativas sobre fatos envolvendo propriedades físicas.

Nesse caso, a resposta parece ser "não". Grosso modo, uma propriedade sobrevem a outra se a última exigir a primeira: a superveniência reduz-se a um vínculo necessário Assim, com efeito, (**) propõe-se que, se os *qualia* estão vinculados por propriedades físicas, então é possível explicar os fatos envolvendo os *qualia* no que diz respeito a fatos envolvendo propriedades físicas. Não é necessário refletir muito para perceber que esse argumento é falso: claramente, há muito mais do que vínculo de necessidade para uma explicação. (Dessa forma, por exemplo, fatos envolvendo a propriedade de um

Consciência

número ser primo estão implicados em fatos envolvendo a propriedade de uma catedral ser gótica, já que os fatos anteriores são necessários. Porém, ninguém acha que fatos envolvendo números primos possam ser explicados por fatos envolvendo catedrais.). O que acontece, então, é que há pelo menos uma forma importante de fisicalismo que não é colocada em questão por um argumento da lacuna.

O argumento aparência/realidade

Dedico-me agora a um argumento que não pode ser atribuído a qualquer indivíduo em especial, e que raramente é apresentado de forma explícita, mas que parece esconder-se logo abaixo da superfície de muitas discussões. Ele se inicia com a observação de que não é apropriado distinguir entre a aparência de um *quale* e a realidade correspondente. Falando em termos gerais, se alguém acha que está vivenciando determinado *quale*, então esse alguém o *está* vivenciando. Após essa observação inicial, o argumento prossegue para mostrar que propriedades físicas não desfrutam desse tipo de imunidade à ilusão e à alucinação: é sempre possível que aquilo que parece ser um exemplo de determinada propriedade física seja, na verdade, o exemplo de uma espécie bem diferente. Na realidade, o que parece ser um exemplo de determinada propriedade física pode nem mesmo existir. Contudo, se esse for o caso, prossegue o argumento, então as propriedades físicas detém uma característica que falta aos *qualia* – elas reconhecem uma distinção entre aparência/realidade. Conclui-se, então, pela Lei de Leibniz, que os *qualia* são distintos de propriedades físicas.

Será verdade que os *qualia* são imunes a ilusões e alucinações? Para avaliar a plausibilidade dessa asserção, considere o caso em que você passa por uma experiência que lhe permite julgar de forma adequada que você está sentindo uma dor. Poderia a avaliação ser falsa apesar de estar baseada de maneira adequada em uma experiência real? Poderia a experiência, de alguma forma, deixar de revelar a verdadeira natureza de seu objeto? Poderia ser o caso de a sensação que você está tendo ser, na verdade, bem diversa daquilo que sugere sua experiência da dor, ou que ela não existe de maneira alguma? À primeira vista, pelo menos, a resposta a todas essas perguntas é "não". Uma situação em que lhe parece, por experiência vivida, estar sentindo dor é uma situação em que você, de fato, está sentindo dor. (É essencial, ao considerar as questões, que você focalize sua atenção em uma situação em que você tenha um motivo, pela experiência vivida, para achar que está sentindo dor ou, em outras palavras, uma situação em que você tenha uma experiência do mesmo tipo de quando está, de fato, sentindo uma dor. Uma situação em que você simplesmente conclui que está sentindo dor, sem basear essa conclusão em experiência, não servirá aos nossos propósitos aqui. (É possível julgar que sentimos dor sem termos uma base experiencial para esse juízo. Isso pode acontecer, em especial, quando o conceito que temos de dor foi "treinado" por uma ameaça anterior ou uma advertência. Esse treinamento aumenta a chance de que um conceito seja aplicado de forma inadequada.)). De forma alternativa, considere uma situação em que um objeto com determinada aparência de cor surge diante de você – talvez ele lhe pareça vermelho. Poderia tratar--se de um caso em que o objeto estivesse apenas *parecendo parecer* vermelho, e que ele está, na verdade, parecendo de maneira bem diferente? Não. Não há qualquer distinção a ser feita entre a forma como um objeto *aparenta parecer* e a forma como ele realmente *parece*. No caso tanto da dor quanto da aparência de vermelho, aparência e realidade redundam na mesma coisa.

Talvez seja útil reconfigurar um pouco o argumento aparência/realidade, usando uma terminologia que destaque sua ligação com certas áreas da literatura:

> *Primeira premissa*: dores se apresentam; não são apresentadas. Em outras palavras, não há diferença entre parecer que estamos experienciando um *quale* e ser o caso de que estamos experienciando um *quale*. (Falando ainda de outra forma, os *qualia* não reconhecem a distinção aparência/realidade).

Consciência

Segunda premissa: estados do cérebro não se apresentam por si mesmos. Em outras palavras, sendo *B* qualquer estado do cérebro, há uma diferença entre nos parecer que um cérebro está em *B* e o fato de que um cérebro esteja realmente em *B*. O mesmo é válido para todas as outras propriedades físicas.

Lema: os *qualia* contêm uma característica que falta aos estados cerebrais – a de *poder apresentar-se a si mesmos*.

Terceira premissa: se *x* apresenta uma propriedade que *y* não apresenta, então *x* não é idêntico a *y*.

Conclusão: os *qualia* não são idênticos aos estados cerebrais e nem a propriedades físicas de qualquer outra espécie.

Talvez o leitor compartilhe comigo a ideia de que esse argumento tem tido – e continuará a ter – uma influência velada considerável.

O argumento da introspecção

Como o argumento da aparência/realidade, o argumento da introspecção não tem um *locus classicus* ou um defensor supremo. Ele também tende a se esconder logo abaixo da superfície dos debates. Há, entretanto, um argumento explícito e de muita relevância com o qual ele tem certa afinidade – o argumento do núcleo [*the grain argument*], de Wilfrid Sellars, que sustenta que o "núcleo", ou o grau de complexidade de um estado qualitativo, é bem diferente daquele de quaisquer dos estados físicos com os quais ele está correlacionado.[26] É possível que Sellars tenha pretendido oferecer uma versão do argumento da introspecção, mas sua formulação do argumento do núcleo reconhece uma variedade de interpretações e, de qualquer forma, parece que ele carece de um componente crucial ao argumento da introspecção, conforme pretendo apresentar aqui.

---

26 Sellars, Philosophy and the Scientific Image of Man. In: Colodny (ed.), *Frontiers of Science and Philosophy*, p.35-78. Esse artigo foi reimpresso em: Sellars, *Science, Perception and Reality*, p.1-40. A ideia central do argumento do grau encontra-se na p.26.

Teorias dos *qualia*

O argumento consiste em duas premissas principais. Uma delas é a assertiva de que a introspecção não pode nos fornecer quaisquer motivos para atribuirmos o tipo de complexidade mereológica e causal a um caso de estado qualitativo que apresenta casos de estados neurais. Comparados a estados neurais, os estados qualitativos são bastante simples. De fato, seus menores componentes discrimináveis parecem ser absolutamente simples. A outra premissa-chave é a ideia de que a introspecção fornece ao sujeito de um estado qualitativo pleno acesso cognitivo à sua natureza essencial. Conclui-se dessa ideia que se um estado qualitativo Q é idêntico a um estado neural N, e x é o sujeito de um caso de N, então a introspecção deveria fornecer a x acesso à complexidade mereológica e causal de N. Nosso sujeito x deveria poder apenas *ver* que o caso de Q envolve enorme quantidade de neurônios em interação. Juntas, essas duas premissas sugerem que estados qualitativos não são idênticos a estados físicos.

Ampliando a ideia: quando estou introspectivamente prestando atenção a uma dor, tenho consciência de algo que parece resistir a uma caracterização no que se refere a conceitos neurocientíficos. Aplicar conceitos neurocientíficos a isso seria o mesmo que aplicá-los a um pedaço de céu azul. Seria possível explicar essa resistência à descrição neurocientífica apelando para a diferença entre aparência e realidade? Poderíamos dizer que dores realmente admitem descrições neurocientíficas, embora pareça o contrário, porque a consciência introspectiva nos fornece apenas aparências de dores, as quais não conseguem garantir suas naturezas essenciais? Aparentemente não, pois parece impossível estabelecer uma distinção entre o que parece ser uma dor e a realidade subjacente. No caso de dores, tudo sugere, a aparência *é* a realidade. Seria possível explicar a resistência à descrição neurocientífica salientando que conceitos neurocientíficos, como todos os conceitos materiais, são esquematizados perceptualmente – que as regras que governam seu uso nos impedem de aplicá-las, a menos que tenhamos uma base *perceptual* para fazê-lo? Parece que é possível explicar alguma resistência dessa forma, mas não inteiramente. Assim, há conceitos que se aplicam a estados neurais cujo conteúdo parece ser em grande parte independente da percepção – conceitos mereológicos, por exemplo, e conceitos puramente estruturais de outros tipos. Se a propriedade de ser uma dor *apenas é* certa propriedade de estados cerebrais, não deveria ser possível, quando estamos introspectivamente conscientes de uma dor, encontrar alguma base para uma descrição mereológica da dor que se equipare à descrição mereológica do estado cerebral correspondente? A tentação de responder de forma afirmativa é bem forte. (Aqui, estou presumindo que conceitos mereológicos são governados, em todos os seus usos, por uma lógica operacional, e isso nos permite compreender as relações mereológicas em uma variedade de campos. É um equívoco pensar em conceitos mereológicos como de uso restrito em fenômenos perceptíveis.)

Em sua essência, o argumento da introspecção resulta no seguinte:

Primeira premissa: a introspecção não fornece qualquer base para a aplicação de conceitos neurais a estados qualitativos. Pelo contrário, quando estamos introspectivamente conscientes de estados qualitativos, parece-nos que os objetos da percepção contêm propriedades tais – como a de serem resolvíveis em componentes minimamente discrimináveis que são absolutamente simples – que impedem a aplicação de conceitos neurais.

Segunda premissa: como não há a distinção aparência/realidade para estados qualitativos, a introspecção nos dá total acesso cognitivo às naturezas essenciais de tais estados.

Lema: consequentemente, estados qualitativos carecem de propriedades expressas por conceitos neurais e apresentam propriedades positivas incompatíveis com propriedades neurais.

Terceira premissa: se x apresenta uma propriedade que y não apresenta, então x não é idêntico a y.

Conclusão: estados qualitativos não são idênticos a estados neurais (nem – já que o argumento pode ser generalizado – a estados físicos de qualquer outra espécie).

Essa linha de raciocínio compartilha uma premissa crucial com o argumento aparência/realidade, mas os argumentos são suficientemente distintos em outros aspectos para garantir a noção que temos deles como diferentes. Isso completa meu catálogo de argumentos a favor do dualismo de propriedade. Na próxima seção abordarei a questão da sua resiliência, mostrando que eles podem, à primeira vista, sobreviver a uma promissora estratégia para eliminá-los.

2.4 Dualismo de propriedade, parte 2

Nas décadas de 1980 e 1990, defensores do fisicalismo do estado central elaboraram uma perspectiva que veio a ser conhecida como *dualismo conceitual*.[27] Essa noção – que continua em voga na literatura – consiste em três princípios:

(i) toda percepção acerca dos *qualia* envolve conceitualização,
(ii) nossos conceitos de estados qualitativos diferem em espécie de todos os conceitos que contam intuitivamente como representantes de propriedades físicas e

---

27 Aparentemente, o dualismo conceitual surgiu pela primeira vez em meu "In Defense of Type Materialism". Ver: Hill, *In Defense of Type Materialism*, p.295-320. Outra fonte inicial é: Loar, Phenomenal States. In: Tomberlin (ed.), *Philosophical Perspectives*. v.4, p.81-108. Ele figura de forma proeminente em três outros trabalhos meus: *Sensations;* "Imaginability, Conceivability, Possibility, and the Mind-Body Problem" e "There are Fewer Things in Reality than are Dreamt of in Chalmers's Philosophy", em coautoria com Brian McLaughlin. Ver: Hill, Imaginability, Conceivability, Possibility, and the Mind-Body Problem. *Philosophical Studies 87*, p.61-85. E Hill; McLaughlin, *Philosophy and Phenomenological Research* LIX, p.445-54. Esse trabalho também aparece em um livro de David Papineau, *Thinking about Consciousness;* em vários artigos de Brian McLaughlin (por exemplo: McLaughlin, Color, Consciousness, and Color Consciousness. In: Smith; Jokic (eds.), *Consciousness*: New Essays, p.97-154, e em um artigo de autoria de Janet Levin, What is a Phenomenal Concept? In: Alter; Walter (eds.), *Phenomenal Concepts and Phenomenal Knowledge*. E em um trabalho não publicado por Katalin Balog.

Consciência

(iii) é possível explorar essa diferença explicando as intuições que parecem, à primeira vista, colocar o fisicalismo de estado central em questão. Diferentes filósofos têm proposto versões mais ou menos diversas de dualismo conceitual, mas todos eles endossam a tese de que simples juízos introspectivos envolvendo conceitos qualitativos são não inferenciais e não requerem nem conhecimento teórico nem informações perceptuais do mundo exterior para que se justifiquem.

Um conceito qualitativo não implica nenhuma pressuposição sobre a natureza metafísica da qualidade que representa nem interpreta a qualidade de qualquer forma ou atribui a ela quaisquer poderes causais. O conceito é usado apenas para registrar as idas e vindas da qualidade. A ideia é de que qualquer conceito do tipo difere acentuadamente dos conceitos que desempenham uma função na neurociência, e também dos conceitos perceptuais utilizados para registrar as observações que fornecem apoio a teorias neurocientíficas. Além disso, não há, *a priori*, laços unindo-o a conceitos de qualquer uma dessas duas espécies.

Ao contrário do dualismo de propriedade – que nos submete a uma complexa ontologia que inclui propriedades qualitativas irredutíveis juntamente com propriedades físicas e funcionais –, o dualismo conceitual não implica qualquer compromisso com uma ontologia ampliada. Submetemo-nos independentemente a conceitos e sabemos independentemente que conceitos surgem em formas variadas. Podemos admitir a existência e a independência de conceitos qualitativos sem fazer qualquer acréscimo significativo à complexidade ou magnitude do quadro que elaboramos do mundo.

Como exatamente seria possível usar o dualismo conceitual para responder aos argumentos do dualismo de propriedade? Darei quatro exemplos. Em cada caso, a ideia é de que o dualismo conceitual pode fornecer explicações completas de intuições que, à primeira vista, parecem favorecer o dualismo de propriedade e, dessa forma, podem mostrar que a existência dessas intuições é plenamente compatível com o fisicalismo de estado central.

Teorias dos *qualia*

Primeiro, um dualista conceitual poderia responder ao argumento modal cartesiano, argumentando que é possível explicar por que nos parece que estados qualitativos podem existir independentemente dos estados neurais que, em geral, os acompanham, invocando o fato de que nossos conceitos de estados qualitativos são logicamente independentes de nossos conceitos de estados neurais. Considerando que é logicamente coerente formar representações conceituais de situações em que estados qualitativos não são acompanhados de estados neurais, e que, de maneira geral, determinamos se uma situação é logicamente possível, examinando para ver se podemos concebê-la de forma coerente, é natural que tenhamos intuições vívidas, por ser genuinamente possível que estados qualitativos existam independentemente de estados neurais.

Segundo, um dualista conceitual pode responder ao argumento do conhecimento da seguinte forma: em vez de dizer que a supercientista Mary adquire conhecimento de uma nova propriedade quando ela vivencia a experiência de um objeto vermelho pela primeira vez, devemos dizer que Mary passa a conhecer uma propriedade velha de uma nova maneira. Mais especificamente, devemos dizer que ela adquire um novo *conceito* de uma propriedade que já lhe é familiar. Esse conceito representa uma propriedade física P, mas difere dos conceitos que ela tinha antes porque se trata de um conceito qualitativo; isto é, trata-se de um conceito que pode ser aplicado a estados cerebrais com base na introspecção. O conceito anterior que ela tinha de P não poderia se aplicar com base na introspecção. Pelo contrário, poderia se aplicar apenas com base na percepção exterior e/ou inferência de teorias neurocientíficas. Dessa maneira, estados de conhecimento são individualizados pelos conceitos, que servem como seus constituintes, de forma que os estados de conhecimento envolvendo o novo conceito qualitativo de Mary contam como novos em relação a seu conhecimento científico, que, por hipótese, ela já tem há algum tempo. Eles contam como novos mesmo que os fatos que eles representam sejam também representados por componentes do conhecimento científico de Mary. Portanto, é possível aceitá-los como novos sem supor que fatos qualitativos sejam distintos de fatos físicos.

Terceiro, um partidário do dualismo conceitual pode responder ao argumento da lacuna explicativa, afirmando que se determinada teoria explica ou não um fato depende de como esse fato é conceitualizado. Esse ponto é, na verdade, reconhecido por Levine, que considera a relação entre a teoria explicativa e os elementos que ela explica como dedutiva:

> Em uma boa explicação científica, ou o *explanans* implica o *explanandum*, ou uma distribuição de probabilidade em um espectro de alternativas, entre as quais reside o *explanandum*. Em outras palavras, entendo que explicação, em essência, envolve dedução.[28]

Conclui-se dessa posição que explicação é uma relação entre sentenças ou proposições, não uma relação entre aspectos extralinguísticos e extraconceituais, pois esses aspectos não podem se sustentar em relações de dedutibilidade; isso, porém, significa que seria bem possível explicar um fato quando ele é caracterizado em termos de conceitos neurais, mas impossível explicá-lo quando caracterizado em termos de conceitos qualitativos. Da mesma forma, conclui-se que é um equívoco inferir que existe uma lacuna explicativa apenas porque supomos ser impossível explicar um fato quando ele é interpretado em termos qualitativos – pelo menos se consideramos que a existência de tal lacuna tem importância ontológica. A lacuna pode ser apenas conceitual e, portanto, sem qualquer importância para a metafísica.

Quarto, um dualista conceitual pode levantar objeção ao argumento aparência/realidade, afirmando (i) que a introspecção envolve necessariamente conceitualização, e (ii) que os conceitos envolvidos na consciência [A] introspectiva dos *qualia* inevitavelmente deixarão de fazer justiça à complexidade organizacional e dinâmica causal interior dos estados neurais correspondentes. Em outras palavras,

---

28 Levine, *Purple Haze*, p.74.

Teorias dos *qualia*

pode-se argumentar que é, afinal, possível estabelecer uma distinção entre aparência/realidade com relação a estados qualitativos – isto é, uma distinção entre a realidade conforme conceitualizada e a realidade conforme ela é em si mesma. Essa distinção não é a mesma da conhecida distinção entre realidade conforme ela se apresenta a nós perceptualmente e a realidade como ela é em si mesma, mas parece que ela daria conta do trabalho necessário neste contexto. Por exemplo, parece que poderíamos utilizá-la para explicar por que certos estados qualitativos nos parecem simples. Uma vez que falta aos nossos conceitos de tais estados uma estrutura interior, eles deixam de refletir a organização interior das estruturas neurais correspondentes.

Essas objeções são incompletas e concisas demais para garantir plena certeza, mas, pelo menos, conseguiriam transferir o ônus da prova para os ombros de um partidário do dualismo de propriedade se sua pressuposição comum – a asserção de que toda consciência [A] dos *qualia* envolve conceitualização – se revelasse correta. Uma reflexão nesse sentido mostra que esse é um argumento muito forte – argumento que, é claro, requer uma defesa substancial. Surpreendentemente, entretanto, até onde sei, defensores do dualismo conceitual nunca tentaram sustentá-lo. Ademais, o que é muito mais importante, há fortes razões para duvidar de antemão que qualquer esforço dessa espécie teria sucesso. Na verdade, dizer isso é atenuar a questão. Há dois excelentes motivos para achar que a asserção é falsa.

Um desses motivos é que a consciência [A] de estados qualitativos geralmente revela uma complexidade que não pode ser facilmente apreendida em termos conceituais. Qualquer arranjo complexo de *qualia* serviria para ilustrar esse ponto. Em busca de definições claras, concordemos em focalizar, por exemplo, a variedade de *qualia* apresentada por Vermeer em seu quadro *Vista de Delft*. Em termos conceituais, levaríamos, literalmente, horas para descrever por completo até mesmo um pequeno canto desse quadro e, então, com certeza, várias condições externas e internas teriam se modificado, o que nos levaria a confiar muito na memória para caracterizarmos os *qualia* que o restante da tela havia originalmente apresentado. Quem de nós é capaz de façanhas de memória dessa magnitude? De qualquer forma, entretanto, seria obviamente absurdo dizer que nossa apreensão dos *qualia* apresentados pelo quadro envolve penosas estruturações de descrições e buscas heroicas na memória. Ao apreender os *qualia* apresentados pelo quadro, apenas abrimos nossos olhos e os absorvemos.

Sem dúvida, há uma maneira de apreender esses *qualia* conceitualmente. Podemos fazer isso utilizando um conceito demonstrativo, como *este* arranjo de *qualia de cor e forma*. Contudo, a consciência [A] que envolve conceitos demonstrativos pressupõe consciência subconceitual, pois é impossível garantir um referente para um conceito demonstrativo, a menos que, independentemente, levemos em consideração o elemento que desejamos demonstrar. Assim, por exemplo, devo estar de maneira normal atentando visualmente para um objeto específico de forma a garantir um referente para *aquela casa,* ou para *aquela casa rosa lá no canto.*

Diante dessas considerações, parece que é necessário ou ficar aquém de fazer justiça à complexidade das ordenações dos *qualia* em termos conceituais, ou fazer justiça a eles usando conceitos que pressupõem que haja uma forma de acesso aos *qualia* que seja independente de conceitualização. Em qualquer desses cenários, há um problema com a ideia de que devemos conceitualizar os *qualia* para termos consciência deles.

Isso nos conduz ao segundo motivo para rejeitarmos essa posição. Quando temos consciência de uma propriedade qualitativa, temos sempre consciência dela como uma forma altamente determinada. Por exemplo, quando temos consciência de uma dor, temos sempre consciência dessa dor com um nível de intensidade específico. E quando temos consciência de um objeto com a aparência de vermelho, temos sempre consciência dele apresentando a aparência de um tom especial de vermelho. Por essa razão, é geralmente impossível fazer plena justiça à natureza distinta de um estado qualitativo representando-o conceitualmente – a menos que façamos uso de um conceito demonstrativo, dependendo, dessa maneira, de uma forma de consciência que não pode ser explicada em termos conceituais. Nossos conceitos gerais inclinam-se a representar propriedades genéricas ou determináveis, o que é perfeitamente natural, considerando que as funções cognitivas de conceitos gerais incluem a classificação de detalhes e pensamentos legitimadores de regularidades, tendências e modelos. Temos um conceito geral que representa dores, mas não um que represente dores *desta* exata intensidade. Além disso, embora tenhamos um conceito que representa a qualidade apresentada, em geral, por objetos vermelhos, e vários conceitos que representam formas mais determinadas desse *quale*, faltam-nos conceitos que representem formas absolutamente determinadas dele.

Juntas, essas considerações resultam em uma objeção decisiva para a ideia básica do dualismo conceitual. Simplesmente não é verdade que a consciência [A] dos *qualia* sempre envolve conceitualização. Pelo contrário, consciência conceitualmente informada dos *qualia* é uma superestrutura que requer uma forma de consciência [A] inteiramente independente como suporte. Essa forma de consciência mais fundamental – que acabarei chamando de *consciência experiencial* – receberá muita atenção nos capítulos posteriores. (Também revisitaremos, em capítulos posteriores, as presentes considerações sobre a complexidade e determinatividade dos *qualia*. Em cada caso, esses tópicos receberão tratamento um pouco diferentes daqueles que receberam aqui. As formulações alternativas esclarecerão e fortalecerão o argumento que venho construindo.)

Há uma versão de dualismo conceitual que poderia ser considerada imune às objeções que vimos considerando. De acordo com essa versão – que vem sendo defendida nos últimos anos por David Papineau –, conceitos qualitativos literalmente *incorporam* os estados qualitativos aos quais se referem.[29] Assim, por exemplo, o conceito qualitativo que estou usando agora para fazer referência à dor tem, literalmente, a dor atual em meu pé como um elemento

---

29 Papineau, *Thinking about Consciousness*, Capítulo 4.

constituinte. A teoria de Papineau é que formamos conceitos qualitativos combinando estados qualitativos concretos com um operador construtor de conceitos. Esse operador pretende ser um equivalente das aspas. Forma-se uma citação de uma expressão E ao se combinar aspas e E. Portanto, de acordo com Papineau, também formamos conceitos qualitativos combinando estados qualitativos concretos com o operador *experiência*: ... Então, se mantivermos essa visão em mente, poderia parecer que não há problema sobre a formação de representações conceituais que apreendem a complexidade dos arranjos qualitativos e a determinatividade dos *qualia* individuais. Para representar um A ou um *quale* individual Q, simplesmente temos de combinar *a experiência*: ... com A ou Q.

Infelizmente, embora o argumento de Papineau desperte, a princípio, certo interesse, uma reflexão mais profunda mostra que ele apresenta inconvenientes substanciais. É assim que, em primeiro lugar – conforme o próprio Papineau aponta –, conclui-se que, da caracterização de conceitos fenomênicos, juízos que classificam sensações atuais em termos de conceitos fenomênicos são inflexíveis. Parece, entretanto, que é possível fazer juízos experienciais de estados qualitativos que os classificam de forma errônea. Portanto, tomando emprestado um exemplo que Rogers Albritton certa vez utilizou em um seminário, suponha que eu tenha sido preparado para esperar uma dor, mas que, em vez dela, tenho uma sensação de frio intenso. Será que essa preparação não me levou a concluir erroneamente, pelo menos por um instante, que estou sentido uma dor? E não seria plausível que, ao fazer esse juízo, eu estaria utilizando exatamente o mesmo conceito de dor que utilizo ao fazer classificações experienciais que são corretas? Em segundo lugar, parece que a proposição de Papineau indica que pensamentos experienciais sobre dores devem se modificar em sua natureza, à medida que as intensidades de seus referentes diminuem, desaparecendo completamente quando seus referentes deixam de existir. Da mesma maneira, parece lógico que pretendemos continuar pensando em uma dor depois que ela cessou, é necessário fazê-lo mudando o conceito em cujos termos os

Teorias dos *qualia*

pensamentos repousam. Nenhuma dessas consequências me parece estar de acordo com os dados da introspecção. Terceiro, parece que pensamentos relacionados às dores têm localizações fenomênicas diferentes das dores a que se referem: pensamentos sobre dores estão na cabeça, enquanto as próprias dores estão normalmente no corpo. Como, então, pode ser verdade que pensamentos sobre dores tenham os caracteres fenomênicos de seus constituintes?

Em minha opinião, essas consequências da teoria de Papineau contam como um *reductio*. De qualquer forma, contudo, há um motivo para duvidar que a teoria possa dar embasamento à asserção de que toda consciência [A] que temos dos *qualia* envolve conceitualização. Isso porque geralmente experienciamos mais de um *quale* em determinado momento. A que estado o operador *experiência:* ... deve ser aplicado? Sem dúvida, isso depende dos nossos interesses e preocupações, mas é impossível estarmos interessados em um *quale*, a menos que estejamos conscientes dele de alguma forma. Mais especificamente, parece que é necessário estarmos atentando para ele, pelo menos até certo ponto. Porém, essa consciência vigilante precisa ser uma questão subconceitual. Parece, então, que é impossível desenvolver adequadamente a teoria de Papineau de forma a explicar como proceder para formar um conceito qualitativo em um caso específico, a menos que admitamos que haja uma forma mais básica de consciência dos *qualia*.[30]

Durante um período de dezessete anos – iniciando em 1984 –, eu tinha certeza de que o dualismo conceitual pudesse ser utilizado para minar os argumentos a favor do dualismo de propriedade.[31] Outros compartilharam comigo dessa certeza. No entanto, com muito pesar, cheguei à conclusão de que as bases do dualismo conceitual nunca foram submetidas a um exame mais meticuloso. A preocupação

---

30 Esse parágrafo e o anterior foram tomados emprestados de meu "Remarks on David Papineau's *Thinking about Consciousness*". In: *Philosophy and Phenomenological Research 71*, p.147-54.

31 Hill, *In Defense of Type Materialism*.

maior sempre foi demonstrar como aplicar o dualismo conceitual à crítica do dualismo de propriedade. Tão logo o foco da atenção recai nos fundamentos, torna-se claro que a motivação é bastante precária. Da mesma forma, pode-se reconhecer que a motivação para o dualismo de propriedade é bastante substancial.

2.5 Representacionalismo harmaniano

"Representacionalismo harmaniano" é a expressão que uso para um conjunto de ideias acerca da percepção e de *qualia* perceptuais que Gilbert Harman propôs em 1990.[32] O ensaio em que elas aparecem tem, merecidamente, mostrado enorme influência.

Harman propõe duas asserções a respeito da experiência perceptual:

a. A consciência perceptual do mundo não é mediada de nenhuma maneira pela percepção de características intrínsecas da experiência. Em outras palavras, quando percebe o mundo, você está consciente apenas de objetos exteriores e de suas propriedades e relações. Falando ainda de outra forma,

> [...] quando você vê uma árvore, não experiencia quaisquer características como intrínsecas de sua experiência. Olhe para uma árvore e tente voltar sua atenção para as características intrínsecas de sua experiência visual. É provável que ache que as únicas características para as quais voltar sua atenção serão características da árvore apresentada...[33]

b. Quando está introspectivamente consciente de uma experiência perceptual, você tem consciência apenas de características

---

32 Harman, The Intrinsic Quality of Experience. In: Tomberlin (ed.), *Philosophical Perspectives*. v.IV, p.31-52. O artigo foi reimpresso em: Block; Flanagan; Güzeldere (eds.), *The Nature of Consciousness*, p.663-75. Todas as minhas referências de páginas serão extraídas dessa versão reimpressa.

33 Ibid., p.667.

Teorias dos *qualia*

representacionais de sua experiência; você não tem consciência de características intrínsecas.

Harman expressa essa teoria da seguinte forma:

> No caso de um quadro, Eloise pode ter consciência dos traços que são responsáveis por ele ser um quadro de um unicórnio; isto é, ela pode voltar sua atenção para o tipo de tinta usada que faz que o quadro represente um unicórnio. Porém, no caso de sua experiência visual de uma árvore, quero dizer que ela não tem consciência, por assim dizer, da tinta mental que faz que sua experiência seja a de ver uma árvore. Ela se apercebe apenas das características intencionais e relacionais de sua experiência, não das características intrínsecas não intencionais.[34]

A primeira afirmação é equivalente ao *realismo direto*, à ideia de que a experiência perceptual nos proporciona acesso direto, sem mediação, a fenômenos exteriores; a segunda asserção pode ser expressa com a afirmativa de que a experiência perceptual é *transparente à introspecção*. A tese defende o argumento de que, quando atentamos introspectivamente para uma experiência perceptual, temos consciência [A] apenas *de que* experiência se trata, o que implica que temos consciência apenas do que a experiência representa ou significa. Suponha, por exemplo, que você esteja perceptualmente consciente de uma vastidão azul e que decide examinar essa experiência introspectivamente. De acordo com Harman, você terá consciência *apenas* de que é uma experiência *de azul*. A experiência pode ter outros traços – intrínsecos –, mas a introspecção não os revela.

A expressão "tese da transparência" [*transparency thesis*] é algumas vezes aplicada à primeira teoria de Harman, às vezes à segunda e outras vezes também à combinação de ambas. Utilizarei as expres-

---

34 Ibid., p.667.

sões "realismo direto" para me referir à primeira teoria e "tese da transparência de Harman", para a segunda doutrina e "posição de Harman", para me referir à combinação.

Além de iniciar o debate contemporâneo da transparência perceptual, o trabalho de Harman também transformou fundamentalmente o debate contemporâneo a respeito dos *qualia* perceptuais. Na verdade, porém, não há nenhuma teoria em especial de *qualia* perceptuais que seja autorizada pela posição de Harman – as implicações de sua posição quanto aos *qualia* perceptuais dependem muito da visão que se tem acerca do que os *qualia* são.

Se por "*qualia* perceptuais" pretendemos dizer algo como "as características intrínsecas de experiências perceptuais que são dadas na introspecção", então, devemos entender que Harman propôs uma *eliminação* dos *qualia* perceptuais. Sua posição requer que não haja quaisquer propriedades intrínsecas de experiência perceptual acessíveis à introspecção; portanto, na descrição fornecida dos *qualia*, sua posição requer que os *qualia* perceptuais não existam.

Por outro lado, se por "*qualia* perceptuais" queremos dizer algo do tipo "a maneira como as coisas nos parecem, como as sentimos, que cheiro elas exalam e assim por diante", então deveríamos entender que Harman propõe uma *redução* dos *qualia* perceptuais a conteúdos representacionais de experiências perceptuais. Todavia, essa redução poderia tomar duas formas: (i) poderíamos argumentar que cada *quale* perceptual Q é idêntico a uma propriedade representacional P – uma propriedade como *ser uma experiência como se de vermelho* ou *ser uma experiência que representa o vermelho*. Com base nessa perspectiva, os *qualia* são propriedades de experiências; (ii) alternativamente, em vez de afirmar que Q é idêntico à propriedade representacional P, poderíamos afirmar que Q é idêntico à propriedade física, exterior, que experiências com P representam. Com base nessa perspectiva, os *qualia* perceptuais não são propriedades de experiências, mas antes propriedades de coisas, como paredes e carros. A ideia sugere que *qualia* perceptuais são ou propriedades como *vermelho* ou propriedades como *apresentando uma aparência vermelha*.

Normalmente se considera que Harman está propondo ou (i) ou (ii), e que ele está defendendo uma versão do *representacionalismo*. O termo "representacionalismo" denota um grupo de teorias de *qualia* que enfatizam o papel que as representações desempenham na percepção visual e em outras formas de *consciência experiencial*. Mais especificamente, todas elas argumentam que o caráter qualitativo de experiência pode, de uma forma ou de outra, ser explicado em termos do conteúdo representacional da experiência. Depois desse ponto em comum, entretanto, versões do representacionalismo divergem profundamente umas das outras. Portanto, está claro que (i) e (ii) são perspectivas bastante diferentes.

No meu entender, não fica claro de maneira alguma qual das duas Harman prefere – (i) ou (ii) – se, de fato, ele tem uma preferência. Talvez seja possível entendê-lo melhor considerando que ele propõe apenas a seguinte tese disjuntiva: se os *qualia* perceptuais existem mesmo, então eles são *ou* propriedades representacionais de experiências perceptuais *ou* propriedades representadas por experiências perceptuais.

Conforme sugerem as citações anteriores de Harman, ele assevera que suas duas teorias centrais recebem significativo suporte da introspecção. De fato, esse é o único tipo de amparo direto que ele reivindica para elas. É a introspecção que mostra que nossa consciência [A] de objetos exteriores não é mediada pela consciência [A] de fenômenos interiores, e mostra ainda que ela própria revela apenas as propriedades representacionais das experiências.

A posição de Harman tem um forte apelo intuitivo, mas também enfrenta algumas objeções muito substanciais. Mencionarei aqui três dessas objeções. Uma chama a atenção para o fato de que a experiência perceptual é complexa de tal forma que nem o realismo direto nem a tese da transparência de Harman reconhecem. Essa omissão oferece a defensores da "tinta mental" uma abertura. Talvez seja possível desenvolver a posição de Harman de maneira a fechar essa lacuna, mas ele não nos forneceu uma estratégia promissora para fazê-lo; a segunda objeção indica que não está claro, de maneira

Consciência

alguma, como estender a teoria harmaniana dos *qualia* perceptuais de modo a produzir uma descrição de *qualia* de outros tipos, tais como os *qualia* associados a experiências de dor; a terceira objeção sustenta que há casos possíveis em que as criaturas apresentam *qualia* – e, na verdade, os mesmos *qualia* que apresentamos –, mas nos quais os estados mentais relevantes não têm qualquer conteúdo representacional. Se isso estiver correto, então o projeto de explicar a fenomenologia em termos de conteúdo representacional está fadado ao fracasso.

1. A tese da transparência de Harman argumenta que a introspecção revela apenas as propriedades intencionais ou representacionais da experiência – isto é, *de que* uma experiência perceptual é experiência. No entanto, parece que, além disso, a introspecção revela que aparência tem os objetos exteriores diante de nós. Suponha, por exemplo, que você esteja observando um SUV [veículo utilitário esportivo] à sua frente na rodovia. Suponha também que você considere sua atual experiência visual introspectivamente. É possível que se aperceba de dois fatos a respeito disso: primeiro, você terá a consciência de que é uma experiência *de* um objeto bastante grande; e, segundo, terá a consciência de que é uma experiência de algo que *parece* bastante pequeno. Agora, suponha que você esteja observando uma parede de cor canela, que está parcialmente iluminada e parcialmente no escuro. Suponha que você considere essa segunda experiência introspectivamente. É possível que se aperceba de dois fatos acerca disso: primeiro, terá a consciência de que é uma experiência *de* uma parede cuja cor uniforme é canela; e, segundo, terá a consciência de que é a experiência de uma parede que *parece* ter um tom canela--claro em algumas partes e *parece* cor de chocolate-escuro em outras. De maneira geral, temos a impressão de que as experiências tanto *representam* as propriedades físicas objetivas de objetos quanto *apresentam* as aparências de objetos; se

Teorias dos *qualia*

isso for verdadeiro, à primeira vista, de qualquer forma, a posição de Harman não está correta. Chamarei isso de *o problema das aparências*.

Peacocke foi quem primeiro levantou uma objeção desse tipo. (A objeção foi apresentada em seu *Sense and Content* [*Sentido e conteúdo*], publicado vários anos antes do ensaio de Harman.[35] Portanto, a linha de raciocínio de Peacocke foi, na verdade, um ataque preventivo contra uma teoria que ainda não havia encontrado um defensor.)

Peacocke argumentou que as experiências apresentam uma gama de características, mas que parecem ser independentes de propriedades representacionais. Ele as denominou "propriedades das sensações", e as descreveu como propriedades intrínsecas de "regiões do campo visual". Ele também afirmou que nos tornamos conscientes delas quando refletimos introspectivamente sobre a experiência. Juntas, essas afirmações sugerem que há propriedades intrínsecas de experiências das quais temos consciência direta em estado de introspecção. Isso contradiz a tese da transparência de Harman.

Peacocke iniciou seu trabalho chamando a atenção para casos em que (i) experiências representam objetos que têm a mesma propriedade objetiva, mas (ii) que, não obstante, parecem diferentes àquele que os observa. Ele notou, por exemplo, que, quando sua experiência representa duas árvores do mesmo tamanho, pode também ser verdade que, para você, a árvore mais próxima pareça maior. O fato de que a árvore mais próxima lhe pareça maior é claramente um fato sobre sua experiência, mas como isso pode ser um fato a respeito das propriedades representacionais de sua experiência? Por hipótese, sua experiência representa os objetos do mesmo tamanho. Então, concluiu Peacocke, o fato de que a árvore mais próxima lhe pareça maior deve ser um fato sobre as propriedades não representacionais

---

35 Peacocke, *Sense and Content*. As partes relevantes desse livro foram reimpressas em: Block; Flanagan; Güzeldere (eds.), *The Nature of Consciousness*, p.351-4. Todas as minhas referências serão essa versão reimpressa.

de sua experiência. ("Ainda assim, há algum sentido na noção de que a árvore mais próxima ocupa mais de seu campo visual que a árvore mais distante").[36]

Note-se que Peacocke está, com efeito, estabelecendo três argumentos.

i O conteúdo representacional de uma experiência visual relaciona-se às propriedades físicas objetivas de objetos exteriores.

ii Quando um observador tem uma experiência visual de determinado tipo, o objeto de apercebimento apresenta determinada aparência para o observador em virtude de ele estar vivenciando essa experiência. O objeto apresenta certa aparência àquele que o observa.

iii Quando um objeto nos apresenta determinada aparência, temos consciência de uma *propriedade das sensações*, exemplificada em algum lugar de nosso *campo visual*.

Se compreendi bem, Peacocke utiliza "campo visual" para se referir a uma entidade mental interior de alguma espécie. Assim, diferentemente de suas duas primeiras proposições, a terceira é uma tese metafísica substantiva. Ele está propondo uma descrição mentalista da natureza das aparências que os objetos nos apresentam.

Há casos semelhantes envolvendo cor, som e movimento. Peacocke escreve:

Imagine-se em uma sala olhando para um canto formado por duas paredes. As paredes estão revestidas de papel em tom, brilho e saturação uniformes, porém, uma delas está mais iluminada que a outra. Nessas circunstâncias, sua experiência pode representar ambas as paredes da mesma cor: não lhe parece que uma delas esteja pintada com tinta mais brilhante que a outra. No entanto, é igualmente um aspecto da própria experiência visual que você está tendo o fato de que a região do campo visual em que uma das

---

36 Ibid., p.345.

Teorias dos *qualia*

paredes é apresentada é mais brilhante que aquela em que a outra é apresentada.[37]

Para responder a essa objeção, Harman precisa fazer duas coisas. Primeiro, argumentar que, além de suas propriedades físicas objetivas, os objetos apresentam uma gama de propriedades relacionais, dependentes de ponto de vista, que podem apropriadamente ser consideradas como aparências ou maneiras de parecer. Segundo, ele precisa modificar sua tese da transparência para que ela sugira que a introspecção revele dois tipos de conteúdo representacional – um que está relacionado às propriedades físicas objetivas dos objetos e outro às propriedades relacionais, dependentes de ponto de vista. Fazendo essas modificações em sua posição, ele estaria complicando sua teoria da transparência, mas, pelo menos, preservaria o argumento de que a introspecção não revela outras propriedades de experiências que não sejam as representacionais. E ele bloquearia efetivamente a versão da objeção de Peacocke, pois a segunda modificação dar-lhe-ia uma descrição da natureza das aparências que é incompatível com a terceira asserção de Peacocke (isto é, com (iii)).

Há uma parte em que Harman admite o problema das aparências e também o desejo de fazer as alterações indicadas. Ele diz:

> Outra questão é que a experiência visual de Eloise não apenas apresenta uma árvore. Ela apresenta uma árvore vista de determinado local. Várias das características que a árvore revela possuir são apresentadas como relações entre aquele que a observa e a árvore; por exemplo, características que a árvore tem a partir daqui. A forma como a árvore se apresenta é "na frente de" e "escondendo" outras árvores. Ela se apresenta mais frondosa "à direita"; do mesmo tamanho "a partir deste ponto", uma árvore menor mais próxima, o que não significa dizer que ela realmente parece a mesma árvore em tamanho, apenas que ela se apresenta como subtendendo o mesmo

---

37 Ibid., p.345.

ângulo, a partir daqui, da árvore menor. Ser apresentada como se fosse do mesmo tamanho a partir daqui não é ser apresentada como se fosse do mesmo tamanho e ponto final... Essa característica da árvore a partir de determinado ponto é uma característica objetiva da árvore em relação a esse ponto, uma característica à qual os perceptores são sensíveis e cuja experiência visual deles pode, de alguma forma, representar coisas que se considera que ela tem a partir desse ponto ou local.[38]

Como mostra o fragmento, Harman acredita que objetos externos têm *propriedades de aparência* além de suas propriedades físicas objetivas. Ele acredita, por exemplo, que o fato de um objeto parecer pequeno consiste em subtender um ângulo visual comparativamente pequeno com relação a *aqui* – isto é, o local ocupado pelo olhar daquele que observa.

Claramente, esse é o tipo de coisa que Harman precisa dizer, conforme veremos em um capítulo mais à frente; entretanto, é bem difícil elaborar os detalhes de uma posição desse tipo. Parece, por exemplo, que é muito errado associar o "parecer pequeno" com subtender um pequeno ângulo visual. Portanto, a passagem citada não é uma resposta para Peacocke. Na melhor das hipóteses, é um gesto direcionado a uma resposta.

Concluo essa descrição do problema das aparências salientando que a questão envolve a maneira como os objetos *parecem* ser para nós. Quando, introspectivamente, examinamos nossas experiências perceptuais, passamos a ter consciência *de que* tipo de experiências se trata, e também a ter consciência de que *aparência* os objetos nos apresentam, em virtude de estarmos vivenciando essas experiências. Peacocke se propõe a *interpretar* fatos do tipo *x me parece F* em termos de percepção de propriedades de sensações de um campo visual, e Harman se propõe a *interpretá*-los quanto ao conteúdo representa-

---

38 Harman, The Intrinsic Quality of Experience. In: Block; Flanagan; Güzeldere (ed.), *The Nature of Consciousness*, p.666-7.

Teorias dos *qualia*

cional que a eles está associado, no que tange a objetos exteriores, a propriedades relacionais, dependentes de ponto de vista. Ambas são interpretações de um conjunto de fatos que podem, na verdade, ser interpretados ainda de outras maneiras. (Um assim chamado adverbialista os tomaria por fatos que envolvem determinações adverbiais de processos mentais.) Para abordar o problema de forma satisfatória, Harman deve fazer duas coisas: (i) desenvolver sua interpretação de fatos da forma dada, fornecendo-nos detalhes adequados para os fatos fenomenológicos e científicos e (ii) mostrar que a interpretação dele é superior a outras alternativas. Da maneira como as coisas se encontram agora, ele não cumpriu nenhuma dessas obrigações.

2. Embora pareça correto afirmar que a introspecção não revela quaisquer objetos mentais quando a usamos para examinar experiências visuais e auditivas, a *objeção a objetos interiores* indica que também parece correto afirmar que podemos ter consciência de objetos mentais interiores quando consideramos introspectivamente experiências de ocorrências como dores e coceiras. Há uma poderosa intuição de que dores e outras sensações "corpóreas" sejam puramente mentais ou, pelo menos, dependentes da mente. Entretanto, a dor e outras características sensoriais são *qualia*. Por conseguinte, parece que há *qualia* que o representacionalismo harmaniano não consegue explicar.

Ademais, parece correto dizer que há objetos sensoriais interiores associados ao tato, ao paladar e ao olfato. No caso do tato, por exemplo, se voltamos a atenção para o que está acontecendo no interior dos dedos quando os fazemos correr ao longo da superfície de um objeto, parece que isso nos torna conscientes das *sensações de tato* de vários tipos. Isso não é o mesmo que dizer que sempre temos consciência de sensações de tato quando estamos examinando um objeto por meio do tato. Podemos ter – e talvez geralmente tenhamos – consciência da textura e da temperatura da superfície do objeto mais do que das sensações nos dedos. Em geral, parece que aquilo de que nos apercebemos quando estamos tocando algo, depende da direção que damos à atenção. Quando atentamos para o que está ocorrendo interiormente nos dedos, nós nos apercebemos de sensações; e quando atentamos para a superfície do objeto que estamos tocando, nós nos apercebemos de propriedades da superfície. (Note-se que o fato de que as sensações ocorrem quando atentamos para o que está acontecendo "no interior dos dedos" não desestabiliza a intuição de que as sensações são dependentes da mente. De maneira geral, parece-nos que sensações do corpo dependem, para existirem, de nosso apercebimento delas, apesar de terem localizações. Esse paradoxo é um dos problemas que uma teoria de *qualia* precisa resolver.)

Como ocorre com as observações a respeito de dores e coceiras, estas põem à prova a tese da transparência de Harman. Não está de forma alguma claro como Harman responderia a elas.

3. A *objeção do Homem do Pântano* [*the Swampman objection*] começa pela observação de que podemos imaginar uma criatura, o Homem do Pântano, que passa a existir graças a uma flutuação quântica de gás metano de alguma espécie.[39] Podemos também imaginar que o sistema nervoso do Homem do Pântano seja uma cópia exata do seu – neurônio por neurônio. Isso é colossalmente improvável, é claro, mas parece ser possível – e possibilidade é tudo o que a objeção requer. Portanto, se o sistema nervoso do Homem do Pântano é uma cópia perfeita do seu, então, já que é, obviamente, verdade que você tem consciência constante dos *qualia*, é natural pensar que também o Homem do Pântano tem consciência constante dos *qualia*. Na realidade, é natural pensar que ele desfrute dos mesmos *qualia* de que você desfruta; mas é também natural pensar que

---

39 O Homem do Pântano surgiu pela primeira vez na literatura em: Davidson, Knowing One's Own Mind. *Proceedings and Addresses of the American Philosophical Association* 60, p.441-58.

os conteúdos representacionais de experiências perceptuais dependem, de uma maneira ou de outra, da história evolutiva da espécie do indivíduo que vivencia as experiências (isto é, de fatos históricos do gênero *experiências de tipo E foram selecionadas durante o desenvolvimento da espécie, porque elas codificaram informações da propriedade P)*.[40] Se assim for, então, já que o Homem do Pântano não tem história pessoal e não pertence a nenhuma espécie, suas experiências são desprovidas de conteúdo representacional. Dessa forma, o Homem do Pântano parece ser uma criatura que satisfaz a duas condições: a fenomenologia dele é exatamente como a sua, mas ele não tem estados com os mesmos conteúdos representacionais das experiências perceptuais que você tem. Supondo que isso esteja correto, o Homem do Pântano demonstra que é possível manter fixa a fenomenologia e, ao mesmo tempo, permitir que o conteúdo representacional varie.

Há uma série de outras objeções ao representacionalismo harmaniano que poderíamos considerar, mas talvez o suficiente já tenha sido dito para mostrar que, em si mesmo, ele não faz uma descrição adequada dos *qualia* nem mesmo fornece uma base satisfatória para responder aos argumentos a favor do dualismo de propriedade. Ainda assim, a ideia de que a experiência é essencialmente representacional é muito estimulante e nos dá a impressão de que poderia ser útil manter a noção de representação em jogo, ao desenvolvermos uma teoria da dimensão qualitativa da experiência. Harman merece enorme crédito por assegurar na literatura contemporânea um lugar

---

40 A ideia de que o conteúdo representacional de experiências perceptuais é biologicamente determinado não é inevitável, mas é amplamente considerada como muito plausível, e há muito a dizer em sua defesa. Iríamos muito longe se examinássemos os argumentos relevantes aqui. Para discussão mais detalhada, ver: Millikan, *Language, Thought and Other Biological Categories*; Papineau, *Reality and Representation*; Id., *Philosophical Naturalism*; e Dretske, *Explaining Behavior*: Reasons in a World of Causes.

para a noção desse tópico. Tentarei ampliar seus *insights* nos capítulos posteriores. Espero convencer o leitor de que uma descrição representacionalista dos *qualia* seja plenamente defensável e que objeções como as que vimos considerando possam ser resolvidas.

Apêndice

A discussão acerca do fisicalismo nas seções anteriores está relacionada basicamente com o fisicalismo de identidade. Muito pouco foi dito sobre o fisicalismo de superveniência – a teoria de que os *qualia* sobrevêm logicamente a propriedades físicas. Este apêndice trata dessa forma alternativa de fisicalismo. Iniciarei sugerindo que parece impossível reformular o argumento modal cartesiano de forma a oferecer uma objeção persuasiva ao fisicalismo de superveniência. A situação aqui é típica: em geral, é impossível rearticular os argumentos contra o fisicalismo de identidade e o fisicalismo de realização de forma que eles se apliquem ao fisicalismo de superveniência. Há, contudo, uma espécie bem diferente de argumento que coloca em dúvida o fisicalismo de superveniência. Pretendo apresentar esse argumento diferente e também dar-lhe suporte com algumas considerações.

Quando tentamos transformar o argumento cartesiano já discutido em um argumento contra o fisicalismo de superveniência, chegamos a uma linha de raciocínio que redunda no seguinte:

Primeira premissa: podemos imaginar clara e distintamente os zumbis. Portanto, podemos imaginar clara e distintamente situações em que a atividade ϕ existe sem estar acompanhada de dor.

Segunda premissa: quando imaginamos a atividade ϕ, nós o fazemos de forma completa, no sentido de que, ao imaginá-la, fazemos justiça a todas as suas propriedades essenciais.

Terceira premissa: se estiver ao nosso alcance imaginar de ser o caso que *p*, clara, distinta e completamente, então é genuinamente possível que *p*.

Lema: pela primeira, segunda e terceira premissas, é genuinamente possível que a atividade ϕ exista sem estar acompanhada de dor.

Quarta premissa: se é genuinamente possível que x exista sem estar acompanhado de y, então x não sobrevém logicamente a y.

Conclusão: a dor não sobrevém logicamente à atividade ϕ.

Nos últimos anos, argumentos mais ou menos desse tipo têm desfrutado de enorme popularidade. Uma razão é, sem dúvida, que as conclusões que geraram têm ampla significação. Tanto o fisicalismo de identidade quanto o de realização implicam o fisicalismo de superveniência. Como resultado, se argumentos como o que apresentamos estiverem corretos, eles eliminam todas as três formas de fisicalismo de uma só vez. Outra razão para a popularidade desses argumentos é que eles são considerados bastante convincentes.

Todavia, uma reflexão mostra que a segunda premissa do argumento presente é muito menos plausível que a segunda premissa do argumento cartesiano contra o fisicalismo de identidade, que consideramos na Seção 3.3. À primeira vista, pelo menos, é altamente plausível afirmar – como o faz aquele argumento anterior – que a dor se autoapresenta. Portanto, é altamente plausível afirmar que nossa compreensão da natureza essencial da dor é completa; mas seria absurdo dizer que a atividade ϕ se autoapresenta. Nossa compreensão da atividade ϕ está fundamentada em uma teoria e é mediada por dados experimentais. Consequentemente, não pode haver garantia de que tenhamos sido bem-sucedidos na identificação de todas as suas propriedades essenciais. Ela pode ter uma dimensão que a experiência não revela, uma dimensão que se esconde de nós quando a abordamos da perspectiva de terceira pessoa. Diante desse fato, fica claro que o presente argumento fracassa.

Em minha opinião, o que estamos vendo aqui é típico: como regra, é impossível reelaborar argumentos contra o fisicalismo de identidade e o fisicalismo de realização de forma que eles se apliquem ao fisicalismo de superveniência.[41] O argumento do fisicalismo de

---

41 Para uma avaliação bem diferente, ver o brilhante e audacioso livro de David J. Chalmers, *The Conscious Mind*.

Consciência

superveniência é muito mais frágil que qualquer das outras formas principais de fisicalismo e, como resultado, é muito mais difícil refutá--lo. (Lembre-se de que na Seção 3.3 achamos que o argumento da lacuna explicativa fracassa quando reconfigurado como argumento contra o fisicalismo de superveniência.)

Da maneira como entendo, existe apenas uma objeção verdadeiramente persuasiva ao fisicalismo de superveniência, a saber: ele postula relações de necessidade lógica que são *sui generis* e bastante misteriosas. Suponhamos, em um *reductio*, que o fisicalismo de superveniência seja verdadeiro. Ponderações sobre a questão mostram que somos levados a afirmar que os fatos qualitativos são impostos, ou logicamente requeridos, por fatos físicos; e também que somos levados a fornecer uma explicação de *por que* existe essa relação de necessidade. Qual seria a explicação? Poderíamos responder a essa questão de forma totalmente inteligível afirmando que propriedades qualitativas são idênticas a propriedades físicas; porém, se disséssemos isso, teríamos explicado o fisicalismo de superveniência presumindo a validade do fisicalismo de identidade. Com efeito, teríamos desmoronado a distinção entre o fisicalismo de superveniência e o de identidade. Poderíamos, ainda, responder à questão, também de forma totalmente inteligível, dizendo que as propriedades qualitativas são realizadas por propriedades físicas. (Para observar isso, considere a propriedade funcional C^* de dores discutida na Seção 2.2. Essa propriedade se realiza no cérebro humano pelas propriedades neurais em determinado conjunto Σ. Uma reflexão a respeito mostra que os fatos que envolvem C^* são exaustivamente constituídos pelos fatos que envolvam os membros de Σ, desde que se considere que os últimos incluam as leis da natureza em que os membros de Σ estão envolvidos. Considerando que os fatos C^* sejam exaustivamente constituídos pelos fatos Σ, torna-se claro que os primeiros devam ser requeridos pelos últimos. O que notamos nesse caso, vale de maneira geral: a realização envolve constituição plena, e constituição plena implica necessidade.) No entanto, está claro que essa segunda maneira de responder à questão leva o fisicalismo de superveniência a cair no fisicalismo de realização. Como na primeira resposta à questão, ele priva o fisicalismo de superveniência de interesse independente. O que mais poderia explicar a proposição de que fatos físicos requerem fatos qualitativos? Não podemos dizer que essa relação esteja fundamentada seja na lógica formal, seja em verdades conceituais, porque não há nem leis de lógica nem verdades conceituais que vinculem fatos qualitativos a fatos físicos; porém, isso significa que a relação é um mistério. Todas as relações familiares e bem compreendidas de necessidade lógica emergem ou de identidades ou de relações de realização, ou de lógica formal, ou de verdades conceituais. Daí, se não podemos explicar a necessidade postulada de nenhuma dessas maneiras, não podemos explicá-la de forma alguma. Ela teria de ser aceita como uma forma separada, *sui generis*, de imposição – uma forma para a qual não há qualquer motivação independente. Portanto, ponderações de simplicidade aconselham a não reconhecê-la. (Devo essa posição a Kevin Morris.)[42]

Vejo apenas uma objeção a essa linha de raciocínio. Suponhamos que seja verdade, como argumentou Kripke, que nossa linhagem seja parte de nossa essência.[43] Então, é necessário que George W. Bush seja filho de George H. Bush e de Barbara Bush. Seria possível argumentar que esse requisito não esteja fundamentado nem em identidades de propriedade nem em relações de constituição, nem na lógica formal ou em verdades conceituais; porém, ele engendra uma relação de necessidade lógica: considerando que seja necessário que George W. Bush seja filho de George H. Bush e de Barbara Bush, o estado de coisas *George W. Bush existe* necessita logicamente do estado de coisas *George H. Bush e Barbara Bush têm um filho*. Então, há relações de necessidade que não estejam fundadas em nenhuma das quatro maneiras enumeradas anteriormente.

---

42 Para uma discussão do requisito de que relações de superveniência sejam explicáveis, ver: Horgan, *From Supervenience to Superdupervenience*: Meeting the Demands of a Material World, p.555-86.

43 Kripke, *Naming and Necessity*.

Consciência

A resposta a essa objeção é que há boas razões para pensarmos que as necessidades *a posteriori* de Kripke estejam fundadas em verdades conceituais. Certamente jamais foi intenção de Kripke negar isso. Considere, por exemplo, o seguinte excerto[44]:

> Portanto, temos a dizer que, embora não possamos saber *a priori* se esta mesa foi feita de gelo ou não, dado que ela não é feita de gelo, ela, *necessariamente*, não é feita de gelo. Em outras palavras, se P é a afirmação de que o atril não é feito de gelo, conhece-se por uma análise filosófica *a priori* algum condicional da forma "Se P, então necessariamente P". Se a mesa não é feita de gelo, ela, necessariamente, não é feita de gelo. Por outro lado, então, sabemos por investigação empírica que P, o antecedente do condicional, é verdadeiro – que esta mesa não é feita de gelo. Podemos concluir por *modus ponens*:

$$P \supset \Box P$$
$$P$$
$$\overline{\Box P}$$

Evidentemente, Kripke achava que suas necessidades *a posteriori* derivavam de condicionais que podem ser vistas como verdadeiras com base na "análise filosófica *a priori*". Tais condicionais, sem dúvida, seriam consideradas como verdades conceituais.[45]

Resumindo: parece que o fisicalismo de superveniência não pode ser refutado com a adaptação de argumentos que colocam em dúvida o fisicalismo de identidade e o de realização. Porém, há uma razão independente para se pensar que o fisicalismo de superveniência

---

44 Kripke, Identity and Necessity. In: Schwartz (ed.), *Naming, Necessity, and Natural Kinds*, p.66-101. O fragmento citado encontra-se na pág. 88.

45 Para discussão mais detalhada desses assuntos, ver: Hill, Modality, Modal Epistemology, and the Metaphysics of Consciousness. In: Nichols (ed.), *The Architecture of the Imagination*: New Essays on Presence, Possibility, and Fiction; p.205-36.

Teorias dos *qualia*

é equivocado. Assim, se o fisicalismo de superveniência é visto como independente do fisicalismo de identidade e do fisicalismo de realização, então deve-se considerar também que ele pressupõe relações de necessidade lógica que são peculiares, não explicadas e misteriosas. Não é possível que alguém ame uma criatura com essas deformidades.

3
Consciência [A], representação e experiência

Neste capítulo, discutirei três assuntos principais. Primeiro, quero propor um princípio acerca da consciência [A] que a leva a ser essencialmente representacional em sua natureza; segundo, darei os primeiros passos para um debate a respeito desse princípio. Os capítulos posteriores completarão o tema mostrando que a teoria é epistemológica e metafisicamente vantajosa; e, por fim, apresentarei e tentarei explicar uma forma de consciência que chamo de *consciência puramente experiencial*. Ela se opõe a todas as formas de consciência que envolvem conceitualização e, *a fortiori*, a todas as formas que envolvem juízo. Ela desempenhará papel relevante nos últimos capítulos.

3.1 A natureza da consciência

Se existe algo mais que possa ser verdade a respeito da consciência, está claro para todos nós que esse algo é uma relação cognitiva. Está também razoavelmente claro que ela pode associar agentes a entidades de quatro tipos – objetos, propriedades, eventos e fatos. Assim, é perfeitamente natural e também apropriado dizer que Jones

Consciência

tem consciência da mesa à sua frente, do desenho no tapete oriental sob seus pés, da "queimada dupla" [*double play*] que está acontecendo agora e do fato de que o refrigerador está vazio. Infelizmente, excetuando essas observações fáceis, bastante superficiais, a natureza da consciência é altamente controversa. Não está de forma alguma claro do que ela consiste. De fato, como veremos, há aqueles que negariam que se pode dizer que ela "consiste" em alguma coisa. Pelo contrário, argumentam esses estudiosos, é necessário entendê-la como conceitual e metafisicamente primitiva.

Desejo sugerir, entretanto, que o ter consciência [A], na verdade, implica uma complexa estrutura interior e que parte dessa estrutura é apreendida no seguinte princípio:

(P) Se um agente tem consciência de x, então o agente está em um estado mental que representa x.

De acordo com (P), pelo menos uma representação está constitutivamente envolvida em cada estado de consciência.

O argumento básico a favor de (P) provém da ciência cognitiva contemporânea. Como se sabe, a ciência cognitiva vem desfrutando de enorme sucesso explicativo nos últimos anos, tanto em relação a fenômenos cognitivos de ordem superior como em relação a fenômenos perceptuais de ordem inferior. Entre outros benefícios, esses esforços explicativos têm ampliado e fortalecido nossa compreensão sobre ampla gama de formas de consciência [A]. Podemos olhar agora muito mais profundamente dentro da consciência [A] conceitualmente fundamentada e também dentro da visão e outras formas de consciência [A] perceptual. Ademais, conforme veremos com mais detalhes em capítulo posterior, a ciência cognitiva desenvolveu nossa compreensão da consciência [A] da dor e de outras sensações físicas. Então, como também se sabe, as teorias responsáveis por essas realizações pressupõem, todas elas, que a mente tenha, essencialmente, uma natureza representacional – que os estados mentais sejam geralmente dotados de conteúdos representacionais, e que os processos mentais estejam geralmente ocupados ou com a produção

Consciência [A], representação e experiência

de novos estados representacionais ou com a modificação de antigos estados. Isso vale tanto para as partes da ciência cognitiva que têm implicações na consciência [A] como para outras partes. Portanto, precisamos reconhecer que nossa recém-adquirida compreensão das várias formas de consciência depende fundamentalmente da suposição de que a consciência [A] é, em sua essência, representacional; e isso significa que ela implica um compromisso com (P).

Não pretendo tentar fazer uma revisão geral das maneiras como a ciência cognitiva melhorou nossa capacidade de compreensão da consciência [A]. É provável que esse seja território familiar para a maioria dos leitores, pois a literatura contém grande número de exposições brilhantes dessas realizações por pessoas que contribuíram com elas.[1] Teremos oportunidade de perceber uma série de conquistas exemplificadas em capítulos posteriores, mas não há necessidades de uma pesquisa sistemática.

Entretanto, proponho um argumento a favor de (P) que pretende suplementar o argumento básico que acabo de esboçar. Embora as teorias representacionalistas da consciência tenham aceitação universal na ciência cognitiva, elas não têm a mesma popularidade entre os filósofos.

Historicamente falando, muitos filósofos preferem desenvolver teorias não representacionalistas de certas formas de consciência, inclusive a consciência perceptual e a consciência introspectiva de sensações; e essa preferência é compartilhada por vários filósofos contemporâneos. Portanto, parece prudente suplementar o argumento básico a favor de (P) examinando algumas das proposições concorrentes. Esse esforço ocupará as próximas três seções. Nelas,

---

1 Os leitores que desejam conhecer teorias representacionalistas na ciência cognitiva estão convidados a examinar o magnífico: Palmer, *Vision Science*. Tendo em vista que focaliza a percepção, o texto de Palmer é especialmente relevante para os temas do presente trabalho. Outro texto útil é o de Blake; Sekuler, *Perception*; e uma terceira sugestão é: Wolfe et al., *Sensation and Perception*. Essas duas obras oferecem uma cobertura menos detalhada da percepção visual que o espesso volume de Palmer, mas elas cobrem outras modalidades perceptuais além da visão.

pretendo me concentrar nos concorrentes de (P) que, atualmente, parecem merecer maior respeito – a teoria de Bertrand Russell de que o conhecimento por contato [*acquaintance*] é metafisicamente primeiro e, portanto, não tem estrutura representacional; a teoria de G. E. Moore, intimamente relacionada à de Russell, de que a consciência perceptual é *diáfana* ou *transparente*; e a teoria de C. J. Ducasse, de que a consciência de uma qualidade sensorial não é um fato que envolve uma relação cognitiva, mas é, antes de tudo, um fato que envolve uma propriedade monádica adverbialmente qualificada, que pode ser chamada de *modo de consciência* ou *forma de experiência*. Tentarei mostrar que cada uma dessas descrições tem sérios inconvenientes que não são compartilhados por teorias representacionalistas.

3.2 A teoria russelliana do conhecimento por contato

Russell desenvolveu suas ideias sobre o conhecimento por contato no início do século XX.[2] Essas ideias sofreram modificações significativas, mas incessantemente, ele sustentou a tese de que fatos envolvendo contato direto fornecem a base do edifício do conhecimento. Ele também contribuiu com as quatro teorias seguintes:

i. o contato conecta sujeitos essencialmente mentais a objetos e universais e também a fatos, estes considerados como complexos que consistem em objetos e relações;

ii. o contato se apresenta em formas variadas: por exemplo, a relação de familiaridade que mantemos com objetos existentes no presente é um pouco diferente em sua natureza da relação que temos com objetos do passado;

iii. diferentemente da crença e do juízo, o contato não envolve conceitualização ou interpretação dos elementos aos quais ela nos dá acesso;

---

2 Ver, por exemplo: Russell, On the Nature of Acquaintance. In: Marsh (ed.), *Logic and Knowledge*: Essays 1901-1950, p.127-74.

Consciência [A], representação e experiência

iv. falando de forma mais geral, o contato é metafisicamente primitivo: uma vez reconhecidas as diferentes formas de familiaridade e descritos os elementos em cada um de seus campos, tudo o que há para se dizer sobre ela foi dito.

O conhecimento por contato não admite qualquer tipo de análise em elementos mais simples. Em especial, seria um equívoco supor que familiaridade com x envolve constitutivamente uma representação de x. (Na expressão de Russell, seria um engano supor que o contato envolva "modificações mentais denominadas 'conteúdos', com uma diversidade que reproduz a dos objetos".[3]

Continua a haver muito interesse pela ideia do conhecimento por contato na filosofia contemporânea, sobretudo entre os filósofos fundacionalistas epistemológicos. Ademais, descrições acerca do contato tendem a ser basicamente russellianas em sua natureza. A seguir, por exemplo, está o que Richard Fumerton diz sobre ela:

---

3 Ibid., p.174. A passagem citada resume a discussão que Russell faz da teoria de Meinong de que contato com objetos envolve "conteúdos". Segundo Meinong, conforme Russell o interpreta, quando estamos familiarizados com um objeto x, há uma modificação da mente que explica por que estamos familiarizados com x mais do que com algum outro objeto y. Russell acredita que essa explicação não é necessária: "À primeira vista, parece óbvio que minha mente está em diferentes 'estados' quando estou pensando em uma coisa e quando estou pensando em outra; *mas, na verdade, a diferença de objeto fornece toda a distinção necessária*. Parece haver, na hipótese de 'estados' da mente, uma operação (geralmente inconsciente) da teoria 'interior' de relações: acredita-se que alguma diferença intrínseca no sujeito deve corresponder à diferença nos objetos com os quais ele tem a relação de apresentação. Já discuti essa questão em detalhes em outra parte, e, portanto, presumirei a teoria 'exterior' de relações, de acordo com a qual a diferença de relações não contribui com qualquer evidência para a diferença de predicados intrínsecos. Conclui-se que, a partir do fato de que o complexo 'minha consciência de A' é diferente do complexo 'minha consciência de B', não se depreende que quando estou consciente de A, tenho alguma qualidade intrínseca que não tenho quando estou consciente de B, mas não de A. Não existe, portanto, qualquer motivo para supor uma diferença no sujeito correspondente à diferença entre dois sujeitos apresentados" (Ibid., p.171-2; grifos meus). Esse é um dentre vários excertos que revelam o envolvimento de Russell com a simplicidade metafísica do conhecimento por contato.

Consciência

O contato é uma *relação sui generis* que persiste entre um *self* e uma coisa, propriedade ou fato. Estar em contato direto com um fato não é *em si mesmo* ter qualquer tipo de conhecimento proposicional ou crença justificada, e, por essa razão, eu preferiria não usar a velha terminologia do conhecimento por familiaridade. Pode-se estar familiarizado com uma propriedade ou fato mesmo sem possuir os recursos conceituais para *representar* aquele fato no pensamento, e, com certeza, sem possuir a capacidade de expressar aquele fato linguisticamente.[4]

Uma vez que a familiaridade é diferente de qualquer outra relação, não há um gênero adequado dentro do qual incluí-la. Podemos dar exemplos de fatos com os quais temos familiaridade e, dessa forma, apresentar uma espécie de definição "ostensiva" de familiaridade, mas os filósofos que consideram o conceito uma tolice muito provavelmente não se veem familiarizados com o fato de estarem familiarizados com vários fatos. Quando estamos familiarizados com um fato, o fato está *lá* diante da consciência. Nada paira "entre" o *self* e o fato. Porém, essas são metáforas e, no final, é provável que sejam tão enganosas quanto úteis.[5]

Outros fundacionalistas contemporâneos tendem a compartilhar essas ideias ou sustentam outras intimamente relacionadas a elas, mas há um aspecto do quadro contemporâneo a respeito do conhecimento por contato que a descrição de Fumerton não contempla de forma totalmente explícita. Ele afirma que estados de familiaridade não envolvem representações conceituais, mas isso é apenas parte da história. Para completar o quadro, é necessário acrescentar que o conhecimento por contato nada sabe acerca de *todas* as formas de representação. Se familiaridade envolvesse representação, ela poderia ser contaminada com imprecisão e desvirtuamento. Além disso,

---

4 Fumerton, Classical Foundationalism. In: DePaul (ed.), *Resurrecting Old-Fashioned Foundationalism*, p.3-20. A passagem citada encontra-se na p.14.

5 Ibid., p.14.

Consciência [A], representação e experiência

poderia conter elementos interpretativos que fossem essencialmente criações livres do sujeito e, portanto, não estivessem baseados nas propriedades do objeto representado. Qualquer uma dessas imperfeições impediria a familiaridade de fornecer uma base satisfatória de conhecimento. Ou, pelo menos, é assim que as coisas pareceriam da perspectiva da epistemologia fundacionalista que espero estar caracterizando. Dessa perspectiva, uma base satisfatória para o conhecimento precisa fornecer uma plataforma idealmente confiável para inferências. Se houvesse qualquer chance de o conhecimento direto fracassar na tarefa de colocar um sujeito em contato com as reais naturezas dos seus objetos pelo fato de ela ter uma estrutura representacional, então, para adquirir conhecimento com base na familiaridade, seria necessário saber que as representações relevantes têm um grau apropriado de determinatividade de conteúdo e também um grau apropriado de fidelidade. E de onde viria esse conhecimento justificativo? Ele teria de surgir inesperadamente.

Apesar de sua linhagem nobre e de suas raízes presas em vívidas intuições epistemológicas, acredito que podemos perceber que a teoria russelliana da familiaridade enfrenta problemas intransponíveis.

Em primeiro lugar, teorias russellianas têm compromissos ontológicos muito substanciais – compromissos que são desnecessários e, portanto, insustentáveis. Como já observamos, tais teorias argumentam que fatos que envolvem o conhecimento por contato são metafisicamente primitivos – eles não podem ser reduzidos a fatos que, em algum sentido, são mais básicos. Nesse aspecto, teorias russellianas contrastam profundamente com teorias representacionalistas, pois essas últimas são compatíveis com descrições redutoras da familiaridade e, de fato, identificam componentes cruciais de tais descrições. Se uma teoria representacionalista é reconhecida, podemos falar de familiaridade sem qualquer restrição e sem incorrermos automaticamente em compromissos ontológicos adicionais. Conclui-se, então, que o ônus ontológico das teorias russellianas pode ser desnecessário. Parece possível – até mesmo provável – que podemos viver sem ele. Isso, no entanto, significa que não deveríamos

Consciência

aceitar uma teoria russelliana, a menos que a motivação para ela seja extremamente forte. Essa condição é atendida? Para ver que não o é, considere o estado caótico da epistemologia contemporânea. Se nos fosse dado um argumento incontestável a favor do fundacionalismo russelliano, veríamos ordem e consenso em vez de caos e competição.

Teorias russellianas também têm deficiências explicativas Quando estamos familiarizados com um objeto nossa compreensão cognitiva desse objeto caracteriza-se por *diretividade* (ela está interessada *naquele* objeto), *escopo* (ela não está interessada em vários outros objetos que estão no entorno daquele específico), *perspectiva* (ela permite acesso a um lado ou aspecto do referido objeto em detrimento de outros) e *resolução* (ela permite acesso a alguns níveis da estrutura mereológica do objeto, mas não a todos). Ora, se nos permitimos dizer que o contato direto com um objeto envolve uma representação dele, então todas essas características de contato podem ser explicadas. Portanto, se a familiaridade for direcionada para determinado objeto x em uma ocasião específica, podemos explicar aquela diretividade afirmando que x está incluído no conteúdo da representação relevante. Da mesma forma, se o escopo de familiaridade inclui certos objetos y e z que estão nas proximidades de x, mas não outros objetos u e w, também próximos, podemos explicar esse fato recorrendo ao conteúdo da representação. Falando em termos gerais, quanto mais inclusivo for o conteúdo de uma representação, mais amplo é o escopo do estado de consciência [A] em que está envolvida aquela representação e assim por diante. Por outro lado, se juntarmos Russell e os fundacionalistas contemporâneos na suposição de que a familiaridade seja metafisicamente primitiva e, portanto, na negação de que ela tem uma estrutura representacional, descartaremos todas essas explicações e não teremos outras – isto é, outras da mesma qualidade – para substituí-las. Ninguém aplaudiria tal resultado. Ausente um argumento de um tipo que nunca nos foi oferecido, um argumento que torna extremamente plausível que a familiaridade russelliana deva ser adotada se desejarmos ter uma epistemologia satisfatória, o resultado é razão suficiente para rejeitarmos o quadro russelliano.

Consciência [A], representação e experiência

Ao mencionar que uma teoria russelliana da familiaridade deve negar que fatos sobre o escopo etc. da familiaridade podem ser explicados, estou afirmando que os russellianos precisam abdicar de explicações *redutivas* de tais fatos, não que sejam impedidos de fornecer explicações *causais*. Suponha, por exemplo, que eu esteja agora familiarizado com um objeto vermelho, localizado diretamente à minha frente, mas que eu não esteja familiarizado com um objeto verde, localizado na sala ao lado. Sem dúvida, reconheço que uma teoria russelliana pode explicar esse fato. O que desejo sustentar é que um russelliano fica impedido de dar uma explicação como aquela que um representacionalista pode dar. Este pode explicar um fato afirmando que ele está *constituído*, em parte, de outro envolvendo minhas atuais representações perceptuais, mas uma teoria russelliana pode apenas explicá-lo afirmando que ele é *gerado por* esse fato representacional.

Ampliando a ideia: suponha que estejamos interessados em explicar o escopo de meu atual estado de familiaridade – isto é, o fato de que o escopo inclui o objeto vermelho, mas não o verde. Um representacionalista pode explicar isso dizendo que meu estado da familiaridade é constituído, em parte, por uma representação cujo conteúdo inclui o objeto vermelho, mas não o verde. (Esse fato acerca de conteúdo, por sua vez, pode ser explicado em termos de leis que governam a aquisição de conteúdo representacional. Em minha opinião, essas leis vão se referir às formas com que os genes para estados em covariância com objetos externos de vários tipos são selecionados por pressões evolutivas.) Essa seria uma explicação completamente redutiva do fato dado sobre o escopo de meu estado. Por outro lado, se o russelliano tiver de explicar o fato dado, ele precisará invocar uma lei causal que ligue fatos de familiaridade ontologicamente irredutíveis a fatos de outros tipos, inclusive, sem dúvida, os que envolvem representações. (Presumivelmente, a lei seria mais ou menos assim: se x está, atualmente, simbolizando uma representação perceptual de um objeto vermelho e certas outras condições são satisfeitas, então x está perceptualmente familiarizado com um objeto vermelho.) Essa lei seria uma hipótese irredutível

Consciência

e, portanto, aumentaria ainda mais o já insustentável ônus dos compromissos ontológicos russellianos. Conclui-se, então, que a explicação que o representacionalista oferece do meu estado de familiaridade é superior à explicação russelliana. Mais especificamente, ela é superior porque nos prende a menos leis irredutíveis. Porém, isso significa que deveríamos dar preferência à explicação dos representacionalistas, pois há um princípio geral que diz que explicações mais claras são mais merecedoras de nossa crença que explicações mais precárias.

Antes de concluir esta seção sobre a teoria russelliana, devo reconhecer um modo de desenvolver a teoria que, de alguma forma, reduz sua exposição à objeção presente.

Russell, solidariamente, contemplou uma série de posições diferentes com relação à natureza dos objetos de conhecimento direto, mas se rendeu à ideia de que eles são entidades *mentais* que nos são *plenamente* reveladas quando temos contato com elas. Vários defensores contemporâneos das teorias russellianas da familiaridade são propensos a abraçar essa ideia. Em resumo, os russellianos tendem a achar, com frequência, que os objetos de familiaridade são *dados do sentido* [*sense data*].[6] Ora, quem sustenta essa posição estará preparado para negar que é possível adotar perspectivas ou pontos de vista diferentes com relação aos objetos de familiaridade. É impossível observar um dado do sentido de mais de uma perspectiva. Ademais, se incorporarmos dados do sentido, negaremos que objetos do conhecimento direto contêm camadas de textura, ou níveis diferentes de estrutura mereológica, que são sucessivamente revelados à medida que a resolução do contato aumenta. Um dado do sentido tem apenas uma única camada de textura: quando ela se modifica, isso acontece porque um dado do sentido foi substituído por outros, não porque adquirimos conhecimento mais detalhado do dado do sentido original. Conclui-se que o artifício do dado do sentido reduz de maneira significativa as

---

6 Ver, por exemplo: Russell, *Mysticism and Logic*, Capítulo 10.

Consciência [A], representação e experiência

obrigações explicativas das teorias russellianas. Evidentemente, negar que a familiaridade tem um caráter perspectivante e que apresenta diferentes níveis de resolução significa não ter qualquer obrigação de explicar fatos alegados que envolvam esse tipo de caráter e a resolução da familiaridade. Não há necessidade de explicar o que não existe.

Embora as perdas associadas à aceitação dos dados do sentido sejam consideráveis, essa forma de desenvolvimento da teoria russelliana da familiaridade, pelo menos, diminui a força da segunda das duas objeções que apresentei anteriormente; mas parte do problema fica intocada. Há ainda a necessidade de explicar a direção e o escopo de exemplos específicos da relação de familiaridade. Suponha que eu esteja agora familiarizado com *apenas* um dado dos sentidos circular avermelhado. Por que tenho consciência desse dado e não de outro? Uma teoria russelliana não pode responder a essa questão fornecendo uma explicação redutora. Diferentemente de uma descrição representacionalista, que pode explicar por que a familiaridade tem um objeto particular em termos do conteúdo de sua representação constitutiva, uma descrição russelliana precisa considerar fatos desse tipo como primitivos e, portanto, como fatos que necessitam de explicação em termos de leis causais. Conforme observamos anteriormente, leis desse tipo aumentam a carga ontológica russelliana. Além disso, russellianos precisarão recorrer a leis adicionais irredutíveis ao explicar por que meu estado de consciência tem o âmbito que tem. Suponhamos que eu esteja agora consciente *apenas* de um dado dos sentidos circular avermelhado. Em especial, não estou consciente do dado do sentido triangular esverdeado que solicitou a sua atenção. Por que isso ocorre? Por que não tenho consciência de ambos os dados do sentido? Um representacionalista acharia fácil responder a isso, se ele pudesse, afinal, ser estimulado a respaldar dados do sentido. Entretanto, um russelliano só poderá explicar isso se estiver preparado para agregar uma ontologia ainda mais exagerada.

Resumindo: teorias russellianas da familiaridade carregam compromissos ontológicos tanto com relação a fatos particulares quanto

Consciência

a leis causais que teorias representacionalistas evitam. Diante disso, é aconselhável que nossa preferência recaia sobre a última em vez de recair sobre a primeira.

3.3 Transparência mooreana

Aproximadamente na mesma época em que Russell desenvolvia sua teoria da familiaridade, G. E. Moore sugeria uma descrição de consciência perceptual muito análoga. No nível mais básico, argumentava ele, a consciência perceptual envolve dois componentes: um ato (o estado de estar consciente) e um objeto. O ato e o objeto são causalmente independentes. Não influenciamos um objeto da consciência tornando-nos cônscios dele. Inversamente, a consciência não é afetada pelo seu objeto. De fato, não há nada acerca do estar consciente de qualquer objeto específico que o diferencie do estar consciente de qualquer outro objeto, exceto apenas as diferenças entre os próprios objetos. Conclui-se que a consciência não tem uma estrutura representacional: se consciência de x é o mesmo que consciência de y, exceto pelas diferenças entre x e y, então não pode ser verdade que a consciência de x envolve uma representação diferente da consciência de y. E mais: Moore não apenas negou que a consciência tem uma estrutura representacional; ele negou que ela tem uma organização interna de qualquer espécie. Segundo Moore, a consciência não tem traços característicos. Sua explicação para essa extraordinária teoria era que a introspecção não revela quaisquer traços quando ela se volta na direção da consciência. Quando, introspectivamente, atentamos para a consciência perceptual, argumentava Moore, tudo o que encontramos são traços de qualquer objeto que seja, para o qual a consciência está direcionada.

Para ilustrar essas teorias, Moore convidou seus leitores a considerar duas sensações – uma sensação de azul e uma de verde. Cada uma delas contém dois componentes – afirmava ele –, um ato e um objeto. O primeiro componente é o mesmo em ambos os casos; é o segundo componente que explica a natureza única de cada sensação.

Consciência [A], representação e experiência

Porém, não deveria existir alguma coisa sobre o ato componente da primeira sensação que explique por que ele está focalizando o azul em vez do verde? Não haveria algum tipo de modificação da consciência que a leve a se harmonizar com o azul? Moore respondeu: "não". Portanto, como Russell, ele mostrou seu compromisso com a teoria de que a consciência perceptual é metafisicamente simples e, por conseguinte, básica. Todavia, suas razões para essa lealdade parecem ter sido bem diferentes, pois tudo indica que ele não se deixou levar por considerações essencialmente epistemológicas. Ele não estava tentando associar um tipo de contato cognitivo com o mundo desprovido de vagueza, distorção e livre interpretação. Pelo contrário, sua motivação parece ter sido inteiramente introspectiva. Precisamos ver a consciência como simples e básica – é o que, aparentemente, ele pensou – porque a introspecção não fornece motivo para que propriedades representacionais ou intrínsecas sejam atribuídas a ela. A consciência perceptual é transparente à introspecção; portanto, ela precisa ser metafisicamente transparente – o equivalente mental do vidro.

Essas ideias estão estabelecidas nos excertos seguintes:

O termo "azul" é facilmente distinguível, mas o outro elemento que chamo "consciência" – aquilo que a sensação de azul tem em comum com a sensação de verde – é extremamente difícil de determinar. [...] Aquilo que torna a sensação de azul um fato mental parece nos escapar: usando uma metáfora, parece ser transparente – olhamos através dele e tudo o que vemos é o azul.[7]

---

7 Moore, The Refutation of Idealism. *Philosophical Studies*, p.1-30. A passagem citada encontra-se na p.20.
Minha interpretação de Moore baseia-se em grande parte naquela que James Van Cleve esboça em: Van Cleve, Troubles for Radical Transparency. In: Horgan; Sebatés; Sosa (eds.), *Supervenience in Mind*: A Festchrift for Jeagwon Kim; no prelo. O leitor é convidado a examinar o trabalho de Van Cleve para argumentos de apoio. Para meus propósitos, entretanto, não importa muito se o quadro apresentado no texto se coaduna com as teorias de Moore. Estou mais interessado na ideia em si mesma que na questão de qual era, de fato, a visão de Moore.

Consciência

No momento em que tentamos fixar nossa atenção na consciência e ver claramente *o que* ela é, temos a sensação de que ela desaparece: é como se tivéssemos diante de nós mero vazio. Quando tentamos fazer a introspecção da sensação de azul, tudo o que conseguimos ver é o azul; o outro elemento é como se fosse diáfano.[8]

Além de afirmarem a posição de Moore de uma forma especialmente imperativa, esses excertos mostram que a razão que ele tinha para manter essa teoria era, de fato, introspectiva. De acordo com Moore, a consciência precisa ser considerada como transparente ou diáfana porque a introspecção não fornece motivo para que se atribua a ela características intrínsecas ou representacionais. Outro autor – como eu, por exemplo – poderia admitir que a introspecção é limitada dessa maneira, mas desejo explicar a limitação alegando que a natureza interna da consciência perceptual não se encontra no domínio da introspecção. Sabemos que há inumeráveis estados, traços e atividades da mente aos quais a introspecção não nos permite acesso – para os quais, digamos, ela não está definida. Na verdade, sabemos que há muitos aspectos introspectivísticos que apresentam componentes ou aspectos não introspectivísticos. Em minha opinião, não existe uma razão óbvia do porquê a natureza interna da *consciência perceptual* deva ser um dos elementos introspectivísticos em vez de ser um dos elementos que escapam ao âmbito da introspecção. Moore, no entanto, via as coisas de maneira diferente. Com efeito, ele começou com uma premissa epistemológica – a proposição de que a introspecção não fornece qualquer motivo para que sejam atribuídas propriedades à consciência. Como as passagens anteriores demonstram, ele achava perfeitamente natural passar daquela

---

Para discussão mais detalhada da posição de Moore, ver: Hellie, That Which Makes the Sensation of Blue a Mental Fact: Moore on Phenomenal Relationism. *European Journal of Philosophy* 15:3, p.334-66. A interpretação de Hellie é bem diferente da de Van Cleve.

8 Moore, op. cit., p.25.

Consciência [A], representação e experiência

premissa para uma conclusão metafísica – a proposição de que a consciência é metafisicamente transparente. Sem dúvida alguma, falta uma premissa aqui: ele pressupõe o argumento de que o que é transparente à introspecção é metafisicamente transparente. Parece-me que esse argumento não é muito recomendável, mas Moore – ao que tudo indica – considerava-o como óbvio.

James Van Cleve diferenciou de forma muito válida o tipo de transparência que aparece na teoria da consciência perceptual de Moore daquele ao qual Gilbert Harman recorre quando afirma que não temos acesso introspectivo aos *qualia*.[9] Na interpretação mais natural das passagens relevantes, enquanto Harman está preocupado em negar que não temos acesso às propriedades intrínsecas da experiência, ele admite que temos acesso às suas propriedades representacionais; isto é, quando consideramos uma experiência introspectivamente, temos consciência dela apenas como representante de um objeto ou situação no mundo. Esse argumento positivo assume o primeiro plano na passagem seguinte, que, originalmente, encontramos no Capítulo 2:

> No caso de um quadro, Eloise pode ter consciência dos traços que são responsáveis por ele ser um quadro de um unicórnio; isto é, ela pode voltar sua atenção para o tipo da tinta usada que faz que o quadro represente um unicórnio. Porém, no caso de sua experiência visual de uma árvore, quero dizer que ela não tem consciência, por assim dizer, da tinta mental, que faz que sua experiência seja a de ver uma árvore. Ela se apercebe apenas dos traços intencionais ou relacionais de sua experiência, não de seus traços intrínsecos não intencionais.[10]

---

9   Van Cleve, Troubles for Radical Transparency. In: Horgan; Sebatés; Sosa (eds.), *Supervenience in Mind*: A Festchrift for Jeagwon Kim, no prelo.

10 Harman, The Intrinsic Quality of Experience. In: Tomberlin (ed.), *Philosophical Perspectives*. v.4, p.31-52. O ensaio foi reimpresso em: Block; Flanagan; Güzeldere (eds.), *The Nature of Consciousness*, p.663-75. A passagem citada encontra-se na p.667 daquele volume.

Considerando observações desse tipo, devemos concluir que a transparência harmaniana é bem diferente da mooreana. Como bem observa Van Cleve, a teoria de Moore é muito mais radical. Primeiro, além de negar que a introspecção forneça motivos para que se atribua uma natureza intrínseca a estados de consciência, Moore nega que ela proporcione motivos para que propriedades representacionais sejam atribuídas a eles. E segundo, como acabamos de ver, Moore está preparado para extrair conclusões metafísicas de suas alegações epistemológicas negativas. Sua posição difere da posição de Harman em ambos os aspectos.

Vale a pena dedicar um momento de reflexão ao contraste entre essas concepções de introspecção e transparência, pois podemos extrair disso uma valiosa lição. Suponha que você tenha uma experiência que seja natural descrevê-la como uma experiência de azul. Parece claro que você pode tomar conhecimento desse fato por introspecção. Tanto Harman quanto Moore aceitarão essa intuição. Na verdade, eles insistirão em sua validade. Entretanto, o que, exatamente, a introspecção revela? Mais exatamente, do que você tem consciência quando se apercebe da experiência como uma experiência de azul? Aqui Harman e Moore se separam. Harman dirá que você tem consciência da experiência como aquela que pode ser considerada *de* azul, em que "de" expressa intencionalidade; isto é, ele afirmará que você tem consciência da experiência como uma experiência que representa o azul. Moore, por outro lado, vai preferir dizer que você tem consciência da experiência como aquela que pode ser considerada *de* azul, em que "de" expressa relacionalidade; isto é, ele afirmará que você tem consciência de um fato relacional – um fato envolvendo um agente informado, uma relação cognitiva metafisicamente simples, a relação de consciência perceptual e um objeto que diferencia entre o dado fato relacional e todos os outros fatos envolvendo o mesmo agente. (É o objeto da consciência que explica a natureza distintiva do fato). O que importa para os propósitos presentes é que Moore se junta a Harman ao reconhecer que dada experiência é uma experiência *de* azul, mas que ele interpreta a

Consciência [A], representação e experiência

"*de*-dade" da experiência de uma maneira completamente diferente, vendo-a como constituída por uma relação extensional mais que de conteúdo representacional.

Perguntemos, então: a introspecção por si mesma nos dá algum motivo para preferirmos a interpretação que Harman faz da "*de*-dade" à interpretação que faz Moore, ou teríamos motivo para preferirmos a interpretação de Moore à de Harman? Em minha opinião, a resposta é "não". Há outras razões não introspectivas para aceitarmos a visão de Harman de que a consciência perceptual tem uma estrutura representacional, algumas das quais observamos na seção anterior acerca da teoria da familiaridade de Russell. Entretanto, até onde posso concluir, a introspecção não pode, em si mesma, resolver essa divergência entre Harman e Moore.

Se parece de outra forma é, sem dúvida, porque Harman pode tentar embasar sua posição afirmando que é possível ter uma experiência de algo que não existe, tal como a adaga de Macbeth, e propondo que isso não seria possível, a menos que a consciência perceptual fosse intencional. A princípio, isso é plausível, mas alguém com uma visão relacional de consciência pode responder de várias maneiras. Assim, por exemplo, o relacionalista pode oferecer uma interpretação disjuntiva da experiência perceptual, sustentando que experiências não alucinatórias devem ser explicadas em termos de uma relação mooreana simples de consciência, e que experiências alucinatórias como as de Macbeth devem ser explicadas em termos de representações de objetos intencionais.[11] A respeito dessa visão, é impossível dizer, com base apenas na introspecção, se um sujeito está vivenciando uma experiência verídica de um objeto real, e essa experiência deve ser interpretada em termos relacionais, ou se, em vez disso, o sujeito está tendo uma alucinação, e a sua experiência

---

11 Para discussão do disjuntivismo, ver: Martin, The Transparency of Experience. *Mind and Language 17*, p.376-425; McDowell, Criteria, Defeasibility, and Knowledge. *Proceedings of the British Academy* 1982, p.455-79; Snowdon, Objects of Perceptual Experience. *Proceedings of the Aristotelian Society*, V, suplementar 64, p.121-50.

Consciência

deve ser entendida em termos representacionais. Essas diferenças metafísicas não estão dentro do domínio da introspecção. Conforme eu a vejo, essa resposta à questão acerca da adaga de Macbeth é decisiva. Ela permite que haja razões para pensarmos que *algumas* experiências perceptuais devam ser vistas como representacionais, mas indica que não se conclui com isso que *toda* experiência perceptual é representacional. Como uma questão de lógica pura, esse ponto está absolutamente correto. Além disso, o disjuntivismo mostra como combinar um reconhecimento da existência da alucinação com uma concepção relacional de experiências verídicas.

Isso não quer dizer que a descrição que o disjuntivista faz dessas questões esteja correta. Pessoalmente, acho-a muito equivocada, porque ela nos obriga a dar uma explicação disjuntiva complexa do fato de que percepções alucinatórias e suas contrapartidas verídicas têm consequências psicológicas e comportamentais idênticas. Quando um agente está vivenciando uma alucinação de que *p*, ele reagirá da mesma forma como agiria se estivesse realmente vendo que *p* (a menos, é claro, que ele tenha alguma razão para acreditar que esteja tendo uma alucinação). O representacionalismo pode explicar esse fato afirmando que ter uma alucinação de que *p* e ver que *p* são basicamente semelhantes – ambas envolvem uma representação do estado de coisas que *p*. Nesse sentido, o representacionalismo é diferente do disjuntivismo: uma vez que este vê o ter uma alucinação que *p* como não tendo nada em comum com o ver que *p*, ele é obrigado a dar uma explicação à reação do agente ao ter uma alucinação de que *p* que é diferente da explicação à reação do agente ao ver que *p*. Portanto, o disjuntivismo é mais complexo que o representacionalismo. Essa é uma forte razão para preferirmos a última teoria. Porém, o fato de que há um argumento desse tipo para a superioridade do representacionalismo não afeta o ponto que desejo levantar aqui – que, repetindo, é impossível descartar o disjuntivismo com base apenas na introspecção.

Em face desse ponto, a divergência entre Harman e Moore parece significar um impasse, pelo menos na medida em que a introspecção

Consciência [A], representação e experiência

é vista como o árbitro. Parece que os veredictos da introspecção estão neutros entre as duas posições. Enfatizo o contraste entre as posições e a aparente neutralidade da introspecção, porque há uma moral metodológica importante aqui. Contrariamente ao que parece ser a visão atualmente aceita, é impossível estabelecer uma teoria representacionalista do ter consciência, recorrendo apenas à introspecção. Esta pode revelar que uma experiência é uma experiência *de* azul, mas o "de", relevante, não se interpreta a si mesmo. Ele pode ser interpretado como um indicador de intencionalidade e também como um indicador de relacionalidade. Não podemos escolher entre essas interpretações com base apenas na introspecção. É necessário que haja um argumento filosófico.

Embora a motivação para as posições de Moore a respeito da consciência perceptual seja diferente da motivação para a descrição de Russell sobre a familiaridade, em outros aspectos as duas posições são bastante análogas. O mais importante é que ambas afirmam que os fatos iniciais da consciência [A] envolvem uma relação cognitiva que não apresenta uma organização interna e que precisa, portanto, ser vista como um primitivo metafísico. Por causa dessa comunalidade, a explicação de Moore é vulnerável às mesmas objeções daquela de Russell: ela nos obriga a um campo de fatos específicos irredutíveis e é, intrinsecamente, inadequada para fornecer uma explicação relevante e redutiva de características da consciência [A], tais como direcionalidade e escopo. De fato, ela precisa negar que tal explicação seja possível. Trata-se aqui de um caso explícito de miopia filosófica: teorias representacionais da consciência [A] estão epistemicamente disponíveis e oferecem explicações muito satisfatórias das referidas características dessa consciência [A] – explicações que unificam e simplificam nossos compromissos teóricos.

Além dessas objeções metafísicas à descrição que Moore faz de consciência perceptual, há também a objeção lógica que comentei anteriormente: Moore não tem o direito de inferir uma conclusão

Consciência

metafísica da observação essencialmente epistemológica de que a consciência perceptual é transparente à introspecção. Afirmar isso é argumentar acerca dos limites da introspecção: é afirmar que a introspecção, por si só, não estabelece que a consciência perceptual tem uma estrutura representacional. Esse argumento é bastante frágil: equivale a dizer que a introspecção *deixa em aberto* se a consciência perceptual é representacional ou não. Uma afirmação desse tipo não é um começo promissor para um argumento que busca estabelecer uma conclusão metafísica realmente substancial.

Conforme pudemos notar, a teoria de Moore propõe que os atributos distintivos de qualquer fato da consciência perceptual se devem inteiramente às características distintivas do objeto de consciência. Essa noção continua bem viva em diversas abalizadas descrições contemporâneas da percepção. Podemos encontrá-la, por exemplo, sob o nome de "Visão Relacional" na obra *Reference and Consciousness* [Referência e consciência], de John Campbell. Ele explica a "Visão Relacional" da seguinte forma:

> Quanto [à] Visão Relacional, o caráter fenomênico da sua experiência, conforme você observa a sala, é constituído pelo *layout* real da própria sala: quais são os objetos específicos que lá se encontram, suas propriedades intrínsecas, tais como cor e forma, e como estão dispostos em relação aos outros e a você. Nessa Visão Relacional, dois observadores comuns, de pé, mais ou menos no mesmo local, observando a mesma cena, com certeza vivenciarão experiências com o mesmo caráter fenomênico, pois o caráter fenomênico da experiência constitui-se no *layout* e nas características dos exatos mesmos objetos externos. Temos a noção comum de uma "visão", como quando você, em uma trilha, arrasta alguém montanha acima, insistindo que essa pessoa vai "desfrutar da paisagem". Nesse sentido, milhares de pessoas poderiam visitar exatamente o mesmo local e desfrutar exatamente da mesma visão. Você caracteriza as experiências que elas estão vivenciando dizendo qual visão estão

Consciência [A], representação e experiência

apreciando. No quadro relacional, isso equivale a descrever o caráter fenomênico das experiências dessas pessoas.[12]

Ao dizer que o caráter fenomênico da experiência é determinado pelo objeto da experiência – o cenário diante de nossos olhos –, Campbell está, na verdade, dizendo que a natureza distintiva de qualquer fato relacionado à consciência experiencial deriva inteiramente do objeto de consciência. Sem dúvida, a posição caracterizada por Campbell diverge da posição que Moore acabou adotando em um aspecto muito importante: enquanto em seu trabalho mais amadurecido Moore considerou os objetos imediatos da consciência perceptual como dados do sentido, Campbell os toma como substâncias físicas exteriores e situações envolvendo tais substâncias. À exceção disso, as posições de ambos parecem semelhantes. Essa interpretação é confirmada quando vemos Campbell contrastando a Visão Relacional da consciência perceptual com o que ele chama de Visão Representacional, a qual atribui uma complexa organização interna à consciência – mais especificamente, uma organização representacional. Campbell rejeita de maneira explícita a Visão Representacional. Com certeza, ele está plenamente comprometido com a ideia da existência de representações perceptuais; mas as toma como subpessoais e como metafisicamente exteriores à consciência. Fatos envolvendo consciência perceptual são metafisicamente primitivos. É possível explicá-los, mas essas explicações são necessariamente causais, não redutivas.

Com a Visão Relacional em mãos, podemos, com mais facilidade, avaliar um quarto problema na noção de transparência de Moore – um problema que também aflige a teoria russelliana do conhecimento por contato. Parece incorreto atribuir *todos* os traços distintivos de *cada* fato da consciência perceptual às entidades consideradas como objetos da consciência; a maneira como, algumas vezes, um objeto da consciência se apresenta diante de nós depende, pelo menos

---

12 Campbell, *Reference and Consciousness*, p.116.

Consciência

em parte, de fatores que se encontram no lado do sujeito, na linha divisória sujeito/objeto. Assim, por exemplo, pode parecer que um objeto da consciência apresente um aspecto amarelado, não porque seja amarelo ou porque esteja banhado em luz amarela, mas antes porque o sujeito tem uma desordem interna que influencia sua experiência. Isso quer dizer: o caráter fenomênico de uma experiência perceptual pode ser influenciado por fatores que independem tanto do estímulo distal quanto do estímulo proximal. Ademais, isso continua válido mesmo que "estímulo proximal" seja compreendido como incluindo atividade na retina – e, na verdade, mesmo que seja compreendido como incluindo atividade nos centros primários de processamento do cérebro. Falando de forma mais geral, deixemos que a fronteira entre sujeito e objeto seja delimitada da forma que se deseja. Mesmo que a fronteira não deixe praticamente nada no lado do sujeito, contanto que ele tenha permissão para vivenciar uma variedade de estados interiores diferentes, e a forma como o objeto lhe parece tenha permissão para depender *causalmente* de seus estados interiores, haverá uma base de apoio para a noção de que a forma como um objeto se apresenta a um sujeito pode ser, pelo menos parcialmente, independente de propriedades do objeto. Isso constitui um problema tanto para Moore quanto para Campbell – e para Russell também –, pois todos eles negam que tal base de apoio exista. Para eles, é *necessariamente* verdadeiro que a forma como um objeto é percebido por um sujeito é determinada pela natureza do objeto. Pode-se mensurar facilmente o caráter fenomênico com base em propriedades do objeto da consciência [A].[13]

---

13 Campbell pode tentar defender-se dessa objeção invocando o disjuntivismo, sustentando que se, por exemplo, minha experiência tem um toque de amarelo em razão de fatores internos, isso acontece porque ela tem uma natureza metafísica bem diferente de experiências que são plenamente verídicas. Mas essa resposta fica bloqueada se, como argumentei anteriormente, o disjuntivismo puder ser rejeitado por razões metodológicas. (Repetindo: essas razões incluem o fato de que o disjuntivismo nos força a dar explicações esquisitas e complexas do fato de que alucinações – e ilusões – têm as mesmas consequências psicológicas e comportamentais que as experiências perceptuais verídicas.)

Consciência [A], representação e experiência

Diferentemente da teoria de Moore, as teorias representacionalistas da consciência [A] dispõem de recursos para explicar as contribuições do sujeito. De acordo com elas, o caráter fenomênico de uma experiência não é determinado pelo objeto da consciência [A], mas, antes, pela maneira como o sujeito representa o objeto. Na maioria dos casos, talvez, será possível explicar por que um sujeito utiliza determinada representação simplesmente no que diz respeito ao fluxo de informação percebida a partir do objeto, mas, de vez em quando, os determinantes internos da representação poderão operar independentemente de influências externas. Por exemplo, pode acontecer de uma luz ser representada como verde-amarelado, apesar do fato de que ela esteja emitindo apenas luz verde, pois as partes superiores do sistema visual do sujeito são afetadas por uma desordem visual de alto grau. Diante dessas circunstâncias, o objeto da percepção parecerá verde-amarelado ao sujeito; isso significa que o caráter fenomênico da experiência do sujeito não será determinado pelo objeto.

Resumindo: Moore afirmava que a consciência perceptual é transparente à introspecção; ou, em outras palavras, que a introspecção revela aquilo – e *apenas* aquilo – para o qual a consciência perceptual está direcionada (ou é *de*). Aparentemente, isso parece correto: a introspecção não atribui uma estrutura representacional, nem uma organização interna de qualquer espécie, à consciência perceptual. Seria um equívoco, entretanto, inferir desse fato que a consciência perceptual *carece* de uma estrutura representacional. Não há motivo para se supor – na verdade, há muitos motivos para se duvidar – que a introspecção seja capaz de atingir as profundezas da consciência.

3.4 A teoria adverbial

A teoria adverbial da consciência [A] foi proposta por C. J. Ducasse em 1942. A seguir está a formulação original da teoria de Ducasse:

> A hipótese, então, que apresento como uma alternativa à do professor Moore é que "azul", "amargo", "doce" etc. são nomes não

de objetos da experiência nem de espécies de objetos da experiência, mas de *espécies da experiência em si mesma*. O que isso significa talvez se torne mais claro com a afirmação de que sentir azul é, então, sentir-se "azulmente", exatamente como dançar a valsa é dançar "valsamente".[14]

Tendo esse fragmento em vista, parece justo resumir o adverbialismo declarando que ele representa afirmações do tipo "x tem consciência de um caso de propriedade Q", na qual Q é uma propriedade qualitativa, conforme simboliza fatos do tipo "x está em um estado aproximadamente Q de consciência [A]". Dizendo de outra forma, o adverbialismo afirma que o "fazedores de verdade" [*truth-makers*] para uma afirmação do tipo em referência é um fato envolvendo x e uma propriedade monádica, uma propriedade que é um *modo* ou uma forma de experiência, uma maneira de experienciar o mundo.

Por que deveríamos acreditar nessa surpreendente teoria? Ducasse e outros defensores dela viam-na como capaz de apresentar uma alternativa atraente para a teoria do dado dos sentidos. Como vimos notando, Russell e Moore acreditavam que no nível mais básico, a consciência perceptual envolve relações de familiaridade imediata com particularidades mentais. Os *qualia* eram considerados características de tais particularidades. Então, há uma razão para esperar que a teoria do dado dos sentidos seja falsa. Dados dos sentidos apresentam problemas metafísicos porque não fica claro como acomodá-los dentro de uma visão de mundo fisicalista. E eles apresentam ainda problemas epistemológicos, porque se estamos imediatamente conscientes deles mais do que de objetos físicos, eles constituem, com efeito, uma tela entre nós e o mundo exterior, tornando problemática qualquer pretensão de adquirir conhecimento do mundo exterior com base na percepção. A teoria adverbial nos alivia

---

14 Ducasse, Moore's "The Refutation of Idealism". In: Schilpp (ed.), *The Philosophy of G.E. Moore*, p.225-51. A passagem citada encontra-se nas p.232-3.

Consciência [A], representação e experiência

de problemas de ambos os tipos, pois permite que reconheçamos a existência dos *qualia* sem termos de aceitar a bagagem a eles atrelada de particularidades mentais que os representam. Isso simplifica as obrigações com que se defronta o fisicalista e abre caminho para o epistemologista elaborar uma teoria de acesso perceptual direto ao mundo exterior.

Se não houvesse qualquer outra opção para a teoria dos dados dos sentidos, essas vantagens do adverbialismo forneceriam motivação razoavelmente forte para aceitá-la. Na verdade, entretanto, há pelo menos outra teoria que tem as mesmas vantagens metafísicas e epistemológicas: a teoria da consciência perceptual apresentada nos capítulos 5 e 6 deste trabalho. Portanto, o argumento da teoria adverbial é bastante frágil e também sofre de alguns problemas internos. Mencionarei três deles.

Primeiro, é inegável que temos *conhecimento* dos *qualia*, e isso indica que temos algum tipo de acesso cognitivo a eles, mas se pode dizer que temos acessos aos *qualia* simplesmente em virtude de estarmos *em* estados mentais que são adverbialmente qualificados por eles. Estar *em* um estado, por si só, não fornece a ninguém acesso cognitivo àquele estado. Portanto, se o adverbialismo é válido, o fato de que temos conhecimento dos *qualia* sugere que há estados introspectivos de segunda ordem que são direcionados aos estados qualificados adverbialmente como de primeira ordem. São esses estados de segunda ordem que nos permitem o reconhecimento cognitivo que fazemos dos *qualia*. Entretanto, agora precisamos perceber que *cada* experiência perceptual ou sensorial envolve um reconhecimento dos *qualia*. Portanto, cada experiência perceptual ou sensorial tem uma dimensão fenomenológica, e precisamos reconhecer a fenomenologia para que possa *haver* fenomenologia; isto é, uma experiência só tem uma dimensão fenomenológica se temos acesso à fenomenologia porque temos a experiência. Conclui--se que, se o adverbialismo é verdadeiro, precisamos estar sempre introspectivamente conscientes dos estados de primeira ordem que são adverbialmente qualificados pelos *qualia*. Essa, contudo, é uma posição extravagante. Seria muito oneroso para a mente gerar um estado de segunda ordem para acompanhar cada estado perceptual ou sensorial. Visto que não há qualquer razão independente para supormos que ela incorre esse encargo, devemos rejeitar o argumento de que ela o faz.

Segundo, parece-nos que as características qualitativas que constituem a fenomenologia são características dos *objetos* da consciência [A] perceptual e sensorial, não dos estados mentais por meio dos quais percebemos tais objetos. Suponha que você esteja consciente de um objeto que apresente a aparência azul. O fato de que ele apresenta essa aparência é um fato qualitativo. Contudo, trata-se de um fato sobre o objeto, não sobre a sua experiência, pois você não está consciente da experiência ao reconhecer a aparência azul do objeto. Você tem consciência apenas do objeto. Essa foi a lição que aprendemos da tese da transparência de Harman. O mesmo serve para a consciência da dor. Não se trata de ter consciência de *duas* coisas quando você tem consciência da dor: a dor em si mesma e a experiência que você tem dela. Você tem consciência apenas de uma coisa: da dor. E a *dor* de alta intensidade é vivenciada como uma característica daquela coisa específica. O adverbialismo não pode acomodar esse fato simples.

Isso nos leva ao terceiro problema. Para apresentá-lo, é necessário distinguir entre dois sentidos da expressão "consciente de". Quando "consciente de" é utilizado em seu *sentido extensional*, uma afirmação do tipo "*S* está consciente de um *F*" envolve uma afirmação do tipo "Há um *F*". Esse é o sentido de que dependemos com maior frequência no discurso do dia a dia. Porém, "consciente de" também tem um *sentido intensional*. Quando a expressão é utilizada no segundo sentido, uma asserção do tipo "*S* está consciente de um *F*" não tem uma consequência existencial. Considere, por exemplo, um caso em que um sujeito diz "Subitamente tornei-me consciente de um magnífico unicórnio", pretendendo, com isso, descrever uma experiência que ele agora reconhece com alucinatória. Nesse caso, o sujeito está usando "consciente de" em seu sentido intensional.

Consciência [A], representação e experiência

A afirmação pode ser considerada verdadeira mesmo que unicórnios não existam.

Agora fica claro que seria totalmente inapropriado oferecer condições adverbiais de verdade para afirmações que envolvem o sentido extensional de "consciente de", pois nenhuma teoria adverbial poderia explicar por que tais afirmações têm as implicações existenciais relevantes. Considere a asserção "Estou consciente de uma praça verde". Ela implica que uma praça verde exista. Por causa disso, não podemos dizer que ela se torna verdadeira por um estado sensorial qualificado pelas propriedades adverbiais *esverdeadamente* e *meio quadradamente*, pois um sujeito pode se encontrar em um estado desse tipo em uma situação em que nenhuma praça verde estivesse presente. (Dizer que estamos nos sentindo 'esverdeadamente' e 'meio quadradamente' é exatamente dizer que um sujeito se encontra em um estado sensorial com certa natureza intrínseca. Nada se conclui dessa alegação a respeito da existência de objetos físicos que têm as propriedades *verde* e *quadrado*.) Ademais, seria bastante implausível argumentar que afirmações envolvendo o sentido intensional de "consciente de" tem condições adverbiais de verdade. Como ocorre com outros verbos intensionais usados para caracterizar estados mentais, tais como "acreditar", "imaginar" e "sonhar com", é muito plausível que as condições de verdade para afirmações com o sentido intensional de "consciente de" envolvam representações e conteúdos representacionais. Reflexões a respeito demonstram que aqui se encontra a explicação mais abrangente e unificada do fato de que faltam a tais afirmações sobre implicações existenciais. (Uma vez que afirmações sobre conteúdos representacionais carecem de implicações existenciais, podemos explicar por que afirmações sobre a percepção carecem de implicações existenciais argumentando que elas implicitamente envolvem representações.) Conclui-se que seria um engano caracterizar as condições de verdade de afirmações envolvendo o sentido intensional de "consciente de" em termos puramente adverbiais. Alegar que um agente se encontra em um estado com certo conteúdo

Consciência

representacional é bem diferente de alegar que ele se encontra em um estado com certa natureza intrínseca.[15]

Descobrimos que a motivação para o adverbialismo é frágil e que ele sofre de vários outros sérios problemas. Qualquer um desses problemas é suficiente para desabonar a teoria. De fato, tendo em vista os problemas, é motivo de surpresa saber que há quem tenha achado que a teoria pudesse estar correta.

3.5 Em retrospecto

Nas últimas três seções, preocupei-me em estabelecer a superioridade das visões representacionalistas da consciência [A] perceptiva em relação às visões que buscam explicar a consciência sem supor que representações estão constitutivamente envolvidas nela. Não comparei essas teorias alternativas com uma proposta representacionalista específica, mas, sim, com a classe de propostas que incorporam (P) ou alguma teoria intimamente relacionada:

(P) Se um agente tem consciência de x, então o agente está em um estado mental que representa x.

Isso completa a porção comparativa de minha defesa de (P). Conforme comentado anteriormente, esses argumentos comparativos não pretendem servir como motivação básica para (P). O argumento básico, delineado na Seção 3.1, baseia-se em um apelo aos sucessos

---

15 Devo acrescentar que há uma diferença substancial entre a ideia de que estou principalmente interessado em defender neste capítulo, o argumento de que *todos* os fatos da consciência [A] são, em última análise, representacionais e o argumento muito mais frágil que pretendo levantar aqui – o argumento de que representações aparecem nas condições de verdade de afirmações envolvendo o sentido intensional de "consciente de". Levantar esse argumento muito mais frágil não deixa a questão em aberto, pois ele possa ser estabelecido independentemente do mais forte. De fato, considero que ele possa ser estabelecido por um argumento relativamente simples e direto. É suficiente recorrer – como fiz no texto – ao fato de que podemos explicar como é possível estar consciente de coisas que não existem em relação ao fato de que é possível representar coisas que não existem.

Consciência [A], representação e experiência

explicativos da ciência cognitiva contemporânea. Capítulos posteriores o ilustrarão com exemplos de projetos bem-sucedidos. O Capítulo 6, por exemplo, examinará algumas das maneiras em que a ciência cognitiva tem usado teorias representacionalistas para realçar nossa compreensão da consciência [A] da dor.

3.6 Consciência experiencial

Agora quero me voltar para a tarefa de um tipo bem diferente. Há uma variedade de formas distintas de consciência. Gostaria de escolher uma forma que será de grande utilidade em nossas discussões posteriores e de caracterizá-la de uma maneira que é mais ou menos isenta de conceitos obscuros e controversos. A forma que tenho em mente é a *consciência* [A] *puramente experiencial*. Grosso modo, essa forma de consciência distingue-se das outras pelo fato de que ela tem uma dimensão de fenomenologia própria e nenhuma dimensão conceitual. A consciência [A] da dor é um exemplo relativamente claro, como o são os tipos mais básicos de consciência [A] perceptual. Por outro lado, todas as formas de consciência que envolvem ou pressupõem conhecimento proposicional são consideradas supraexperienciais, mesmo se tiverem uma dimensão experiencial. Suponha, por exemplo, que eu perceba um avião passando porque ouço o ruído do motor. Minha consciência do avião tem uma dimensão experiencial, mas não é um caso de consciência puramente experiencial, pois ela pressupõe o conceito de um avião e a crença de que aviões provavelmente produzem ruídos como aquele que estou experienciando. Pode ser, no entanto, que minha consciência do ruído do avião seja puramente experiencial.

Caracterizei a consciência puramente experiencial como consciência [A] que envolve fenomenologia, mas não conceitualização. Essa é uma descrição infeliz por várias razões. Em primeiro lugar, a noção de fenomenologia é vaga demais e está excessivamente enredada em controvérsias metafísicas para ser considerada uma âncora satisfatória para nossas discussões futuras. Segundo, como veremos

Consciência

em mais detalhes posteriormente, parece que a noção de consciência experiencial desempenha papel bastante relevante em nossa concepção intuitiva de fenomenologia. Isto é, parece que pensamos em características qualitativas como aquelas apresentadas pela consciência experiencial. Conclui-se, então, que, se quisermos entender a noção de fenomenologia, precisamos ter à nossa disposição uma descrição de consciência experiencial que a libere da dependência daquela noção. Por fim, já que há muitos filósofos e cientistas que acham que todas as formas de consciência envolvem conceitualização, seria um obstáculo à comunicação adotar uma definição de consciência experiencial que insistisse categoricamente em sua natureza não conceitual. Ela deve ser explicada de tal forma que lembre os leitores da motivação para supor que pode existir consciência [A] não conceitual.

Em vista dessas considerações, é plenamente desejável encontrar uma maneira diferente de distinguir consciência puramente experiencial de outras formas de consciência [A]. Passarei agora para uma explicação mais complicada, que se baseia em oito traços dessa forma de consciência. Um desses traços é a consciência [A]: todos os estados da consciência experiencial estão em alerta. Outro traço relaciona-se ao fato de que a consciência experiencial não é mediada, e um terceiro, ao fato de que nossa compreensão introspectiva da organização interna da consciência experiencial é bastante limitada. Três traços adicionais relacionam-se aos tipos de informação que a consciência experiencial fornece acerca do mundo. Como explicarei, essa forma de consciência nos permite acesso a informações que se caracterizam por um notável grau de complexidade ou densidade, com informações claramente definidas, no sentido de estarem relacionadas a propriedades que contêm alto grau de especificidade ou determinatividade, e com informações abundantemente particularizadas, no sentido de estarem centralizadas em objetos e eventos específicos. Consciência [A] conceitualmente informada é diferente nesses aspectos, pelo menos no sentido de ela não ter a obrigação de nos fornecer informações complexas, definidas e particularizadas. O sétimo traço refere-se à atenção: o tipo de atenção que governa a

Consciência [A], representação e experiência

consciência experiencial é muito distinto. Por último, a consciência puramente experiencial difere de outras formas de consciência [A], uma vez que seus veredictos certamente não dependem de nós – na consciência experiencial, objetos e fatos nos são *concedidos*. A explicação resultante acerca da consciência experiencial não recorrerá à noção da fenomenologia. Devo enfatizar que não é minha intenção negar que a consciência experiencial tenha uma dimensão fenomenológica, nem usar a explicação como base para justificar a fenomenologia. A ideia da descrição não é eliminar a noção de fenomenologia, mas, antes de tudo, tornar disponível um instrumento que facilitará nossas discussões futuras sobre o assunto. Questões sobre a natureza da fenomenologia continuarão a ocupar nossa atenção ainda por algum tempo.

Para começar, então, considero que a consciência puramente experiencial difere da visão cega e de outras formas de consciência [A] tácita e implícita, no sentido de que ela está alerta, consciente. Mais especificamente, estados de consciência experiencial têm os poderes causais que consideramos constitutivos da *consciência experiencial* no Capítulo 1. Aqui – só para lembrar – está nossa definição operacional desse tipo de consciência:

Um evento mental x é experiencialmente consciente apenas caso x seja – potencialmente, pelo menos – um disparador causal maximamente proximal das várias instâncias cognitivas de nível superior reconhecidas na psicologia de senso comum. Essas instâncias incluem aquelas que são responsáveis pela produção da fala, pela formação de crenças e outras atitudes proposicionais, por fazer escolhas, elaborar planos, exercitar controle *on-line* de ações intencionais, criar memórias, monitorar estados mentais e produzir julgamentos introspectivos.

Se um sujeito está experiencialmente consciente de um aspecto x, então o sujeito deve estar consciente de x por ele se encontrar em um estado com essa forma de consciência.

Consciência

A segunda característica distintiva da consciência experiencial é que ela é direta ou imediata: se um agente tem consciência de um aspecto x pelo fato de ele estar consciente de alguma coisa mais, então não seria correto afirmar que o agente está experiencialmente consciente de x. Conclui-se disso que é possível estar perceptualmente consciente de alguma coisa sem que se esteja experiencialmente consciente dela, pois se pode considerar que estamos perceptualmente conscientes de coisas que não percebemos de forma direta. (Portanto, pode-se dizer, por exemplo, que alguém tem consciência perceptual da chuva porque tem consciência de certo padrão de sons no teto). Somente a consciência perceptual direta conta como experiencial.

A terceira, a consciência experiencial é transparente à introspecção, pois esta não consegue estabelecer, nem mesmo confirmar seletivamente, a visão de que a consciência experiencial tem uma estrutura representacional. A consciência introspectiva da consciência experiencial de azul pode, evidentemente, revelar que é consciência [A] *de azul*, e esse fato pode, no fim, ter um caráter representacional, mas a introspecção não o revela como representacional. É perfeitamente apropriado que alguém que esteja introspectivamente cônscio da consciência [A] experiencial de azul promova a visão mooreana de que não há nada de especial sobre essa forma de consciência que não seja seu objeto.

Evidentemente, Moore teria pensado ser cabível passar de uma observação epistemológica para uma conclusão metafísica: inferir a transparência metafísica partindo da transparência introspectiva. Não há, contudo, necessidade de seguirmos Moore aqui, e prefiro não fazê-lo. O argumento de que a consciência experiencial é transparente à introspecção me parece correto, mas não vejo razão para pensar que a introspecção dá pleno acesso às características de estados mentais, mesmo naqueles casos em que estados mentais são comparativamente simples e vigorosamente conscientes. Pelo contrário, já que sustento a posição de que todas as formas de consciência [A] têm caráter representacional, acredito que a natureza essencial da consciência experiencial é, em grande medida, ocultada da introspecção.

Consciência [A], representação e experiência

Nesse aspecto, a consciência experiencial contrasta com o juízo, pois a introspecção nos dá acesso aos conteúdos representacionais de nossos juízos. Portanto, se julgo *que p*, então posso vir a saber introspectivamente que meu juízo é o juízo *de que p* – ou, dizendo de outra forma, que ele tem a proposição *de que p* como seu conteúdo representacional.

A quarta característica distintiva da consciência experiencial é que ela nos dá acesso compacto e rápido a objetos, eventos e propriedades extremamente complexos. De relance – pelo menos se estou prestando atenção –, posso absorver muitos dos detalhes de uma tela de Pollock e, simultaneamente, apreender todas as interações ocorrendo entre os times adversários em um campo de futebol. A percepção opera milagres de compressão e coesão, uma vez que todos os componentes de uma representação perceptual de um elemento complexo podem existir concomitantemente, de maneira a fazer justiça às relações entre os componentes do elemento. Além disso, a consciência experiencial de sensações e emoções opera milagres semelhantes. Como observaremos em alguns detalhes em capítulo posterior, a consciência experiencial pode representar dores como constituídas de organizações internas complexas. E as emoções são famosas por seu ofuscante intrincamento.

Quanto à consciência [A] conceitualmente informada, o caso é bem outro. Sem dúvida, é possível representar conceitualmente entidades complexas, mas quando fazemos isso, raramente fazemos justiça plena à sua complexidade. Além disso, porquanto a representação é bem-sucedida, ela tende a parasitar a consciência experiencial. Dessa forma, por exemplo, com o intuito de representar um modelo complexo por meio de um conceito demonstrativo, tal como a *forma daquela nuvem*, eu preciso atentar perceptualmente para o modelo. Da mesma maneira, se tenho de formular a descrição de um modelo complexo, preciso depender da observação continuada do modelo ou mantê-lo na memória experiencial, pois os componentes da descrição deverão ser construídos sequencialmente. Diferentemente de experiências perceptuais, descrições não são produzidas por pro-

Consciência

cessamento paralelo. Além disso, os componentes individuais de uma descrição longa têm de ser *contemplados* sequencialmente. É possível que todos os constituintes de um pensamento breve existam mais ou menos concomitantemente, mas pensamentos breves não podem fazer justiça à complexidade.

Em resumo, a consciência [A] perceptual da complexidade não exige esforço e satisfaz o princípio de que os componentes de uma entidade complexa são representados simultaneamente. É muito difícil fazer justiça às entidades complexas que a experiência revela conceitualmente. Além disso, na medida em que obtemos sucesso ao fazê-lo, a consciência experiencial é um fator habilitador essencial: ela precede e sustenta a representação conceitual e, portanto, não é em nenhum sentido constituída por ela. Por fim, a representação conceitual de complexidade é sequencial e, por conseguinte, deixa de satisfazer o princípio da representação simultânea de componentes.

A quinta: se estamos experiencialmente cônscios de uma propriedade abstrata e determinável, geralmente temos consciência dela porque temos consciência de uma forma muito bem estabelecida daquela propriedade. Assim, por exemplo, quando percebemos experiencialmente um objeto como azul, isso ocorre porque temos consciência dele como azul-marinho ou de algum outro tom azul muito bem estabelecido. É bem diferente quando se trata da consciência doxástica. Podemos determinar que um objeto é azul sem determinar que ele tem um tom mais estabelecido dessa característica.

A sexta: objetos da consciência experiencial são muito individualizados. Para termos uma experiência das montanhas, é necessário que tenhamos uma experiência de montanhas específicas; para termos uma experiência de livros, é necessário que tenhamos uma experiência de livros específicos. Repetindo: a consciência [A] doxástica é diferente. Posso discernir montanhas ao longe sem estabelecer um juízo a respeito de quaisquer montanhas específicas e posso discernir livros na estante sem formar uma opinião sobre quaisquer livros específicos.

Consciência [A], representação e experiência

A sétima: no caso da consciência experiencial, a atenção opera de maneira diferente do caso da consciência doxástica. Quando me ocupo com um objeto perceptualmente, minha experiência do objeto mudará de acordo com regras fixas. Especificamente, a resolução de minha consciência [A] será realçada, e o contraste figura/fundo se intensificará.[16] Quando me ocupo com um objeto em pensamento, entretanto, serei, sem dúvida, levado a ter *mais* pensamentos sobre ele, mas a natureza de meus pensamentos suplementares dependerá muito de fatores contextuais, como meus interesses no momento, a história de meu envolvimento com o objeto de consciência [A] e meu conhecimento geral do mundo. Não há regras fixas, independentes de contexto, governando os resultados do fato de eu me ocupar com objetos em pensamento. Além disso, quando atentamos para um objeto em pensamento, não é apropriado descrever os resultados em termos de uma intensificação na resolução ou no contraste figura/fundo. O significado dessas noções é, sobretudo, experiencial, pelo menos à medida que elas são usadas literalmente.

A oitava: a consciência experiencial é uma forma de receptividade, e a consciência doxástica está no território da espontaneidade.

A direção da atenção perceptual depende de nós, mas uma vez que decidimos conceder nossa atenção a um objeto em especial, ou a uma localização em particular, a natureza de nossa experiência perceptual independe de nossa vontade. Ela nos é *concedida*, no sentido de que independe de nossos desejos, interesses e escolhas. Por outro lado, mesmo que juízos perceptuais tendam, de maneira geral, a derivar diretamente da experiência, é sempre possível, em princípio, que as sujeitemos a uma avaliação reflexiva. Quem é aquele que estou vendo do outro lado da rua? Será que é o Tom? Pode ser, mas será

---

16 Esses juízos são garantidos pela introspecção, mas foram também confirmados pelo experimento. Ver: Yeshuran; Currasco. Attention Improves Performance in Spatial Resolution Tasks. *Vision Research 39*, p.293-305; e Currasco; Penpeci-Talgar; Eckstein. Spatial Covert Attention Increases Contrast Sensitivity across the CSF: Support for Signal Enhancement. *Vision Research 40*, p.1203-15.

Consciência

que é ele mesmo nesta parte da cidade já tão cedo? Essa echarpe tem mesmo essa tonalidade amarelada? Talvez, mas não me disseram que a mancha tende a ficar amarela conforme envelhecemos, acrescentando assim um tom amarelado a outras cores? Que planta é esta à minha frente? É um cacto saguaro? Parece que sim, mas antes que tenha absoluta certeza de que vejo um cacto saguaro, quem sabe eu deva considerar se em minha experiência atual há algumas das marcas características do estar sonhando. Em todos esses casos, estou exercitando meu direito epistêmico de refletir criticamente a respeito das credenciais de minhas crenças perceptuais. Em princípio, para mim, é sempre possível continuar por essa via de raciocínio e, em algumas ocasiões, minha avaliação terá o efeito de reduzir minha confiança em um juízo perceptual. De fato, algumas vezes pode acontecer de uma avaliação reflexiva invalidar completamente um juízo. Uma vez que juízos perceptuais estão sempre sujeitos a esse tipo de avaliação reflexiva, é conveniente nos unirmos a Kant e a John McDowell ao afirmar que eles estão dentro do campo da espontaneidade – isto é, do controle racional e endógeno.[17] Ao contrário de experiências perceptuais, eles não são simplesmente concedidos a nós; eles não são produtos de pura receptividade.

Discutimos, então, oito características típicas da consciência puramente experiencial. Pela ordem em que as consideramos, elas são a consciência, o imediatismo, a transparência à introspecção, a complexidade daquilo que é revelado pela consciência [A], a determinatividade daquilo que é revelado, a especificidade daquilo que é revelado, a rigidez de resposta à atenção e a receptividade. Pode-se perceber que, quando são corretamente compreendidas, essas características diferenciam a consciência experiencial de formas de consciência que envolvem conceitualização e juízo.

É tentador ampliar essa lista de oito características invocando uma nona. Mais especificamente, é tentador ampliá-la citando o *imediatismo presentacional*. Não se infere nem se propõe objetos da

---

17 McDowell, *Mind and World*, Palestras I e II.

Consciência [A], representação e experiência

consciência experiencial. Eles nos são *apresentados*. Eles simplesmente estão *lá*. Reconheço que esse aspecto da consciência experiencial é de importância crucial, mas não o incluí em minha lista porque tenho dúvidas de que ele seja independente de imediatismo, da transparência mooreana e da receptividade. Sim, os objetos de consciência experiencial nos são apresentados; porém, quando afirmamos isso, estaríamos dizendo algo além do fato de que nossa consciência experiencial é direta ou imediata, que o exame introspectivo da consciência experiencial deixa de revelar qualquer coisa sobre ela que não sejam seus objetos, e que os objetos da consciência experiencial nos são concedidos, no sentido de que nossa consciência [A] deles não é controlada nem modulada por fatores endógenos e voluntários (diferente da atenção)? Tanto quanto entendo, a resposta a essa pergunta é "não". Entretanto, mesmo assim, vale apontar que o imediatismo presentacional é um traço da consciência experiencial, pois essa é uma maneira de tornar explícitas as implicações do imediatismo, da transparência mooreana e da receptividade.

Conforme comentei no início desta seção, meu objetivo ao citar as oito características anteriores foi mostrar que é possível escolher a forma de consciência [A] que nos fornece acesso cognitivo aos *qualia* sem mencionar que ela tem esse papel particular; isto é, pretendi mostrar que pode não ser necessário fazer parte da *definição* dessa forma de consciência [A] afirmar que ela é a forma que nos coloca em contato com os *qualia*. Não tentei *provar* que a consciência experiencial tem as oito características que estamos considerando. Talvez esteja razoavelmente claro que todas as formas específicas de consciência experiencial que contam como modalidades perceptuais têm as oito características, e espero que seja razoável pensar que outras formas específicas, tais como a consciência [A] da dor, têm pelo menos algumas das características. Reconheço, porém, que não pode ser totalmente plausível que todas as formas definidas de consciência experiencial tenham todas as características até que tenhamos examinado várias dessas formas individualmente. Minha esperança, no momento, é apenas que o suficiente tenha sido dito

Consciência

para que me pareça razoável aceitar a ideia de que a consciência experiencial pode ser selecionada sem necessidade de invocar os *qualia* como uma hipótese operacional provisória.

Não citei o princípio (P) ao explicar a consciência puramente experiencial nem supus que ela tenha uma estrutura representacional em qualquer aspecto. Que ela, de fato, tem tal estrutura está estabelecido pelos argumentos apresentados nas seções anteriores, mas não faz parte de nossa concepção intuitiva de consciência experiencial que ela seja representacional em sua natureza; tentei aqui me manter bem próximo dessa concepção. Isto é, tentei fundamentar esta exposição em considerações obtidas a partir das perspectivas da introspecção e da psicologia do senso comum. A natureza representacional da consciência [A] não fica aparente com base nessas perspectivas. Ela pode ser vislumbrada partindo delas, mas não se deixa ver plenamente. Para apreciá-la, precisamos ocupar a perspectiva da Filosofia, conforme a ciência cognitiva a esclarece.

Se (P) estiver correto, então, presumivelmente há uma categoria especial de representações que subservem à consciência experiencial. Podemos chamá-las de *representações experienciais*. Seria, com certeza, altamente desejável ter uma descrição de representações experienciais – das suas diferenciações e de como essas diferenciações permitem que elas desempenhem papel especial na aquisição do conhecimento. Há uma gama variada de asserções sobre esse tópico na literatura. Algumas vezes argumenta-se que representações experienciais são icônicas, no sentido de elas terem estruturas internas isomórficas aos elementos que representam. Diz-se também que elas são análogas, ou, pelo menos, têm componentes análogos. (Os elementos de um sistema análogo de representação precisa ter pouco ou nada de sua própria estrutura semanticamente relevante, mas o sistema, como um todo, terá uma estrutura imposta por uma relação ordenadora, e porque tem essa estrutura, ele será isomórfico em relação ao domínio que está representado). Uma terceira noção é que, apesar de as aparências iniciais sugerirem o contrário, representações experienciais acabam se tornando uma categoria de representações conceituais.

Consciência [A], representação e experiência

Acredito que a última ideia não seja suficientemente motivadora para merecer considerações, mas nem a introspecção nem a psicologia de senso comum parecem se expressar de maneira clara e cristalina acerca da primeira e da segunda ideias. Existem considerações *teóricas* que falam de maneira clara e cristalina a respeito delas? Acredito que sim, e, na verdade, encontraremos algumas delas nos capítulos posteriores. Não pretendo, entretanto, construir uma descrição detalhada da representação experiencial. Uma elucidação desse tipo deve aguardar progresso da ciência cognitiva.

3.7 Resumo

Neste capítulo, argumentei a favor da teoria de que a consciência *de* tem caráter essencialmente representacional, uma vez que as representações estão nela envolvidas de forma constitutiva. Identifiquei, ainda, e tentei explicar uma forma de consciência [A] que desempenhará papel relevante em nossas reflexões futuras. Essa forma de consciência – consciência [A] puramente experiencial – tem uma dimensão fenomenológica, mas tentei demonstrar que ela pode se distinguir de outras formas de consciência [A] sem mencionar esse fato.

Apêndice

Concordemos com a afirmação de que uma experiência apresenta *uma dimensão fenomenológica*, ou que ela tem *um caráter fenomênico*, se *parecer* ao agente que está passando pela experiência que ele está cônscio de um ou mais *qualia*. Estabelecida essa convenção, quando um estado mental envolve consciência [A] experiencial dos *qualia*, é sempre verdade que o estado tem uma dimensão fenomenológica; mas será sempre verdade que, quando um estado mental tem uma dimensão fenomenológica, há consciência experiencial dos *qualia*? Não. Considere, por exemplo, um caso em que um agente esteja sujeito a uma alucinação. Em um caso como esse, sempre parece ao agente que ele tem consciência dos *qualia*, mas não é verdade que haja *qualia* dos quais ele esteja experiencialmente consciente. Isto é, o agente não se encontra em uma relação cognitiva experiencial com um objeto que exemplifica realmente os *qualia*. Em vez disso, em um caso de alucinação, o agente *representa* os *qualia conforme instanciados*. Em tais casos, há representação dos *qualia*, mas não há consciência [A] a respeito deles; ou, pelo menos, é isso que desejo afirmar.

Mais especificamente, pretendo declarar que, no caso de ilusão ou alucinação, um agente tem uma experiência que satisfaz às seguintes condições:

1. A experiência tem uma dimensão fenomenológica: *parece* ao agente que ele tem consciência de um ou mais *qualia*.
2. A experiência representa os *qualia* conforme instanciados.
3. Parece ao agente que ele tem consciência dos *qualia* e que isso acontece *porque* a experiência representa os *qualia* em questão conforme instanciados.
4. Os *qualia* são perceptuais; eles podem se apresentar em uma experiência perceptual verídica.
5. A experiência não fornece ao agente *consciência* [A] *acerca* dos *qualia*. Não há qualquer exemplo real de *qualia* de que o agente esteja experiencialmente consciente.

Não pretendo argumentar aqui a favor dessas asserções relativas à ilusão e à alucinação. Elas se harmonizam plenamente com o quadro dos *qualia* e da consciência [A] qualitativa, que serão discutidos nos capítulos posteriores. Elas sugerem aquele quadro e são sugeridas por ele. Portanto, à medida que, na sequência, os capítulos posteriores forem tornando o quadro plausível, as afirmações compartilharão dessa plausibilidade; elas serão, dessa forma, confirmadas.

(Um aparte: há uma razão para se pensar que haja um sentido *intensional* do termo "consciente" – isto é, um sentido em que pode ser válido dizer que um agente está consciente de alguma coisa do tipo K, mesmo que não haja qualquer caso real de K com o qual ele tenha uma relação cognitiva. Presumindo que haja tal sentido, pode,

Consciência [A], representação e experiência

evidentemente, ser correto dizer que uma vítima de alucinação tem consciência dos *qualia*. O ponto levantado na tese (5) é que não se pode dizer que um agente desse tipo esteja consciente dos *qualia* em um sentido *extensional* de "consciente" – o qual preenche a condição de que não se pode dizer que um agente esteja consciente de algo do tipo *K*, a menos que haja um *K* real ao qual o agente esteja relacionado. Como já explicado na Seção 3.6, a expressão "experiencialmente consciente" sugere um significado extensional.)

De acordo com meu entendimento, então, casos de ilusão e alucinação demonstram que um estado mental pode ter uma dimensão fenomenológica sem envolver a consciência dos *qualia*. Há também um terceiro tipo de situação que pertence a essa categoria, embora seja um pouco diferente dos outros e requeira tratamento à parte. Quando um agente imagina um objeto ou uma situação, parece a ele estar consciente dos *qualia;* portanto, sua experiência tem um caráter fenomênico. Na verdade, contudo, há uma boa razão para se duvidar de que ele esteja consciente de qualquer coisa que realmente exemplifique os *qualia*. Se, por exemplo, um agente está imaginando um polvo vermelho, parece-lhe estar vivenciando a experiência de *qualia* avermelhados; mas, é óbvio, não existe nenhum polvo de fato que esteja apresentando uma aparência vermelha. Além disso, parece incorreto dizer que ele tem consciência de um simulacro mental interior de um polvo vermelho. O único "objeto" diante de sua mente é um objeto *intensional* – o polvo imaginado. Em geral, a imaginação não é menos transparente à introspecção do que o é a percepção.

Se imaginar não envolve consciência [A] dos *qualia*, como podemos explicar o fato de que isso *parece* envolver tal consciência? Não será nenhuma surpresa se eu propuser de forma esquemática e bastante rudimentar a seguinte resposta: parece que a imaginação fornece consciência dos *qualia* porque ela *representa* os *qualia*. Assim, por exemplo, imaginar um polvo é representar um polvo, e imaginar que o polvo é vermelho é, em parte, pelo menos, imaginá-lo apresentando uma aparência vermelha. É esse último fato – o de que o polvo com uma aparência vermelha esteja sendo representado – que

Consciência

é o responsável pela impressão de que estamos experienciando *qualia* avermelhados.

O que mais poderia ser dito sobre a natureza dos *qualia* representados pela imaginação? Parte da história é que *qualia* imaginados são semelhantes aos que encontramos na percepção. Está razoavelmene claro, por exemplo, que quando imaginamos um polvo vermelho e, dessa forma, representamos o polvo que apresenta uma aparência vermelha, a propriedade de aparência que representamos é qualitativamente semelhante à propriedade de aparência que experienciamos quando vemos realmente um objeto vermelho. Essa *tese da similaridade* recebe grande respaldo da introspecção e também do pioneiro trabalho empírico de Kosslyn sobre a imaginação, que fornece muitas razões para acreditarmos que os mecanismos e os códigos representacionais que dão suporte à imaginação se sobrepõem de forma significativa aos mecanismos e códigos que dão suporte à percepção.[18] A tese da similaridade, entretanto, está longe de ser a verdade completa sobre a questão. Além das similaridades ligando os *qualia* imaginados aos *qualia* perceptuais, há também uma série de diferenças. Portanto, entre outras coisas, os *qualia* de cor associados à imaginação tendem a ser menos vívidos ou robustos que os *qualia* perceptuais correspondentes, os *qualia* de forma são propensos a ser menos determinados (mais esquemáticos), e os *qualia* determinados por texturas, a ser menos distintos. Como explicar essas diferenças significativas?

Não discutirei essa questão no presente trabalho. Ela contém uma dimensão empírica considerável, e tanto quanto posso afirmar, não há qualquer grupo de pesquisa que forneça uma resposta precisa. Portanto, com relação aos *qualia* imaginados, aqui sugiro apenas que: (i) eles são propriedades representadas pelas experiências que ocorrem quando imaginamos coisas; (ii) representar não nos fornece, nesse caso, consciência [A]; (iii) a tese da similaridade é verdadeira; e (iv) há considerações que nos impedem de afirmar que *qualia* imaginados é exatamente o mesmo que *qualia* perceptuais.

---

18 Ver, por exemplo: Kosslyn; Thompson; Ganis, *The Case for Mental Imagery*.

4
A refutação do dualismo

4.1 Introdução

Iniciarei este capítulo formulando e avaliando cinco posições a respeito da consciência dos *qualia* que, com frequência, estão em jogo – seja de forma explícita ou implícita – em discussões sobre o dualismo de propriedade. Em seguida, após discutir esse conjunto de teorias sobre a consciência [A] dos *qualia*, pretendo considerar diversas intuições que promovem o dualismo dos próprios *qualia*. Meu terceiro e último tópico abordará os seis argumentos a favor do dualismo de propriedade que já apresentamos no Capítulo 2.

Embora eu não tenha qualquer pretensão de esgotar o assunto, penso que é justo dizer que as considerações que farei fornecem a maior parte da motivação a favor do dualismo de propriedade. Da mesma forma, penso que o dualismo de propriedade deve ser posto de lado como uma extravagância metafísica, se essas considerações puderem ser efetivamente criticadas. Como o título do capítulo indica, meu intuito aqui é formular objeções decisivas.

Consciência

4.2 Consciência dos *qualia*

O que está envolvido no ter consciência de uma dor? O que está envolvido no ter consciência de como um objeto nos parece? Falando de forma mais geral, o que o ter consciência de um *quale* envolve? Na literatura dos *qualia*, falta uma resposta bem elaborada a essas perguntas. Quando exploramos essa literatura, entretanto, descobrimos que há cinco posições a respeito da consciência dos *qualia* que têm ampla aceitação. Duas dessas posições parecem pressupostas na maioria das discussões sobre os *qualia*, inclusive aquelas feitas por reducionistas. As outras três posições pesam muito a favor do dualismo de propriedade. Como as duas primeiras, elas têm um forte apelo intuitivo. Assim, curiosamente, mesmo que reducionistas sejam aconselhados a rejeitá-las, há pouca crítica sistemática a respeito delas na literatura. *A fortiori*, não há qualquer opinião consagrada quanto a exatamente o que poderia haver de errado com elas. Mesmo naqueles territórios em que elas não requerem aceitação, são consideradas suficientemente sedutoras a ponto de neutralizar a oposição.

A primeira das cinco posições é a ideia de que temos consciência [A] dos *qualia* uma vez que temos conhecimento direto deles. Nossa percepção deles independe de inferências e não pressupõe qualquer tipo de conhecimento teórico ou geral. Os *qualia* nos são *apresentados*.[1]

A segunda posição é que nossa consciência dos *qualia* não é intelectual nem intuitiva; ela é experiencial. Temos consciência dos *qualia* experienciando-os.

Proponho que todos nós consideremos essas duas visões bastante possíveis. Há, obviamente, questões sobre como elas devem ser

---

1 Aqui e em outra parte deste capítulo, utilizo o termo "conhecimento" em seu sentido comum, de acordo com o qual ele representa simplesmente consciência direta. Não quero, com isso, dizer que pressuponho qualquer uma das teorias metafísicas acerca da natureza do conhecimento por contato consideradas no capítulo anterior.

interpretadas, mas é natural, acredito, ter a convicção de que elas admitem interpretações nas quais são consideradas tanto substanciais quanto verdadeiras.

Uma terceira posição, amplamente sustentada, a respeito da consciência dos *qualia* é o argumento de que essa forma de consciência não é governada por uma distinção aparência/realidade. Não há diferença entre como os *qualia* são por si mesmos e como se revelam a nós por experiência.

Essa teoria a respeito da consciência dos *qualia* é um componente essencial de teorias dualistas, como veremos em mais detalhes adiante, mas as razões para aceitá-la não são teóricas. Ela tem um enorme apelo intuitivo – um apelo sentido tanto pelos opositores do dualismo de propriedade quanto por seus adeptos. Considere o caso da consciência [A] da dor. Não admitimos que nossa experiência da dor seja perspectivística – que dores possam ter lados ou facetas que a experiência que temos delas não revela, ou que elas possam ser distantes demais de nós para que a experiência possa mensurá-las de fato. Também não admitimos que nosso acesso à dor possa ser prejudicado por equivalentes de miopia ou daltonismo; tampouco admitimos que possa haver casos em que uma experiência de dor é ilusória ou alucinatória – quando um agente tem uma experiência de dor, então, necessariamente, ele está, de fato, sentindo dor; igualmente não admitimos que possa haver casos em que um indivíduo esteja sentindo dor, mas não tenha qualquer experiência de dor. Dessa maneira, por exemplo, mesmo que um soldado esteja gravemente ferido, negaremos que ele esteja sentindo dor, a menos que tenhamos razão para acreditar que ele tenha consciência de uma dor. Em resumo, supomos que experiências de dor são sempre verídicas e que a dor é sempre vivenciada. Outras formas de consciência [A] qualitativa também encontram muito respaldo aqui. Portanto, escolhendo um exemplo que envolve um *quale* perceptual, notamos que não há qualquer distinção que possamos estabelecer entre experienciar uma aparência de azul e parecer experienciar tal aparência. Em outras palavras, se parece

Consciência

que estamos desfrutando de uma experiência *como de* azul, estamos realmente desfrutando de tal experiência; e se estamos realmente desfrutando de uma experiência *como de* azul, é dessa maneira que as coisas nos parecem. Não existe algo como aparência de uma aparência. Da mesma maneira, novamente trocando os exemplos, não há diferença entre experienciar os sentimentos característicos do medo e do parecer experienciá-los.

Faço uma pausa aqui para advertir um possível mal-entendido. O que desejo argumentar é que, pelo menos da perspectiva da psicologia de senso comum, é impossível esboçar uma distinção aparência/realidade em relação a nosso acesso *experiencial* aos *qualia*. Ao sustentar essa posição, não pretendo negar que seja possível ter *crenças* falsas acerca dos *qualia*, ou até mesmo que seja possível que nossa experiência dos *qualia* encoraje tais crenças. É natural distinguir entre dois tipos de consciência [A] dos *qualia*: a consciência experiencial e aquela que envolve conceitualização e crença. Somente o primeiro tipo de consciência resiste a uma distinção aparência/realidade. Quanto ao último tipo, não há qualquer problema em estabelecer uma distinção.

A quarta de nossas cinco teorias é que as naturezas distintivas dos *qualia* – os traços que os distinguem uns dos outros e também de características de outras espécies – *só* podem ser apreendidas pela consciência experiencial. Pode-se, sem dúvida, adquirir de outras maneiras conhecimento de características contingentes de *qualia*. Assim, por exemplo, seus poderes causais podem ser apreendidos independentemente de familiaridade experiencial, mas é necessário que estejamos experiencialmente familiarizado com um *quale* para reconhecermos sua natureza intrínseca.

Como as posições anteriores, esta tem enorme apelo intuitivo. Será que uma pessoa daltônica pode compreender o que significa um objeto *parecer* vermelho? É claro que não. Será que aqueles raros indivíduos que são constitutivamente incapazes de sentir dor conseguem compreender a natureza da dor? É claro que não. Será que um ser humano pode compreender os *qualia* que acompanham

A refutação do dualismo

o uso do sonar em morcegos? É claro que não. Os *qualia* têm de ser experienciados para serem conhecidos.

Embora exposições comuns dessa quarta visão não o façam, é provavelmente melhor formulá-la de forma a levar em conta a possibilidade de aquisição de uma concepção adequada de um *quale*, imaginando-o. Dessa maneira, por exemplo, conforme Hume apontou, parece ser possível apreender a natureza distintiva de um tom de azul mesmo que esse tom jamais tenha sido experienciado. Como passamos a reconhecer os *qualia* em tais casos? Creio que a resposta é que passamos a reconhecê-los imaginando-os. Essa resposta coaduna-se com a essência da quarta noção, pois é natural pensar que imaginar é uma forma de experiência.

A quinta ideia é que as naturezas básicas dos *qualia* nos são *plenamente* reveladas por meio de contato experiencial. Essa visão nem sempre fica explícita em discussões sobre *qualia*, mas, como veremos na próxima seção, ela é pressuposta por muitos dos assim chamados argumentos modais a favor do dualismo de propriedade.

A quinta teoria tem certa ressonância intuitiva, mas onde está, exatamente, a origem de seu fascínio? Acredito que a resposta é que ele já é percebido desde a primeira, segunda e terceira teorias anteriormente citadas. As duas primeiras argumentam que é a consciência experiencial que nos fornece acesso aos *qualia*, e a terceira visão sustenta que a consciência experiencial não reconhece uma distinção aparência/realidade. Juntas, as posições sugerem que temos acesso direto à maneira como os *qualia* são em si mesmos. Isso, todavia, não é tudo: elas parecem sugerir, ainda, que temos *total* acesso a como eles são em si mesmos. Se houvesse alguma parte ou aspecto de como os *qualia* são que não seja revelado pela experiência, então aquela parte ou aspecto teria deixado de aparecer para nós, e seria, por conseguinte, possível estabelecer uma distinção aparência/realidade com relação ao contato experiencial; isso significa, entretanto, que temos total acesso às naturezas essenciais dos *qualia*, pois as propriedades essenciais de um *quale* são partes de como ele é em si mesmo.

Estamos revisando um grupo de cinco visões sobre a consciência dos *qualia* que aparece tanto explícita como implicitamente em grandes trechos da literatura. Como venho enfatizando, todos os membros do grupo contêm um poderoso apelo intuitivo. Isso acontece mesmo se três deles desempenham papel crucial em argumentos a favor do dualismo de propriedade. É por isso que os reducionistas geralmente sentem que os argumentos a favor do dualismo de propriedade incomodam, e é por isso que eles acham difícil produzir refutações decisivas dos argumentos.

4.3 Implicações metafísicas das cinco teorias

Na próxima seção, assumirei a tarefa de avaliar as cinco teorias, mas, antes disso, será útil considerar as implicações que elas têm quanto a questões relacionadas com a natureza metafísica dos *qualia*. Nenhuma das duas primeiras teorias tem tais implicações, mas, como veremos agora, a terceira, a quarta e a quinta desempenham papel relevante quando se trata de produzir e sustentar a noção de que os *qualia* são propriedades especiais que não podem ser facilmente localizadas no mundo físico.

A terceira teoria contribui para essa percepção de duas maneiras.

Primeiro, como vimos no Capítulo 2, há um argumento bem articulado que leva diretamente da terceira teoria para a conclusão de que o dualismo de propriedade é correto (o argumento aparência/realidade). As principais premissas desse argumento são a terceira noção e o seguinte princípio – muito plausível – quanto a propriedades físicas: onde P é qualquer propriedade física, é possível distinguir entre a aparência de P e a realidade de P. Conclui-se facilmente dessas duas premissas que características qualitativas não são idênticas a características físicas.

Segundo, na ausência de uma distinção aparência/realidade, é necessário considerar todas as intuições experiencialmente estabelecidas sobre os *qualia* em seu valor de face [*face value*], ou seja, em seu significado manifesto, inclusive aquelas que constituem uma

A refutação do dualismo

ameaça ao fisicalismo. Se uma distinção aparência/realidade estivesse disponível, teríamos condições de justificar as intuições promotoras do dualismo, argumentando que elas derivam de aparências, e invocando o conhecido fato de que, muitas vezes, as aparências enganam. Isso, contudo, não está disponível para nós se os *qualia* não admitem uma distinção aparência/realidade.

Um exemplo: considere a aparência que objetos tipicamente amarelos nos apresentam quando são vistos sob condições normais. Essa aparência é uma característica qualitativa. Vamos chamá-la de *Y*. Como muitos autores já observaram, *Y* nos parece ser perfeitamente simples. Agora, de acordo com a terceira teoria, não há diferença entre a maneira como *Y* se apresenta a nós e a maneira como é por si mesmo. Portanto, *Y* é realmente simples. No entanto, todas as propriedades físicas relacionadas com *Y* são extremamente complexas. Isso vale para as propriedades exteriores associadas a *Y*, tais como as das superfícies que refletem luz amarela, e também as propriedades interiores, como as das instâncias relevantes processadoras de informações. Conclui-se que *Y* não é idêntico a quaisquer propriedades físicas.

Está claro, então, que a terceira de nossas cinco teorias sobre a percepção dos *qualia* contribui para a plausibilidade do dualismo de propriedade. E o que dizer da quarta teoria – a de que a consciência experiencial fornece nosso *único* acesso às naturezas essenciais dos *qualia*? Será que ela também contribui para a plausibilidade do dualismo? Sim. Entre outras coisas, ela desempenha papel significativo – até mesmo essencial – no argumento do conhecimento a favor do dualismo de propriedade. Conforme já vimos no Capítulo 2, esse argumento agrada a uma cientista, Mary, que sabe tudo a respeito da física e da neurociência da cor, mas que nunca viu qualquer objeto colorido e que, portanto, nunca se familiarizou experiencialmente com *qualia* de cor. Como consequência, Mary é alguém que conhece tudo o que existe acerca das propriedades físicas relevantes a cores, mas que nada compreende de fato a respeito de *qualia* de cor. Isso demonstra que *qualia* de cor não são redutíveis a propriedades físi-

Consciência

cas; ou isso é o que se afirma. Pois bem, está claro que o argumento pressupõe que seja impossível conhecer as naturezas distintivas dos *qualia* de cor, a menos que se esteja experiencialmente familiarizado com eles. E esse é precisamente o argumento apresentado pela quarta teoria. Sem essa quarta hipótese, o argumento do conhecimento cairia por terra.

A quinta teoria assevera que a familiaridade experiencial nos dá acesso a todas as propriedades essenciais dos *qualia*. Essa teoria também tem um significado metafísico importante, como se pode notar refletindo sobre a defesa que Descartes faz de seu argumento modal contra uma objeção de Arnauld. Conforme já vimos no Capítulo 2, Arnauld refutou a ideia de Descartes de que a mente poderia facilmente deixar de apreender sua natureza essencial, o que sugeria que a mente poderia ter uma dimensão física essencial que a teoria de Descartes a seu respeito não registrou. Em resposta a essa preocupação, Descartes afirmou que sua teoria da mente estava completa –, que ela fazia plena justiça às suas propriedades essenciais. Uma reflexão a respeito mostra que um argumento desse tipo precisa ou ser uma premissa ou uma pressuposição de qualquer argumento que pretenda demonstrar que uma categoria de aspectos mentais é metafisicamente independente da categoria correspondente de aspectos físicos. Então, a quinta teoria é uma afirmação do tipo em questão. Na verdade, ela difere do argumento de Descartes porque se ocupa mais do acesso experiencial aos aspectos mentais que de ideias sobre eles. Entretanto, considerando que nosso acesso experiencial aos *qualia* é a fonte de nossas ideias a respeito deles, é precisamente a quinta teoria que é necessária como premissa ou pressuposição para argumentos modais sobre os *qualia*.

4.4 Avaliação das duas primeiras teorias

Como já enfatizei, todas as noções anteriores relativas à consciência acerca dos *qualia* são possíveis. De fato, elas podem parecer incontestáveis. Desejo, argumentar, entretanto, que as duas pri-

A refutação do dualismo

meiras são as únicas que podem ser aceitas. As outras devem ser rejeitadas porque são incompatíveis com teorias representacionais da consciência.

A primeira hipótese afirma que a consciência dos *qualia é* imediata (ou, em outras palavras, que é independente de inferências e de conhecimento teórico), e a segunda afirma que a consciência dos *qualia* é experiencial. Uma reflexão a respeito mostra que não há nada inerentemente problemático com relação a qualquer dessas duas posições, e também que elas são compatíveis com a teoria de que a consciência [A] é representacional. Além disso, parece que precisamos pressupor essas posições para que nossa discussão a respeito dos *qualia* seja reconhecida como tal. Seria absurdo sustentar a ideia de que o ter consciência da dor envolve uma inferência dedutiva ou indutiva *a partir* da experiência. Da mesma forma, seria absurdo sustentar a teoria de que o ter consciência de dores requer conhecimento teórico de algum tipo. Dores simplesmente nos são concedidas. É a experiência em si mesma que nos coloca em contato com elas.

4.5 Avaliação da terceira teoria

Volto-me agora para a terceira das posições apresentadas anteriormente sobre a consciência dos *qualia* – a teoria de que essa forma de consciência [A] não reconhece uma distinção aparência/realidade. Diferentemente das duas primeiras, esta é uma teoria falsa.

Após uma reflexão, percebemos que há quatro maneiras bastante diferentes de estabelecer uma distinção entre aparência e realidade.

Primeiro, há a distinção entre um sistema de crenças justificadas ou garantidas que se ocupa de um aspecto, e dos fatos envolvendo esse aspecto que confere verdade ou falsidade às crenças. Suponha, por exemplo, que você esteja discutindo política com alguém que expressa algumas crenças as quais lhe soam bastante equivocadas. Nesse caso, você pode dizer: "Bem, isso é o que pode parecer a você, mas garanto-lhe que vejo a situação de maneira bem diferente".

Quando dizemos coisas desse tipo, estamos vendo os sistemas de crenças como aparências.

Farei referência a essa primeira distinção aparência/realidade como *doxástica*. Apresso-me a dizer, no entanto, que aparências doxásticas parecem envolver não só evidência como também crenças. Portanto, quando fazemos alusão a aparências doxásticas, parece que pressupomos que as crenças relevantes estão corroboradas por evidência de alguma espécie. Posso *acreditar* que um cometa atingirá a Terra na próxima semana sem ter qualquer evidência de que isso vai acontecer, mas parece que não pode *me afigurar* que um cometa atingirá a Terra, a menos que eu tenha motivos para acreditar nisso.

Segundo, há a distinção entre o modo de apresentação de um aspecto e o aspecto em si mesmo. A expressão "modo de apresentação" tem sido utilizada de maneiras bem diferentes, mas o que tenho em mente é um uso de acordo com o qual uma propriedade conta como um modo de apresentação de um aspecto se ele é a propriedade da qual normalmente dependemos quando identificamos o aspecto e o mantemos sob controle em diferentes contextos. Dessa maneira, por exemplo, a propriedade de ser uma pessoa com *essa* aparência – imagine que, ao dizer isso, eu esteja apontando para Bill Clinton – é um modo de apresentação de Bill Clinton, e a propriedade de ser um líquido transparente, incolor, inodoro e nutritivo é um modo de apresentação da água. Não parece ser o caso de que *cada* modo de apresentação deva ser considerado como uma aparência. Pelo contrário, parece que aplicamos o termo "aparência" apenas àqueles modos de apresentação dos quais dependemos ao identificarmos objetos experiencialmente e ao mantê-los sob controle por métodos estabelecidos de maneira experiencial. Dentro desse escopo limitado, contudo, a prática de falar de modos de apresentação como aparência parece bastante sólida. É, sem dúvida, absolutamente natural falar de como Clinton é como uma aparência de Clinton, e falar da propriedade de ser um líquido transparente, incolor, inodoro e nutritivo como uma aparência que a água apresenta a observadores humanos.

A refutação do dualismo

Já que Frege foi responsável por colocar em proeminência a expressão "modo de apresentação", é pertinente fazer referência à segunda distinção aparência/realidade como distinção *fregeana*.[2] Terceiro, há uma distinção entre a maneira como um objeto é percebido pelos olhos, pela audição, pelo tato, pelo paladar ou pelo olfato do observador em uma ocasião particular, e a maneira como o objeto é em si mesmo. Isto é, há uma distinção entre aparências perceptuais e as realidades correspondentes. Talvez essa seja a distinção aparência/realidade que surge com mais relevância em nosso discurso diário. Chamarei-a de distinção *perceptual*.

Quarto, estamos traçando, com efeito, uma distinção aparência/ realidade quando distinguimos entre a maneira como um elemento é representado pela mente e a forma como o elemento é em si mesmo. Essa distinção *representacional* aparência/realidade está intimamente associada à distinção doxástica, pois sistemas de crenças são considerados representações dos elementos com os quais se relacionam. Crenças, no entanto, não são as únicas espécies de representações mentais. Na verdade, como já vimos no Capítulo 3, representações aparecem constitutivamente em todas as formas de acesso cognitivo. Em consequência disso, a distinção representacional aparência/realidade é muito mais inclusiva que a distinção doxástica, embora a distinção doxástica seja um aspecto ou uma dimensão dela. A distinção representacional estende-se a todas as formas de consciência [A].

Podemos agora reconhecer que é possível, afinal, estabelecer uma distinção aparência/realidade com relação à familiaridade experiencial com os *qualia*. Familiaridade experiencial é uma forma de consciência e tem, portanto, uma estrutura representacional. Essa estrutura não se revela por introspecção nem é reconhecida pela psicologia de senso comum; e, no entanto, está lá. Conclui-se imediatamente que a distinção representacional aparência/realidade

---

2 Ver: Frege, On Sense and Nominatum. In: Fiegl; Sellars (eds.), *Readings in Philosophical Analysis*, p.85-102.

Consciência

se estende à familiaridade experiencial. Isso quer dizer: *para cada quale Q, há uma distinção entre a maneira como Q aparece diante de nós e a maneira como Q é em si mesmo.* A terceira teoria sobre a consciência [A] dos *qualia* é falsa.

Essa conclusão tem diversas consequências, e devemos fazer uma pausa para uma avaliação. Começo chamando a atenção para três princípios gerais que governam aparências representacionais. Antes de mais nada, como geralmente sucede com aparências, a relação entre a aparência representacional de um elemento e a realidade correspondente é contingente. Onde *P* é qualquer propriedade, e *R*, a representação mental correspondente de *P*, (i) é possível que *R* seja simbolizado mesmo que não haja um exemplo correspondente de *P*, e (ii) é possível que *P* seja simbolizado, mesmo que não haja um indício de *R* que o acompanhe. Segundo, vale como verdade geral que a aparência de elemento pode ser um guia muito precário para a verdade sobre as propriedades essenciais daquele elemento. Aparências representacionais acomodam-se a esse princípio geral, como o fazem aparências doxásticas, perceptuais e fregeanas. Uma representação *R* pode representar *P* sem codificar explicitamente qualquer informação sobre as propriedades essenciais de *P*. Além disso, é provável que qualquer informação sobre as propriedades essenciais de *P* que *R* realmente codifica seja incompleta. Terceiro, da mesma forma como ocorre com as aparências doxásticas, fregeanas e perceptuais, as aparências representacionais podem ser sistematicamente enganosas. *R* pode desvirtuar *P*. Ademais, mesmo se *R* representar *P* com exatidão, ele pode estar posicionado dentro do sistema cognitivo como um todo de forma a estimular falsas crenças sobre *P*. Isso poderia acontecer, por exemplo, se *R* for um átomo representacional – isto é, se *R* não for nem decomponível em representações mais básicas nem tratado pelas instâncias cognitivas relevantes como equivalente a outra representação que possa ser decomposta dessa forma. Suponha que *R* seja uma representação que se caracteriza por esse tipo de atomicidade interior e sistemática. Suponha também que *R* seja a representação que um

A refutação do dualismo

sistema perceptual, digamos, a visão, utiliza para manter *P* sob controle. Dadas essas hipóteses, podemos notar que a experiência perceptual que um agente tem de *P* poderia encorajar a crença de que *P* é atômico em si mesmo – de que é uma propriedade simples, não analisável. Isso poderia acontecer mesmo se *P* fosse, de fato, bastante complexo.

Considerando que é possível estabelecer uma distinção representacional aparência/realidade com relação à familiaridade experiencial com os *qualia*, conclui-se, com base no primeiro desses princípios gerais, que pode parecer a um agente que ele esteja experiencialmente familiarizado com um *quale* quando, na verdade, ele não está. Isso significa que, em princípio, é possível haver ilusões e alucinações quanto aos *qualia*. Conclui-se também que pode haver casos de *qualia* que não sejam objetos de familiaridade experiencial. É, em princípio, possível, por exemplo, que um agente esteja sentindo dor sem estar cônscio desse fato. E mais: conclui-se do segundo princípio que familiaridade com os *qualia* pode resultar em fracasso total quanto ao fornecimento de informações relativas às suas propriedades essenciais, e também que, se ela conseguir fornecer tais informações, elas podem ser incompletas. Por fim, conclui-se do terceiro princípio que familiaridade com os *qualia* pode sistematicamente nos enganar com relação às propriedades deles. A representação que surge em um fato de familiaridade pode representar seu objeto de maneira equivocada ou estimular uma falsa crença sobre o objeto como resultado de fatos que envolvem seu papel na economia cognitiva do agente relevante.

Concluo essa discussão da terceira hipótese sobre a consciência qualitativa mencionando que o desvirtuamento é, na verdade, bastante comum na percepção, o que sugere que pode sê-lo também na consciência experiencial de maneira geral. Há muitas ilusões perceptuais familiares. Várias delas se manifestam apenas em contextos muito restritos, mas outras impregnam todo um domínio da experiência perceptual. Por exemplo, Dennis Proffitt e seus colegas pesquisadores descobriram que somos propensos a sentir que coli-

Consciência

nas apresentam declives mais acentuados do que em realidade são, e que esse efeito se amplia quando estamos cansados.[3] Concluíram, ainda, que elas tendem a parecer mais íngremes quando vistas do topo que quando vistas da base. Não devemos ver essas tendências como deficiências visuais. Pelo contrário, como Proffitt indica, parece provável que evoluímos com elas porque são benéficas: a primeira nos faz preferir evitar colinas, o que impede consumo desnecessário de energia, e a segunda, escolher encostas com declive menor quando estamos descendo uma colina, o que reduz o risco de acidentes. Essas observações nos recordam que sistemas perceptuais não fazem necessariamente parte da tarefa de evitar erro. Erro sistemático pode até ser vantajoso para nós. Portanto, não devemos pensar que um erro perceptual seja algo excepcional ou que sua significância seja secundária.

4.6 Avaliação da quarta e da quinta teorias

A quarta teoria sobre a consciência dos *qualia* propõe que a natureza distintiva deles somente pode ser apreendida por meio da familiaridade experiencial, e a quinta insiste que a familiaridade experiencial nos dá pleno acesso às naturezas essenciais dos *qualia*. Apesar do fascínio intuitivo dessas teorias, podemos agora ver que não somos obrigados a aceitar nenhuma delas.

A motivação para a quarta teoria está minada pelas considerações que estabelecem que haja uma distinção aparência/realidade para os *qualia*. Considere, por exemplo, o *quale* Y associado à experiência perceptual da cor amarela. Estamos experiencialmente familiarizados com Y. De acordo com a quarta hipótese, esse é nosso único acesso à natureza essencial de Y. Isso era, inicialmente, plausível, mas agora sabemos que pode haver uma diferença significativa entre a maneira como Y se apresenta a nós e a maneira como Y é em si mesmo. Entre

---

3 Ver, por exemplo: Proffitt, Embodied Perception e the Economy of Action. *Perspectives on Psychological Science 1*, p.110-22.

154

A refutação do dualismo

outras coisas, isso cria espaço lógico para a tese de que *Y* pode ser uma propriedade física complexa. O fato de que *Y* nos pareça simples não impede essa tese. Suponha agora que ela esteja correta. Diante dessa premissa, é possível responder à questão sobre a natureza essencial de *Y* sem estarmos familiarizados com ele. Como ocorre com qualquer propriedade física, podemos explorar sua natureza essencial utilizando os métodos das ciências naturais – análise experimental e estatística e construção de teorias explicativas. Não somos obrigados a depender exclusivamente da familiaridade; na verdade, não haverá grandes perdas se descartarmos as informações a respeito de *Y* fornecidas por ela. Essas não são informações privilegiadas; são simplesmente informações envolvendo uma aparência de *Y* – a qual *Y* tem por estar representado de determinada maneira.

Em resumo, agora temos a opção de acatar uma hipótese a respeito de nosso acesso epistêmico a *Y*, que é decididamente incompatível com a quarta teoria. Além disso, essa hipótese alternativa é, na verdade, mais atraente que tal teoria. Como vimos na Seção 4.3, a quarta teoria pode ser usada para servir de apoio ao dualismo de propriedade, que é, de muitas maneiras, uma posição nada envolvente. Os compromissos ontológicos da hipótese alternativa são mais conservadores e, portanto, preferíveis.

Temos também motivos para rejeitar a quinta posição. Ao final da última seção, comentamos que representações podem deixar de fazer justiça às naturezas essenciais dos elementos que representam; elas podem até mesmo fracassar completamente. Por conseguinte, uma representação perceptual da água não fornece informação a respeito da estrutura molecular da água, o desenho de uma casa não contém qualquer informação a respeito dos materiais com os quais ela foi construída, e a fotografia de um rato não contém qualquer informação a respeito do seu DNA. Há espaço lógico, portanto, para a ideia de que representações experienciais deixam de codificar informações a respeito da natureza essencial dos *qualia*. De forma mais específica, mesmo que representações experienciais não consigam revelar que os *qualia* são essencialmente físicos, temos permissão

Consciência

para sustentar essa ideia. Evidentemente, entretanto, se tivermos a opção de sustentá-la, então devemos fazê-lo, pois ela é obviamente superior a alternativas dualistas em vários aspectos, inclusive o da simplicidade e da coerência explicativa.

4.7 Três intuições promotoras de dualismo acerca dos *qualia*

Vimos refletindo sobre um grupo de teorias sobre a consciência dos *qualia* que desempenham papel importante em argumentos a favor do dualismo de propriedade. Gostaria de me voltar agora para o exame de três intuições relativas aos próprios *qualia*, em oposição à consciência dos *qualia*, as quais contribuem para a plausibilidade do dualismo de propriedade. Uma dessas teorias é a intuição de que a experiência revela que cada *quale* tem uma natureza individual distinta que impede qualquer tipo de redução a outras propriedades. Quando tentamos pensar em qualquer *quale* individual como idêntico a outra propriedade, temos a impressão de que estamos enfrentando o absurdo ou o impossível, como acontece quando pensamos em um quadrado redondo ou um inteiro entre um e dois. Um *quale* individual é simplesmente diferente demais de outras propriedades para que uma redução seja até mesmo imaginável. A segunda intuição declara que os *qualia* compartilham uma propriedade que não pode ser descrita em linguagem não metafórica, mas que é experienciada quando se encontra um *quale*. Os *qualia* parecem ter uma espécie de fosforescência ou iridescência que não existe em nenhuma outra propriedade. Eles se projetam sobre nós como foguetes explodindo na noite escura. Eles estão *vivos*. Em comparação, todas as outras propriedades estão mortas. A terceira intuição advoga que os *qualia* são propriedades intrínsecas. Para reconhecer um caso de *qualia* como tal, é suficiente focalizar a atenção no caso em si. Não é necessário levar em consideração suas relações com outras coisas. Essa terceira intuição se opõe à redução, porque as propriedades físicas com as quais os *qualia* poderiam mais naturalmente ser identificados são, com frequência, muito relacionais. Em vista disso, por exemplo, as dores compartilham muitas propriedades, tais como localizações, com distúrbios físicos que envolvem ou anteveem um dano físico. Entretanto, o dano é uma propriedade complexa que envolve relações entre eventos no local do dano e o futuro bem-estar do organismo. Repetindo: os *qualia* visuais apresentados por objetos cinzas não dependem apenas das superfícies dos próprios objetos, mas também de seu entorno.

Parece existir a probabilidade de que todos nós temos essas três intuições. Essa é uma das razões por que o dualismo é tão instigante, mesmo para aqueles que estão convencidos de que deve haver algo de errado com ele.

4.8 Avaliação das intuições

Para iniciar, sustento a ideia de que se adotamos uma explicação representacional da consciência experiencial, é possível justificar a primeira intuição. Para estabelecer as ideias, vou me concentrar na qualidade de que estamos conscientes quando algo nos parece amarelo. Sentimos que há um abismo intransponível entre essa qualidade e todas as propriedades físicas e funcionais envolvidas na visão de cores. De fato, a ideia de que ela possa se tornar idêntica a qualquer dessas propriedades nos soa absurda. Embora reconheça a força dessa intuição, afirmarei que não há qualquer obrigação de tomá-la pelo seu "valor de face". Teorias representacionais da consciência *preveem* a intuição. Não precisamos tomá-la pelo seu valor de face porque teorias compatíveis com o fisicalismo preveem que ela se manifestará.

Quando percebemos algo como amarelo, empregamos uma representação que é diferente de todas aquelas empregadas quando percebemos coisas que nos parecem de outras maneiras, diferentes de todas as representações envolvidas em consciência experiencial não visual e de todas as representações conceitualmente estruturadas que a ciência torna disponíveis. Digamos que essa representação constitui a característica Y. Então, é claro, o simples fato de que usamos uma representação especial para manter Y sob controle não poderia, por si só, originar uma impressão duradoura de que quando estamos conscientes de Y estamos conscientes de uma característica distinta de todas as outras. Isso simplesmente cria a possibilidade de tal impressão, que, em si, surge de nossa percepção de que seria inadequado *associar* Y com outra característica.

Estamos acostumados com o fato de que pode haver múltiplas representações de uma única característica e, de tempos em tempos, todos nos valemos da opção de associar uma característica que, inicialmente, apreendemos por meio de uma representação a uma característica que, inicialmente, apreendemos por meio de uma representação diferente; porém, quando associamos uma característica a outra, somos obrigados a recorrer ao fato de que as características são reproduzidas por representações distintas quando da explicação e justificativa da associação. Somente dessa forma é possível explicar o fato de que é necessário ir além daquilo que a experiência em si revela acerca das características, a fim de avaliar a real natureza das relações entre elas.

Agora precisamos fazer uma pergunta: é conveniente invocar a diferença entre uma propriedade como representada e uma propriedade como ela é em si mesma, ao determinarmos se Y é idêntico a alguma outra propriedade? Da perspectiva do senso comum, a resposta é "não". Temos consciência de Y por participarmos de fatos do tipo *x parece amarelo a z*; e quando observamos tais fatos da perspectiva do senso comum, não encontramos razão para supor que, constitutivamente, eles envolvem representações. Isso quer dizer: a psicologia do senso comum não oferece qualquer vislumbre das representações constitutivamente envolvidas em nossa experiência de Y. Podemos apenas admitir a existência dessas representações de uma perspectiva altamente teórica. (Como já comentamos em várias ocasiões, o representacionalismo recebe pouco apoio da introspecção e da psicologia do senso comum. Trata-se de uma posição *altamente* teórica.) Portanto, não vemos como pode ser válido que Y possa ter

A refutação do dualismo

uma natureza que não se revela pela consciência experiencial. Se não há qualquer distinção aparente entre Y conforme representado por experiência e Y como é por si mesmo, não pode ser apropriado ir além do que a experiência revela a respeito de Y na avaliação da relação entre Y e outras características.

Talvez seja útil reformular essa linha de pensamento de uma maneira um pouco diferente. Suponha que P_1 seja uma característica revelada pela percepção, e também que, por alguma razão, seja considerado desejável associar P_1 com uma característica P_2 que, à primeira vista, seja diferente. Para explicar e justificar a associação, que envolve ir além da impressão de P_1 que a percepção por si mesma fornece, é necessário explicar como é possível apreender P_1 perceptualmente sem reconhecer sua semelhança com P_2. Em geral, é possível fornecer tal explicação invocando algum tipo de distinção aparência/realidade. Assim, poderíamos distinguir entre o próprio P_1 e uma propriedade que serve como modo de apresentação para P_1; ou, se não houver nenhuma outra propriedade servindo como modo de apresentação para P_1 – como será o caso se nossa consciência de P_1 for direta –, então poderíamos distinguir entre P_1 como ele é em si mesmo e P_1 como retratado por uma representação perceptual. Entretanto – repetindo –, precisamos invocar algum contraste desse tipo, a fim de explicar por que a analogia entre P_1 e P_2 não se revela pela própria experiência.

Passemos agora a considerar o caso especial do Y típico. É possível relacionar Y com alguma outra característica – digamos Y^*? Se o fizermos, é preciso que haja uma maneira de explicar como é possível apreender Y experiencialmente sem reconhecer sua semelhança com Y^*. Isso significa que precisamos invocar uma distinção aparência/realidade de alguma espécie; porém, já que Y é um *quale*, a psicologia do senso comum não reconhece, nesse caso, uma distinção entre aparência e realidade. Ela não consegue registrar o caráter representacional da consciência [A] que temos de Y e, da mesma forma, não consegue respaldar quaisquer ambições que poderíamos ter de associar Y com alguma outra característica.

Isso completa meu relato de como o representacionalismo explica nossa impressão de que *Y* é distinto de todas as outras características. Sem dúvida, além de explicar essa impressão, o representacionalismo oferece uma perspectiva segundo a qual se torna conveniente descartar a impressão como ilusória. Diferentemente da psicologia do senso comum, ele nos dá a opção de associar *Y* com uma característica física.

Além de receber apoio da intuição no sentido de que há um abismo intransponível separando os *qualia* individuais de todas as outras propriedades, o dualismo também recebe apoio da intuição de que todos os *qualia* diferem de outras propriedades uma vez que eles contêm uma fosforescência, ou *vivacidade,* especial. Creio que a vivacidade só pode ser explicada em termos de metáfora. Considere o contraste entre um carvão vermelho em brasa e a pilha de cinzas que o circunda, o contraste entre as luzes que brilham lá embaixo quando se está sobrevoando uma cidade à noite, e a escuridão que as envolve, e o contraste entre um único soar de uma trombeta e o silêncio que ele interrompe. Todos nós sentimos que há um contraste entre características qualitativas e seus parceiros não qualitativos que é, de alguma maneira, semelhante a esses contrastes. É ao primeiro contraste que recorro ao falar de vivacidade. Quero dizer: uma propriedade vivaz é aquela que contrasta com *todas* as outras propriedades, na maneira como aquela vermelhidão contrasta com o cinza, como a luz contrasta com a escuridão e como o soar da trombeta contrasta com o silêncio. Os *qualia* são vivazes porque são vívidos, luminosos e iridescentes. Por oposição, todas as outras propriedades são apagadas, enfadonhas e sem vida.

Embora possa ser irresistível a tentação de supor que a vivacidade é típica dos *qualia*, gostaria de propor que os *qualia* nos parecem vivazes apenas por causa da *maneira* como os percebemos. Suponha – como é razoável supor – que seja possível ver todos os modos de consciência [A] que nos colocam em contato com os *qualia* como modos de uma forma única de consciência [A] que é experiencial em sua natureza. Suponha, em outras palavras, que o seguinte princípio esteja correto:

A refutação do dualismo

(Q) Para qualquer característica *P*, *P* é qualitativo apenas caso *P* esteja disponível a nós por meio da consciência [A] experiencial.

Agora considere as duas hipóteses a seguir:

(H1) Os *qualia* compartilham uma característica intrínseca especial – vivacidade – que os distingue de todas as outras propriedades.

(H2) Os *qualia* não têm uma característica intrínseca especial que os distingue de todas as outras propriedades, mas apenas parecem fazê-lo por causa do caráter especial da consciência experiencial.

Especificado o (Q), não é possível argumentar a favor da superioridade de (H_1) sobre (H_2) citando uma característica que nos parece ser vívida, mas que não é objeto de percepção experiencial. Tampouco é possível argumentar a favor da superioridade de (H_1) citando uma característica que é objeto de consciência experiencial, mas não parece ser vívida. Os traços que nos parecem vívidos são exatamente aqueles que parecem ser qualitativos, e (Q) nos revela que traços qualitativos são exatamente aqueles que são objetos de consciência experiencial. Então, considerando (Q), estamos, em princípio, livres para rejeitar (H_1) e aceitar (H_2) em seu lugar. Em outras palavras, estamos livres para rejeitar a ideia de que a vividez nos é revelada pela percepção experiencial, e dizer, em vez disso, que ela se constitui dessa forma de consciência.

Até aqui, entretanto, essa última opção é apenas uma possibilidade abstrata. Nada foi dito a respeito de como poderíamos explorar o caráter especial da consciência experiencial ao darmos uma explicação concreta da vividez. Não é, contudo, difícil prosseguir para um nível mais concreto. Assim, parece bastante razoável afirmar que os *qualia* parecem vívidos porque eles nos são *concedidos*. Eles estão imediatamente diante da mente, deixando em nós sua marca impressa de uma maneira que nenhum outro simples objeto do

Consciência

pensamento ou crença poderia jamais fazê-lo. Eles simplesmente estão *lá*. Parece-nos que eles contrastam com todas as propriedades que apreendemos de outras formas por causa desse "estar lá". Isto é, os *qualia* nos parecem vívidos porque temos consciência de todos eles da mesma forma, e esse modo de percepção caracteriza-se por um *imediatismo apresentacional*.

Para completar essa explicação deflacionária de vividez, preciso de uma teoria da consciência experiencial que demonstre ser possível recorrer a ela sem incorrer em quaisquer compromissos dualistas, e que forneça uma descrição metafisicamente delicada do imediatismo apresentacional. No entanto, exatamente uma teoria desse tipo é fornecida no Capítulo 3. Como o leitor deve se lembrar, aquele capítulo explica a consciência experiencial como uma forma de acesso cognitivo que satisfaz às oito condições seguintes: ela é consciente; é direta ou imediata; apresentam transparência mooreana (isto é, a introspecção não revela uma estrutura representacional); pode nos colocar em contato com objetos, propriedades e eventos que são complexos demais para serem facilmente caracterizados em termos conceituais; pode nos colocar em contato com propriedades muito bem-definidas; é altamente particularizada, uma vez que sempre nos conecta a fatos envolvendo indivíduos específicos (mais do que a fatos que poderiam ser expressos usando quantificadores ou descrições puramente atributivas); é controlada por um tipo de atenção que pode realçar a resolução e o contraste figura/fundo; e é uma forma de receptividade, uma vez que (excetuando a influência da atenção) não está sujeita a controle endógeno e voluntário. Talvez não esteja imediatamente óbvio que a consciência dos *qualia* tem todos esses traços, embora acredite que essa afirmação possa ser sustentada por nossas deliberações futuras. (O caso a favor do argumento inclui elementos da discussão a respeito da consciência dos *qualia* visuais do Capítulo 5 e também elementos da discussão da consciência da dor no Capítulo 6.) Tudo o que preciso afirmar no momento é que a consciência dos *qualia* se caracteriza por retilineidade, transparência mooreana e receptividade, pois, como percebemos no Capítulo 3, é plausível que o imediatismo apresentacional possa ser explicado com base nessas três características.

Suponha que você esteja agora vivenciando uma dor. É evidente, acredito eu, que sua consciência da dor seja direta, ou seja, não depende de uma inferência *a partir* da experiência ou do conhecimento teórico. Ademais, quando você considera essa experiência introspectivamente, não encontra nada que poderia ser considerado como uma representação mental da dor. A introspecção revela apenas uma particularidade nesse caso – a própria dor. Tampouco a introspecção revela uma organização interior de qualquer outra espécie. Tudo o que ela mostra sobre sua experiência é que é a experiência de uma dor. Consequentemente, sua experiência da dor se caracteriza pela transparência mooreana. Por fim, está claro que a consciência dos *qualia* encontra-se no domínio da receptividade mais que no domínio da espontaneidade. Só você pode decidir se vai atentar para uma dor; mas uma vez que decida lhe conceder sua atenção, o que você experienciará não é neutralizável por meio de uma avaliação racional e não está sujeito ao controle voluntário. Se lhe concede sua atenção ou não, só depende de você. O que a atenção revela é *dado conhecido*.

Conforme notamos, é razoável pensar que, quando temos consciência de um aspecto por meio de um modo de acesso que possui essas três características, parece que o objeto simplesmente se apresenta a você. Parece-lhe que o objeto simplesmente está *lá*.

Se acha minha explicação de vividez com relação ao imediatismo apresentacional inadequada, meu palpite é que você pensa assim porque acredita que a consciência [A] perceptual de várias propriedades físicas contém todas as características que utilizei para definir o imediatismo apresentacional. Ampliando um pouco mais, meu palpite é que você se deixa levar, pelo menos em certo grau, pela linha de raciocínio seguinte:

> Quando estamos perceptualmente conscientes de propriedades físicas objetivas, como forma, tamanho objetivo e velocidade

objetiva, nossa consciência se caracteriza pela retilineidade, pela transparência mooreana e receptividade. Portanto, na descrição anterior do imediatismo apresentacional, a consciência perceptual de certas propriedades físicas é apresentacionalmente imediata; obviamente, entretanto, não é verdade que as propriedades em questão são qualitativas, como também não é verdade que elas nos parecem vívidas. Então, não pode ser verdade que a vividez dos *qualia* pode ser explicada com relação ao imediatismo apresentacional. Pelo menos, isso não pode ser verdadeiro se a exposição anterior sobre o imediatismo apresentacional estiver correta.

Se essa conjetura sobre o seu estado mental estiver correta, então é razoável que eu espere que, no final, você se convencerá de minha exposição do imediatismo apresentacional e aceitá-la, e com ela, minha descrição acerca da vividez. Assim, no Capítulo 5, afirmarei que nossa consciência perceptual de propriedades físicas objetivas não é *absolutamente* direta, mas apenas *comparativamente* direta, sendo mediada pela consciência perceptual de certas propriedades relacionais, dependentes de ponto de vista, que denomino *aparências*. Já que também desejo argumentar que os *qualia* perceptuais devem ser associados a aparências, a conclusão que será extraída de minha teoria da percepção é que os *qualia* são os *únicos* traços perceptíveis cuja apreensão se caracteriza pela transparência mooreana, pela receptividade e retilineidade absoluta. Da mesma maneira, será possível inferir que minha descrição de vividez quanto a essas três características *não* prevê que certas propriedades físicas objetivas nos parecerão vívidas. Em consequência, se eu tiver tipificado suas preocupações corretamente, elas deverão ser afastadas em vista de desdobramentos feitos em capítulos posteriores.

Isso nos leva à terceira das intuições que promovem o dualismo, as quais já discutimos nas seções anteriores. De acordo com essa intuição, os *qualia* são propriedades intrínsecas dos elementos que as contêm. Eles não envolvem relações entre os elementos de instanciação e outras coisas, pois é possível ter consciência de que

A refutação do dualismo

um elemento apresenta um *quale* sem levar em consideração suas relações com outras coisas. Assim, por exemplo, não é necessário que atentemos para as consequências comportamentais de uma sensação para que possamos determinar que se trata de uma dor; tampouco é necessário que tomemos nota das crenças e desejos que a sensação ocasiona. Essa situação promove o dualismo porque, em muitos casos, a ciência tem revelado que as propriedades físicas com as quais os *qualia* estão mais intimamente associados são altamente relacionais em sua natureza.

Felizmente, teorias representacionais da consciência [A] experimental dispõem de recursos para justificar impressões acerca do que é intrínseco. É sempre possível explicar por que uma propriedade nos parece intrínseca afirmando (i) que o sistema relevante de representação não codifica explicitamente a informação de que a propriedade é relacional, e (ii) que é o sistema do qual mais dependemos para termos informações sobre a propriedade. Sem dúvida, o fato de que é possível explicar uma impressão a respeito do que é intrínseco a essa forma não tende a demonstrar que a propriedade *não* é intrínseca. A questão é apenas que a explicação nos permite descartar intuições a respeito do que é intrínseco quanto aos *qualia* como equivocadas se temos razões independentes para ligá-los a propriedades relacionais.

4.9 Por que fracassa o argumento a favor do dualismo de propriedade

Já tivemos a oportunidade de ver que teorias representacionais da consciência experiencial fornecem uma base para objeções a vários argumentos a favor do dualismo de propriedade, os quais consideramos no Capítulo 2. Nesta seção, pretendo expandir as observações anteriores, elaborando uma crítica sistemática dos argumentos.

1. A segunda premissa do argumento modal cartesiano afirma o seguinte:

Consciência

Segunda premissa: Quando imaginamos uma dor, nós a imaginamos de forma completa, uma vez que, ao imaginá-la, reconhecemos todas as suas propriedades essenciais.

Essa premissa é crucial para o argumento. Sem ela, o argumento ficaria vulnerável a uma objeção arnauldiana, pois ao imaginar uma dor, poderíamos imaginar algo que tem uma natureza física "oculta", algo que, de fato, envolve atividade cortical de algum tipo. Como a objeção original de Arnauld à teoria de Descartes deixa claro, essa objeção tem uma força considerável, pois sabemos com base em exemplos (como aquele oferecido por Arnauld, de alguém que imagina um triângulo retângulo sem imaginá-lo como tendo as propriedades enunciadas por Pitágoras) que é possível imaginar elementos de formas que deixam de fazer justiça às suas naturezas essenciais. É vital que a objeção seja bloqueada.

Surgem então as perguntas: como podemos ter certeza de que a segunda premissa é verdadeira? O que nos dá o direito de acreditar que, ao imaginar uma dor, temos, desse modo, sua plena natureza essencial em vista? Quando consideramos essas questões em relação às discussões nas seções 4.2-4.6, pudemos perceber que é impossível para defensores do argumento cartesiano responder a elas de forma satisfatória. Portanto, o conceito de dor que está em jogo nas discussões do dualismo de propriedade é, claramente, um conceito experiencial, uma vez que seu conteúdo deriva do fato de que o utilizamos para manter sob controle uma propriedade que se revela a nós por experiência. Dado que esse conceito de dor precisa apreender integralmente a natureza essencial da dor para que o argumento cartesiano seja bem-sucedido, conclui-se que sua natureza essencial deve nos ser plenamente acessível quando experienciamos uma dor; mas é precisamente essa tese sobre a natureza essencial da dor que é colocada em dúvida pela observação de que a consciência [A] experiencial da dor é representacional. Não há garantia de que representações experienciais de dor farão justiça às suas propriedades essenciais. Isso significa, entretanto, que não temos boas razões

A refutação do dualismo

para pensar que, ao imaginarmos situações de dor, estamos sempre imaginando possibilidades genuínas. Em especial, tanto quanto sabemos, pode ser que quando nos parece que estamos, de maneira coerente, imaginando uma situação na qual existe dor, mas não acompanhada de atividade cortical do tipo φ, estamos, na verdade, imaginando uma situação que é objetivamente impossível – isto é, uma situação em que há atividade φ que não é acompanhada de atividade φ. Portanto, o argumento cartesiano não nos dá motivo para aceitarmos o dualismo de propriedade.

Conforme avançamos, encontraremos um motivo para reforçar essa objeção. Até agora postulei apenas que, epistemicamente, não temos o direito de aceitar a segunda premissa, mas, no Capítulo 6, encontraremos motivos para acreditar que ela deve ser rejeitada. Entre outras coisas, o Capítulo 6 esboça uma teoria da forma e conteúdo das representações que estão envolvidas na consciência experiencial da dor. Essa teoria sugere que há muito acerca da natureza da dor que essas representações não conseguem apreender. Desejo também propor teorias que têm implicações análogas com relação às representações que subservem a consciência [A] experiencial dos *qualia* perceptuais e às representações que subservem a consciência [A] experiencial dos *qualia* emocionais.

2. Passo agora para o argumento do conhecimento cujo principal componente é a intuição de que a supercientista Mary aprende algo novo quando encontra um objeto vermelho pela primeira vez. Mais especificamente, é a intuição de que quando Mary vê o objeto vermelho, ela se familiariza pela primeira vez com a impressão que coisas vermelhas lhe causam, ou, em outras palavras, com a aparência que elas apresentam a observadores normais como ela própria. Essa aparência parecerá a Mary como bem diferente de todas as propriedades que ela encontrou em seu trabalho como cientista da visão. A intuição atesta que essa impressão de Mary está correta. A aparência *é* bem diferente das propriedades que ela encontrou no passado.

Consciência

É preciso admitir que, ao estar consciente da aparência, Mary terá a impressão de que está consciente de algo novo; entretanto, não somos obrigados a aceitar pelo valor de face a impressão que ela tem, pois podemos explicá-la invocando o fato de que a representação que sustenta a consciência que Mary tem da aparência nunca, anteriormente foi utilizada por seu sistema visual. Como ela está usando uma representação nova, a aparência lhe pareceria diferente mesmo se fosse uma propriedade física familiar – digamos, a propriedade de refletir luz que faz que receptores de comprimento de ondas longas sejam disparados com mais vigor que receptores de comprimento de ondas médias. Mesmo que essa propriedade seja uma velha amiga, Mary nunca a havia apreendido por meio de um sistema de representação experiencial sensível a combinações de comprimentos de ondas, e que as posições representavam elementos em um espaço de similaridade baseado em relações aritméticas entre comprimentos de ondas. Tendo em vista as diferenças entre esse sistema e os que ela tem usado em seu trabalho científico (isto é, o sistema conceitual envolvido na construção de teoria e os perceptuais acromáticos dos quais ela depende em seu laboratório preto e branco), não é surpresa que ela tenha uma impressão de novidade quando vê vermelho pela primeira vez.

O resultado, então, é que teorias representacionais da consciência experiencial nos apresentam alternativas à ideia de que a impressão de novidade que Mary tem deve ser substancialmente correta. Conclui-se disso que o argumento do conhecimento é inválido. O argumento requer premissas adicionais que governem a hipótese alternativa. Mais do que isso: considerando o que sabemos hoje sobre os sistemas representacionais que o sistema visual emprega, é muito improvável que uma tentativa de descartar as alternativas possa ser bem-sucedida, pois hoje temos conhecimento suficiente para saber que os sistemas representacionais que fundamentam a consciência experiencial de cores diferem significativamente de outros sistemas de representação e que é, portanto, provável que eles originem impressões de diferença, pelo menos em situações como aquela em que Mary se encontra.

A refutação do dualismo

Há uma analogia entre a situação de Mary e a aquela de alguém que, com frequência, vê superfícies ásperas, mas nunca tocou nenhuma delas, e que finalmente tem a oportunidade de explorar uma por meio do tato. (Suponha que ela esteja com os olhos vendados quando fizer isso.) Talvez não fosse difícil a essa pessoa inferir que ela está agora tocando uma superfície que lhe pareceria áspera se fosse possível vê-la; mas num primeiro momento, ela poderia ter a sensação de novidade. Seria certamente apropriado explicar essa impressão recorrendo ao fato de que ela agora tem consciência de superfícies ásperas de uma *maneira* muito diferente – isto é, por meio de um sistema muito diferente de representação perceptual. Explicações desse tipo são bem razoáveis. Os fatores aos quais elas recorrem são obviamente relevantes, e também têm poder suficiente para dar esclarecimentos necessários.

3. Como vimos no Capítulo 2, a primeira premissa de Nagel tem um apelo intuitivo considerável:

> Fatos acerca do caráter qualitativo de uma experiência são plenamente acessíveis apenas do ponto de vista do ser que é o sujeito da experiência.

Até mesmo oponentes ferrenhos do dualismo se sentem atraídos por essa teoria. Mantenho, entretanto, minha posição de que não há bons motivos para aceitá-la.

Ao justificar a teoria, Nagel argumenta que podemos apreender os *qualia* de outra criatura apenas na medida em que aqueles *qualia* são semelhantes aos *qualia* que nós próprios experienciamos. Tal visão postula duas maneiras de apreender os *qualia*:

a. experienciando-os diretamente, e;
b. extrapolando ao longo de linhas de similaridade com base em *qualia* que aprendemos via experiência direta.

Além de afirmar que podemos apreender os *qualia* dessas duas maneiras, Nagel, com efeito, nega que haja qualquer outra forma de

Consciência

obter acesso a eles. (Por "apreender os *qualia*" e "obter acesso aos *qualia*", quero dizer "apreender as naturezas intrínsecas dos *qualia*" e "obter acesso às naturezas intrínsecas dos *qualia*". Nagel não negaria que podemos obter acesso aos poderes causais dos *qualia* por outros meios que não sejam a e b-.)

Sem dúvida, pode *parecer* verdadeiro que, se quisermos realmente apreender as naturezas intrínsecas dos *qualia*, temos de fazê-lo ou da maneira (a) ou da maneira (b); mas *por que* parece ser esse o caso? Mais especificamente, que razão teríamos para sustentar que (a) é a única forma *básica* de apreensão dos *qualia*, que ela deve fornecer o suporte para todas as outras formas de apreensão? (A partir daqui, denominarei isso de *proposição de Nagel acerca da consciência* [A] *básica*.) Especulações demonstram que a razão é complexa. Desejo propor a noção de que ela contém três componentes principais.

Um desses componentes é a percepção que gera o argumento do conhecimento – a percepção de que, quando vivenciamos uma nova experiência qualitativa, temos consciência de uma propriedade que é completamente nova, a qual não havia sido enfrentada anteriormente. Se a experiência imediata pudesse nos fornecer acesso a propriedades que fossem inteiramente novas para nós, não importa que propriedades tivéssemos chegado a conhecer anteriormente por outras fontes, então teria de ser verdade que a experiência imediata fornece nossa *única* forma de acesso a essas propriedades. Portanto, intuições a respeito do que é novo levam diretamente ao postulado de Nagel sobre a consciência básica.

O segundo componente é a percepção de que – na verdade, um fato puro e simples –, as naturezas qualitativas intrínsecas que encontramos por meio do contato imediato de primeira pessoa não nos estão disponíveis por via de qualquer outra forma de acesso cognitivo. Considere, por exemplo, a dor. Parece-nos que elas têm localizações corporais, mas não encontramos pontos que nos parecem dolorosos quando vemos ou tocamos regiões do corpo onde estão estão se manifestando, ou quando exploramos essas regiões utilizando sofisticados dispositivos técnicos. Podemos observar continuamente a atividade

A refutação do dualismo

neural em um pé lesionado sem termos qualquer pista de que ele era um *locus* de dor. O mesmo é válido para as regiões do cérebro responsáveis pelo processamento de sinais provenientes de regiões lesionadas. Para que isso nos possibilite ver ou tocar uma dor, deveria ser verdade que ela tivesse uma dimensão física relacionada com a atividade neural, que não nos é revelada pelo contato direto. Da mesma forma, se tivéssemos de apreender os *qualia* de cor, explorando visualmente e por meio do tato o sistema visual, ou examinando-o com equipamentos de laboratório, deveria ser verdadeiro que os *qualia* de cor tivessem uma natureza física que a familiaridade direta não revela; contudo, nem a dor nem os *qualia* de cor poderiam ter uma dimensão física oculta. Essa é a conclusão imediata da percepção de que eles não reconhecem uma distinção aparência/realidade.

O terceiro componente que motiva a teoria de Nagel sobre a consciência básica é a intuição de que os *qualia* encontrados por via da familiaridade imediata de primeira pessoa *não são nem mesmo análogos* às propriedades que encontramos de outras maneiras. Isto é, parece-nos que seria impossível prever a natureza distintiva de qualquer *quale* extrapolando ao longo de linhas de similaridade com base em propriedades não qualitativas. A experiência não nos dá motivos para achar que os *qualia* têm relações de similaridade qualitativa com propriedades físicas, e nenhum motivo para achar que eles estão associados a propriedades físicas por relações de similaridade física. Ademais, considerando que não há distinção aparência/realidade para os *qualia*, não podemos dizer que eles poderiam estar em relações de similaridade sem que nossa experiência conseguisse revelar. No caso dos *qualia*, relações de similaridade e dissimilaridade são determinadas inteiramente pelo que é revelado na experiência imediata; pelo menos é o que parece.

Nenhum desses componentes da motivação para a proposição acerca da consciência básica de Nagel é convincente. Já vimos que é possível explicar o sentido de que temos consciência de algo novo quando temos uma nova experiência qualitativa de uma forma inteiramente compatível com o fisicalismo. Além disso, fica claro, com base na exposição anterior, que o segundo e o terceiro componentes estão inseridos na noção – ou caem dentro dela – de que os *qualia* não reconhecem uma distinção aparência/realidade, e hoje temos consciência de que essa teoria não é correta.

4. Ao examinar a formulação de Levine quanto ao argumento da lacuna explicativa, achamos que ele propõe uma ligação estreita entre explicação e conceptibilidade. Segundo Levine, se um conjunto de fatos Σ_1 é redutivelmente explicável em relação a outro conjunto de fatos Σ_2, então, uma vez que tenhamos os membros de Σ_1 e Σ_2 plenamente em vista, deveria ser, literalmente, inconcebível que os membros de Σ_2 pudessem existir sem estarem acompanhados dos membros de Σ_1. Afirmada essa premissa, ele prossegue e propõe que é sempre possível conceber fatos físicos que existem sem estar acompanhados de fatos qualitativos. A conclusão imediata é que fatos qualitativos não podem ser redutivelmente explicados em relação a fatos físicos e, por sua vez, disso se conclui – sustenta Levine – que uma versão bastante sólida do dualismo de propriedade deve ser verdadeira.

Estaria a premissa de Levine a respeito da relação entre explicabilidade e conceptibilidade correta? Depende do que se pretende dizer com "conceptibilidade". Conceber algo é representá-lo conceitualmente. Pode bem ser verdade que a possibilidade de uma explicação redutiva dependa do que se pode conceber utilizando conceitos que refletem as naturezas essenciais dos fenômenos que estão sendo representados, mas parece improvável que ela deva depender do que podemos conceber utilizando conceitos – sejam eles quais forem – que estão ao nosso alcance. Isso pode ser notado quando refletimos sobre os casos mais relevantes para nossas preocupações presentes – isto é, casos em que concebemos situações usando os conceitos do senso comum que empregamos para representar os *qualia*. Nossa utilização desses conceitos é governada principalmente pelas informações sobre os *qualia* fornecidas pela consciência experiencial.

A refutação do dualismo

Como já observamos, a experiência pode perfeitamente deturpar a natureza dos *qualia* e deixar de fazer justiça às suas naturezas essenciais, ou até mesmo deixar de dar alguma indicação sobre elas. Em consequência, pode muito bem ser o caso de que nossa capacidade de supor fatos físicos que não são acompanhados de fatos qualitativos seja completamente desprovida de significação ontológica. No entanto, se ela for desprovida de significação ontológica, então como ela pode ter qualquer relevância sobre se, em princípio, é possível dar uma explicação de fatos qualitativos em termos de fatos físicos? A questão sobre se é possível dar uma explicação redutiva desse tipo é a mesma acerca do mundo. (Levine, evidentemente, terá de concordar com isso, considerando que ele deseja extrair uma conclusão com significação ontológica.) Não se deveria pensar na resposta como dependente do que se pode representar utilizando-se conceitos que podem muito bem não refletir a real natureza do mundo.

5. O argumento aparência/realidade começa postulando que é impossível estabelecer uma distinção aparência/realidade com relação aos *qualia*, e prossegue indicando que é claramente possível estabelecer uma distinção aparência/realidade com relação a propriedades físicas. Essas ideias levam de imediato à conclusão de que o dualismo de propriedade deve ser verdadeiro.

A primeira coisa que devemos notar a respeito desse argumento é que há várias maneiras diferentes de interpretá-lo. Isso porque, conforme já observamos na Seção 4.5, há várias e diferentes distinções de aparência/realidade. Há uma distinção *doxástica* entre as crenças declaradas de um sujeito sobre um elemento e os fatos que envolvem esse mesmo elemento; há uma distinção *fregeana* entre as propriedades das quais dependemos na identificação de um elemento e aquelas menos acessíveis desse elemento; há uma distinção *perceptual* entre as propriedades de um elemento que nos são apresentadas perceptualmente e aquelas que não estamos percebendo sobre ele; e há uma distinção *representacional* entre a maneira como um objeto

Consciência

é representado e como ele é em si mesmo. Qual dessas diferenças – se houver alguma – nos fornece uma interpretação do argumento que confere verdade a ambas as suas premissas?

A distinção doxástica não se mostra propensa a endossar o argumento, pois a primeira premissa se revela falsa quando pensamos nela como uma asserção relativa à relação entre crenças sobre os *qualia* e os fatos correspondentes. Crenças sobre estados qualitativos podem muito bem ser falsas. Meu exemplo preferido a esse respeito é o caso da fraternidade estudantil [*fraternity*] de Rober Albritton (ao qual já fiz alusão).[4] Considere uma cerimônia em que vários estudantes estão sendo iniciados em uma fraternidade acadêmica; eles estão amarrados e com os olhos vendados, e são advertidos de que serão severamente punidos se não obedecerem às ordens. Na verdade – eles são informados – serão atacados com uma faca. Suponha que um estudante em particular deixe de agir conforme o exigido e lhe dizem que aguarde o pior. Por fim, suponha que, em vez de atacá--lo com uma faca, seu algoz deslize rapidamente, ao longo de seu corpo, um pedaço afiado de gelo. É provável que, pelo menos por um momento, o já apavorado estudante acredite, equivocadamente, que esteja realmente sentindo dor. Esse é, com certeza, um caso de treinamento conceitual. Todos nós podemos encontrar exemplos menos dramáticos disso em nossa própria experiência.

E quanto à distinção fregeana? Está claro que a primeira premissa se revela verdadeira quando a interpretamos com base nessa distinção, pois é óbvio que não há diferença entre a propriedade da qual dependemos ao identificarmos dores como tal e a propriedade de ser uma dor. É da própria dor que dependemos ao identificarmos dores. No entanto, após uma reflexão, vemos que, quando a primeira premissa é interpretada em relação à distinção fregeana, sua verdade tem pouco significado metafísico. Quanto a essa interpretação, ela apenas diz que nosso acesso à dor é direto; mas seja o acesso a uma propriedade direto ou indireto, essa é uma questão relativa – depende

---

4 Albritton deu esse exemplo em um seminário em Harvard, em 1971.

A refutação do dualismo

do *modo* de acesso, da *maneira* como temos consciência da propriedade. Frequentemente é possível ter consciência de uma propriedade por meio de dois modos de acesso, e quando isso ocorre, pode acontecer que um seja direto e o outro, indireto. Portanto, quando a primeira premissa é interpretada com base na distinção fregeana, precisamos compreendê-la como uma afirmação de que nosso acesso à dor é direto *na medida em que temos consciência da dor por meio de uma percepção interior*. Essa asserção não pode, por si só, substanciar uma conclusão sobre a natureza metafísica da dor, pois ela é compatível com as asserções (i) de que a dor é idêntica a determinada propriedade física P, (ii) de que deixamos de reconhecer essa identidade porque a consciência da dor por meio da percepção interior envolve representações que não conseguem registrar a natureza física da dor, (iii) de que podemos estar conscientes de P (e, portanto, da dor) perceptualmente (por exemplo, vendo imagens fMRI [Functional Magnetic Resonance Imaging – Ressonância Magnética Funcional]), e (iv) de que nossa consciência *perceptual* de P (e, portanto, da dor) por meio da visão é indireta, e é mediada pela consciência [A] de várias propriedades de aparência (por exemplo, pelas maneiras como vemos as imagens relevantes de fMRI). Evidentemente, se essas asserções são verdadeiras, qualquer descrição dualística da dor é incorreta. Por conseguinte, é necessário descartá-las antes de prosseguirmos da primeira premissa do argumento para uma conclusão dualística. Isso, entretanto, significa que o argumento aparência/realidade deixa a questão em aberto. Quando a primeira premissa do argumento é interpretada de acordo com a distinção fregeana, são necessárias várias premissas adicionais. Além disso, ponderações a respeito indicam que a tarefa de estabelecer essas premissas adicionais como corretas equivale à tarefa de estabelecer o dualismo.

Passo agora para a distinção perceptual aparência/realidade. Quando interpretada com base nessa distinção, a primeira premissa postula que não há diferença entre a maneira como percebemos os *qualia* quando os apreendemos perceptualmente e em como eles são em si mesmos. Para ver que essa asserção é intuitivamente plausível, pelo menos com relação aos *qualia* perceptuais, note que é comum associar *qualia* perceptuais à maneira como percebemos objetos exteriores. Se aceitarmos essa associação – afirma o postulado – não há qualquer diferença entre como aparências perceptuais nos *parecem* com base na percepção, e em como as aparências perceptuais são em si mesmas. Isso soa como verdade. Não fica. De fato, não fica imediatamente claro que sua negação seja uma tese coerente. Não conseguiremos chegar a uma avaliação final da asserção, entretanto, enquanto não investigarmos melhor a natureza das aparências perceptuais, conforme veremos no próximo capítulo. Antecipando o resultado da discussão, concluiremos que é possível, afinal, distinguir entre como as aparências perceptuais se apresentam a nós e como elas são em si mesmas, e que há, na verdade, bons motivos para estabelecermos tal distinção. Portanto, no final, teremos motivos para rejeitar a teoria e, com ela, a terceira versão do argumento aparência/realidade.

Isso nos conduz à distinção representacional. É possível conferir verdade à primeira premissa do argumento aparência/realidade, interpretando-o como a afirmação de que é impossível diferenciar os *qualia* conforme representados e os *qualia* como eles são em si mesmos? Não. A teoria pode parecer verdadeira quando considerada da perspectiva da psicologia do senso comum, mas essa é uma das áreas em que a psicologia do senso comum apreende as coisas de maneira muito equivocada.

6. O argumento da introspecção começa de maneira convincente com a asserção de que, até onde podemos entender, estados qualitativos resistem a uma caracterização quanto aos conceitos e princípios de teorias físicas. Não existe, por exemplo, nenhuma base em nossa experiência de dor para a aplicação dos conceitos que utilizamos ao descrever os neurônios e a atividade neural. Quando temos consciência experiencial da dor, não há qualquer motivo para supor que estejamos conscientes de axônios e dendritos nem para supor

A refutação do dualismo

que estejamos conscientes de potenciais de ação e do fluxo de neurotransmissores. Ademais, diferentemente de estados físicos, as dores são resolvíveis em unidades mínimas, *minima discriminabilia*, que não têm nenhuma estrutura constitutiva. Pelos menos é o que nos parece. Mas, nesse caso, será que podemos confiar nas aparências? O argumento enfrenta essa questão diretamente e a responde afirmando que a realidade da dor é exatamente o mesmo que a aparência da dor. Como todos os *qualia*, a dor mostra abertamente sua natureza intrínseca. Portanto, se ela consistisse em atividade neural, e dores específicas fossem decomponíveis em microeventos correspondentes a microconstituintes de eventos neurais, nossa experiência da dor tornaria tudo isso aparente para nós.[5]

---

5 Questões relativas à *simplicidade qualitativa* têm surgido em vários pontos diferentes deste capítulo. Talvez seja útil juntar as observações esparsas sobre esse tópico e organizar um todo. Entidades qualitativas recaem em duas categorias metafísicas – por um lado, há *propriedades* qualitativas, e, por outro, *estados qualitativos concretos*. Correspondendo a essas categorias, há duas formas de simplicidade qualitativa. Certas propriedades qualitativas, como de que forma são as coisas amarelas, parecem-nos simples, e isso significa que nos parece que elas não podem ser decompostas em propriedades mais básicas. Parece-nos, também, que estados qualitativos concretos podem ser decompostos em partes mínimas – as quais não têm partes que sejam suas próprias. Essas são as duas maneiras como entidades qualitativas nos *parecem* simples. Quando são combinadas com a tese de que não há diferença entre aparência e realidade no caso de entidades qualitativas, elas geram conclusões ontológicas – as quais se referem à simplicidade metafísica. Dessa forma, chegamos à conclusão de que o amarelo é uma propriedade metafisicamente básica, e também à de que as partes de uma dor que são *minima discriminabilia* são metafisicamente atômicas, os derradeiros blocos de construção da realidade. Ambas as conclusões podem ser usadas para respaldar as teorias dualistas.
Como já comentamos em diversos pontos neste capítulo, um representacionalista pode responder aos argumentos a favor do dualismo, que derivam de asserções relativas à *aparente* simplicidade de entidades qualitativas, demonstrando que, não obstante impressões iniciais em contrário, é possível distinguir entre a aparência de um *quale* e a realidade correspondente. O que eu gostaria de enfatizar aqui

Consciência

Por razões que agora são familiares, esse argumento precisa ser descartado.

4.10 Conclusão

Neste capítulo, consideramos várias asserções e diversos argumentos que, de alguma forma, à primeira vista, parecem fornecer suporte substancial para o dualismo de propriedade. Em todos os casos, as asserções e os argumentos forneceram evidência, após exame, de que contêm graves imperfeições. Pode *parecer* que eles promovem o dualismo de propriedade, mas isso é uma ilusão.

Evidentemente, não podemos nos deslocar diretamente das linhas de raciocínio anteriormente discutidas para a conclusão de que o dualismo de propriedade é falso, mas penso que temos o direito de extrair essa conclusão quando combinamos as linhas de raciocínio com a observação de que o ônus da prova está inteiramente nos ombros daqueles que defendem o dualismo. Temos um direito epistêmico de preferir teorias que representam a realidade como simples e unificada a aquelas que a representam como complexa e desarticulada. Por conseguinte, se não for possível *demonstrar* que o dualismo é verdadeiro, podemos – e devemos – descartá-lo como falso.

é que é bem provável que um representacionalista vá adiante. Além de bloquear argumentos que vão da simplicidade aparente ao dualismo, é provável que um representacionalista ofereça explicações deflacionárias para ambas as formas de simplicidade aparente. Na verdade, podemos notar que isso *será* possível em qualquer caso em que uma entidade qualitativa x seja ilustrada por uma representação experiencial R, que é um átomo representacional – isto é, uma representação que não é nem fatorizável em representações mais básicas nem tratada pelas instâncias cognitivas relevantes como equivalentes a outra representação experiencial que possa ser decomposta dessa forma. Se R fornece a um sujeito acesso básico à entidade qualitativa x, e R caracteriza-se por esse tipo de atomicidade interior e sistemática, então podemos perceber que a experiência que o indivíduo teve de x encorajaria a crença de que x é, por si mesmo, atômico – que é uma entidade simples, não analisável. Isso aconteceria mesmo que x fosse, de fato, bastante complexo.

A refutação do dualismo

Considero agora completa a minha avaliação de teorias correntes dos *qualia* e da consciência qualitativa. Nos três capítulos seguintes, apresentarei uma nova teoria – uma que apresenta certas afinidades com a ideia que antes denominei "representacionalismo harmaniano" e também uma motivação basicamente fisicalista, mas que, em vários aspectos, diverge de todas as teorias atuais. No momento, a teoria não tem qualquer pretensão de completude. Ela apenas fornece descrições explicativas dos *qualia* visuais, da dor e de outros *qualia* sensoriais, além dos *qualia* emocionais. Espero, entretanto, que o leitor ache razoável, como o é para mim, pensar que as ideias centrais lá contidas podem ser ampliadas de forma a se aplicar aos *qualia* de outros tipos também.

5
Consciência [A] visual e *qualia* visuais*

Neste capítulo, tratarei da consciência perceptual e do que ocorre quando nossa percepção de objetos se faz de várias maneiras. Inicio defendendo a ideia de que a percepção sempre envolve estar consciente de aparências. Em seguida, explico consciência acerca dos *qualia* perceptuais em termos de consciência [A] acerca de aparências. Tendo em vista que toda forma de consciência [A] tem caráter representacional, isso nos dará uma teoria representacional de *qualia* perceptuais. Após articular a teoria, prosseguirei, detalhando algumas de suas consequências metafísicas e a defenderei de duas objeções poderosas, uma baseada na teoria do Homem do Pântano e a outra, na teoria dos *spectra* invertidos.

Minha atenção será direcionada inteiramente para a visão e, mais especificamente, para a consciência visual de tamanho e forma. Muito do que pretendo dizer não se generalizará para outros domínios

---

* A maior parte das Seções 5.1-5.4 e parte do Apêndice II (no final deste capítulo) foi extraída de minhas contribuições a Hill; Bennett, The Perception of Size and Shape. *Philosophical Issues 18*, p.294-315.

Consciência

perceptuais, mas acredito que as asserções mais abstratas e gerais se aplicam à audição e a outras modalidades perceptuais comuns, bem como à visão.

5.1 Aparência e realidade

Quando desejar me referir à teoria de que a percepção envolve consciência de propriedades especiais distintas das propriedades físicas objetivas de objetos exteriores, falarei da *teoria da aparência*. A motivação principal para essa visão vem da relatividade perceptual – isto é, do fato de que a maneira como percebemos os objetos depende sistematicamente de fatores como distância, ângulo de visão e luminosidade. Para compreender essa motivação, considere a seguinte linha de raciocínio:

Parece ser verdadeiro que, quando participamos de fatos da forma *x parece F a y*, estamos conscientes de propriedades de *algum* tipo. Afinal, fatos da forma indicada apresentam uma fenomenologia própria, e a fenomenologia sugere consciência de propriedades. Então, devemos perguntar: qual é a natureza das propriedades das quais estamos conscientes quando participamos de tais fatos? Em especial, poderia ser verdade que temos consciência de propriedades físicas objetivas de objetos exteriores? Refletindo acerca da relatividade perceptual somos imediatamente conduzidos a uma resposta negativa. É de como percebemos os objetos que temos consciência, e a maneira como os percebemos depende de distância, da luminosidade e assim por diante. Está claro que as propriedades físicas objetivas de objetos exteriores não dependem de fatores desse tipo. Então, não pode ser verdade que temos consciência de propriedades objetivas quando percebemos objetos de várias maneiras. As propriedades de que temos consciência precisam pertencer a uma categoria especial. Portanto, a teoria da aparência está correta.

Consciência [A] visual e *qualia* visuais

Adiante tentarei tornar essa linha de raciocínio mais precisa; antes de fazê-lo, porém, vale a pena rever as discussões filosóficas tradicionais que recorrem à relatividade perceptual. Ao avaliar a motivação para a teoria da aparência, é importante ter em mente que a relatividade perceptual sempre pareceu aos filósofos algo que se toma por certo, que não se discute. Aparentemente, sempre se admitiu que um objeto da consciência [A] perceptual deva ter, para aquele que o observa, determinada aparência e que a aparência que ele suscita depende de distância e de outros fatores contextuais.

A questão da relatividade perceptual tem surgido de forma proeminente tanto em discussões epistemológicas da percepção quanto em discussões metafísicas. Começando com a literatura epistemológica, vários autores têm citado a relatividade insistindo na falta de confiabilidade dos sentidos. Sexto Empírico foi um antigo e veemente defensor de argumentos dessa espécie. Ao discutir a percepção, os objetivos principais de Sexto eram, primeiro, demonstrar que as aparências tendem a se opor umas às outras e, segundo, demonstrar que não há qualquer critério que possa ser usado para distinguir entre as aparências que fornecem acesso a propriedades objetivas e aquelas que não têm qualquer validade objetiva. Ao perseguir essas metas, ele confiava plenamente em considerações de relatividade. Aqui, por exemplo, está o que ele diz acerca de formas:

> O mesmo pórtico, visto de qualquer uma das duas extremidades, parece afunilado, mas visto do meio, parece absolutamente simétrico e, a distância, o mesmo barco parece pequeno e imóvel, mas, visto de perto, parece grande e em movimento, e a mesma torre, vista de longe, parece redonda, mas quadrada, se vista de perto.[1]

Descartes – que também se ocupou muito com questões epistemológicas – ecoa essas observações na seguinte passagem:

---

1 Mates, *The Skeptic Way*, p.104.

Consciência

Algumas vezes, torres que, vistas de longe, pareciam redondas, quando vistas de mais perto, pareciam quadradas; e estátuas enormes em seus frontões não pareciam grandes quando observadas do chão.[2]

Na prática, nesse trecho Descartes está endossando a visão de Sexto Empírico de que a relatividade das aparências mostra que não é conveniente considerar os sentidos como fontes confiáveis de informação sobre a realidade.

O uso metafísico da relatividade perceptual pode remontar pelo menos ao *Teeteto*, de Platão. Na filosofia moderna, alcançou proeminência pela primeira vez nos escritos de Berkeley e de Hume, os quais confiavam fortemente na relatividade ao defenderem a teoria de que os objetos imediatos da consciência [A] perceptual têm um caráter mental. A relatividade também figurava de forma relevante em discussões da teoria dos dados do sentido na primeira metade do século XX. Assim, por exemplo, no capítulo inicial de *Os problemas da filosofia*, Russell, de maneira notável, partiu da relatividade das aparências para chegar à conclusão de que o ter consciência [A] de aparências não pode ser explicado como o ter consciência [A] de propriedades físicas objetivas, mas deve, pelo contrário, ser relacionado com o ter consciência [A] das propriedades dos dados do sentido.[3] A seguir está uma passagem típica:

A mesma coisa vale para a *forma* da mesa. Estamos todos habituados a examinar a forma "real" das coisas e fazemos isso de maneira tão automática que chegamos a pensar que realmente vemos as formas verdadeiras. Na verdade, entretanto, como todos temos de aprender ao tentarmos desenhar, determinada coisa parece diferente em sua forma se observada de um ponto de vista diferente. Se nossa mesa é "realmente" retangular, parecerá, de quase todas

---

2 Decartes, Meditations on First Philosophy. In: Cottingham; Murdoch (eds.), *The Philosophical Writings of Descartes*, v.II, p.53.

3 Russell, *The Problems of Philosophy*.

Consciência [A] visual e *qualia* visuais

as perspectivas, como se ela tivesse dois ângulos agudos e dois ângulos obtusos. Se os lados opostos são paralelos, eles parecerão como se convergissem para um ponto distante do observador; se são de comprimento igual, parecerão como se o lado mais próximo fosse mais longo. Normalmente, nada disso é percebido quando vemos uma mesa, porque a experiência nos ensinou a construir a forma "real" com base na forma aparente, e a forma "real" é o que nos interessa como pessoas práticas. Porém, a forma "real" não é a que vemos. E a forma do que vemos está em constante mudança, conforme nos deslocamos ao redor da sala; de maneira que aqui, novamente, não parece que os sentidos nos dão a verdade sobre a mesa em si, mas apenas sobre a aparência da mesa. [...] Assim, torna-se evidente que a mesa real – se houver uma mesa real – não é a mesma que experienciamos imediatamente pelos sentidos da visão, ou do tato, ou da audição. A mesa real – se houver uma mesa real – não é absolutamente de nosso conhecimento imediato, mas deve ser uma inferência do que é de nosso conhecimento imediato. [...] Podemos dar o nome de "dados do sentido" às coisas de que temos conhecimento imediato na percepção...[4]

Conforme a compreendo, a linha de raciocínio de Russell nesse excerto começa com a relatividade das aparências e termina com a conclusão de que a percepção das aparências não pode ser explicada como consciência de propriedades físicas objetivas, mas deve, ao contrário, ser associada à consciência de propriedades de dados do sentido. Trata-se de uma premissa explícita do argumento de que a maneira como percebemos as coisas está sempre em fluxo como resultado de modificações de fatores como posição e iluminação, e também de que essa flutuação impede a associação das aparências das coisas com propriedades físicas objetivas de objetos exteriores. Além disso, é evidente que há uma suposição subjacente, pois precisamos estar conscientes de propriedades de *algum* tipo em virtude de

---

4 Ibid., p.10-2.

Consciência

participarmos de fatos da forma *x parece F a y*. Assim, o raciocínio de Russell incorpora os principais elementos do argumento que consideramos no início desta seção.

A teoria dos dados do sentido acabou encontrando algumas objeções importantes e, como resultado, houve pouca discussão sobre a relatividade perceptual nas últimas décadas do século XX. Entretanto, nos últimos anos, essa teoria recuperou sua proeminência. Além disso, como nos tempos passados, ela é utilizada na filosofia contemporânea como um estímulo para a teoria da aparência. Dessa maneira, encontramos versões do argumento clássico para a teoria da aparência nos estudos de Sydney Shoemaker, Michael Huemer e Alva Noë.[5]

Mais à frente farei uma exposição mais detalhada do argumento clássico; antes disso, porém, desejo lembrar o leitor de uma distinção entre dois sentidos diferentes de expressões como "parece" e "aparenta".

Há um sentido em "parece pequeno" que se pode corretamente aplicar tanto a um carrinho de brinquedo que seguramos nas mãos quanto a um carro verdadeiro visto à distância na rua. Nesse sentido, a expressão também pode ser aplicada a uma edificação que observamos de um avião, e mesmo a uma enorme estrela que vemos da Terra. Quando se diz que um objeto parece pequeno àquele que o observa, utilizando-se "parece pequeno" no sentido *fenomenológico*, não se pretende afirmar que a experiência perceptual do observador defenda a opinião de que o objeto é realmente pequeno; tampouco pretende-se afirmar que a experiência do observador representa o objeto pequeno. Pelo contrário, aqui está sendo traçada uma analogia entre a experiência visual atual do observador e experiências visuais que ele tem quando observa objetos que estão razoavelmente próximos e a seu alcance e são realmente pequenos.

---

5 Shoemaker, *The First Person Perspective and Other Essays*; Huemer, *Skepticism and the Veil of Perception*. Noë, *Action in Perception*.

Consciência [A] visual e *qualia* visuais

O sentido fenomenológico de "parece" pode também ser encontrado em asserções a respeito de formato e de cor aparentes. É admissível aplicar "parece elíptico" tanto a um objeto que é realmente elíptico e está perpendicular ao ângulo de visão do observador quanto a uma moeda redonda que está inclinada, longe do observador. Da mesma maneira, é admissível aplicar "parece marrom-escuro" tanto a um pedaço de chocolate quanto a uma parte de uma parede de cor canela envolvida em sombra.

Além do sentido fenomenológico de "parece", há também o que, com frequência, é chamado de sentido *epistêmico*. Quando dizemos que um elemento parece pequeno a um observador, ao usar "parece pequeno" nesse segundo sentido, queremos dizer que a presente experiência visual do observador fornece suporte evidencial adequado para a crença de que o objeto é pequeno. Quando temos em mente esse segundo sentido, não estamos dispostos a afirmar que um carro parece pequeno a um observador se o carro está a uma distância apreciável dele, pois quando isso acontece, sua experiência visual apresenta-lhe "pistas pictóricas" indicativas de distância. Assim, por exemplo, quando um objeto está a alguma distância do observador, os traços do objeto parecem indistintos. Em um caso desse tipo, a experiência do observador dá suporte à crença de que ele está vendo um carro de tamanho normal, mas que está relativamente distante. Portanto, ao usar "parece" em seu sentido epistêmico, é correto afirmar que o carro parece ser de dimensões normais, apesar de também ser correto dizer – ao usar "parece" em seu sentido fenomenológico – que o carro parece pequeno.

Podemos também usar "parece" em seu sentido epistêmico para falar acerca de aparências de outros tipos. Dessa maneira, é bastante apropriado empregar "parece redonda" a uma moeda que está inclinada, longe do observador, e "parece canela" a uma parte de uma parede mal iluminada, desde que a experiência visual do observador confirme esse fato a respeito da luminosidade.

Ambos os sentidos são interessantes, mas meu foco aqui será no fenomenológico, pois esse é o sentido que emerge de discussões

Consciência

clássicas da relatividade perceptual e da teoria da aparência. Utilizarei as expressões "parece-p" e "aparenta-p" para evidenciar que os termos "parece" e "aparenta" estão sendo usados em seus sentidos fenomenológicos.

5.2 Um argumento a favor da noção tradicional

Proponho-me agora à tarefa de fornecer uma versão mais precisa do argumento clássico que vai da relatividade perceptual à questão da aparência. Parece-me que, quando todas as premissas estiverem completamente explícitas, o argumento será mais ou menos assim:

Primeira premissa: Quando um observador está percebendo conscientemente um objeto e sua consciência do objeto é visual, há uma forma de o objeto parecer-p ao observador. Isso quer dizer que, para algum F, o objeto parece-p F ao observador.

Segunda premissa: Quando um objeto parece-p de certa forma para um observador, o observador experiencia uma fenomenologia que é típica daquela maneira de aparentar. Isso quer dizer que, para cada F, há uma fenomenologia P visual associada, de tal forma que um objeto parece-p F a um observador apenas caso o observador esteja experienciando P.

Terceira premissa: Quando um agente vive uma experiência com certa fenomenologia associada, P, como resultado de ter participado de um fato da forma x *parece-p* F *a* y, o observador está visualmente cônscio de certas propriedades – as quais são constitutivas de P. É natural chamar essas propriedades de *propriedades de aparência*.

Lema: Quando um observador percebe conscientemente um objeto, e sua consciência do objeto é visual, há uma forma de o objeto parecer-p ao observador, e o fato de ele parecer-p dessa maneira consiste em parte do fato de o observador estar consciente de certas propriedades de aparência.

Quarta premissa (Relatividade perceptual): As formas como objetos parecem-p a um observador estão em constante mudança.

Consciência [A] visual e *qualia* visuais

Elas se modificam diante de fatores contextuais como distância, luminosidade etc.

Quinta premissa: Se as maneiras como objetos parecem-p a observadores variam de acordo com fatores como distância, luminosidade etc., então as fenomenologias associadas a essas maneiras de parecer-p também variam com esses fatores, como o fazem propriedades de aparência que são constitutivas dessas fenomenologias.

Sexta premissa: Se as propriedades de aparência de que os observadores estão conscientes em virtude de participarem de fatos da forma *x parece-p F a y* variam de acordo com fatores como distância, luminosidade etc., então essas propriedades não podem ser idênticas a propriedades físicas objetivas de objetos exteriores.

Conclusão: Quando um observador percebe conscientemente um objeto e sua percepção do objeto é visual, há uma maneira de o objeto parecer-p ao observador, e o fato de ele parecer-p dessa maneira consiste em parte do fato de o observador estar consciente de certas propriedades de aparência. Essas propriedades são distintas das propriedades físicas objetivas de objetos exteriores.

Várias das premissas desse argumento requerem ajustes e/ou defesa, mas nenhuma delas parece completamente absurda. De maneira geral, elas são bastante convincentes e, juntas, parecem formar um bom argumento para a teoria da aparência.

A primeira premissa é do tipo que requer revisão. Com efeito, ela propõe que a percepção visual consciente tem sempre uma dimensão experiencial. Ponderações demonstram que essa proposição é colocada em dúvida por casos como consciência visual "amodal". Suponha, por exemplo, que um observador esteja vendo um cão parcialmente escondido por uma cerca de estacas. Há um sentido em que é válido dizer que o observador está visualmente consciente das partes ocluídas do cão, mas não há qualquer experiência das partes em questão. Não se poderia dizer que as partes ocluídas parecem-p de certa maneira ao observador. Esta é uma objeção razoável, mas há também uma resposta razoável. No caso descrito, a consciência

Consciência

das partes ocluídas do cão *depende da* percepção visual das outras partes. Em geral, parece ser correto afirmar que, quando, de forma amodal, temos consciência [A] de um objeto (ou parte de um objeto), nossa consciência depende da percepção de um ou mais outros objetos (ou partes dos objetos). Parece também ser correto afirmar que esses outros objetos satisfazem à primeira premissa. Isso quer dizer que a consciência [A] amodal parece estar fundamentada na consciência experiencial. Da mesma maneira, parece possível satisfazer a presente objeção restringindo a primeira premissa a formas de consciência visual que, assim, não se baseiam em outras formas de consciência.

Passo agora para a seguinte premissa, a qual, de forma breve, sugere que, quando temos uma experiência perceptual com determinada fenomenologia associada, *P*, temos, por isso mesmo, consciência de certas propriedades conforme instanciadas – propriedades constitutivas de *P*. Asserções desse tipo são questionadas por teorias adverbiais da fenomenologia. De acordo com teorias adverbiais, ter uma experiência com uma fenomenologia associada consiste em se encontrar em um estado mental que apresenta certas determinações adjetivais (ou em se submeter a um processo mental que apresenta certas determinações adverbiais), não em estar consciente das propriedades instanciadas. Minha resposta a essa objeção é que o adverbialismo não consegue reconhecer a estreita relação que existe entre a fenomenologia e a consciência [A]. De fato, como vimos no Capítulo 3, ele é, no fim, obrigado a negar que haja consciência [A] experiencial de primeira ordem da fenomenologia. Isso não é, de forma alguma, correto. Que temos consciência [A] da fenomenologia é questão inegociável – é assim que sabemos de sua existência. Ademais, nossa consciência acerca da dimensão fenomenológica de uma experiência é a consciência experiencial. Isso significa que a consciência da fenomenologia está localizada ao nível da própria experiência; não se trata de uma consciência [A] fortuita, metacognitiva; e ela não envolve conceitualização. O adverbialismo fracassa por não reconhecer esses fatos cruciais. Na verdade, ele é forçado a negá-los.

Consciência [A] visual e *qualia* visuais

Há também uma segunda preocupação com referência à terceira premissa. Alguém com uma teoria representacional da consciência [A] poderia objetar da seguinte forma:

Em muitos casos, ou até mesmo na maioria deles, pode ser verdade que estejamos conscientes de certas propriedades ao vivermos uma experiência com uma fenomenologia associada, mas é também verdade que há ocasiões em que ter uma experiência com uma fenomenologia associada consiste em *representar* certas propriedades conforme instanciadas, em vez de estar consciente delas conforme instanciadas. Isso fica demonstrado, por exemplo, pelos sonhos e alucinações. Em tais casos, a experiência que vivenciamos tem uma rica dimensão fenomenológica, mas seria errado caracterizá-los afirmando que eles envolvem consciência [A] de propriedades. O que se deveria dizer é que, em sonhos e alucinações, nós *representamos* as propriedades conforme instanciadas.

Como fã ardoroso de teorias representacionais da consciência, reconheço plenamente o vigor dessa objeção. Acredito, entretanto, que ela possa ser resolvida com alguns ajustes relativamente modestos. Assim, o argumento preservará sua força e seu significado filosófico, se a terceira premissa for alterada conforme segue:

Quando temos uma experiência com certa fenomenologia associada, *P*, representamos certas propriedades conforme instanciadas. Além disso, na *maioria* dos casos, temos *consciência* daquelas propriedades conforme instanciadas. Isso é válido sempre que as propriedades forem, de fato, instanciadas e nos encontrarmos em uma relação causal apropriada ao evento ou objeto que está sendo instanciado. As propriedades em questão são constitutivas de *P*.

Uma vez que essa premissa substitui a terceira, torna-se necessário efetuar os ajustes compensatórios em outra parte do argumento. Contudo, a nova versão do argumento retém a estrutura básica da

Consciência

versão antiga e sua conclusão mantém mais ou menos o mesmo conteúdo.

Isso me conduz à quarta premissa, que endossa a teroria da relatividade perceptual. Tal teoria muito convincente e, como já observamos, tem sido, com frequência, considerada claramente na história da filosofia. Sua plausibilidade provém de várias fontes. Mencionarei duas delas (como sempre, meu foco será na relatividade de dimensão e forma).

Primeiro, nós nos tornamos conscientes do fato da relatividade quando percebemos objetos cuja relação conosco está se modificando. Considere o caso em que um SUV passa vagarosamente ao longe. Se estiver atentando para o tamanho aparente do SUV, você terá consciência dele como se ele estivesse se encolhendo cada vez mais. Da mesma forma, desde que se mantenha atento às aparências, você estará consciente de uma modificação contínua na forma quando vir um disco qualquer girando em seu eixo horizontal.

Segundo, a relatividade torna-se clara para nós quando atentamos, simultaneamente, para as aparências dos objetos que são os mesmos quanto a propriedades objetivas, mas que se encontram em diferentes relações quanto a nós. Isso ocorre, por exemplo, quando comparamos o tamanho aparente de uma mão mantida próxima do rosto com seu tamanho aparente com o braço estendido, e também quando comparamos o tamanho aparente de um livro na posição vertical com seu formato aparente em posição horizontal sobre a mesa. Contanto que as relações entre o indivíduo e dois objetos semelhantes objetivamente guardem entre si diferenças suficientes, a atenção revela, facilmente, que eles apresentam aparências distintas.

As premissas restantes parecem resistir, por si mesmas, muito bem a um exame detalhado.

5.3 Propriedades de aparência e ciência da visão

Curiosamente, os cientistas da visão, de maneira geral, têm sido mais cautelosos que os filósofos em sua atitude quanto à relatividade

Consciência [A] visual e *qualia* visuais

perceptual. Eles têm se mostrado propensos a reconhecer que os objetos podem apresentar aparências bem diferentes de suas propriedades objetivas, mas com frequência têm mostrado algumas dúvidas sobre o fato de que a percepção visual consciente geralmente, ou normalmente, envolve consciência de aparências. Tentarei caracterizar essas dúvidas nesta seção e formularei algumas respostas para elas.

Em uma discussão bem conhecida, Stephen Palmer distingue entre duas formas ou modos de percepção que ele denomina "modo proximal" e "modo distal". A seguir encontra-se a passagem na qual ele esboça essa distinção pela primeira vez:

> Uma abordagem interessante [...] que tem sido considerada por vários teóricos é propor a existência de dois modos diferentes de percepção visual. Aquilo que chamaremos *modo proximal* reflete, sobretudo, as propriedades da imagem retiniana, ou o estímulo proximal. Aquilo que chamaremos *modo distal* reflete, sobretudo, as propriedades do objeto ambiental, ou estímulo distal.[6]

Palmer assevera que, muitas vezes, os modos proximal e distal estão combinados, mas ele parece acreditar que podemos alternar entre os dois modos, adotando um à exclusão do outro. Assim, ele diz:

> O modo perceptual em que você se encontra pode ser fortemente influenciado por instruções explícitas. [...] Se, em um experimento, por exemplo, mostrassem a você dois discos idênticos a distâncias diferentes e lhe pedissem que comparasse os "tamanhos aparentes dos dois objetos", você provavelmente se acomodaria no modo distal e os descreveria como mais ou menos do mesmo tamanho. Em seguida, se apresentassem a você a mesma situação e lhe pedissem para comparar os "tamanhos das imagens dos objetos conforme eles aparentam ser de onde você se encontra", provavelmente você mudaria para o modo proximal e diria que o maior parecia maior.

---

6 Palmer, *Vision Science*, p.313.

Consciência

[...] Se há realmente dois aspectos na percepção consciente que correspondem aos modos proximais e distais, os juízos perceptuais podem muito bem ir de uma forma para outra, dependendo das instruções e da tarefa.[7]

Conforme observa Palmer, muitos outros cientistas da visão formularam distinções muito equivalentes. (Palmer cita textualmente Carlson, Gibson, Mack e Rock.)[8] Alguns desses cientistas compartilham da teoria de Palmer, segundo a qual a experiência perceptual pode revelar um dos dois modos à exclusão do outro, e sustentam, além disso, que observadores normalmente fazem uso apenas do modo distal. O uso do modo proximal, argumentam eles, ocorre apenas quando somos instigados por interesses especiais – tais como desenhar objetos de acordo com os princípios da perspectiva linear – ou quando circunstâncias perceptuais incomuns se apresentam a nós – como aquelas em que, da janela de um avião, observamos as casas no solo. Por manterem essa teoria e também por acreditarem que estamos conscientes das aparências apenas quando adotamos o modo proximal, esses cientistas são céticos com relação à prevalência ou generalidade da consciência das aparências.

Quer me parecer que há duas razões principais para um ceticismo desse tipo.

i. Se sustentarmos a ideia de que atentar para aparências ocorre apenas quando temos interesses especiais ou nos encontramos em circunstâncias perceptuais incomuns, e se também sustentamos a ideia de que o ter consciência [A] requer atenção, então, inevitavelmente, seremos levados a uma posição de

---

7 Ibid., p.314.
8 Ver Carlson, Orientation in Size Constancy Judgments. *American Journal of Psychology* 73, p.199-213; Id., Instructions and Perceptual Constancy Judgments. In: Epstein (ed.), *Stability and Constancy in Visual Perception*, p.217-54; Gibson, *The Perception of the Visual World*; Mack, Three Modes of Visual Perception. In: Pick (ed.), *Modes of Perceiving and Information Processing*, p.171-86; Rock, *The Logic of Perception*.

Consciência [A] visual e *qualia* visuais

ceticismo. Dessa maneira, por razões introspectivas, é, de fato, plausível que normalmente não atentemos, de forma explícita, para aparências. Além do mais, a teoria de que consciência [A] requer atenção está sugerida em vários estudos científicos recentes. (O que tenho em mente aqui é a pesquisa sobre cegueira de mudança, cegueira por desatenção, piscada atencional [*attentional blink*] e tópicos correlatos.)[9] Portanto,

---

9 Ver, por exemplo, as discussões desses tópicos em Palmer, *Vision Science*. Descreverei, de forma sucinta, uma famosa série de experimentos sobre cegueira de mudança e discutirei sua relação com questões de consciência e atenção. Nos experimentos que tenho em mente (ver Rensink; O'Regan; Clark, To See or Not to See: The Need for Attention to Perceive Changes in Scenes. *Psychological Science 8* (1997), p.368-73), foi mostrada a um sujeito uma tela de computador contendo a imagem de determinada cena (por exemplo, uma cena com um avião relativamente grande) por 240 milissegundos. Seguiu-se a essa imagem uma máscara – uma imagem cinza uniforme – que durou 80 milissegundos. A terceira e última imagem foi, em grande parte, a mesma apresentada em primeiro lugar, mas diferente dela em sentido bastante substancial (por exemplo, faltava um dos motores do avião). Como na primeira, essa terceira imagem durou 240 milissegundos. A série dessas três imagens foi repetida várias vezes até que o sujeito detectasse a diferença entre a primeira e a terceira imagens. Na maioria dos casos, o sujeito levou um tempo surpreendentemente longo para perceber a alteração – algumas vezes vários minutos.
Ao interpretar esses experimentos, Rensink e seus companheiros de pesquisa indicaram que, para se detectar uma mudança, é necessário que o sujeito armazene na memória operacional a representação do elemento que sofreu uma mudança. Isso ocorre porque detectar uma mudança envolve comparar a memória de como um objeto era antes da mudança com uma percepção atual do objeto. Pois bem, a capacidade da memória operacional é bastante limitada; portanto, ela pode representar apenas alguns componentes da cena exibida em qualquer tempo. Isso significa que o sujeito é forçado a examinar detalhadamente, em série, os componentes da cena, registrando-os em grupos de três ou quatro de cada vez na memória operacional. Retornar a todos os componentes leva tempo; e um tempo surpreendentemente longo é consumido para se detectar uma mudança. A atenção é relevante nessa explicação dos dados porque ela é, na verdade, o porteiro da memória operacional – mais especificamente, ela é a instância que cria cópias de representações perceptuais na memória operacional. Conclui-se, então, que, quando um sujeito finalmente adquire consciência [A] de uma mudança, ele o faz como resultado da atenção.

Consciência

há uma série de teorias defensáveis acerca da atenção que fornecem razão para o ceticismo.

ii. A outra razão que leva ao ceticismo tem a ver com o fato de que a percepção visual é normalmente moldada por transformações de constância [*constancy transformations*] – isto é, por operações que visam reduzir diferenças de *input* que podem ser atribuídas a fatores contextuais como distância, ângulo de visão e luminosidade. Parece que consciência experiencial ocorre depois que essas transformações são aplicadas e que, como resultado, diferenças em aparências são frequentemente irrelevantes uma vez que realmente existem. Então, os cientistas da visão tendem a ter muito mais consciência que os filósofos acerca do trabalho feito por transformações de constância. Daí o fato de haver uma probabilidade muito menor de que eles atribuam importância à relatividade perceptual.

Respondo a (i) e, em seguida, a (ii).

(i) Sustenta-se ou desaba diante do argumento de que a atenção é requisito necessário para a consciência [A] das aparências. Há quatro considerações que sugerem que esse argumento não está correto. Primeiro: quando começamos a atentar para a aparência que um objeto apresenta, nossa experiência do objeto permanece basicamente a mesma. Não há uma descontinuidade abrupta na fenomenologia. Leve em consideração, por exemplo, um caso em que você começa a atentar para a dimensão aparente de um veículo a uma distância remota. Nesse caso, a parte da experiência devotada ao veículo não passa por uma mudança fundamental. Há uma modificação de algum tipo, mas não é uma modificação estrutural significativa. (Seria, por exemplo, completamente equivocado afirmar que o veículo lhe parecia-p grande ou de tamanho normal antes que você dedicasse sua atenção a ele, e que ele começou a parecer-p pequeno quando começou a atentar para seu tamanho aparente. Seria, ainda, bastante equivocado afirmar que o veículo, de forma alguma, não parecia-p antes que você atentasse para ele. Não está nem mesmo claro o que

196

Consciência [A] visual e *qualia* visuais

significaria dizer algo assim. O que isso significaria? Que antes de devotarmos atenção não tivemos experiência alguma do veículo?) Ademais, com o benefício da reflexão, percebemos que a parte que permanece a mesma é aquela que ajuda a tornar verdadeiro o argumento de que o veículo nos parece-p pequeno. A fenomenologia relevante ao fato de ele parecer-p pequeno é parte da fenomenologia que é preservada.

Segundo: imagine uma situação em que você esteja visualmente consciente de um objeto O, porém não está atentando para a dimensão aparente de O. Suponha agora que você desvie o olhar de O e se pergunte quão grande O lhe pareceu-p. Suponha também que a estratégia que você utiliza para responder a essa pergunta envolva mobilizar uma memória experiencial, ou imagem de memória, de sua percepção de O. Se você for como eu, essa imagem não o assistirá em uma resposta precisa à questão de quão grande O pareceu, mas permitirá que você dê uma resposta aproximada. Já que a imagem lhe permite responder à questão, deve ser verdade que a imagem atribui certo tamanho aparente a O. Isto é, talvez esse tamanho aparente seja parte do conteúdo representacional da imagem. Você tem condições de responder à pergunta porque pode atentar para essa dimensão atribuída ou representada e fazer um juízo com base no que a atenção revela. Supondo que a imagem seja uma réplica bastante acurada da experiência original, conclui-se que o conteúdo da experiência visual original também envolveu uma aparência: ele também representou o tamanho aparente de O. Isso, no entanto, significa que você tinha consciência do tamanho aparente de O enquanto a experiência original ocorria. Tendo em vista que, por hipótese, você não estava até então conscientemente *atento* ao tamanho aparente, temos aqui um caso em que há uma consciência [A] não alerta de uma propriedade de aparência. Além disso, já que não há nada de especial sobre o caso, podemos inferir que a consciência de propriedades de aparência é a norma.

Terceiro: há um aspecto que emerge da própria ciência da visão. Em circunstâncias normais, temos uma percepção consciente das

Consciência

distâncias e posições relativas dos objetos que vemos. Assim, por exemplo, tenho consciência imediata de que a estante à minha esquerda está mais distante de mim que minha escrivaninha, e também de que a primeira encontra-se a um ângulo diferente em relação a minha perspectiva visual que a última. Esses são apenas fatos físicos sobre esses objetos que registro mais ou menos automaticamente. Pois bem, quando os cientistas da visão se empenham em explicar consciência [A] de fatos desse tipo, via de regra, eles recorrem ao que chamam de "formas de informação pictórica". Um exemplo de informação pictórica é o fato de que linhas paralelas parecem convergir conforme desaparecem ao longe. Outro exemplo é o fato de que elementos que estão distantes parecem mais próximos do horizonte do que aqueles que estão mais próximos de nosso alcance. Um terceiro exemplo é o fato de que as dimensões aparentes de objetos tendem a diminuir conforme os objetos se deslocam para mais longe. E um quarto exemplo é que a forma aparente de um objeto tende a se modificar de maneira definida conforme ele muda de posição. Como as várias outras formas de informação pictórica – a convergência aparente, a aparente proximidade em relação ao horizonte, a dimensão aparente e o formato aparente – tudo está registrado em fotografias; daí a expressão "informação pictórica". Além disso, fica evidente que elas também podem ser registradas por experiências visuais conscientes. Agora, façamos a pergunta: seriam os fatores pictóricos *geralmente* registrados como experiência visual consciente, ou isso acontece apenas quando atentamos explicitamente para eles? O fato de que, de maneira geral, percebemos conscientemente distância e posição relativas indica forte evidência de que a resposta deveria ser "geralmente". Portanto, se for verdade – como aparenta ser – que, de maneira geral, temos consciência de distância e de posição relativas, e se for também verdade – como vários cientistas estão habituados a afirmar – que temos consciência de distância e de posição relativas em virtude de estarmos conscientes de fatores pictóricos, então deve ser correto afirmar que, geralmente, temos consciência de fatores pictóricos, inclusive de tamanho e forma aparentes.

Consciência [A] visual e *qualia* visuais

A quarta razão para acharmos que, comumente, estamos conscientes de aparências é que tal consciência [A] parece desempenhar um papel na categorização. Assim, vários estudos feitos por Michael Tarr e seus companheiros sobre o reconhecimento de objetos parecem ter estabelecido que o sucesso em tarefas de reconhecimento é altamente influenciado pelas propriedades dependentes de ponto de vista dos objetos que os sujeitos são instados a reconhecer.[10] (O reconhecimento de um objeto é facilitado se o sujeito ocupar uma perspectiva do objeto semelhante às perspectivas ocupadas por ele durante encontros anteriores com o objeto.) Os resultados de Tarr não abordam questões relativas à natureza específica das propriedades dependentes de ponto de vista às quais os sujeitos são sensíveis, mas eles sem dúvida fornecem suporte para a tese geral de que as propriedades dependentes de ponto de vista são normalmente registradas nos níveis mais altos do processamento visual.

Podemos concluir, então, que há bons motivos para acharmos que a consciência de propriedades de aparência não requer atenção – ou, pelo menos, não requer o tipo de atenção altamente focalizada exigida quando uma aparência é explicitamente percebida e classificada como tal. Deve-se reconhecer, entretanto, que esse é um tópico complexo que requer maiores considerações. Voltarei a ele no Apêndice I (no final deste capítulo).

Passo agora para (ii), que defende a teoria de que o campo da relatividade perceptual se reduz consideravelmente com o papel que as transformações de constância exercem na moldagem da experiência perceptual. É claro que desejo reconhecer a importância das transformações de constância no processamento visual, mas parece-me possível avaliar a significação desse papel enquanto também reconhecemos que nossa experiência perceptual de objetos mostra a influência da distância, luminosidade etc. De fato, há

---

10 Ver, por exemplo, Tarr; Bulthoff, Is Human Object Recognition Better Described by Geon Structural Descriptions or by Multiple Views? *Journal of Experimental Psychology*: Human Perception and Performance 21, p.1494-505.

Consciência

três razões para acharmos que as transformações concedem uma latitude considerável à relatividade. Uma delas provém da literatura experimental. Como indicarei no Apêndice II (no final deste capítulo), há ampla evidência experimental de que as transformações não eliminam totalmente a influência de fatores contextuais. Elas compensam as diferenças em *inputs* que se devem a tais fatores, porém a compensação geralmente é parcial, mesmo em circunstâncias em que informações ótimas sobre os fatores estejam disponíveis ao sistema visual. Em geral, há certa quantidade de "subconstância".[11] Segundo, há também evidência introspectiva a favor do argumento de que as transformações não normalizam plenamente representações de objetos. Como observamos na Seção 5.2, quando prestamos atenção em como objetos nos parecem-p, acreditamos que essas aparências sofram constante mudança e que objetos com propriedades objetivas semelhantes geralmente apresentam aparências diferentes. Não raro, as discrepâncias são pequenas, mas mesmo quando isso de fato ocorre, há circunstâncias em que elas podem ser detectadas. Terceiro, há um argumento de continuidade. Achamos difícil detectar diferenças em aparência quando as diferenças contextuais são pequenas. Por outro lado, quando as diferenças nos fatores contextuais relevantes são suficientemente grandes, há sempre diferenças manifestas nas formas como os objetos parecem-p. Nós os percebemos imediatamente quando estamos atentando para aparências. É provável que aparências que são obviamente diferentes sejam conectadas por sequências de aparências cujas diferenças são tão pequenas que chegam a ser praticamente indetectáveis – pelo menos quando não há atenção altamente focalizada e comparações cuidadosas.

---

11 Ver, por exemplo, Rock, *An Introduction to Perception*, p.30-2; Sedgwick. Space perception. In: Boff; Kaufman; Thomas (eds.), *Handbook of Perception and Human Performance*, v.l, p.21.I-21.57 (sobretudo p.21.I-21.23); e Palmer, *Vision Science*, p.314-7.

Consciência [A] visual e *qualia* visuais

5.4 A natureza das aparências

O que foi discutido até agora acerca da natureza das aparências está bastante vago. O quadro que ofereci consiste apenas nas cinco asserções seguintes:

i. aparências são propriedades encontradas na experiência perceptual;
ii. o acesso a aparências não é mediado e é não inferencial – não é o caso de haver outras propriedades de modo que tenhamos consciência de aparências por termos consciência daquelas outras propriedades;
iii. aparências variam com fatores contextuais tais como distância, ângulo de visão e luminosidade;
iv. aparências não são idênticas às propriedades físicas objetivas de objetos exteriores; e
v. a consciência [A] de aparências é uma característica geral e prevalente da experiência perceptual. Essas asserções deixam muitas questões em aberto – por exemplo, a questão sobre se aparências são exemplificadas por objetos mentais interiores ou por objetos exteriores.

Essas questões restantes são bastante numerosas e tendem a ser muito difíceis. Não terei condições de abordá-las aqui em profundidade, mas gostaria de elaborar um pouco mais sobre o que foi dito até agora de duas maneiras. Primeiro, gostaria de salientar a teoria (iv), desacreditando certo esforço desesperado em negá-la. E, segundo, gostaria de argumentar a favor da teoria de que aparências não são propriedades de objetos mentais interiores, mas antes propriedades dependentes de ponto de vista sobre objetos exteriores.

Quem deseja negar (iv) e, portanto, sustenta a opinião de que propriedades físicas objetivas de objetos exteriores são as *únicas* propriedades representadas por experiências perceptuais, precisa enfrentar a seguinte questão: se a teoria está correta, então por que as experiências perceptuais demonstram os efeitos da relatividade

201

perceptual? Se as propriedades que as experiências visuais representam são traços duradouros de objetos exteriores, então por que a maneira como objetos exteriores parecem-p está em fluxo constante? Mencionamos agora que há uma resposta a essa questão, que, à primeira vista, desfruta de certa plausibilidade. É possível afirmar que experiências visuais representam propriedades objetivas e, ao mesmo tempo, que elas sistematicamente também as *desvirtuam*, e que o grau de desvirtuamento varia com fatores contextuais como distância e luminosidade. Suponha que você esteja observando um SUV conforme ele se desloca a distância. À medida que a distância aumenta, o SUV parece cada vez menor. De acordo com essa teoria que estamos considerando, sua experiência continua a representar o tamanho objetivo do veículo, mas conforme aumenta a distância, sua representação do tamanho objetivo do veículo torna-se cada vez mais imprecisa. Dessa forma, a ideia é explicar a relatividade perceptual como um fracasso, por ela não atingir precisão ao representar propriedades objetivas. Para admitir que essa teoria é, inicialmente, aceitável, considere o fato de que as transformações de constância exercem um papel na moldagem da experiência visual. Esse fato fornece uma motivação poderosa para qualquer teoria que incorpore a asserção de que experiências visuais representam propriedades objetivas. Afinal, uma transformação de constância é, por definição, um procedimento que normaliza o conteúdo representacional reduzindo a influência de fatores contextuais, como distância e luminosidade, sobre representações perceptuais. É natural considerar transformações que respondem a essa definição como procedimentos para a produção de representações que fazem um trabalho melhor que os *inputs* sensoriais no sentido de manter sob controle propriedades físicas objetivas. Contudo, quando consideramos as transformações dessa maneira, estamos apenas a um pequeno passo da asserção de que as experiências que elas produzem são representações de propriedades objetivas.

Apesar de sua plausibilidade inicial, ponderações acerca do tópico mostram que essa *teoria do desvirtuamento* de experiência visual

Consciência [A] visual e *qualia* visuais

tem um erro fatal. Se fosse verdade que experiências visuais representassem propriedades objetivas e também que elas deturpassem tais propriedades de formas que variam com fatores contextuais, então nossas visões a respeito de propriedades objetivas de objetos exteriores estariam em fluxo constante. Sempre que um objeto se deslocasse alguns poucos metros do observador, ou mesmo alguns centímetros, seria necessário que ele adotasse uma nova posição em relação ao tamanho objetivo do objeto. Da mesma forma, uma pequena mudança na inclinação de um objeto poderia necessitar de uma nova visão acerca de sua forma objetiva. Está claro, porém, que nossas impressões sobre propriedades objetivas de objetos exteriores são muito mais estáveis que isso. Em termos gerais, quando a relação contextual entre um objeto e um observador sofre uma modificação, o observador retém sua compreensão das propriedades objetivas do objeto. Não se exige dele que adote uma nova posição a respeito delas ou mesmo que considere uma mudança em sua visão. A teoria da representação errônea precisa ser rejeitada porque ela nega esse truísmo; mas, então, deve haver um engano no raciocínio que leva à teoria. Qual seria? Resposta: é um equívoco inferir a afirmação de que as experiências representam propriedades objetivas com base no fato de que transformações de constância exercem uma função na moldagem dessas experiências. Essa seria uma inferência legítima se as transformações atingissem constância plena. No entanto, já que isso não ocorre, é perfeitamente adequado contemplar visões alternativas sobre o conteúdo representacional de experiências visuais.

Passo agora a abordar outra questão: se os objetos que exemplificam as aparências são interiores e mentais ou exteriores e físicos. Minha resposta é que reflexões concernentes à *transparência* da experiência visual favorecem a segunda teoria. Mais especificamente, elas favorecem a noção de que os objetos que exemplificam aparências são objetos físicos "comuns", tais como mesas, cadeiras, árvores e corpos humanos.

Considera-se a experiência visual como transparente porque a introspecção não revela quaisquer objetos de consciência [A] visual

Consciência

que não sejam objetos físicos comuns.[12] Isto é, quando consideramos nossa experiência visual introspectivamente, não encontramos razão para afirmar que a consciência [A] de objetos comuns seja mediada pela consciência de objetos de alguma outra espécie. Ela não é mediada pela consciência [A] de objetos mentais interiores e tampouco pela consciência de objetos físicos "incomuns", tais como imagens retinianas ou feixes de luz estruturada na área imediatamente diante de nossos olhos. Ao contrário, parece que abrimos os olhos e os objetos comuns simplesmente estão *lá*. Pois bem, se as aparências são propriedades das quais temos consciência na experiência visual e os únicos objetos de consciência visual são objetos físicos comuns, então deve ser correto afirmar que aparências são propriedades de objetos comuns. Com certeza, não poderia ser verdadeiro que temos consciência visual de propriedades sem termos consciência dos objetos que as instanciam. Em geral, consciência [A] acerca de propriedades envolve consciência acerca de objetos. Portanto, a introspecção torna razoável supor que objetos físicos do senso comum são os portadores de aparências.

Acontece, então, que embora as aparências não sejam análogas às propriedades físicas intrínsecas de objetos físicos comuns, elas são, de *alguma* forma, propriedades daqueles objetos. Com essa conclusão, é natural adotar a teoria de que aparências são propriedades *relacionais* de objetos comuns. Evidentemente, há muitos tipos de propriedades

---

12 A forma de transparência que pretendo discutir aqui é diferente das duas formas de transparência que diferenciei no Capítulo 3: a transparência harmaniana – que afirma que a introspecção não nos dá qualquer informação a respeito da natureza intrínseca das experiências perceptuais, mas apenas informações sobre suas características representacionais – e a transparência mooreana, que sustenta a teoria de que a introspecção não nos fornece qualquer informação, seja sobre a natureza intrínseca de experiências perceptuais, seja sobre suas características representacionais. A noção de que a experiência tem a terceira forma de transparência – a que está sob discussão aqui – pode ser decomposta nas duas asserções seguintes: (i) normalmente não nos parece que estejamos conscientes de objetos mentais interiores (como imagens ou dados do sentido) quando consideramos experiências perceptuais introspectivamente, e (ii) não nos parece que estejamos diretamente conscientes de objetos físicos exteriores no espaço tridimensional.

Consciência [A] visual e *qualia* visuais

que respondem a essa descrição. Para mencionar apenas duas, há propriedades relacionais que os objetos apresentam em virtude de suas relações com aspectos no espaço físico – como a propriedade de subtender um ângulo visual de n graus com relação a um ponto –, e há propriedades relacionais que os objetos apresentam em virtude de produzirem atividade de certos tipos nos sistemas visuais de observadores – como a propriedade de projetar uma imagem de determinada forma na retina de um observador. Portanto, a posição que estamos agora endossando é realmente bastante vaga. No entanto, mesmo assim, ela aprimora, de maneira substancial, o quadro das aparências oferecido pelas teorias (i) e (v) descritas anteriormente.

Não pretendo tentar aqui afirmar nada mais conclusivo sobre a natureza das aparências (ou *propriedades-A*, como vou chamá-las de agora em diante). O que foi dito até aqui garante um nível de compreensão delas que satisfaz aos propósitos atuais. Isto é, para os propósitos presentes, é suficiente pensar em propriedades-A como propriedades relacionais, dependentes de ponto de vista de objetos exteriores que satisfazem às seguintes condições:

i. Propriedades-A são aquelas encontradas na experiência perceptual.

ii. O acesso a propriedades-A não é mediado e é não inferencial – não é o caso de haver outras propriedades como a de estarmos conscientes de propriedades-A por estarmos conscientes daquelas outras propriedades.

iii. Propriedades-A variam diante de fatores contextuais, como distância, ângulo de visão e luminosidade.

iv. Propriedades-A não são análogas às propriedades físicas objetivas de objetos exteriores.

v. A consciência de propriedades-A é um traço geral e abrangente da experiência perceptual.

Sem dúvida, há certa redundância nessa caracterização – a asserção (iv) origina-se da tese de que propriedades-A são dependentes de ponto de vista.

Consciência

Como ficará claro na próxima seção – assim espero –, naquelas situações em que utilizo propriedades-A ao explicar os *qualia* visuais, a presente descrição de propriedades-A nos fornece tudo aquilo que necessitamos saber para compreender a fenomenologia da experiência visual. Apresso-me a reconhecer, entretanto, que é altamente desejável saber mais a respeito da natureza das propriedades-A. Afinal, se as linhas de raciocínio nas seções anteriores estão corretas, as propriedades-A desempenham papel muito importante na percepção visual e em outras formas de percepção. Infelizmente, não temos hoje condição de concordar com nenhum quadro razoavelmente amplo da natureza delas. Contudo, há mais o que dizer além do que já dissemos até agora, desde que as asserções adicionais sejam apresentadas como forma provisória. Darei alguns passos cautelosos em direção às propriedades-A para colocá-las sob um foco mais intenso no Apêndice II (no final deste capítulo).

5.5 *Qualia* visuais

Nesta seção, serei conduzido pela observação de Jaegwon Kim de que os *qualia* perceptuais "são, por definição, a maneira como as coisas parecem, se apresentam e se afiguram a observadores conscientes".[13] Parece-me que essa observação capta, de uma forma bastante apropriada, o consenso acerca da natureza dos *qualia* perceptuais que encontramos na literatura.

Interpretarei a observação de Kim como a assertiva de que os *qualia* perceptuais são propriedades-A e como um indicador de que a consciência dos *qualia* perceptuais é a consciência experiencial de propriedades-A. Essas ideias me parecem corretas, isto é: acredito que se tivermos de pensar em *qualia* perceptuais e em consciência de *qualia* perceptuais, é dessa forma que devemos pensar a respeito deles.

Para ampliar um pouco a questão, desejo recomendar uma teoria de *qualia* visuais que faz as seguintes asserções:

---

13 Kim, *Philosophy of Mind*, p.225.

Consciência [A] visual e *qualia* visuais

a. *Qualia* visuais são propriedades-A; isto é, propriedades relacionais – dependentes de ponto de vista – de objetos externos.
b. Nossa forma mais básica de acesso aos *qualia* visuais é uma forma de consciência [A] experiencial.
c. Como todas as outras formas de consciência, esta tem caráter representacional.
d. Consequentemente, *qualia* visuais são controlados por uma distinção aparência/realidade – é necessário distinguir entre *qualia* visuais conforme representados e *qualia* visuais como eles são em si mesmos.

Sem dúvida, essas asserções indicam problemas para as teorias epistemológicas tradicionais sobre a consciência [A] dos *qualia* visuais – pois se trata de uma forma de familiaridade não interpretativa, exemplar e, portanto, totalmente confiável, e que nos fornece uma apreensão abrangente da natureza essencial dos *qualia*. E, da mesma maneira, acrescentam detalhes às objeções ao dualismo de propriedade que originalmente consideramos no Capítulo 4. Como vimos lá, os principais argumentos a favor do dualismo de propriedade pressupõem que, para a consciência [A] acerca dos *qualia*, não há distinção aparência/realidade. Presumindo que (a)–(d) sejam defensáveis, há certa lógica em refutar que isso seja verdadeiro em relação à consciência [A] de *qualia* visuais. O que sabemos dos *qualia* perceptuais limita-se ao que está explicitamente registrado pelas representações perceptuais que embasam a consciência [A] que temos deles. Ademais, essas representações podem fomentar crenças a respeito dos *qualia* visuais que deturpam ou até mesmo interpretam erroneamente sua natureza.

Desejo agora fazer algumas afirmações para explicar e defender essas quatro teorias.

Deve-se admitir que a teoria (a) encontra oposição direta em grande parte – talvez na maior parte – da literatura tradicional e contemporânea acerca dos *qualia* visuais. Supõe-se que os *qualia* sejam mentais – isto é, que sejam propriedades de estados psicológicos. Entretanto, (a) os representa como propriedades de objetos exteriores, embora tais objetos tenham essas propriedades por causa de suas relações com pontos de vista e/ou perceptores.

Essa, porém, é apenas parte da história. Embora (a) pareça bastante incomum quando considerada à primeira vista, depois de uma boa reflexão, concluímos que ela nos é imposta por diversos fatores. Primeiro, é incontestável que os *qualia* visuais sejam propriedades acessíveis a nós por via da consciência experiencial imediata. Propriedades-A também satisfazem essa condição. Segundo, os *qualia* visuais variam diante de fatores contextuais, como distância e luminosidade. Como já tivemos a oportunidade de observar em várias ocasiões neste capítulo, isso também vale para propriedades-A. Terceiro, considerando que os *qualia* visuais são revelados por experiências especificamente visuais, deve ser verdadeiro que as coisas que os exemplificam sejam objetos de consciência [A] visual imediata. Considerações acerca de transparência demonstram que os objetos de consciência visual imediata são objetos físicos exteriores. Há outras considerações que poderiam ser acrescentadas a essas três, mas as que foram apresentadas devem ser suficientes para remover quaisquer dúvidas iniciais com relação à teoria (a). Os *qualia* visuais são propriedades-A.

O princípio (b) é, acredito eu, adotado por todos aqueles que, de qualquer forma, estão dispostos a falar a respeito dos *qualia;* portanto, não há necessidade de defesa, considerando o realismo-*qualia* que estou presumindo aqui. Além disso, embora as teorias (c) e (d) com certeza postulem defesa, elas derivam de uma tese mais geral, defendida em mais detalhes no Capítulo 3 – a tese de que todas as formas de consciência [A], inclusive da consciência experiencial, têm uma estrutura representacional.

Como o leitor deve ter notado, a tese (d) tem uma consequência extraordinária: ela sugere que há uma distinção aparência/realidade que *se define acima das aparências.* Propriedades-A são aparências de objetos exteriores, e (d) nos diz que é possível distinguir entre a aparência de uma propriedade-A e a realidade correspondente.

Consciência [A] visual e *qualia* visuais

Portanto, de acordo com (d), existe algo como a maneira com que uma aparência se apresenta diante de nós, e também algo como uma aparência não conseguir se apresentar da forma como ela realmente é. Essas teorias estão, é claro, em radical desacordo com a teoria das aparências visuais que está implícita na psicologia do senso comum, mas são inelutavelmente o resultado de descrições representacionais de consciência [A] visual e, portanto, é necessário acatá-las.[14]

Parece, então, que, embora o pacote consistindo em (a)–(d) tenha algumas consequências contraintuitivas e surpreendentes, devemos, no final, nos sentir tranquilos em aceitá-lo. Um de seus componentes (teoria b) não necessita de defesa, e os outros são eminentemente defensáveis.

Concluo esta seção lembrando que é possível estabelecer uma distinção útil entre os *qualia dos quais estamos conscientes* por se tratar de uma experiência perceptual e o *caráter fenomênico* da experiência. Se temos consciência dos *qualia* porque possuímos uma experiência perceptual, deve ser verdadeiro que o objeto da consciência esteja realmente instanciando as propriedades-A que nossa experiência

---

14 Estou pressupondo aqui que, embora não haja motivação pré-teórica para falar de aparências perceptuais, não há qualquer incoerência conceitual em falar dessa forma. Essa pressuposição parece adequada porque distinguimos no discurso do senso comum, digamos, uma mesa com uma aparência trapezoidal e o fato de um sujeito estar consciente dessa aparência. Estabelecida essa distinção – e estabelecido também que, como vimos nos capítulos 3 e 4, todas as formas de consciência [A] são representacionais –, para mim, é apropriado e mesmo natural dizer que é possível traçar uma distinção aparência/realidade com relação a aparências perceptuais. Minha impressão de que isso é apropriado reforça-se pelo fato de que reconhecemos que um objeto pode apresentar uma aparência sem que o sujeito esteja consciente da aparência, e pelo fato de que reconhecemos que um sujeito pode ter uma experiência *como de* um objeto que está apresentando certa aparência sem que realmente haja um objeto que esteja apresentando a aparência. (A última situação ocorre, por exemplo, em sonhos). A propósito, o fato de que aparências são, dessa forma, "separáveis" da consciência e da experiência mostra a diferença entre as aparências e a dor. Parece que a dor não pode ocorrer sem que o sujeito relevante esteja consciente dela, e que é impossível que um sujeito tenha uma experiência *como de* dor sem realmente estar sentindo dor.

Consciência

atribui a ele. Essas propriedades-A são os *qualia*. Portanto, os *qualia* dos quais temos consciência por termos uma experiência são propriedades-A que o objeto relevante realmente apresenta. Por outro lado, o caráter fenomênico de uma experiência é o conjunto de *qualia* que nossa experiência *atribui* ao objeto de consciência. Com o benefício da reflexão, percebemos que é possível que uma experiência atribua *qualia* a um objeto de consciência, mesmo que esse objeto deixe de instanciar esses *qualia*. Isso aconteceria, por exemplo, se uma desordem ocular induzisse um observador a representar um objeto de consciência tendo uma propriedade-A, que é característica de objetos verdes em uma ocasião em que, de fato, o objeto fosse azul e estivesse refletindo luz da forma que é típica de objetos azuis. (Portanto, isso aconteceria se, como resultado de algum tipo de amarelecimento da mancha, um objeto parecesse-p verde a um observador, mesmo que ele lhe tivesse parecido-p azul, se o observador não estivesse sofrendo com o amarelecimento). Em um caso como esse, a experiência tem certo caráter fenomênico, mas não temos consciência de casos reais dos *qualia* incluídos no caráter fenomênico. Há representação dos *qualia*, mas não há consciência deles.

Falando de maneira mais genérica, o caráter fenomênico de uma experiência perceptual é o conjunto de *qualia* que a experiência representa como instanciados por objetos de consciência [A]. Na maioria dos casos, há um objeto real, e nossa experiência atribui os *qualia* àquele objeto. Pode também acontecer, entretanto, de não haver um objeto real que seja considerado como objeto de consciência. Nesse caso, nossa experiência representa um conjunto de *qualia* conforme instanciados, mas não se pode dizer que ela atribui esses *qualia* a um objeto real. Certamente, isso é o que ocorre em sonhos e alucinações.

5.6 O homem do pântano

Para completar minha exposição e defesa desse sistema de ideias amplamente representacional, pretendo responder às, talvez, mais

Consciência [A] visual e *qualia* visuais

conhecidas e fundamentais objeções a teorias representacionais dos *qualia* perceptuais – a objeção do Homem do Pântano [*the Swampan Objection*] e a do espectro invertido. Proporei que as duas objeções são fundamentalmente falhas.

Conforme descrito nos relatos convencionais, o Homem do Pântano é uma criatura semelhante a um humano que veio a existir acidentalmente como resultado de flutuações quânticas de algum tipo, e que, portanto, não pode ser visto como uma criatura dotada da faculdade teleológica de que os seres humanos reais desfrutam como resultado da seleção natural.[15] Como um caso especial dessa deficiência teleológica geral, o Homem do Pântano não tem capacidade para representar as coisas perceptualmente.[16] Ainda assim, entretanto, ele é incrivelmente semelhante aos seres humanos reais. De fato, podemos presumir que ele seja a cópia exata, célula por célula, de um agente humano especial – o qual chamarei "Hector". Como um agente humano real, Hector, sem dúvida, apresenta *qualia* perceptuais, e há uma intuição bastante estável de que o Homem do Pântano também os apresente. Como poderia ser o contrário, já que, intrinsecamente, ele é exatamente como Hector? Se for verdade, contudo, que o Homem do Pântano tem consciência [A] de *qualia* perceptuais, então todas as descrições representacionalistas de

---

15 Donald Davidson foi a primeiro a reconhecer a importância filosófica de criaturas como o Homem do Pântano. Ver: Davidson, Knowing One's Own Mind. *Proceedings and Addresses of the American Philosophical Association 60*, p.441-58.

16 Embora meus argumentos raramente dependam disso, estou pressupondo neste trabalho que, no nível mais básico, o conteúdo de representações perceptuais é determinado por nossas dotações biológicas, e, portanto, basicamente, pela seleção natural. Sendo assim, o Homem do Pântano tem uma relevância especial na versão do representacionalismo que eu prefiro. Há, porém, outras versões de representacionalismo que não veem o conteúdo perceptual como determinado biologicamente. Isso permite que elas lidem com o problema de Homem do Pântano utilizando argumentos mais simples que aqueles que utilizo. Para uma versão notável de uma teoria dessa espécie, juntamente com uma explicação de como ela se aplica ao Homem do Pântano, ver: Tye, *Consciousness, Color, and Content*, Seção 6.4.

Consciência

qualia perceptuais devem estar erradas, inclusive aquela que formulei anteriormente. Não se pode dizer que o Homem do Pântano representa propriedades-A – ou qualquer outra coisa nesse caso. Portanto, a consciência de *qualia* perceptuais não pode ser explicada em termos de representações de propriedades-A.

Por que, mais exatamente, nos parece que o Homem do Pântano tem consciência dos *qualia* perceptuais? A resposta é, com certeza, que faz parte de nossa prática de psicólogos do senso comum ser guiados por similaridades comportamentais e físicas quando atribuímos estados mentais. Atribuímos consciência de *qualia* ao Homem do Pântano porque ele se assemelha a alguém que independentemente sabemos ter consciência dos *qualia*. Mas não está claro como visualizar os alicerces lógicos de atribuições dessa espécie. Por uma razão, nossas inferências atribucionais são mais claramente vistas como analógicas em sua natureza: somos implicitamente orientados pela percepção de que é provável que criaturas semelhantes em aspectos fundamentais sejam semelhantes em outros aspectos também fundamentais. Por outra razão, nossas inferências atribucionais deveriam ser vistas como inferências para a melhor explicação: somos orientados por um desejo de fazer as atribuições que melhor expliquem os comportamentos de uma criatura e também pela percepção de que as melhores explicações são aquelas que mais se assemelham às explicações de comportamentos similares por outras criaturas. Não está claro qual dessas razões é a correta e, de qualquer forma, ambas sofrem de um problema de vagueza, a qual teria de ser removida antes que qualquer uma delas seja aceita como correta. No entanto, mesmo que não esteja claro como exatamente reconstruir nossa prática atribucional, está evidente que atribuições são orientadas por similaridades. Essa é, em grande parte, a razão pela qual sentimos que o Homem do Pântano deva ter experiências perceptuais semelhantes às de Hector.

Acontece que, é claro, mesmo que o Homem do Pântano seja exatamente como Hector em relação à organização neural e, portanto, em relação ao comportamento, ele é muito diferente no que

Consciência [A] visual e *qualia* visuais

diz respeito ao histórico de vida. Hector teve um desenvolvimento normal desde o embrião, mas o Homem do Pântano foi, na verdade, criado *ex nihilo*. Portanto, nossa prática de sermos conduzidos por semelhanças na atribuição de estados mentais não forneceria qualquer assistência à questão sobre se o Homem do Pântano tem consciência dos *qualia* caso houvesse qualquer motivo para pensar que a consciência dos *qualia* depende de fatores históricos, tais como a história selecional da espécie de um indivíduo. Sentimo-nos, no entanto, fortemente propensos a achar que fatores históricos são irrelevantes em questões que envolvem os *qualia*. Assim, inclinamo--nos a favor da teoria de que, pelo menos no caso dos *qualia*, as similaridades relevantes têm a ver com propriedades intrínsecas. Se os agentes são intrinsecamente os mesmos em outros aspectos, eles terão consciência dos mesmos *qualia*; ou isso é o que estamos inclinados a pensar.

Agora há uma explicação do porquê temos certeza de que o Homem do Pântano tem consciência dos *qualia* perceptuais, mas ainda não podemos aquilatar a validade de percepção. Antes de medi-la, precisamos também compreender, pelo menos em parte, por que nos parece que a natureza qualitativa da uma experiência perceptual é intrínseca, uma vez que ela independe do registro histórico. Entretanto, acredito que podemos inferir uma resposta a essa questão considerando as reflexões já feitas relativas à nossa compreensão introspectiva da consciência experiencial. Como vimos em diversas ocasiões anteriores, a natureza representacional da consciência dos *qualia* não se revela pela introspecção. Pelo contrário, a consciência dos *qualia* é transparente à introspecção: quando a consideramos de forma reflexiva, estamos conscientes apenas dos *qualia* que servem como objetos de consciência, não da estrutura interna da relação que mantemos com esses *qualia*. Da mesma forma, a introspecção não revela nada que possa sugerir que a consciência dos *qualia* depende de história selecional. Parece-nos que a consciência experiencial nada deve à história, porque ela parece ser perfeitamente simples e, portanto, completa em si mesma.

Consciência

Supondo que essa explicação do porquê a consciência dos *qualia* nos parece independente de história selecional estar correta, temos condições de ver o que há de errado com a percepção de que o Homem do Pântano se assemelha a Hector no que diz respeito a estar consciente dos *qualia* perceptuais. Essa percepção depende, em última instância, do fato de que a introspecção não atribui uma estrutura representacional à consciência perceptual. De acordo com o que já observamos, é muito melhor considerar esse fato como evidência das limitações da introspecção do que como motivo para duvidar de que a consciência perceptual seja representacional. Sabemos que representações estão constitutivamente envolvidas em toda forma de consciência [A] e, portanto, na consciência perceptual. O resultado direto desse fato é que, se a introspecção não consegue revelar representações quando está direcionada para a consciência perceptual, então a introspecção tem um ponto cego. Ela não revela toda a verdade sobre os fenômenos de seu domínio.

Então, o que acontece é que não temos um bom motivo para acreditar que o Homem do Pântano tem consciência de *qualia* perceptuais. Sem dúvida, ele apresenta estados que *codificam informações sobre os qualia*. Para verificar isso, note primeiro que, uma vez que Hector apresente estados que representam propriedades-A, pode--se afirmar que ele apresenta estados que codificam informações sobre tais propriedades. (Falando de maneira mais genérica, se um estado representa uma propriedade, então, sob condições normais, ele existe em covariação com aquela propriedade e, portanto, codifica informações sobre ela). Como resultado, pode-se afirmar que Hector apresenta estados que codificam informações sobre os *qualia*. Segundo, observe que, uma vez que o Homem do Pântano se encontra nas mesmas relações causais com o mundo em que se encontra Hector, ele se encontra nas mesmas relações informacionais com as propriedades-A e, por conseguinte, com os *qualia*. Portanto, devemos nos perguntar: o fato de o Homem do Pântano registrar informações acerca dos *qualia* nos permite afirmar que ele está consciente deles?

Consciência [A] visual e *qualia* visuais

Não. Codificar informações de um conjunto de propriedades não resulta, por si só, em consciência. Pode-se dizer que muitas coisas codificam informações dos *qualia*, ou, pelo menos, carregam tais informações. Por exemplo, pode-se dizer que os comportamentos moldados por estados de consciência dos *qualia* carregam informações sobre eles. Considerações a esse respeito levam à conclusão de que essas relações puramente informacionais não têm qualquer relevância no que diz respeito ao ponto principal que está em questão em discussões metafísicas sobre os *qualia*, ou seja, se eles constituem uma ameaça a teorias do Universo que os representam como relativamente simples e unificados. Os argumentos que promovem o dualismo dependem, de forma crucial, de intuições sobre a *consciência* dos *qualia*. Assim, por exemplo, eles tendem a pressupor que, se os *qualia* tivessem uma natureza física, nossa consciência experiencial imediata deles revelaria tal fato. Não há intuições sobre estados que codificam informações concernentes aos *qualia* que as intuições concernentes à consciência [A] possam substituir. Relações informacionais são apenas um dos tipos de relações causais. Não se pode inferir nada a respeito da natureza última de um estado com base no fato de que ele se encontra em uma relação causal com outro estado.

Pode parecer que a linha de raciocínio que estamos seguindo erra o alvo. Portanto, é natural pensar que existe algo como as coisas são *para* o Homem do Pântano, ou da perspectiva dele, e que a maneira como as coisas são *para* ele deve ser exatamente a mesma como são *para* Hector. Em outras palavras: é natural supor que se Deus pudesse adotar consecutivamente a perspectiva do Homem do Pântano e a perspectiva de Hector, ele não conseguiria diferenciá-los. Pode parecer que afirmar simplesmente que não existe nada do tipo como as coisas são *para* o Homem do Pântano, ou da perspectiva dele, é não compreender o mais importante dessa intuição, porque não se pode dizer apropriadamente que o Homem do Pântano tem consciência de alguma coisa. Reflexões maiores, entretanto, levam a crer que essa linha de pensamento, na verdade, faz sentido. É um componente crucial da intuição supor que o Homem do Pântano

215

Consciência

tem uma perspectiva – caso contrário, como poderia Deus ocupar a perspectiva dele? Além disso, é pressuposição crucial da intuição que ter uma perspectiva gera algo mais do que processar informações acerca de certas propriedades complexas. Se ter uma perspectiva não resultasse em nada além de processar informações sobre certas propriedades, então a consciência dos *qualia* jamais teria sido vista como geradora de problemas metafísicos significativos.

Sem dúvida, a intuição é perseverante, pois ela é estimulada pela introspecção e pela psicologia do senso comum, que, em geral, tende a endossar a teoria de que a consciência dos *qualia* independe de representação e, portanto, é algo que pode sobrevir, seja de forma causal, seja de forma metafísica, a propriedades intrínsecas de estados neurais. Conforme já vimos, contudo, essa noção a respeito da consciência dos *qualia* está profundamente equivocada. Ademais, quando as imperfeições dessa noção são avaliadas e ela é substituída por um quadro mais adequado, a intuição tende a se dissipar, e o sentido de que o Homem do Pântano *precisa* ter a experiência dos *qualia* tende a se dissipar com ela.

Resumindo: opositores a descrições representacionalistas da consciência dos *qualia* apresentam, com frequência, o Homem do Pântano como uma espécie de contraexemplo, argumentando que ele tem consciência dos *qualia*, mas carece da capacidade de formar representações e dispor delas. Ao responder a essa teoria, reconheço, na verdade, que seria razoável afirmar que o Homem do Pântano *apresenta* os *qualia* (pois seus sentidos podem registrar propriedades-A e seus sistemas perceptuais, processar informações acerca delas), mas mantenho a visão de que não há boas razões para afirmar que ele tenha *consciência* dos *qualia*. A intuição de que ele tem consciência dos *qualia* pode ser plena e convincentemente justificada. Além disso, tenho defendido a visão de que o fato de o Homem do Pântano apresentar *qualia* é de pouca significação filosófica. Opositores do representacionalismo têm vários motivos para fazer objeções a ele; a mais importante é que, como já vimos, ele pode ser usado para minar o argumento a favor do dualismo de propriedade, mais espe-

216

Consciência [A] visual e *qualia* visuais

cificamente, para demonstrar que a consciência dos *qualia* poderia não conseguir revelar sua verdadeira natureza, exatamente da mesma forma como a consciência perceptual da água não consegue revelar sua estrutura molecular. Portanto, qualquer significação filosófica que se possa pensar que o Homem do Pântano apresente deve-se à intuição de que ele tem consciência não representacional dos *qualia*. Uma vez que essa intuição está desacreditada, a importância do Homem do Pântano se esvai. Já que ele não tem consciência dos *qualia*, o fato de que ele os apresenta não significa propensão para o restabelecimento do argumento a favor do dualismo de propriedade.[17]

5.7 Exposição do argumento do espectro invertido

Passo agora a discutir a objeção do espectro invertido. Iniciarei afirmando-a e, em seguida, argumentando que ela tem praticamente os mesmos defeitos da objeção do Homem do Pântano. Da mesma forma como ocorre com esta, quero sugerir que a objeção do espectro invertido pressupõe que a consciência acerca dos *qualia* depende apenas de propriedades intrínsecas do processamento perceptual do agente corrente. No início, essa hipótese é instigante, mas a motivação que conduz a ela não resiste a um exame meticuloso. Ela deve ser rejeitada.

---

17 Além de reconhecer que o Homem do Pântano *apresenta* os *qualia*, reconheço que, de fato, há informações acerca de seus *qualia* na parte alta de seu sistema visual e também em outras partes de nível superior de seu cérebro, inclusive as partes que, em seres humanos normais, estão associadas com a consciência e a cognição. Talvez, então, haja sentido em afirmar ser verdadeiro que o Homem do Pântano é um *sujeito* que apresenta informações acerca de seus *qualia*. Se for assim, poderia essa asserção ser utilizada para motivar quaisquer teorias filosóficas? Em especial, poderia ela ser utilizada para fornecer motivação a favor do dualismo de propriedade? Não. O fato de que um sujeito se encontra em relações informacionais com um elemento não tem, por si só, qualquer tendência a mostrar que o sujeito tenha uma compreensão cognitiva plena da natureza essencial do elemento, ou mesmo que o sujeito esteja informado de parte da essência desse elemento. Para ver isso, note que temos grande quantidade de informações perceptualmente adquiridas acerca da água. Essas informações não fornecem qualquer *insight* na natureza essencial da água.

Consciência

O argumento pretende mostrar que é possível manter fixo o conteúdo representacional da experiência enquanto se reconhece que a natureza qualitativa da experiência varia.

Deixemos que Normal seja um sujeito humano normal. Suponhamos que B seja o estado cerebral em que Normal se encontra quando vê algo vermelho sob circunstâncias normais, e que B^* seja o estado cerebral em que ele se encontra quando vê algo verde, também sob condições normais. Suponhamos mais: que Invert seja um observador que pertence a uma espécie diferente daquela de Normal. Os caminhos que levam das retinas de Invert aos centros processadores de cor de Invert estão invertidos em relação aos caminhos de Normal; entretanto, em todos os outros aspectos, o sistema visual de Invert é exatamente igual ao de Normal. Segue-se, dessas suposições iniciais, que o processamento visual que objetos vermelhos geram em Normal é exatamente o mesmo, em todos os pontos após o ponto de inversão, do processamento visual que objetos verdes geram em Invert. Além disso, o processamento visual que objetos verdes geram em Normal é exatamente o mesmo, em todos os pontos após o ponto de inversão, do processamento visual que objetos vermelhos geram em Invert. Portanto, B é o estado cerebral em que Invert se encontra quando vê um objeto verde sob condições normais, e B^* é o estado cerebral em que ele se encontra quando vê um objeto vermelho sob condições normais.

Tendo em vista que Normal é um sujeito humano normal, deve ser verdadeiro que objetos vermelhos lhe pareçam-p vermelhos quando ele os vê sob condições normais, pois se considera uma verdade geral que objetos vermelhos parecem-p vermelhos a observadores humanos normais quando vistos em condições normais. Em combinação com esse fato, nossas suposições requerem que, quando Normal se encontra em estado cerebral B, o objeto que ele vê lhe parece-p vermelho. Por razões semelhantes, sabemos também que objetos verdes parecem-p verdes a Normal quando ele os vê sob condições normais, e que quando Normal se encontra em estado cerebral B^*, o objeto que ele está vendo parece-p verde a ele.

Consciência [A] visual e *qualia* visuais

Suponhamos agora que tanto Normal quanto Invert estejam observando um objeto vermelho x, sob condições normais, com o resultado de que Normal está em B e Invert está em B^*. Deve ser verdadeiro que x parece-p vermelho a Normal. Além disso, já que o caráter fenomênico de uma experiência visual é determinado pelo modo como as coisas parecem-p quando passamos por uma experiência, deve ser também verdadeiro que Normal esteja consciente de *qualia* visuais avermelhados. De que forma x parece-p a Invert? Temos os seguintes fatos:

Invert encontra-se em estado cerebral B^*.

Quando Normal encontra-se em B^*, as coisas parecem-p verdes a ele.

Desses fatos, parece ser possível concluir que x parece-p verde a Invert. A razão, penso eu, é que achamos o seguinte princípio da superveniência [*Supervenience Principle*] extremamente plausível:

(SP) A maneira como um objeto parece-p a um observador é determinada pelo estado cerebral em que se encontra o observador quando ele está vendo o objeto.

A conclusão extraída de (SP) é que, se um objeto leva dois observadores a ficar no mesmo estado visual de alto nível, então o objeto parece-p da mesma maneira aos observadores. Minha proposta, então, é que aceitemos (SP), e já que o fazemos, parece-nos que x parece-p verde a Invert e também que Invert está consciente de *qualia* visuais esverdeados, pelo fato de estar vendo x.

Consideremos agora os conteúdos representacionais de B e B^*. Pressupomos que coisas vermelhas levam Normal a ficar em B e, Invert a ficar em B^*, desde que sejam vistas sob condições normais. Entretanto, fomos muito além em nossa pressuposição sobre a relação entre o sistema visual de Normal e o de Invert. Presumimos que os dois sistemas visuais sejam exatamente iguais, exceto pelo fato de que no sistema de Invert os fios que levam dos cones aos posteriores centros de processamentos estão invertidos. Essa conjectura requer que *todas* as condições exteriores que levam Normal a se encontrar em B levam Invert a se encontrar em B^*, e que *todas* as condições exteriores que levam Invert a se encontrar em B^* levam Normal a se encontrar em B. Além disso, podemos facilmente presumir que sempre foi assim – que no decorrer das histórias evolutivas das espécies a que Normal e Invert pertencem, as condições que levaram os ancestrais de Normal a se encontrar em B foram as mesmas que levaram os ancestrais de Invert a se encontrar em B^*. Outra maneira de colocar a questão é dizer que as informações que B codificou no decorrer da história da espécie de Normal são as mesmas que B^* codificou no decorrer da história da espécie de Invert. Então, parece muito plausível que o conteúdo representacional de um estado visual seja determinado pelas informações que o estado codificou durante parte da história evolutiva quando o sistema visual relevante estava sendo moldado por pressões seletivas. Assim, nossas suposições atuais parecem sugerir que B tem o mesmo conteúdo representacional em Normal que B^* tem em Invert. Além disso, inferências similares e raciocínio similar levam à conclusão de que B^* tem o mesmo conteúdo representacional em Normal que B tem em Invert.

Chegamos, então, aos seguintes resultados: (i) x parece-p vermelho a Normal e Normal tem, portanto, consciência de *qualia* avermelhados quando vê x; (ii) x parece-p verde a Invert e Invert tem, portanto, consciência de *qualia* esverdeados quando vê x; e (iii) o conteúdo representacional do estado visual de Normal é o mesmo que o conteúdo do estado atual de Invert. Conclui-se, então, que os *qualia* são independentes de conteúdo representacional: é possível fixar os fatos representacionais relevantes sem, com isso, fixar os fatos qualitativos relevantes.

5.8 Uma objeção ao argumento

O que deveria um representacionalista fazer quando ele se depara com esse argumento? Virar-se para o lado e morrer? Não. Imagine que seja verdadeiro que, quando um objeto parece-p de certa

Consciência [A] visual e *qualia* visuais

maneira a um observador, o observador está consciente do objeto apresentando certa aparência-A. Pois bem, consciência envolve representações: para termos consciência [A] de uma propriedade *P*, precisamos simbolizar uma representação de *P*. O resultado é que o princípio (L) é verdadeiro:

(L) Se um objeto, de alguma maneira, parece-p a um observador, o observador está representando o objeto como dotado de certa propriedade.

Esse resultado coloca em dúvida o princípio da superveniência (SP). Com efeito, esse princípio propõe que a maneira como um objeto nos parece-p depende exclusivamente do estado cerebral em que nos encontramos – questões relacionadas ao conteúdo representacional do estado cerebral são irrelevantes. Isso entra em nítido conflito com o princípio (L).

Parece, então, que, se é verdade que estamos representando uma propriedade de aparência quando um objeto nos parece-p de certa maneira, então, (SP) é falso. Já que sabemos, por razões independentes, que estamos representando uma propriedade de aparência quando um objeto nos parece-p de certa maneira, temos o direito de rejeitar (SP) e, com ele, o argumento do espectro invertido. Se (PS) é falso, por que parece tão razoável? Parte da resposta é, com certeza, que sabemos ser possível manipular fatos do tipo *x parece-p F a y* manipulando o estado cerebral de um sujeito; mas essa não pode ser a explicação completa, porque sabemos ser possível, por exemplo, manipular aquilo em que alguém acredita, manipulando o pensamento, e não temos a tendência para achar que crenças são determinadas exclusivamente por estados cerebrais. Sem dúvida, a resposta também tem a ver com o fato de que não está imediatamente claro para nós que fatos do tipo *x parece-p F a y* envolvem constitutivamente estados que têm conteúdo representacional. Uma resposta completa precisa invocar o fato de que a natureza representacional da percepção visual não se manifesta para nós da posição vantajosa fornecida pela introspecção e pela psicologia do senso comum.

5.9 Resumo

Quando iniciamos este capítulo, afirmamos que considerações sobre a relatividade perceptual parecem ratificar a teoria de que geralmente temos consciência de aparências na experiência visual. Concordamos, naquele momento, com o fato de que as propriedades de aparência são mais bem compreendidas como propriedades relacionais de objetos exteriores, propriedades estas dependentes de pontos de vista. Nosso passo seguinte foi observar que, apesar de algumas intuições iniciais indicarem o contrário, é melhor – depois de tudo considerado – associar os *qualia* visuais a propriedades de aparência, bem como adotar uma descrição representacional do ter consciência dos *qualia* visuais. No final, consideramos as objeções a descrições representacionais dos *qualia* visuais mais proeminentes na literatura, e pudemos ver que as duas objeções são desestabilizadas por falhas no quadro de consciência [A], que é estimulado pela introspecção e pela psicologia do senso comum.

Apêndice I

Na Seção 5.3 descrevi duas razões para duvidarmos que temos consciência de propriedades-A no curso normal das coisas. Uma delas apresenta um argumento que pode ser formulado da seguinte maneira:

Primeira premissa: Raramente atentamos para propriedades-A.
Segunda premissa: A percepção de propriedades-A requer atenção.
Conclusão: Raramente temos consciência de propriedades-A.

Esse argumento, que chamarei de *Argumento A*, tem certo apelo intuitivo. Além disso, conforme discutimos, parece que os cientistas da visão aceitam, com frequência, o argumento – ou algo semelhante a ele –, sustentando a ideia de que a primeira premissa foi confirmada por trabalho experimental recente.

Consciência [A] visual e *qualia* visuais

Argumentei contra a conclusão do Argumento A, na Seção 5.3, esboçando quatro linhas de raciocínio que indicam que consciência de propriedades-A é a norma. Em minha opinião, essas linhas de raciocínio são um argumento muito bom para minha posição contrária. Entretanto, é necessário que algo mais seja dito, pois, embora as quatro linhas forneçam razões para que a conclusão seja rejeitada, elas nada oferecem para desestabilizar a motivação para a conclusão fornecida pelas premissas; isto é, elas contradizem a conclusão sem explicar o que há de errado com o fundamento lógico que leva as pessoas a aceitá-la. Tentarei preencher essa lacuna neste apêndice.

Quais, exatamente, são as considerações que levam as pessoas a aceitar a primeira premissa? Penso que a motivação que conduz a ela é, sobretudo, introspectiva. Portanto, parece que há um tipo de estado mental discriminável introspectivamente, que é natural designar de *estado que atenta para uma propriedade-A*. Quando nos encontramos em um estado desse tipo, notamos ou reconhecemos explicitamente que um objeto tem uma propriedade-A especial – isto é, ele subsume o objeto em uma representação categórica da propriedade. Ao fazê-lo, conferimos certa importância à propriedade que, dessa maneira, possibilita pensamentos e várias outras atitudes que estão concentrados nela (incluindo, por exemplo, juízos que comparam a propriedade às propriedades-A de outros objetos). Todos nós já estivemos em estados desse tipo e sabemos que tais estados são comparativamente raros, ocorrendo apenas em circunstâncias especiais. Essas circunstâncias incluem, principalmente, aquelas em que empreendemos uma tarefa especial, como desenhar um objeto, que está especificamente centrado em propriedades-A, e aquelas circunstâncias em que as propriedades-A de um objeto divergem tão radicalmente da norma que atraem nossa atenção. Para exemplos desse tipo de divergência radical, veja as figuras 5.1 e 5.2.

É, evidentemente, muito incomum que pés pareçam tão grandes em relação ao corpo de uma pessoa, como são mostrados os pés na Figura 5.1, e que uma superfície que é uniforme em leveza apareça tão variegada como são ilustradas as cadeiras na Figura 5.2.

Consciência

Portanto, desejo propor que a introspecção revela que há uma forma de consciência [A] de propriedades-A que é claramente alerta em sua natureza e que a introspecção também revela que essa forma de consciência ocorre somente quando há exigências de tarefas incomuns ou o objeto da consciência [A] é apresentado de forma incomum. Em suma, minha opinião é que a introspecção demonstra que a primeira premissa do argumento anterior está correta.

E quanto à segunda premissa do Argumento-A? Que motivos temos para pensar que a consciência de propriedades-A requer atenção? Parece que há motivos de dois tipos – introspectivos e experimentais. A motivação introspectiva relaciona-se à sensação de novidade que tende a nos acompanhar quando atentamos para propriedades-A. Quando atentamos para uma propriedade-A, sentimos que estamos obtendo *novas* informações acerca do objeto. Assim, frequentemente nos surpreendemos quando passamos a reconhecer quão grande o pé de alguém parece-p em relação a uma escrivaninha localizada do outro lado da sala, ou quando passamos a reconhecer quão trapezoidal uma mesa parece-p quando a observamos de uma extremidade. No entanto, se ficamos surpresos quando atentamos para uma propriedade-A, então, parece-nos, deve ser verdade que a atenção está nos fornecendo novas informações sobre o objeto. E se a atenção nos fornece novas informações sobre o objeto, então deve ser verdade que a atenção é uma condição necessária para a aquisição de informações desse tipo. Isso sugere que a segunda premissa do argumento precedente é verdadeira. Quanto à evidência experimental da premissa, ela deriva de trabalho sobre fenômenos como visão cega, cegueira por desatenção e piscada atencional.[18] Sujeitos que se submeteram aos experimentos pertinentes não parecem conscientes dos objetos para os quais não estão atentando. Tomando essa aparente falta de consciência em seu valor de face, muitos cientistas da visão concluíram que a atenção é um requisito necessário para consciência. A segunda premissa é, sem dúvida, um caso especial dessa asserção mais geral.

---

18 Ver nota 9.

Consciência [A] visual e *qualia* visuais

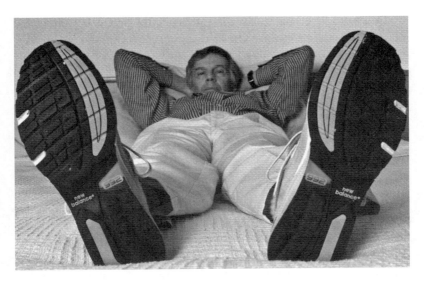

Figura 5.1. Divergência radical: exemplo A.

Figura 5.2. Divergência radical: exemplo B.

Consciência

Começando com a motivação introspectiva para a segunda premissa, desejo sugerir que ela envolva uma interpretação apressada e errônea do que ocorre quando atentamos para uma propriedade-A. Suponha que determinado sujeito S esteja tentando desenhar um prédio distante. Suponha que S tenha sempre visto o prédio da mesma distância, mas que nunca antes havia percebido seu tamanho-A. Ele pode se surpreender bastante ao notar quão pequeno o prédio lhe parece-p, e essa reação pode levá-lo a julgar que está obtendo novas informações sobre o prédio – que ele toma consciência de seu tamanho-A pela primeira vez; suponha agora, entretanto, que S comece a ir e vir entre atentar para o tamanho-A do prédio e observá-lo de uma forma diferente; para uma definição mais precisa, suponhamos, mais particularmente, que ele alterne sua atenção entre atentar para o tamanho-A do prédio e atentar para seu tamanho físico objetivo. Nosso sujeito S acabará sentindo, creio eu, que há uma continuidade muito significativa entre aquilo de que ele está experiencialmente consciente quando atenta para o tamanho-A e aquilo de que ele está experiencialmente consciente quando atenta para o tamanho objetivo; isto é, ele passará a admitir que a fenomenologia experiencial associada ao primeiro modo de percepção é essencialmente análoga à fenomenologia associada ao segundo modo. (Essa é outra maneira de afirmar o ponto principal do primeiro dos quatro argumentos que apresentei na Seção 5.3). Ademais, quando o sujeito reconhecer a continuidade, ele será propenso a retirar seu juízo anterior – de que tinha consciência das novas informações – e o substituirá pelo juízo de que adquiriu consciência de informações antigas de uma nova maneira. Ele pensará que, anteriormente, com frequência tivera consciência do tamanho-A do edifício, mas nunca havia percebido explicitamente seu tamanho-A. Além disso, ele achará que foi essa nova percepção da antiga informação que originou seu senso inicial de novidade.

Por que impressões de novidade tendem a acompanhar uma consciência alerta de propriedades-A? A resposta divide-se em três

Consciência [A] visual e *qualia* visuais

partes. Primeiro, normalmente, não atentamos de forma explícita para propriedades-A. Quando atentamos para as propriedades de um objeto, é muito mais provável que prestemos atenção em suas propriedades físicas objetivas; segundo, as informações que se destacam quando atentamos para as primeiras propriedades são, com frequência, bem diferentes em sua natureza das informações que se destacam quando atentamos para as últimas propriedades. Objetos que são, de fato, muito grandes podem parecer-p bem pequenos, e objetos que são, de fato, muito pequenos, podem parecer-p bem grandes; e, terceiro, são as informações que adquirimos ao atentarmos para propriedades que fornecem a base dos estereótipos perceptuais ou perfis que utilizamos quando pensamos em objetos. Isso quer dizer que: quando estamos interessados em prever o comportamento de um objeto, ou em compará-lo a outros, ou em realizar qualquer uma de uma série de outras tarefas cognitivas relacionadas a ele, nossa tendência é depender muito de um perfil do objeto que provém de episódios anteriores de consciência alerta. Então acreditamos que, juntas, essas três observações fornecem uma explicação de por que atentar para uma propriedade-A pode gerar uma impressão de novidade, pois elas sugerem que, quando atentamos para propriedades-A, muitas vezes estamos conscientes de propriedades que são bem diferentes daquelas que surgem em nossa maneira normal de pensar em objetos.

Isso nos remete a questionar se os trabalhos experimentais recentes sobre fenômenos como cegueira de mudança, cegueira por desatenção e piscada atencional tornam possível o pensamento de que, para haver consciência, é necessário que haja atenção. Cientistas da visão, com frequência, inclinam-se a acreditar que essa questão deve ser respondida afirmativamente. Deve-se notar, entretanto, que essa não é, de forma alguma, a única interpretação possível,[19]

---

19 Ver, por exemplo, Wolfe, Inattentional Amnesia. In: Coltheart (ed.), *Fleeting Memories*, p.71-94.

Consciência

e também que há outros dados experimentais que parecem apontar para uma direção bem diferente.[20] Além disso – o que é mais relevante para nosso propósito aqui – mesmo que seja apenas pelo argumento em si de que a atenção é requisito necessário para a consciência perceptual de objetos (e partes de objetos) – pode ainda ser bastante razoável afirmar que é possível termos consciência de propriedades-A sem atentarmos para elas; pode, pelo menos, ser bastante razoável afirmar isso se distinguirmos entre atentar *implicitamente* para propriedades-A e atentar *explicitamente* para elas. Para avaliar essa questão, considere o caso em que um sujeito está atentando para um SUV que passa ao longe. Nesse caso, quero insistir, o SUV se apresenta ao sujeito *por meio de* algumas de suas propriedades-A. Isto é, a consciência [A] que o sujeito tem do SUV é parcialmente constituída pela consciência [A] de propriedades-A do veículo. Então, dessa caracterização feita pelo sujeito, poderíamos concluir que ele está atentando para determinadas propriedades do SUV. Afinal, estipula-se que o sujeito está atentando para o SUV e, também, que a consciência de propriedades-A é parcialmente constitutiva por essa consciência alerta. Talvez, surpreendentemente, eu não discorde dessa observação – acredito ser possível entendê-la de maneira a considerá-la verdadeira; mas no caso em que estou lhe pedindo que imagine (o que, a propósito, acho que representa a norma), o sujeito não atenta de forma *explícita* para nenhuma das propriedades-A do SUV. Isto é: seu sistema visual não forma e afirma uma representação categórica em separado de uma propriedade-A do objeto identificado de forma independente. Daí, as propriedades-A do objeto não ter qualquer relevância cognitiva especial – seu papel é simplesmente apresentar o SUV ao sujeito. Em outras palavras, a consciência [A] que o sujeito tem delas não produz nenhum dos efeitos comuns da atenção explícita e focal. Ele atenta para elas

---

20 Tye, Content, Richness, and Fineness of Grain. In: Gendler; Hawthorne, *Perceptual Experience*, p.504-30.

Consciência [A] visual e *qualia* visuais

apenas como atenta para um objeto que é apresentado por elas. Se é possível dizer que ele atenta de maneira explícita para quaisquer das propriedades do SUV – as propriedades em questão –, muito provavelmente, serão propriedades físicas objetivas, tais como forma e tamanho intrínsecos.

Resumindo: a primeira premissa do Argumento A parece receber forte embasamento da introspecção, mas a motivação para a segunda premissa se esvai sob um exame mais detalhado. Não há razões convincentes para se pensar que a consciência de propriedades-A requeira uma forma de atenção que seja, de alguma maneira, especial ou rara. Daí, é possível rejeitar a conclusão do argumento sem maiores consequências. Colocando a questão em termos positivos, podemos acatar a teoria de que ter consciência de propriedades-A é uma condição geral de percepção que não entra em conflito nem com a introspecção nem com a ciência da visão.

Apêndice II

Na Seção 5.4, adotamos a teoria de que propriedades-A são propriedades relacionais, dependentes de ponto de vista de objetos exteriores, que satisfazem às seguintes condições:

i. Propriedades-A são propriedades encontradas na experiência perceptual.

ii. O acesso a propriedades-A não é mediado e é não inferencial – não é o caso de haver outras propriedades de forma, como termos consciência de propriedades-A como resultado de termos consciência dessas outras propriedades.

iii. Propriedades-A variam de acordo com fatores contextuais como distância, ângulo de visão e luminosidade.

iv. Propriedades-A não são análogas às propriedades físicas objetivas de objetos exteriores.

v. Consciência [A] de propriedades-A é um traço geral e dominante da experiência perceptual.

Essa explicação das propriedades-A é, com certeza, melhor do que nada, mas, conforme notamos na ocasião, ela deixa em aberto muitas questões acerca da natureza das propriedades-A. Neste apêndice, proponho respostas especulativas a algumas dessas questões.

Quando consideramos as propriedades relacionais que, inicialmente, parecem boas candidatas ao papel de propriedades-A, há boa probabilidade de nos sentirmos atraídos – pelo menos no início – pela teoria de que ângulos visuais (definidos com referência ao ponto nodal das lentes do olho do observador) são candidatos fortes para o papel de aparências de tamanho, e pela teoria de que formas angulares são candidatas fortes para o papel de aparências de formas. (A forma angular de um objeto pode, para os presentes fins, ser associada ao conjunto de todos os ângulos visuais subtendidos por pares de pontos na margem da superfície visível do objeto.) Propriedades angulares são propriedades de objetos físicos comuns e está claro que elas variam de acordo com fatores contextuais. Além disso, são conhecidas por figurarem em leis matemáticas ligando fatores contextuais, como distância, aos tamanhos objetivos e formas objetivas de objetos exteriores.[21] Por causa dessas leis, um agente, que tem uma firme compreensão cognitiva de propriedades angulares, teria capacidade de utilizá-las para chegar a conclusões valiosas sobre o mundo objetivo. Consequentemente, é razoável pensar que o sistema representa propriedades angulares em um nível ou em outro.[22]

---

21 Uma boa fonte é Palmer, *Vision Science*, p.232-3 e p.321. Há uma discussão ampla de algumas das leis que governam ângulos em: Schwartz, *Vision*, Capítulo 2.

22 Uma ressalva: propriedades angulares fornecem, à primeira vista, uma base adequada para explicar tamanhos-A e também *certos aspectos* de formas-A. Mais particularmente, elas fornecem, à primeira vista, uma base adequada para explicar os aspectos de formas-A que poderiam ser chamados de *aparências de silhuetas* (isto é, os aspectos que têm a ver com a maneira como um observador percebe *margens externas* de superfícies opostas). Contudo, mesmo quando se considera a questão à primeira vista, a tentação de supor que elas forneçam uma base adequada para explicar aparência de formas tridimensionais não é muito grande. Aparências de forma tridimensional são muito mais complexas que aparências de silhuetas uma vez que elas envolvem as concavidades e convexidades da estrutura oposta.

Consciência [A] visual e *qualia* visuais

A presente proposta simplesmente torna essa teoria plausível mais definida, argumentando que o nível de experiência é aquele em que propriedades angulares são representadas.[23]

Infelizmente, embora essa proposta se caracterize pela simplicidade, elegância e força explicativa, parece que não temos outra escolha senão rejeitá-la. Aparências de tamanho compartilham importantes propriedades com medidas angulares. Talvez o que mais chame a atenção é que elas diminuem à medida que a distância aumenta, exatamente como o fazem dimensões angulares. Dimensões aparentes, contudo, não são proporcionais a dimensões angulares. Grosso modo, as aparências de tamanho que um objeto apresenta a distâncias diferentes assemelham-se mais umas às outras que os tamanhos angulares correspondentes. Assim, quando a distância entre um objeto e um observador é duplicada, a dimensão angular

---

Como David Bennett enfatizou em trabalho recente (ver seu "Phenomenal Shape Experiences, Shape Appearance Properties, and Shape Constancy", cópia datilografada), é provável que uma estrutura explicativa mais elaborada seja necessária para justificá-las.

23 Há uma proposição intimamente relacionada que deve ser mencionada. De acordo com essa segunda ideia, o tamanho-A de um objeto é idêntico não à propriedade de subtender certo ângulo visual, mas, antes, a uma propriedade da forma *projetando uma imagem retiniana de tal e tal tamanho*, e a forma-A de um objeto é idêntica não a uma propriedade angular, mas antes a uma propriedade da forma *projetando uma imagem retiniana de tal e tal forma*. Essa proposição é equivalente à proposta de propriedades angulares uma vez que é possível recuperar o tamanho de uma projeção retiniana unicamente com base no tamanho angular correspondente (e inversamente), e é possível recuperar a forma de uma projeção retiniana unicamente com base na forma angular correspondente (e inversamente). Entretanto, as propriedades que aparecem na proposta de propriedades angulares são todas mais simples (porque mais matemáticas) que propriedades das formas *projetando uma imagem retiniana de tal e tal tamanho* e *projetando uma imagem retiniana de tal e tal forma*. (Note-se que essas últimas propriedades envolvem relações causais entre objetos externos e imagens retinianas.) Então, é mais fácil pensar nelas e é também mais fácil ver como o sistema visual poderia adquirir a capacidade de representá-las. É por essa razão que prefiro a proposta das propriedades angulares no texto.

Consciência

do objeto diminui pela metade. No entanto, a mudança no tamanho aparente é muito menor que isso. Sobretudo a curtas distâncias, a proporção da mudança no tamanho de um objeto conforme ele se afasta de você é significativamente menor que a taxa de mudança em seu tamanho angular.

O leitor pode aquilatar a verdade dessa observação realizando alguns experimentos: segure sua mão direita a uma distância de, aproximadamente, 30 cm do rosto, e a esquerda, a uma distância de, aproximadamente, 60 cm. Sua mão esquerda parece ser metade do tamanho de sua mão direita? Não. Uma observação cuidadosa revelará que sua mão direita parece maior que a esquerda, mas a diferença no tamanho aparente é bem pequena. Agora, disponha sobre uma mesa à sua frente três canetas do mesmo tamanho, colocando a primeira a uma distância de 30 cm, a segunda a uma distância de 60 cm e a terceira a uma distância de 1,20 m. A segunda caneta parece ter a metade do tamanho da primeira? Não. A terceira parece ser um quarto do tamanho da primeira? Não. Nesse caso, a diferença entre o tamanho aparente da primeira caneta e o tamanho aparente da segunda será facilmente visível, mas a terceira caneta não vai parecer muito menor em relação à primeira.

O que está sendo postulado aqui acerca de tamanhos aparentes também se aplica a formas aparentes. Diferenças em formas aparentes não são proporcionais a diferenças em formas angulares. Então, por exemplo, conforme um disco circular gira intensamente, sua forma aparente muda mais vagarosamente que sua forma angular.

O fato de que propriedades-A mudam a um ritmo muito lento, pelo menos quando comparadas com propriedades angulares, deve-se a transformações de constância que são aplicadas antes da formação de representações experienciais.[24] Uma sugestão possível acerca dessas transformações é que elas tomam representações de

---

24 Ver: Palmer, *Vision Science*, p.315-22, 327-32.

Consciência [A] visual e *qualia* visuais

propriedades angulares como *inputs*, juntamente com informações de outros tipos, e produzem representações experienciais como *outputs*. Inevitavelmente, os *outputs* não registram proporções entre as propriedades angulares que servem como *inputs*. Será verdade que representações experienciais representam propriedades angulares, mas sistematicamente desvirtuam sua natureza? Será esse um caso de *descaracterização* sistemática? Não, se for verdadeiro – como parece bastante provável – que representações precisas de propriedades angulares estão entre os *inputs* das transformações que produzem representações experimentais. É um preceito fundamental da ciência da visão que o processamento visual *melhora* as chances cognitivas do organismo. Ele não piora essas chances. No entanto, processamento visual que considerasse representações precisas de propriedades angulares como *inputs* e apresentasse representações sistematicamente distorcidas de propriedades angulares como *outputs* iria *piorar* as chances cognitivas do organismo. O sistema visual estaria mais próximo da verdade nos estágios iniciais do processamento que nos estágios finais.

Acredito que esse argumento estipula um ônus da prova, não uma objeção conclusiva. Não há razão para acreditar que descaracterização sistemática realmente ocorre em determinados pontos do processamento visual.[25] Meu argumento é que a representação errônea sistemática do tipo que envolve uma *deterioração* das chances cognitivas não pode ser a norma. O ônus da prova está sobre os ombros de alguém que afirma que isso ocorre em um ponto específico.

O fracasso da hipótese das propriedades angulares é decepcionante, mas uma lição valiosa pode ser aprendida dessa derrocada. É possível – descobrimos – que nos tornemos conscientes de aparências de tamanhos e de formas como resultado de processos que tomam representações de propriedades angulares como *inputs* e as

---

25 Ver, por exemplo: Proffitt et al., Perceiving Geographical Slant. *Psychonomic Bulletin and Review 2*, p.409-28.

Consciência

sujeitemos a transformações de constância. Se essa visão plausível estiver correta, então é natural supor que as aparências são os valores obtidos quando certas funções computáveis são aplicadas a propriedades angulares (juntamente com várias outras medidas). Parece que a melhor teoria de aparências disponível é que elas são propriedades que respondem a essa descrição. Infelizmente – já que a ciência da visão ainda terá de descrever em detalhes as transformações relevantes – não podemos agora dizer mais acerca das aparências. No momento, o melhor que se pode dizer é apenas que *existem*, de fato, funções computáveis de tamanhos e de formas angulares, de tal forma que (i) as funções são, na prática, transformações de constância, (ii) cada uma delas toma uma série de argumentos além dos tamanhos e formas angulares, todos eles relevantes para computar constâncias, (iii) seus valores ficam aquém de constâncias genuínas e (iv) seus valores são tamanhos-A e formas-A.

A ideia que proponho nesse momento é uma versão da teoria mais geral de que *todas* as aparências são propriedades que mostram a influência de transformações de constância, mas que ficam aquém do grau de constância que tornaria apropriado vê-las como propriedades objetivas. Essa teoria mais geral está presente na literatura há algum tempo. Talvez a primeira formulação detalhada dela tenha surgido em dois trabalhos de R. H. Thouless, publicados em 1931.[26] Esses trabalhos ainda são muito esclarecedores. Eis o que Thouless diz sobre tamanhos aparentes:

> Aqui, também, deve-se notar que estamos lidando não com uma constância absoluta de tamanho fenomênico, mas com uma tendência à constância. Sem a distância do observador, é válido afirmar que mudar a distância do objeto não faz qualquer diferença no tamanho

---

26 Ver: Thouless, Phenomenal Regression to the Real Object I. *Journal of Psychology 21*, p.339-59; e Id., Phenomenal Regression to the Real Object II. *Journal of Psychology 22*, p.20-30.

Consciência [A] visual e *qualia* visuais

fenomênico. Conforme a distância de um objeto muda, seu tamanho fenomênico muda, esteja o objeto longe ou perto. Ele muda, entretanto, menos rapidamente do que o faz o tamanho da imagem retiniana. A tendência à constância revela-se na magnitude da mudança, que é um meio-termo entre a medida do estímulo periférico em mudança e a medida "real" imutável do objeto.[27]

E a seguir está o que ele diz a respeito das formas aparentes:

> Se mostrarmos a um sujeito um círculo inclinado e lhe pedirmos que selecione de uma série de figuras aquela que representa a forma vista por ele, ele escolherá, sem hesitação, uma elipse. Essa elipse, entretanto, é muito diferente daquela que representa a forma do círculo inclinado indicado pelas leis da perspectiva, sendo muito mais próxima da forma circular. O sujeito não vê uma figura inclinada nem em sua forma "real" nem na forma que é sua projeção perspectiva, mas vê um meio-termo entre elas.[28]

Tais conclusões foram amplamente confirmadas por trabalhos posteriores.[29]

Graças à defesa antecipada e vigorosa que Thouless fez de uma teoria que está intimamente relacionada àquela que recomendo, é natural expressar a última afirmando que aparências são *propriedades Thouless* de objetos físicos comuns.

Em combinação com noções defendidas anteriormente neste capítulo, a asserção de que propriedades-A são propriedades Thouless implica que a experiência perceptual é geral e sistematicamente relacionada com propriedades Thouless. Pois bem, se assim for, deve haver uma razão *para que* seja assim. Isto é, deve ser, de alguma for-

---

27 Thouless, Phenomenal Regression to the Real Object I. *Journal of Psychology 21*, p.353.
28 Ibid., p.339.
29 Para discussões a respeito, ver os trabalhos citados na nota 11.

Consciência

ma, cognitivamente benéfico para nós representarmos propriedades Thouless. Quais poderiam ser esses benefícios relevantes? Essa é, creio eu, uma pergunta difícil. Levará algum tempo até que a ciência cognitiva possa dar uma resposta exata e definitiva. Entretanto, parece relevante pensar que representações experienciais exercem importante papel na condução de ações presentes e no planejamento de ações futuras. Se formos agir e planejar de maneira a atender aos nossos objetivos – e devemos fazer isso com base no que a experiência nos diz –, então a experiência deve tornar possível que formemos crenças mais ou menos precisas sobre questões de dois tipos: questões relativas às propriedades físicas objetivas de objetos exteriores, e questões relativas à maneira como objetos exteriores são dispostos em relação a nós (isto é, questões relativas a quão distantes eles estão, a como eles estão inclinados em relação a nós, a como eles estão se movendo em relação a nós e assim por diante). Parece que as propriedades Thouless podem simultaneamente nos ajudar a responder às questões de ambos os tipos. Portanto, visto que as propriedades Thouless desempenham melhor suas tarefas que as propriedades angulares, uma vez que seguem propriedades físicas objetivas, elas fornecem uma plataforma melhor que as propriedades angulares para inferências acerca do *layout* objetivo da situação em que nossas ações ocorrerão. As inferências serão mais rápidas e seus resultados mais precisos do que se ocorresse de outra forma. Entretanto, também, já que as propriedades Thouless respeitam algumas das características das propriedades angulares, elas fornecem uma plataforma para inferências rápidas e confiáveis de teorias sobre nossas relações egocêntricas com objetos. Dessa forma, por exemplo, tendo em vista que elas respeitam *sistematizações* de tamanhos angulares (embora não respeitem *proporções* de tais tamanhos), elas nos permitem chegar a teorias mais ou menos exatas sobre as relações entre objetos que independentemente sabemos que são semelhantes em dimensão objetiva. Resumindo, ao representarmos propriedades Thouless, obtemos benefícios que, de outra forma, seriam atingidos somente pela representação independente de

Consciência [A] visual e *qualia* visuais

propriedades de dois tipos: propriedades físicas objetivas e propriedades angulares. A Mãe Natureza matou dois coelhos com uma cajadada só.

Assim, parece que há muito a favor da ideia de que as propriedades-A sejam propriedades Thouless.[30] Entretanto, há também espaço para inquietação. Propriedades Thouless são aquelas obtidas pela aplicação de certas transformações de constância, como dimensão angular e forma angular; são obtidas pela aplicação de transformações de constância a propriedades que são, de forma relevante, exteriores ao agente. (De determinada perspectiva, é natural achar que o mundo exterior se estende até a retina, mas não vai além dela.) Contudo, se as propriedades Thouless são transformações de propriedades exteriores, é natural supor que elas próprias sejam exteriores. Em consequência, parece que podemos adotar essa teoria.

Então, se propriedades-A são propriedades Thouless, a externalidade das propriedades Thouless sugere que propriedades-A sejam externas. Há, entretanto, análises indicando a alguns pesquisadores que as propriedades-A deveriam ser vistas como aquelas que envolvem ou dependem constitutivamente de fatores internos. Assim, a maneira como um objeto parece-p a um observador depende claramente, de forma sistemática, da atenção e também do grau em que instâncias de processamento interior se adaptam a estímulos de determinado tipo. Atenção e adaptação são fatores internos. Além disso, a maneira como algo parece-p a um observador pode sofrer

---

30 Nesse ponto é necessário fazer uma restrição – uma restrição semelhante àquela em relação à proposta de que propriedades-A são idênticas a propriedades angulares (ver nota 21). Propriedades Thouless podem muito bem fornecer uma base adequada para explicar tanto tamanhos-A como aqueles aspectos de formas-A relacionados às margens externas de superfícies dispostas uma diante da outra, mas elas provavelmente não fornecem uma base adequada para explicar aparências de forma tridimensionais. Diferentemente daqueles aspectos de aparências de forma que se relacionam às margens externas, aparências de forma 3D envolvem as concavidades e as convexidades. É provável que uma estrutura explicativa mais elaborada seja necessária para explicá-las.

Consciência

a influência de uma série de fatores internos mais esporádicos, tais como doença e efeitos de drogas. Considerando que a maneira como algo parece-p a um observador depende de fatores internos desses tipos, será que deveríamos supor que os "fazedores de verdade" de proposições como *x parece-p F a y* incluem fenômenos interiores de alguma espécie? Para ser um pouco mais específico, será que deveríamos supor que as propriedades-A que aparecem nos "fazedores de verdade" sejam propriedades da forma *ser um objeto exterior que está produzindo um estado interior do sistema visual do observador que tem propriedade intrínseca P*?

Embora esse passo pareça natural a alguns autores, em minha opinião, ele é, em grande parte, improcedente. Os "fazedores de verdade" de proposições do tipo *x* parece-p *F a y* são fatos que consistem em estados de consciência [A] e também de propriedades-A. Então, com relação a uma teoria representacional da consciência, os estados de consciência que se evidenciam em fatos daquela determinada espécie são parcialmente constituídos por representações, e as propriedades-A que servem como objetos de consciência são ilustradas por aquelas representações. Consequentemente, se quisermos dizer que certas propriedades "interiores" se evidenciam nos fatos, precisamos demonstrar que elas são ilustradas pelas representações em questão; isto é, precisamos mostrar que as propriedades estão envolvidas nos conteúdos das representações. Então, emerge a pergunta: será que o fato de como as coisas parecem-p a um observador depende de fatores internos, como atenção e adaptação, nos fornece razão suficiente para acharmos que propriedades internas são ilustradas pelas representações relevantes? Após uma reflexão, sou levado a propor que a resposta deveria ser "não". Atenção e adaptação são fatores internos, e ambos exercem uma função na determinação de quais representações o sistema visual está produzindo em alguma ocasião. No entanto, o fato de que uma representação é produzida por fatores internos de certo tipo não mostra tendência em demonstrar que propriedades de tais fatores aparecem no *conteúdo representacional* da representação. Em geral, é um equívoco fazer inferências relativas

Consciência [A] visual e *qualia* visuais

ao conteúdo de uma representação com base em informações sobre sua etiologia.[31]

---

31 E quanto a cores-A? São elas exteriores? Contando que propriedades de imagens retinianas sejam vistas como exteriores, a resposta afirmativa é questionável. Assim, por exemplo, temos motivos para acreditar que, quando um objeto parece-p vermelho a um observador, ele está projetando uma imagem retiniana que envolve muito mais atividades em cones de comprimento de onda longa que em cones de comprimento de ondas médias, e aproximadamente a mesma quantidade de atividade em cones de comprimento de ondas curtas como em cones de comprimento de ondas longas e cones de comprimento de ondas médias combinados. Digamos que, se um objeto projeta uma imagem retiniana desse tipo, ele tem uma *propriedade de projeção vermelha*. Obviamente, dado que propriedades retinianas contam como propriedades exteriores, propriedades de projeção vermelha contam também como exteriores. Acontece que propriedades de projeção vermelha não são cores-A, pois, conforme Thouless apontou, cores-A refletem a influência de transformações de constância. Entretanto, parece que podemos explicar cores-A em termos de propriedades de projeção de cor. Parece, por exemplo, que podemos dizer que um objeto é considerado vermelho-A se (i) ele tem uma propriedade de projeção vermelha, (ii) transformações de constância apropriadas foram aplicadas a essa propriedade e (iii) o *output* das transformações incide dentro de determinado âmbito.

Com base nessa explicação, parece natural ver propriedades de aparência vermelha como exteriores, embora, é claro, muitas instâncias interiores estejam envolvidas nos processos pelos quais os sujeitos se tornam conscientes de tais propriedades. Se devemos aceitar uma descrição de cores-A com base em propriedades de projeção, considerações de uniformidade forneceriam motivação para adotarmos uma descrição de tamanhos-A e formatos-A fundamentada em certas propriedades de projeção associadas. Dessa forma, por exemplo, haveria motivação para afirmar que um objeto é considerado grande-A se (i) estiver projetando uma imagem de tamanho S na retina, (ii) transformações de constância apropriadas foram aplicadas a S e (iii) a porção resultante é relativamente grande. Em geral, com relação a essa nova descrição, os tamanhos e formas de projeções retinianas desempenhariam o papel de tamanhos e formas angulares na proposta de propriedades-Thouless – isto é, como *inputs* para as transformações de constância.

Todas as coisas sendo iguais, prefiro descrições que invoquem propriedades angulares a descrições que invoquem propriedades de projeção, pois as primeiras tendem a ser mais simples e mais elegantes que as últimas. Contudo, posso avaliar a desejabilidade de atingir uniformidade, e está claro que, dependendo da teoria de cores-A com a qual concordamos, a uniformidade pode entrar em ação aqui. (Para discussão suplementar das propriedades de projeção, ver nota 23.)

6
Ai!
O paradoxo da dor*

6.1 Aparência e realidade

Geralmente é possível distinguir entre a aparência de um fenômeno empírico e a realidade correspondente. Além disso, em termos gerais, a aparência de um fenômeno empírico é ontológica e nomologicamente independente da realidade correspondente: é possível o fenômeno existir sem que ele pareça existir, e é possível ele parecer existir sem que, de fato, exista. É surpreendente, portanto, que nosso pensamento e nosso discurso sobre as sensações do corpo pressuponham que o surgimento de uma sensação física esteja indissoluvelmente ligado à própria sensação. Isso é verdade, principalmente, com relação aos nossos pensamentos e ao nosso discurso sobre a dor. Por isso, pressupomos que os seguintes princípios sejam válidos:

---

* Várias partes deste capítulo são extraídas de meu trabalho: Hill, OW! The Paradox of Pain. In: Aydede (ed.), *Pain*: New Essays on its Nature and the Methodology of its Study, p.75-98.

Consciência

(A) Se x está sentindo uma dor, então parece a x que x está sentindo dor, uma vez que x tem uma razão experiencial para julgar que x está sentindo dor.

(B) Se parece a x que x está sentindo dor, uma vez que x tem uma razão experiencial para julgar que x está sentindo dor, então x realmente está sentindo dor.

Há formas alternativas de expressar esses princípios. Por exemplo, podemos expressar (A) afirmando que é impossível que x esteja sentindo dor sem que x esteja experiencialmente consciente de que x está sentindo dor, e podemos expressar (B) afirmando que é impossível que x tenha uma experiência do tipo que x tem quando x tem consciência de uma dor sem que seja o caso de que x realmente esteja consciente de uma dor.

(A) parece se sustentar literalmente – mesmo em casos um pouco estranhos. Para entender melhor isso, lembre-se de que soldados e atletas frequentemente sofrem ferimentos graves, mas não dão sinais de que estão sentindo dor, continuam a demonstrar comportamento normal até o final da batalha ou da competição esportiva, e talvez até mesmo por mais tempo. Eles também negam que estejam sentindo dor. Podemos ficar um pouco confusos ao tentar descrever situações como essa, mas sabemos que temos a obrigação de concordar com a pessoa que sofreu o ferimento. Se ela nega que esteja sentindo dor e não temos qualquer motivo para acharmos que a negativa é falsa, iremos aquiescer e, de fato, insistir na sua veracidade. Sentimos que seria totalmente absurdo desautorizar o testemunho de quem sofreu o ferimento.

Podemos avaliar a plausibilidade de (B) refletindo sobre casos de síndrome do membro fantasma. Quando alguém se queixa de dor num membro que não mais existe, que foi amputado, esse testemunho é considerado como fato, desde que, é claro, não haja qualquer razão para suspeitar de falsidade. Com certeza, não parecerá correto, nem para a pessoa que está sofrendo a dor nem para observadores externos, afirmar que a dor está na parte do corpo onde parece que ela está localizada, pois, em princípio, não há tal parte. Por causa disso, é válido dizer que, em tais casos, há certa discrepância entre aparência e realidade. Essa, porém, é a única discrepância. Portanto, embora tenhamos condições de afirmar que a percepção da vítima de que a dor está na perna direita é uma ilusão, reconheceremos – na verdade, insistiremos – que a dor é, em todos os outros aspectos, conforme ela parece à vítima. Insistiremos, de maneira especial, que se trata de uma *dor*, manifestando assim nosso compromisso com o princípio (B).

É importante que consideremos *absurdo* afirmar que um agente está sentindo dor em circunstâncias em que ele não tem consciência de uma dor, e que consideremos *absurdo* afirmar que um agente não está sentindo dor em circunstâncias em que parece a ele estar sentindo dor. Isso sugere que achamos (A) e (B) verdades necessárias – isto é, sustentando ambas por causa dos intensos fatos metafísicos sobre nossa percepção da dor, ou por causa da estrutura *a priori* do conceito que temos da dor.

Há vários aspectos de nosso pensamento e de nosso discurso a respeito da dor que não parecem muito de acordo com (A) e (B). Menciono um deles: todos nós sabemos que a dor tem poderes causais com relação à atenção e à consciência. Quando temos consciência de uma dor muito intensa, parece-nos que ela tem o poder de manter a atenção focalizada nela própria – na verdade, um poder que concentra nossa atenção de tal forma que se torna impossível para nós honrarmos outros afazeres e interesses. Da mesma forma, à medida que uma dor aumenta em intensidade, parece-nos que ela o faz proporcionalmente ao seu poder de atrair nossa atenção. Por causa desses fatos fenomenológicos, inclinamo-nos a presumir que a dor pode exercer influência sobre a atenção mesmo antes de tomarmos consciência dela. Por conseguinte, afirmamos que as dores podem nos despertar. Em uma interpretação muito natural dessa afirmativa, ela pressupõe um quadro de acordo com o qual a dor pode existir antes que nos apercebemos dela e, portanto, independa do estar consciente. Com base nesse quadro, há dores que são tão "pequenas", tão fracas em intensidade que não conseguem chamar a atenção e existem apenas em um nível subliminar. Entretanto, uma dor desse tipo pode se tornar mais intensa, elevando, com isso, seu poder de atrair nossa atenção; e ela pode, finalmente, atingir um nível de intensidade que nos permite abrir as portas da percepção. Quando isso ocorre durante o sono, nós acordamos.

Embora esse quadro tenha certo fascínio, duvido que se possa dizer que ele representa uma linha de raciocínio dominante de nossa concepção mais comum do que seja uma dor. Se estivéssemos total-mente envolvidos nesse quadro, estaríamos preparados para considerar epistemicamente possível que um soldado ferido realmente sinta uma dor intensa, apesar de alegar o contrário, mas que há algo errado com os mecanismos de seu cérebro que embasam a atenção, e que isso está impedindo a dor de penetrar no limiar da consciência. Quando pedi a informantes que avaliassem a probabilidade desse cenário, entretanto, todos eles se inclinaram a descartá-lo como absurdo. O fato é que nosso discurso a respeito da dor está sujeito a pressões divergentes. Ele serve a vários propósitos e reage a uma fenomenolo-gia complexa. Como resultado, ele não é de todo coerente. (A) e (B) repercutem profundamente dentro de nós, mas não deve ser surpresa se, vez ou outra, somos levados a dizer coisas – e a sentir o apelo de cenas – que não podem se ajustar plenamente a esses princípios.

De qualquer maneira, continuarei com a hipótese de que (A) e (B) nos parecem fundamentalmente corretas e, de fato, nos pare-cem desfrutar de uma espécie de necessidade. Se a necessidade em questão tem uma razão ontológica ou, ao contrário, deve-se a uma estrutura *a priori* do conceito que temos de dor, é assunto que vou protelar até a Seção 6.5.

6.2 Consciência da dor

O fato de que dores não permitem uma distinção substantiva entre aparência e realidade é lamentável, pois significa um sério problema para o que, de outra forma, seria uma descrição instigante do que é

Ai! O paradoxo da dor

ter consciência de uma dor. De fato, neste ponto, devemos ver a falta de uma distinção aparência/realidade como *absolutamente* lamentável, já que as considerações que favorecem à mencionada descrição realmente parecem exigi-lo. Portanto, temos uma antinomia. Por um lado, os princípios (A) e (B) parecem não apenas verdadeiros, mas, em certo sentido, necessários. E, por outro, há considerações que parecem nos forçar a aceitar uma descrição da consciência [A] da dor que é totalmente incompatível com (A) e (B). Trata-se do "paradoxo da dor" registrado no subtítulo deste capítulo.

A exposição sobre a consciência da dor que tenho em mente é aquela que compara a percepção da dor com tipos familiares de consciência [A] perceptual, como visão, audição e tato.

Quando consideramos as formas familiares de consciência perceptual de um ponto de vista introspectivo, achamos que elas compartilham uma série de características, e essa impressão é reforçada quando as observamos da perspectiva da psicologia cognitiva contemporânea. Mencionarei várias dessas características comuns.[1] Creio que, conforme avançamos, ficará claro que a consciência da dor também apresenta essas características.

Primeira: consciência perceptual envolve representações subconceituais de objetos de consciência [A]. Depois de algumas reflexões, concluímos que é possível perceber inúmeras propriedades que não conseguimos nomear nem descrever. Com frequência se diz que podemos usar conceitos demonstrativos, tais como *aquela tonalidade de cor*, para especificar essas propriedades, mas mesmo que essa observação fosse absolutamente correta – o que é muito questionável, considerando que os animais parecem capazes de representações perceptuais altamente sofisticadas, embora sejam conceitualmente muito limitados –, ela não tornaria menos relevante o argumento a favor da teoria de que as propriedades são represen-

---

1 Inevitavelmente, a presente lista de características distintivas da consciência perceptual coincide com a lista de características da consciência [A] experiencial da Seção 3.6.

245

tadas subconceitualmente. Isso ocorre porque precisamos atentar perceptualmente para uma propriedade a fim de demonstrá-la. As representações empregadas pela atenção perceptual quando ela fornece embasamento para conceitos demonstrativos não podem por si mesmas ser conceituais.

A consciência da dor também envolve representações subconceituais. Na verdade, a consciência da dor frequentemente toma a forma de um juízo, no sentido de que estamos sentindo dor, e juízos colocam conceitos em jogo. Entretanto, aquilo de que temos consciência ao estarmos conscientes de dores pode facilmente transcender os poderes expressivos de nosso repertório conceitual. Todos nós temos consciência de dores com um grau significativo de complexidade interior. Talvez fosse possível juntar descrições mais ou menos adequadas de tais dores, se elas durassem um tempo suficientemente longo, sem sofrer qualquer alteração, ou se pudéssemos nos lembrar de suas particularidades por tempo suficientemente logo depois que elas desaparecessem. Na verdade, entretanto, a tarefa de descrevê-las plenamente está muito além de nossa capacidade. Aquilo de que temos consciência [A] é inefável na prática, se não o for também em princípio.

Segunda: todas as formas familiares de percepção estão associadas a mecanismos de atenção automáticos, e também a mecanismos de atenção que estão sob controle voluntário. Entre outras coisas, tais mecanismos podem aumentar a resolução de nossa experiência a respeito de um objeto de consciência e intensificar o contraste entre um objeto de consciência e seu segundo plano. O mesmo vale para a consciência da dor. Podemos atentar para dores e, quando o fazemos, há um nível mais alto de resolução e também um contraste mais marcante entre a figura e o fundo.

Terceira: faz parte essencial da representação perceptual atribuir localizações e outras características espaciais a seus objetos. O mesmo vale para a consciência da dor.

Quarta: há normas *a priori* de bons agrupamentos que determinam a maneira como elementos perceptuais são organizados em conjuntos inteiros. Por exemplo, agrupamos visualmente pontos que se apresentam juntos se eles são iguais em algum aspecto – isto é, se eles são vizinhos no espaço, se compartilham um formato, uma cor, um tamanho ou um destino comum. Isso vale também para grupos de dores. Imagine que você esteja sentindo três dores, duas na palma da mão e uma no punho. As duas da palma da mão parecerão formar um todo unificado de determinado tipo. Igualmente, duas dores semelhantes em intensidade ou que começam a se manifestar ao mesmo tempo parecerão membros de uma "sociedade" única, mesmo que estejam a alguma distância uma da outra, falando em termos de espaço.

Quinta: todas as formas de consciência [A] perceptual têm uma fenomenologia própria. A mesma coisa, obviamente, ocorre com a consciência da dor.

Sexta: a consciência perceptual é particularizada. Posso construir a crença de que há três livros em uma caixa sem ter simpatia por qualquer um deles em particular de forma a tornar minha crença verdadeira. Da mesma maneira, posso acreditar que alguém está comendo meu mingau sem ter quaisquer crenças relevantes sobre um indivíduo específico. A consciência perceptual, no entanto, é diferente. Se tenho consciência perceptual da presença de três livros em uma caixa, preciso estar de alguma forma perceptualmente consciente de cada um deles separadamente. Da mesma maneira, se estou consciente da existência de três dores no braço, devo estar consciente de cada membro individual do trio.

Sétima: a consciência perceptual tem certa determinabilidade mereológica. Posso construir a noção de um objeto sem construir qualquer noção de suas partes. Contudo, a menos que um objeto de percepção seja atômico, um *sensibile* mínimo de alguma espécie, não há como eu não ter consciência de várias de suas partes ao estar perceptualmente consciente do objeto e também de certas relações estruturais entre as partes. (Uso o termo "parte" em âmbito bem amplo, de forma que se aplique a constituintes temporais de eventos e constituintes qualitativos de propriedades complexas, bem como a partes espaciais de substâncias físicas.) Isso também é válido para a consciência de dores, as quais são normalmente experienciadas como se estivessem estendidas no espaço; e, quando vivenciadas dessa forma, as partes também são vivenciadas como o são várias relações estruturais entre as partes.[2]

Examinamos certas características comuns de formas paradigmáticas de percepção que são visíveis da perspectiva da introspecção e/ou da perspectiva da psicologia cognitiva. Manifestei a opinião de que, quando refletimos, podemos ver que essas características são compartilhadas pela consciência experiencial da dor. Desejo agora salientar que há outras características comuns que são visíveis da perspectiva da neurociência cognitiva. Mais especificamente, a neurociência cognitiva fornece muitos dados que sugerem que a percepção da dor é fundamentalmente semelhante à percepção háptica, à percepção térmica e à propriocepção. Há uma teoria amplamente aceita de que essas últimas formas de percepção devem seu caráter e, na verdade, sua própria existência às funções representacionais de certas estruturas do córtex somatossensorial. Na medida em que prescindimos dos fenômenos emocionais e comportamentais que estão presentes na consciência da dor e pensamos nessa consciência como a consciência de um estado puramente sensorial, achamos que a consciência da dor também deve seu caráter e seu existir a representações no córtex somatossensorial.[3] Ademais, somando-se a essa comunalidade global, há também muitas comunalidades de detalhe – as quais relacionam-se com organização interna, conexão

---

2 Ver: Yeshuran; Currasco, Attention Improves Performance in Spatial Resolution Tasks. *Vision Research 39*, p.293-305. E Currasco; Penpecci-Talgar; Eckstein, Spatial Attention Increases Contrast Sensitivity across the CSF: Support for Signal Enhancement. *Vision Research 40*, p.1203-15.

3 Os experimentos que estabeleceram isso foram realizados por Pierre Rainville. Ver: Rainville et al., Pain Affect Encoded in Human Anterior Cingulate but not Sometosensory Córtex. *Science 277*, p.968-71; e Rainville; Carrier; Hofbauer et al. Dissociation of Sensory and Affective Dimension of Pain Using Hypnotic Modulation. *Pain Forum 82*, p.159-71.

Ai! O paradoxo da dor

com "sistemas sensoriais de captação" e conexões com centros cognitivos superiores, tais como aqueles que se acredita estarem envolvidos na atenção. Tendo em vista essas similaridades, seria muito incômodo suprimir o rótulo "sistema perceptual" das estruturas que subservem a consciência da dor e aplicá-lo às estruturas que subservem, digamos, a percepção háptica.[4]

De acordo com meu ponto de vista, então, somos obrigados a aceitar a teoria de que a consciência da dor é constituída por representações que têm um caráter fundamentalmente perceptual e, da mesma maneira, a teoria de que a consciência da dor é uma forma de consciência perceptual. Oh, Céus! Ao aceitar esses postulados, entramos em conflito com os princípios (A) e (B), que negam que haja uma distinção substancial entre parecer que estamos sentindo uma dor e o caso de que realmente estamos sentindo uma dor. A razão para esse conflito é que a relação entre representações perceptuais e os elementos que elas representam é sempre contingente. Suponha que uma representação perceptual R representa uma propriedade P. É sempre possível que P seja instanciado sem ser representado por um símbolo correspondente de R, e que R seja simbolizado sem que haja um exemplo correspondente de P. Por causa disso, se a percepção da dor envolve constitutivamene representações perceptuais, deve ser possível, pelo menos em princípio, que haja dores das quais não temos consciência, e deve também ser possível ter consciência de dor, no sentido de ter uma experiência exatamente como aquela em que temos consciência de uma dor, sem que, de fato, a estejamos sentindo. Em outras palavras, deve haver circunstâncias possíveis em que sentimos dor sem parecer que a estamos sentindo, e cir-

---

4 O quadro que acabo de esboçar é apresentado em mais detalhes em: Price, *Psychological Mechanisms of Pain and Analgesia*. Capítulo 5; e Basbaum; Jessell, The Perception of Pain. In: Kandel; Schwartz; Jessell (eds.), *Principles of Neural Science*, p.472-91. Para discussão dos mecanismos que subjazem a outras formas de consciência física, ver: Gardner; Martin; Jessell, The Bodily Senses. In: Kandel; Schwartz; Jessell (eds.), *Principles of Neural Science*, p.430-50; e Gardner; Kandel, Touch. In: Kandel; Schwartz; Jessell (eds.), *Principles of Neural Science*, p.451-71.

cunstâncias possíveis em que parece que estamos sentindo dor sem que a estejamos realmente sentindo. No entanto, (A) e (B) negam que tais possibilidades existam.

Parece, então, que quando tentamos combinar o quadro psicológico popular da dor e a consciência da dor com vários fatos científicos e introspectivos, chegamos a uma antinomia. Ao final, irei propor uma maneira de lidar com esse conflito, mas, antes, gostaria de desenvolver as observações anteriores, relativas à consciência da dor, construindo algo mais ou menos semelhante a uma teoria para, em seguida, discutir suas implicações em questões referentes à natureza da própria dor.

6.3. O modelo perceptual

Os argumentos expostos anteriormente fornecem razões para uma teoria que chamarei de *modelo perceptual* da consciência da dor. De acordo com o modelo perceptual, a consciência da dor é uma forma de consciência perceptual, exatamente igual às formas paradigmáticas de consciência perceptual, como a visão e o olfato. Ele envolve representações perceptuais que, provavelmente, são mais claramente vistas como modelos de atividade elevada no córtex somatossensorial. Como sempre sucede com representações, essas podem ocorrer independentemente daquilo que representam. Assim, pode nos parecer que estamos conscientes de uma dor quando, na verdade, não estamos. Pode haver alucinações de dor.

Além disso, como a consciência da dor envolve representações, há bons motivos para duvidar que ela nos coloca em contato com a natureza essencial da dor. Há sempre um hiato – e geralmente um hiato bem grande – entre a natureza intrínseca de um fenômeno e as características desse fenômeno, que são apreendidas por representações perceptuais dele. Portanto, como sabemos, embora representações visuais nos forneçam acesso razoável a alguns aspectos de cor física, elas revelam muito pouco acerca da microestrutura física da cor ou das formas como as cores percebidas dependem de relações entre os objetos e seu entorno. Não há bons motivos para pensarmos que deveria ser diferente no caso da consciência da dor. Por conseguinte, o modelo perceptual nos obriga a admitir que existe um hiato – e tudo indica que se trata de um hiato bem grande – entre a dor como é representada e a dor em si mesma, ou, em outras palavras, entre a aparência da dor e a realidade subjacente. Da mesma forma, o modelo perceptual sugere que devemos ter certa cautela quanto a teorias filosóficas da dor que se baseiam na suposição de que é possível apreender a natureza essencial da dor por meio da introspecção. Na presente exposição, a consciência introspectiva da dor é uma forma de consciência perceptual e, portanto, é provavelmente um guia precário para a natureza essencial de seu objeto.

Concluo esse esboço do modelo perceptual com um argumento sobre o estado mental que chamamos *experiência da dor*. Parece natural presumir que a experiência da dor mantenha com a consciência da dor a mesma relação que a experiência de formas mantém com a consciência de formas. A experiência de formas é o que poderia ser chamado de *componente subjetivo* da consciência de formas: quando temos consciência visual de uma forma, precisamos estar vivenciando a experiência dessa forma, mas podemos ter a experiência de uma forma sem termos consciência dessa forma, como no caso em que uma lente distorcida faz um objeto parecer compacto. A experiência visual de formas é o que temos quando focalizamos aquele aspecto da consciência visual de formas que envolve apenas a experiência perceptual do próprio sujeito. Inversamente, a consciência visual de formas ocorre quando temos uma experiência de forma que é verídica. É a mesma situação que encontramos quando passamos a considerar a experiência da dor em relação à consciência da dor. A experiência da dor é o componente subjetivo da consciência da dor, o componente ao qual chegamos quando focalizamos aquele aspecto da consciência da dor que envolve apenas a experiência do sujeito. De maneira inversa, a consciência da dor ocorre sempre que uma experiência de dor é real.

Consciência

6.4 A teoria dos distúrbios do corpo

Até aqui nossa preocupação tem sido exclusivamente com questões relacionadas à consciência da dor. Passo agora a considerar a natureza da dor em si mesma. Dores são, presumivelmente, estados físicos de algum tipo, mas *de que* tipo? Há diversas opções aqui. Poderíamos dizer que dores são distúrbios físicos que envolvem algum dano real ou potencial.[5] Poderíamos também dizer que são eventos que ocorrem nas extremidades dos nervos que detectam danos – isto é, nas extremidades das fibras C e fibras Aδ. Uma terceira possibilidade é associar dores a processos que ocorrem na medula espinhal; outra possibilidade é associá-las a certos eventos que ocorrem em estágios iniciais do processamento de sinais nociceptivos do cérebro – talvez com eventos no tálamo; ainda outra possibilidade é associá-las a eventos corticais de alguma espécie.

Há algo a ser dito sobre cada uma dessas opções. Assim, por exemplo, há processos modulatórios na medula espinhal cujo efeito é o de reduzir as forças dos sinais nociceptivos que chegam da periferia. Como resultado, o nível de atividade nociceptiva na medula espinhal está geralmente mais próximo da intensidade de dor percebida que o nível de atividade dos detectores de dano periférico. Essa combinação entre intensidade percebida e nível de atividade é uma razão – embora não seja por si mesma uma razão decisiva – para associarmos dores a processos que ocorrem na medula espinhal.

---

5 Conforme David Bennett me mostrou, há um problema com a ideia de que as dores são distúrbios físicos que envolvem dano real ou potencial, pois frequentemente acontece que distúrbios físicos são sentidos como dores mesmo que não apresentem ameaça à integridade das partes do corpo nas quais elas ocorrem. Enxaquecas são um exemplo. Isso mostra que, se temos de associar dores a distúrbios físicos, precisaremos caracterizar os distúrbios relevantes em termos mais amplos, mais inclusivos. Será necessário, por exemplo, invocar valores anormalmente altos de níveis de pressão e inflamação. Não creio, entretanto, que seja muito incorreto caracterizar os distúrbios relevantes como distúrbios que envolvem dano real ou potencial. Essa caracterização faz justiça ao caso normal. Por causa disso e de sua simplicidade, continuarei a confiar nela na sequência.

Ai! O paradoxo da dor

Nesta seção, justificarei uma teoria da natureza da dor que chamarei de *teoria do distúrbio físico* [*bodily disturbance theory*]. Essa teoria associa dores a distúrbios periféricos que envolvem um dano real ou potencial. As razões pelas quais a defendo são individualmente muito fortes e, consideradas em conjunto, parecem – à primeira vista, pelo menos – decisivas. É, portanto, surpreendente que seja também possível argumentar a favor de uma teoria oposta. De acordo com essa segunda teoria, dores não são desordens físicas, mas representações somatossensoriais de desordens físicas. Discutirei a proposta alternativa na Seção 6.6.

O primeiro motivo para associarmos dores a distúrbios físicos é que nossas experiências de dor as representam como se elas tivessem localizações físicas. Assim, por exemplo, experiencio uma dor como se estivesse no pé. A teoria do distúrbio físico é a única teoria de dor que toma as localizações aparentes das dores em seu valor de face. Todas as outras teorias sugerem que nossas experiências de dor são sistematicamente equivocadas, ou ilusórias, na medida em que elas atribuem localizações a dores. Pois bem, se o modelo perceptual estiver correto, o fato de que a teoria dos distúrbios físicos toma nossa experiência de dor em seu valor de face pende fortemente a favor da teoria. Isso porque, como sabemos, há uma regra segundo a qual devemos preferir teorias que tomam a experiência perceptual em seu valor de face a teorias que a tratam como sistematicamente enganosa. Isso não significa que somos obrigados a considerar a experiência perceptual como verídica em todas as circunstâncias. É claro que em alguns casos, a experiência perceptual pode ser desconsiderada, mas isso significa que existe uma obrigação *prima facie* de considerar a experiência perceptual como verídica e que seus ensinamentos não podem ser facilmente descartados. Aplicando esses pontos ao caso em questão, chegamos à conclusão de que devemos preferir a teoria do distúrbio físico às teorias concorrentes, a menos que nos defrontemos com problemas interiores graves ao tentar desenvolvê-la.

Consciência

Antes de prosseguirmos e considerarmos outras razões para acatarmos a teoria dos distúrbios físicos, façamos uma pausa para considerar uma objeção a essa primeira razão. De acordo com tal objeção, já analisamos um pensamento que sugere que nossa experiência da dor pode ser sistematicamente enganosa com relação a localizações. Portanto, vimos que as intensidades de dores percebidas não se correlacionam perfeitamente com níveis de atividade periférica. Há uma correlação muito melhor entre intensidades percebidas e níveis de atividade na medula espinhal. Isso sugere que é melhor associar dores a eventos na medula espinhal e, da mesma forma, fornece um motivo para acharmos que nossa experiência perceptual sistematicamente descaracteriza as localizações das dores.

Essa objeção tem, no início, certa plausibilidade, mas não acredito que ela seja decisiva em nenhum sentido. Com efeito, a objeção indica que precisamos escolher entre dizer que nossas representações perceptuais de dores dizem a verdade sobre suas localizações, mas mentem acerca de suas intensidades, e dizer que nossas representações de dores dizem a verdade sobre as intensidades de dores, mas mentem sobre suas localizações. Parece correto que precisamos fazer essa escolha, mas também que há fortes razões para preferirmos a primeira à segunda opção. Portanto, embora seja verdade que a intensidade de dores percebidas não se correlaciona perfeitamente com níveis de atividade física, também é verdade que há uma correlação estatisticamente significativa entre essas duas variáveis. Então, se dissermos que dores são análogas a distúrbios físicos, estamos, dessa forma, nos comprometendo em dizer que representações perceptuais de intensidades são sistematicamente enganosas, mas não em dizer que elas estão, no todo, erradas. Pelo contrário, estaremos dando a elas um endosso condicional afirmando que seu testemunho a respeito de intensidades está, em grande parte, correto. Por outro lado, se dissermos que as dores se localizam na medula espinhal, seremos obrigados a concluir que as representações perceptuais de localizações das dores estão completamente equivocadas. Não teremos a opção de dizer que estão, em grande parte, corretas. Diante dessa

Ai! O paradoxo da dor

assimetria, fica claro que mostraremos maior respeito por nossas representações perceptuais da dor, adotando a teoria que associa dores a distúrbios perceptuais, do que adotando a teoria de que elas são sinais nociceptivos da medula espinhal. Ambas as teorias nos levam a afirmar que nossas representações da dor mentem, mas a primeira teoria acusa as representações de serem menos desonestas que a última.

A segunda razão para aceitarmos a teoria dos distúrbios físicos prende-se ao fato de que experiências de dor atribuem a seus objetos propriedades espaciais diferentes das localizações de seus objetos. As experiências de dor representam seus objetos com dimensões e também com partes espaciais – as quais guardam várias relações umas com as outras. Assim, você pode experienciar uma dor como se estivesse se estendendo por uma grande região de seu antebraço esquerdo e pode também experiênciá-la como uma estrutura incômoda, com regiões de alta intensidade alternando com regiões de baixa intensidade. A teoria do distúrbio do corpo é a única que autoriza plenamente atribuições espaciais desse tipo e sugere que elas estão total e absolutamente corretas. Outras teorias tratam-nas de uma forma bem diferente.

A terceira razão para acatarmos a teoria do distúrbio do corpo começa com o bordão de que temos consciência das dores. Acontece que a consciência [A] envolve representações e, quando temos consciência [A] de x, o objeto da consciência x é idêntico ao objeto da representação envolvida em nosso estado de consciência. De fato, é natural afirmar que o estado de consciência [A] *herda* seu objeto da representação envolvida no referido estado – ou, em outras palavras, que a representação *determina* o objeto de consciência [A]. Em especial, então, aquilo de que temos consciência quando temos consciência de uma dor é o que quer que esteja sendo apresentado pela representação somatossensorial envolvida no estado de consciência. Então, está bem claro que representações somatossensoriais nociceptivas têm a função de codificar informações sobre distúrbios físicos que envolvem estresse ou dano. Entretanto, se representações

Consciência

somatossensoriais nociceptivas têm a função de codificar informações sobre os distúrbios físicos, então é razoável pensar que elas *representam* esses distúrbios. Portanto, é razoável afirmar que temos consciência de um distúrbio físico quando temos consciência da dor. Conclui-se imediatamente disso que dores são o mesmo que distúrbios físicos.

Em resumo: (i) aquilo de que temos consciência quando temos consciência de uma dor é determinado pela representação somatossensorial envolvida em nosso estado de consciência; trata-se do que quer que esteja sendo espelhado pela representação; (ii) a representação espelha um distúrbio físico envolvendo estresse ou dano; portanto, aquilo de que temos consciência quando temos consciência de uma dor é um distúrbio físico. Isso significa que dores são distúrbios físicos.

Talvez eu devesse explicar um pouco melhor a premissa (ii) – o argumento de que as representações somatossensoriais envolvidas na consciência da dor representam distúrbios do corpo. Quando consideramos os fatos neurocientíficos relevantes, fica bastante claro que essas representações codificam informações sobre distúrbios físicos do tipo relevante; mas pode ser verdade que um estado ou evento codifica informações sobre x sem ser verdade que o estado ou evento representa x. Para representar x, o estado ou evento precisa ter a *função* de codificar informações acerca de x. Por que deveríamos achar que representações somatossensoriais têm a função de codificar informações sobre distúrbios físicos? Essa hipótese torna-se plausível pelo fato de que centros cognitivos superiores – tais como aqueles responsáveis por planejar, iniciar e orientar a ação – têm uma *necessidade* vital de informações sobre distúrbios físicos daquela espécie definida. Em especial, eles têm mais necessidade de informações a respeito dos distúrbios físicos que de informações relacionadas à atividade da medula espinhal ou do cérebro. Portanto, se instâncias cognitivas superiores existem para manter o organismo protegido contra danos e evitar que estes se tornem maiores, elas precisam de um mapa minucioso e constantemente atualizado dos *loci* periféricos onde há dano real ou potencial. Equipadas com tal

Ai! O paradoxo da dor

mapa, essas instâncias podem tomar medidas para pôr fim em ameaças e para proteger áreas que já incorreram em dano. No entanto, sem esse mapa, as instâncias ficariam cegas. Por essa razão, há uma necessidade premente de informações sobre distúrbios; e é muito natural achar que os requisitos informacionais das instâncias cognitivas superiores desempenham papel importante na determinação dos conteúdos representacionais de representações perceptuais. Até onde vai meu conhecimento, essa teoria é sustentada por todas as teorias atuais de representação perceptual.

Isso nos leva a uma quarta razão para acharmos que dores devem ser equiparadas a distúrbios físicos. Ela tem a ver com uma questão de referência. O referente de um demonstrativo complexo, como "aquele homen" ou "esta maçã", é determinado em parte pela atenção. "Aquele homem" refere-se a Mervin P. Gerbil porque estou focalizando minha atenção em Mervin quando articulo as palavras ou penso nelas. Então, é plausível que centralizemos a atenção em distúrbios físicos quando usamos demonstrativos envolvendo "dor". Dessa forma, como sabemos, a atenção realça o processamento de informações sobre o que quer que esteja recebendo nossa atenção. Por isso, podemos compreender o que está sendo objeto de atenção em qualquer caso em particular, ao determinarmos quais fluxos de informações estão mais profundamente sendo processados. É bastante óbvio que informações sobre o dano físico são as mais profundamente processadas quando atentamos para dores. Então, temos o seguinte: (i) o referente de "aquela dor" etc. é qualquer coisa para a qual estivermos atentando quando articulamos essas palavras ou pensamos nelas; (ii) aquilo para o qual atentamos em tais casos são distúrbios físicos; (iii) o referente de "aquela dor" é sempre uma dor; portanto, (iv) dores têm de ser distúrbios físicos.

A quinta razão tem a ver com o fato de que consultamos os distúrbios físicos ao avaliar a veracidade ou a falsidade de alegações de dor e ao responder a questões sobre dores. A dor em meu pé está pior do que estava ontem? Para responder a essa pergunta, preciso atentar para a dor. Entretanto, os pontos que acabamos de examinar indicam que atentar para uma dor envolve atentar para um distúrbio físico.

Parece, então, que há diversas razões bastante convincentes a favor da teoria do distúrbio perceptual. Afirmo agora que essa teoria se ajusta muito bem ao modelo perceptual de consciência que consideramos anteriormente. Essas razões são plenamente compatíveis – na verdade, até certo ponto, elas, de alguma forma, se reforçam mutuamente. Portanto, é razoável combiná-las sob um rótulo único e ver essa combinação como uma teoria unificada. Doravante, vou me referir a elas como *teoria perceptual/somática*.

A teoria perceptual/somática propõe os seguintes argumentos: primeiro, a percepção da dor tem caráter perceptual; segundo, essa percepção envolve representações; terceiro, a experiência da dor é o componente subjetivo e experiencial da consciência da dor, que ocorre quando uma representação perceptual da dor adquire quaisquer propriedades necessárias para que uma representação perceptual se torne consciente; quarto, a consciência da dor é governada por uma distinção aparência/realidade e é, portanto, um guia não confiável da natureza essencial da dor; quinto, a dor em si mesma deve ser expulsa da mente e realocada nas regiões do corpo em que nossa experiência perceptual a representa e a localiza; sexto, a experiência da dor pode ocorrer sem que esteja acompanhada da própria dor, como nos casos de membros fantasma; há alucinações de dor; e, sétimo, a própria dor pode ocorrer sem ser acompanhada da experiência de dor, como em casos de ferimentos graves nos campos de batalha.

Como esse resumo deixa claro, a teoria perceptual/somática é absolutamente incompatível com os dois princípios da psicologia de senso comum que consideramos no início: princípio (A) e princípio (B):

(A) Se x está sentindo dor, então parece a x que x está sentindo dor, já que x tem uma razão experiencial para avaliar que x está sentindo dor.

Ai! O paradoxo da dor

(B) Se parece a *x* que *x* está sentindo dor, já que *x* tem uma razão experiencial para avaliar que *x* está sentindo dor, então *x* realmente está sentindo dor.

Portanto, se aceitamos a teoria perceptual/somática, precisamos rejeitar esses princípios; mas não está imediatamente claro o que tal rejeição compreenderia, pois não está evidente o que devemos dizer a respeito do *status* semântico e epistêmico dos princípios. Isto é, não está imediatamente claro se eles devem ser vistos como constitutivos do conceito de dor e, *a priori*, em um *status* epistêmico, ou se devem, ao contrário, ser vistos como asserções empíricas profundamente arraigadas. No primeiro caso, se fôssemos rejeitá-los, estaríamos, na verdade, eliminando o conceito do senso comum da dor e substituindo-o por um conceito novo e menos problemático. No segundo caso, ao rejeitá-los, estaríamos empreendendo uma revisão da teoria, mas não uma revisão conceitual. Não sei como resolver a questão acerca do *status* de (A) e (B) com algum tipo de conclusividade, mas na próxima seção adiantarei alguns pontos que sugerem que a primeira possibilidade seja mais provável. É plausível que (A) e (B) sejam constitutivos do conceito comum de dor e que sejam também apriorísticos.

Ao articular a teoria perceptual/somática, diferenciei claramente a experiência da dor, que considero como um estado perceptual, e a própria dor, que associei a certo tipo de distúrbio físico. Antes de concluir a exposição dessa teoria, devo mencionar que, na verdade, é necessário traçar uma distinção tripla. Além de distinguir entre a experiência da dor e a dor em si mesma, devemos diferenciar esses dois fatores do que poderíamos chamar de *afeto da dor* – a sensação de que a dor é algo ruim ou nocivo. Ademais, devemos reconhecer que, além de serem diferenciáveis, esses três fatores são separáveis, tanto clínica quanto experimentalmente: é, em princípio, possível que cada um ocorra independentemente dos outros. Nos casos de dor em membros fantasma há uma experiência de dor e também um afeto de dor, mas esses fatores não são acompanhados de um distúrbio

Consciência

físico do tipo certo, resultando no fato de que há dor. Nos casos de assimbolia da dor, há uma experiência de dor e também da própria dor, mas os sujeitos afirmam que suas dores não os incomodam e que elas não provocam desconforto. Portanto, precisamos considerar tais casos como aqueles em que a experiência da dor e a dor por si mesma ocorrem, mas em que elas não são acompanhadas do afeto da dor.[6] Nos casos de ferimentos no campo de batalha e de ferimentos graves em esportes, há dano ao corpo e há também muita atividade nas fibras δ e fibras C. Assim, se aceitamos a teoria dos distúrbios físicos, somos obrigados a considerar tais casos como aqueles em que há dor. Entretanto, conforme já comentamos anteriormente, não há experiência de dor em tais casos e nenhum afeto da dor. Por fim, menciono que há relatos de casos em que os sujeitos revelam afeto de dor, mas negam que estejam experienciando dor. Casos desse tipo são muito raros, mas, aparentemente, eles, realmente, ocorrem.[7]

6.5 O papel cognitivo do conceito de dor

A teoria perceptual/somática revela coerência interna e é profundamente motivada por ampla gama de considerações introspectivas, filosóficas e científicas. Entretanto, como há pouco comentamos, ela entra em conflito com a intuição de que a consciência da dor não permite uma distinção aparência/realidade. Qual é a natureza desse conflito? Seria meramente empírica, ou a teoria desafia noções populares que são parcialmente constitutivas do conceito de dor? Tentarei responder a essa questão nesta seção. Isto é, procurarei explicar o *status* semântico e epistêmico dos princípios populares que denomino (A) e (B).

A explicação que desejo propor contém três componentes. O primeiro deles é um par de afirmações sobre as regras que comandam o uso do conceito popular de dor – ou, para ser mais preciso,

---

6 Ver, por exemplo: Grahek, *Feeling Pain and Being in Pain*.
7 Ibid., p.100-3.

Ai! O paradoxo da dor

aquela parte do uso que consiste na formação de crenças simples em primeira pessoa envolvendo o conceito. O segundo componente é uma narrativa que explica a plausibilidade da noção popular de dor no sentido de nos ajustarmos a essas regras. E o terceiro é uma descrição do porquê é natural – considerando nossos interesses práticos e cognitivos – ter um conceito governado pelas regras e acolher a noção popular que se origina delas.

Para começar, proponho a noção de que o conceito tradicional de dor é governado por regras mais ou menos equivalentes a (R_1) e (R_2):

(R_1) Um indivíduo está plena e absolutamente autorizado a formar um juízo em primeira pessoa do tipo *estou sentindo dor*, se esse indivíduo estiver passando por uma experiência de dor.

(R_2) Um indivíduo não está autorizado a formar um juízo em primeira pessoa do tipo *estou sentindo dor*, a menos que esse indivíduo esteja, no momento, passando por uma experiência de dor.

Deve haver, é claro, muitas outras regras que governam o conceito de dor – por exemplo, regras relativas ao uso do conceito em juízos mais complexos em primeira pessoa. Acho, contudo, que podemos nos permitir ignorar todas as outras regras no contexto presente.

Menciono agora que (R_1) e (R_2) geram algumas consequências notáveis. Assim, (R_1) sugere que se estamos, no momento, vivendo uma experiência de dor, então temos o direito de acreditar que estamos sentindo dor, não importa que informações adicionais possamos ter. Isto é, a experiência imediata dá um direito que não pode ser desautorizado por informações de outros tipos. Em especial, (R_1) sugere que a experiência nos concede uma autorização que não pode ser cancelada pelo testemunho de um médico de que não há absolutamente nada de errado com nosso corpo nem mesmo pelo testemunho dos nossos próprios olhos – no caso em que a parte relevante do corpo esteja faltando. De acordo com (R_1), as autorizações fornecidas pela experiência imediata são absolutas.

Consciência

As consequências da regra (R_2) não são menos notáveis. Ela sugere que não há informações sobre nosso corpo nem sobre qualquer outra parte do mundo físico, que possam nos dar o direito de acreditar que estamos sentindo dor. Quando se trata de crenças relacionadas à dor, a experiência imediata é a única fonte de autorização.

Quando consideramos essas consequências de (R_1) e (R_2), creio que podemos ver que se um sujeito está ajustado a essas regras, então ele não terá absolutamente qualquer motivo para distinguir entre a aparência e a realidade da dor. Quando fazemos uma distinção aparência/realidade com relação a um fenômeno φ, isso acontece porque sabemos que a experiência imediata é um guia falível para crenças sobre a existência e a natureza de φ's; ou seja, é porque sabemos que o testemunho da experiência imediata pode ser desautorizado e/ou tornar-se desnecessário por meio de informações sobre φ's que provêm de outras fontes. Entretanto, um sujeito que está ajustado a (R_1) jamais poderá ter um motivo experiencial para uma crença positiva a respeito da dor que seja desautorizada por informações de alguma outra espécie. Esse sujeito jamais encontrará informações que coloquem tais crenças em dúvida; e um sujeito que está ajustado a (R_2) jamais se verá em uma situação em que ele carece de uma razão experiencial para sustentar uma crença positiva sobre a dor, mas tem uma razão de alguma outra espécie. Da mesma forma, o sujeito jamais adquirirá informações que mostram que a experiência não conseguiu alertá-lo para a existência de uma dor.

Em resumo, um sujeito ajustado a (R_1) e a (R_2) jamais terá motivos para achar que existe outro tribunal que não seja o da experiência imediata aos quais os juízos da dor devem responder. Entretanto, é exatamente a concepção de tal tribunal que motiva a distinção entre aparência e realidade em outras áreas da aventura cognitiva. Uma vez que não há outro tribunal que não aquele fornecido pela própria experiência imediata, ao qual uma classe de julgamentos deve responder, não pode haver motivo para se achar que a própria experiência fornece um guia menos do que absolutamente confiável da realidade.

Seria verdade que o conceito popular de dor é governado por (R_1) e (R_2)? Penso que podemos perceber que é verdade e também compreender por que é verdade, se observarmos que há um motivo muito forte para termos um conceito que pode ser utilizado para manter sob controle a experiência da dor – isto é, para codificar e armazenar informações a respeito da experiência. A motivação provém de forças causais que as experiências de dor apresentam, ou, de forma equivalente, que as representações somatossensoriais constitutivas de tais experiências apresentam. São essas representações somatossensoriais que controlam diretamente a atividade no córtex cingulado anterior e no sistema límbico que determinam nossa resposta afetiva à dor. Há afeto da dor quando, e apenas quando, uma representação somatossensorial do tipo certo é simbolizada. E, evidentemente, é o afeto da dor que torna a própria dor tão importante para nós. Sem a resposta, para nós, as dores não seriam mais que formigamentos ou leves sensações de pressão; mal tomaríamos conhecimento delas. Essas considerações mostram que é essencial que observemos atentamente representações somatossensoriais do tipo considerado. Observando-as atentamente estamos, ao mesmo tempo, atentando à sensação de que uma dor está ocorrendo e àquilo que confere significância a essa sensação.

Sem dúvida, representações somatossensoriais não são os únicos elementos que têm o poder de produzir afeto da dor. Distúrbios físicos também têm esse poder, mas a eficácia causal das representações é muito mais substancial que aquela dos distúrbios. O vínculo causal entre as representações e o afeto da dor é rompido apenas em condições experimentais e clínicas extremamente raras. Trata-se de uma relação causal muitíssimo estreita. A relação causal entre distúrbios físicos e o afeto da dor é muito mais fácil de se romper. Na verdade, ela se rompe até mesmo no sono. Além disso, ela é dependente da relação causal entre representações somatossensoriais e o afeto da dor. Distúrbios físicos têm o poder de causar afeto da dor apenas à medida que têm o poder de causar representações somatossensoriais. Consequentemente, importa muito menos que tenhamos

Consciência

um conceito para observarmos atentamente distúrbios físicos que um conceito para manter sob controle representações do tipo relevante.

Temos agora uma explicação do porquê não nos fica claro, da perspectiva da psicologia de senso comum, que é possível estabelecer uma distinção aparência/realidade com relação à dor.[8] Em resumo, a explicação sustenta a ideia de que a possibilidade de estabelecer uma distinção nos é invisível, uma vez que as regras que governam o uso do conceito comum de dor não reconhecem nenhuma outra fonte de garantia para juízos da dor que não seja a de experiências de dor. Ela também sustenta que adotamos essas regras porque é de importância crucial que tenhamos um conceito para manter sob controle as representações somatossensoriais que comandam as idas e vindas do afeto da dor.

Essa sondagem no papel cognitivo do conceito de dor foi instigada por questões relacionadas ao *status* semântico e epistêmico dos princípios (A) e (B), os dois princípios tradicionais que impedem uma distinção aparência/realidade da dor. Seriam esses princípios constitutivos do conceito de dor ou meras generalizações arraigadas? Teriam eles uma natureza *a priori* ou empírica? Encontramos agora um motivo para acreditar que os princípios emergem de interesses profundos e duradouros, e que os interesses em questão são mais práticos que preditivos e explicativos em sua natureza. Supondo que essa hipótese esteja correta, talvez seja melhor pensar nos dois princípios como ligados ao conceito de dor de uma maneira mais

---

8 Há também outra explicação – a que deriva do fato, muito discutido em capítulos anteriores, de que a natureza representacional da consciência [A] experiencial não está em evidência quando tal consciência é percebida das perspectivas da introspecção e da psicologia de senso comum. Deixamos de ver que a consciência experiencial da dor reconhece uma distinção aparência/realidade porque, normalmente, não reconhecemos que tal consciência [A] envolve representações. (Se realmente reconhecêssemos isso, veríamos que é possível distinguir entre a dor como é representada e a dor como é por si mesma). Com efeito, o fato de que não reconhecemos que a consciência da dor permite uma distinção aparência/realidade é sobredeterminado.

Ai! O paradoxo da dor

profunda e vital do que quaisquer generalizações meramente empíricas poderiam ser. E, da mesma forma, talvez seja melhor supor que, se rejeitássemos os princípios, estaríamos, com efeito, revisando nosso esquema conceitual e não apenas fazendo ajustes empiricamente motivados em uma teoria preditiva/explicativa.

6.6 Metafísica revisionista

Nas seções 6.2, 6.3 e 6.4, vimos que há razões muito convincentes para acolhermos as descrições de dor e de consciência da dor propostas pela teoria perceptual/somática. Contudo, vimos também que acolhê-las significaria entrar em conflito com os princípios (A) e (B) – isto é, com os princípios populares que impedem uma distinção aparência/realidade da dor. Sabemos agora que esses princípios são parcialmente constitutivos do conceito de dor. Da mesma forma, sabemos que, se fôssemos aceitar a teoria perceptual/somática, estaríamos, na verdade, descartando ou revisando radicalmente o conceito popular de dor. Então, devemos nos perguntar: se adotar a teoria nos priva, de fato, do conceito comum de dor, faz sentido adotá-la? Considerando tudo, seria essa a melhor opção disponível?

Vimos que o conceito popular de dor serve a um propósito importante – o de codificar informações sobre representações so-matossensoriais de distúrbios físicos envolvendo danos reais ou potenciais, as representações que controlam as idas e vindas do afeto da dor. (A partir daqui farei referência a esses elementos como *representações-D*.) Em decorrência disso, qualquer curso de ação que nos obrigue a eliminar ou revisar radicalmente o conceito do senso comum de dor teria um custo prático significativo. Será que podemos nos dar ao luxo de incorrer nesses custos? Parece improvável que sim. É de importância vital que tenhamos um dispositivo para registro de fatos sobre as representações-D, para armazenamento de informações a respeito de tais fatos na memória e para a construção de generalizações acerca deles.

Diante disso, ocorre um problema com a aceitação da teoria perceptual/somática. E mais: esse primeiro problema vem acompanhado de um segundo. Vimos que os princípios (A) e (B) são parcialmente constitutivos do conceito de dor. Como veremos logo adiante, é possível usar esse fato como base para um argumento de que o conceito de dor se refere não a distúrbios físicos envolvendo dano real ou potencial, mas, em vez disso, a representações-D; isso, entretanto, significa que (A) e (B) fornecem motivos para a teoria de que dores *são* representações-D. Estivemos supondo que a teoria perceptual/somática é a melhor explicação disponível da dor e da consciência da dor; mas se há forte razão para ver dores como representações-D, não temos o direito de prosseguir com essa conjetura. Em vez de considerar a teoria perceptual/somática como a melhor opção disponível, talvez devêssemos vê-la como uma proposta que é colocada em dúvida, ou mesmo refutada, por uma proposta concorrente com credenciais iguais ou superiores.

Aqui está um argumento a favor da teoria de que o conceito de dor se refere a representações-D:

> Conforme vimos, a não existência de uma distinção aparência/realidade da dor é mais bem explicada se considerarmos que o conceito de dor é usado para codificar informações sobre experiências de dor. Tendo em vista que experiências de dor são constituídas por representações-D, conclui-se que o conceito de dor é utilizado para codificar informações sobre representações-D. Então, se um conceito serve o propósito de codificar informações acerca de X's, então ele deve ser visto como se estivesse se referindo a X's. Que outra referência poderia ser que não a relação que um conceito mantém com os elementos que ele está acostumado a ter sob controle? Isso, porém, significa que o conceito de dor se refere a representações-D.

Curiosamente, há outras maneiras de argumentar partindo de (A) e (B) para chegarmos a essa conclusão a respeito da referência do conceito de dor. Aqui, de forma breve, está uma segunda maneira:

Ai! O paradoxo da dor

Consideramos atribuição de dor em primeira pessoa como indiscutivelmente justificada se o indivíduo que faz o juízo em questão está no momento vivenciando uma experiência de dor – isto é, se uma representação-D está ocorrendo no exato momento em seu córtex somatossensorial. Todavia, considerar um juízo como indiscutivelmente justificado equivale a considerá-lo como verdadeiro. Daí sermos obrigados a ver uma atribuição de dor em primeira pessoa como verdadeira apenas se o agente relevante está simbolizando uma representação-D. Conclui-se que as representações-D são os "fazedores de verdade" das atribuições de dor em primeira pessoa, e, por sua vez, conclui-se disso que o conceito de dor se refere a representações-D.

Façamos uma pausa para reflexão. Há fortes motivos para a adoção da teoria perceptual/somática. Se seguirmos esse caminho, entretanto, seremos forçados a rejeitar (A) e (B) e, pelas mesmas razões, forçados a eliminar ou rever radicalmente o conceito comum de dor. Essa última estratégia teria custos práticos expressivos, mas também (A) e (B) fornecem motivo para uma teoria da dor que é uma alternativa à teoria perceptual/somática – a saber, a teoria de que dores são representações-D. Não está de forma alguma claro que deveríamos preferir a teoria perceptual/somática a essa proposta concorrente, ou mesmo que é racionalmente permissível fazê-lo. Na verdade, seria até possível pensar que temos aqui uma espécie de antinomia: duas descrições bem inspiradas da natureza da dor que são profundamente conflitantes entre si.

Cá está nosso velho amigo, o paradoxo da dor, emergindo com uma nova aparência.

Felizmente, de acordo como vejo a questão, temos agora condições de compreender a fonte do paradoxo e de ver como lidar com ele de uma maneira definitiva e plenamente satisfatória. Os problemas que enfrentamos surgem do fato de a psicologia de senso comum tentar utilizar um conceito único para o conceito de dor, a fim de manter o controle de duas coisas muito diferentes: distúrbios físicos envol-

Consciência

vendo dano real ou potencial e representações somatossensoriais de tal dano. A psicologia do senso comum permite, e até mesmo exige, que pensemos em dores como algo com localização física e outras propriedades espaciais. Ademais, ela exige que pensemos em dores como objetos de consciência [A] experiencial. Por causa desse último requisito, pode-se também dizer que ela exige que pensemos em dores como algo que pode ser compreendido por meio da investigação dessa forma de consciência; porém, quando a investigamos, somos levados inelutavelmente à conclusão de que ela é uma forma de consciência perceptual e que seus objetos são distúrbios do corpo. Com efeito, então, a psicologia do senso comum requer a noção de que o conceito popular de dor se refere a ocorrências no corpo. Por outro lado, como vimos percebendo, o conceito serve a interesses que o associam intimamente com representações de nível superior de ocorrências no corpo. Por causa disso, somos, na verdade, instados a ver o conceito como referente a tais representações. Assim, somos forçados a dizer que o conceito se refere a distúrbios físicos e também a representações-D. Então, com muita frequência, o fato de o conceito ter esse papel dual é invisível para nós, pois, em situações normais, um agente está sofrendo um distúrbio físico do tipo relevante somente se ele estiver simbolizando uma representação--D. Essas duas coisas, entretanto, são, em princípio, dissociáveis e, na verdade, tornam-se dissociadas em certos casos de ferimentos e em casos de dor em membro fantasma. Por essa razão, é literalmente impossível ter uma teoria única, internamente coerente, da natureza da dor. Uma teoria da dor pode honrar os aspectos do uso do conceito popular que a associam a distúrbios periféricos, ou os aspectos de seu uso que a associam com representações-D, mas, se tiver de ser consistente, uma teoria não honra todos esses aspectos ao mesmo tempo.

Chegamos agora a um diagnóstico plausível – uma descrição dos fatores responsáveis pelo paradoxo da dor. Supondo que esse diagnóstico esteja correto, podemos facilmente chegar a um acordo sobre uma forma de terapia. Se o paradoxo surge porque utilizamos o

Ai! O paradoxo da dor

conceito de dor para não perdermos de vista dois elementos diferentes e dissociáveis, então podemos removê-lo substituindo o conceito por dois novos, cada um dos quais será utilizado para não perdermos de vista apenas um dos dois elementos. Mais especificamente, devemos introduzir um conceito que possa ser utilizado somente para manter sob controle os distúrbios físicos que envolvam dano real e potencial, e um segundo conceito somente para manter sob controle representações-D. Uma vez introduzidos, podemos substituir todas as ocorrências do conceito de dor na teoria perceptual/ somática pelo primeiro conceito, protegendo, dessa forma, a teoria das objeções que encontramos anteriormente nesta seção. Isso, sem dúvida, abrirá caminho para uma aceitação incondicional daquela teoria de inspiração tão profunda e múltipla.

Na verdade, uma reflexão mais profunda mostra que precisamos de *três* conceitos novos para realizar o trabalho que é feito no dia a dia pelo conceito de dor. Além de registrar as idas e vindas dos distúrbios físicos e de representações-D, o conceito de dor é utilizado para registrar as idas e vindas do afeto da dor, que consiste, sobretudo, da resposta do sistema límbico à ocorrência de representações-D. Da mesma forma como distúrbios físicos e representações-D são dissociáveis um do outro, ambos são dissociáveis do afeto da dor. Consequentemente, se quisermos evitar conflitos e derrocadas, precisamos ter meios de manter sob controle todos esses elementos independentemente.

Acontece que a forma de fissão conceitual que estamos contemplando aqui é mais complexa que a encontrada em exemplos básicos extraídos da história da ciência. Na verdade, com base em meu conhecimento, ela é inigualável. Exemplos comuns, como calor/temperatura, envolvem fissão binária. O caso presente é um exemplo de fissão ternária.

Em resumo, seria bom ter um conjunto de conceitos que nos permitissem distinguir claramente entre a experiência de dor, a própria dor e a sensação de dor, e discutir de forma coerente esses três aspectos tão diferentes. Já que não podemos fazer isso usando

Consciência

o conceito de dor no sentido comum, há um motivo para deixarmos esse conceito de lado e substituí-lo por três novos conceitos que desempenham papéis conceituais separados. Tal substituição beneficiaria, de uma maneira muito clara, tanto a Ciência quanto a Filosofia.

6.7 Conclusão

Descobrimos que o uso que fazemos do conceito de dor está sujeito a uma variedade de pressões que compensam umas às outras, e que ele sofre, como consequência, de uma espécie de incoerência semântica; e, além desse resultado negativo sobre o conceito de dor, revelamos também um conjunto de fatos extraconceituais que podem ser resumidos da seguinte maneira: primeiro, as experiências que chamamos "experiências de dor" são estados quase perceptuais, isto é, que compartilham com estados perceptuais paradigmáticos uma gama de características funcionais e informacionais importantes (presumivelmente, há também similaridades representacionais subjacentes); segundo, os objetos aos quais esses estados se direcionam apresentam localizações periféricas, e, na verdade, podem ser encontrados nas partes do corpo com as quais relacionamos nossas dores; e terceiro, as propriedades características desses objetos são propriedades relacionadas a danos e estresse.

O que basicamente os autores tinham em mente quando falaram dos *qualia* da dor? Estariam eles se referindo a propriedades de estados perceptuais somatossensoriais ou a propriedades dos distúrbios periféricos que tais estados representam? Dada a incoerência do conceito de dor no senso comum, não há resposta para essa questão. Vou presumir aqui, entretanto, que a literatura sobre os *qualia* da dor seja, no todo, mais bem compreendida quando associada a propriedades de distúrbios físicos. Essa é a única conjectura que nos permite compreender o fato de que aqueles que contribuem com a literatura pertinente estão totalmente investidos da noção de que os *qualia* da dor são propriedades com as quais estamos imediatamente

Ai! O paradoxo da dor

familiarizados em razão de termos tido experiências de dor. *Qualia* de dor são considerados propriedades que conhecemos e, mais que isso: propriedades que conhecemos porque as experienciamos. São objetos de consciência experiencial. Essa teoria é uma das poucas que são compartilhadas por membros de todos os grupos.

Com base nesse quadro, os *qualia* da dor apresentam uma natureza metafísica bem diferente daquela dos *qualia* revelados por formas convencionais de consciência [A] perceptual, como a visão e a audição. De acordo com esse quadro, *qualia* de dor são propriedades de eventos altamente circunscritos em regiões específicas do corpo. Eles são, portanto, bem diferentes das propriedades que foram associadas a *qualia* perceptuais em capítulos anteriores. *Qualia* perceptuais são considerados propriedades-A, as quais são propriedades de objetos exteriores dependentes de ponto de vista – propriedades que objetos exteriores têm em razão de suas relações com as perspectivas ou pontos de vista ocupados pelos observadores. A razão dessa divergência é que a percepção de distúrbios físicos não compartilha o caráter perspectivístico das modalidades perceptuais comuns. A consciência [A] experiencial da dor não envolve mudanças como as que ocorrem na experiência visual, quando nos aproximamos mais de um objeto, ou quando a intensidade de iluminação torna-se maior, ou, ainda, quando a posição do objeto de consciência sofre uma alteração. Resumindo: a consciência [A] da dor não envolve a consciência de propriedades-A. A conclusão imediata, claro, é que os *qualia* da dor *não podem* ser associados a propriedades-A. Eles têm de ser associados a propriedades cuja realização está confinada a regiões circunscritas e contínuas.

7
O clima interior:
a metafísica dos *qualia* emocionais

Embora seja fato ampla e talvez universalmente reconhecido que as emoções têm dimensões qualitativas substanciais e rica textura, não existe qualquer registro estabelecido dos *qualia* emocionais. Em vista disso, em sua maior parte, o presente capítulo se dedicará à tarefa de identificar e classificar os *qualia* emocionais. A tarefa mais teórica de explicá-los será menos evidente. No final, entretanto, veremos que os *qualia* emocionais se adaptam à teoria dos *qualia* perceptuais e físicos desenvolvida nos capítulos anteriores. Isso nos permitirá explicá-los e, dessa forma, trazê-los para o campo da ciência e metafísica naturalística.

7.1 Teorias somáticas das emoções

O que quer que os *qualia* emocionais possam abarcar além do que foi dito, está claro que ampla variedade de sensações físicas está lá incluída. Quando sinto medo, meu corpo participa de meu medo: o coração palpita assustado, sinto um frio no estômago, a respiração se acelera e as mãos ficam frias e úmidas. Todas essas condições físicas têm uma dimensão sensorial. Um coração que bate acelerado é bem diferente de um coração que bate em ritmo normal, e um estômago agitado difere muito de um estômago em condições normais. A repulsa também se caracteriza por um conjunto de condições físicas. Quando um cheiro me é repulsivo, sinto ânsia de vômito, os olhos lacrimejam, o nariz enruga, os lábios se encrespam e sinto o estômago embrulhado. Cada uma dessas condições tem um caráter qualitativo próprio. Existem, é claro, emoções menos somáticas em amplitude e visibilidade que o medo genuíno e a repulsa – por exemplo, uma leve surpresa; porém, mesmo no caso de emoções paradigmaticamente psicológicas ou "mentais", uma atenção cuidadosa frequentemente revela concomitâncias físicas qualitativas. Essas concomitâncias podem se estender dos *qualia* associados a pequenas alterações na expressão facial até os *qualia* associados a condições generalizadas e difundidas, como ser estimulado ou ficar em estado de relaxamento ou de tensão.

Uma vez que os *qualia* emocionais podem ser associados a características de estados físicos, é possível incorporá-los aos *qualia* da dor e, com isso, trazê-los para dentro do território da teoria dos *qualia* e da consciência qualitativa que venho desenvolvendo. Assim, por exemplo, já que os *qualia* associados ao medo podem ser localizados dentro do corpo, é natural supor que a consciência [A] que temos deles seja perceptual (ou quase perceptual) e propor a noção de que é possível explicar a maneira como os percebemos, recorrendo a propriedades sintáticas, funcionais e semânticas de representações perceptuais. Em termos gerais, tendo em vista nossas conclusões sobre a dor no Capítulo 6, é pertinente pensar que *qualia* físicos são, em princípio, inteligíveis, mesmo que seja necessário fazer ajustes em nosso esquema conceitual, a fim de descrevê-los e explicá-los de uma forma plenamente satisfatória. Na medida em que os *qualia* emocionais estão no corpo e são do corpo, eles participam dessa inteligibilidade.

É, portanto, de alguma relevância, mapear o espaço dos *qualia* emocionais e determinar que parte desse espaço é, afinal, somática em sua natureza. O espaço consiste, principalmente, em *qualia* somáticos? É razoável pensar que ele consiste apenas em *qualia* somáticos?

O clima interior: a metafísica dos qualia emocionais

Se a resposta for negativa, onde exatamente estão as fronteiras entre os *qualia* somáticos e os não somáticos? Essas são perguntas de importância crucial em nossa investigação.

Ao buscar responder a elas é útil considerar a história de tentativas de resposta a um conjunto de questões intimamente relacionadas, porém mais genéricas. A pergunta sobre se os *qualia* emocionais são em grande parte somáticos equipara-se à pergunta sobre se as emoções são, por si mesmas, em grande parte somáticas. E a questão sobre como estabelecer o limite entre os *qualia* emocionais somáticos e não somáticos – se, de fato, um limite existe – equipara-se à questão sobre como estabelecer o limite entre os componentes das emoções que são físicos e aqueles que são psicológicos e mentais. Como se sabe, essas questões sobre o escopo da dimensão física das emoções têm aparecido de forma proeminente na literatura psicológica e neurocientífica há décadas. Embora inconclusas, essas discussões geraram uma série de *insights* valiosos e, portanto, parece prudente revê-las antes de prosseguirmos em nossa investigação dos *qualia* emocionais, já que as implicações desses *insights* sobre eles nos serão úteis.

Em 1884, William James iniciou o debate sobre a natureza somática das emoções.[1] James esboçou e, de forma convincente, defendeu uma versão da teoria extrema de que emoções consistem inteiramente em estados de consciência que registram certas alterações do corpo – mais especificamente, alterações que sofremos quando encontramos estímulos de relevância biológica. Vou resumir o ensaio de James e depois descrever as teorias do neurocientista contemporâneo Antonio Damasio, que mostram estreitas relações com as teorias jamesianas. Teremos condições de compreender melhor esse território considerando as propostas dessas personalidades e algumas das objeções que têm sido apresentadas contra elas.

Todas as teorias reconhecem que o corpo responde de forma adaptativa a estímulos biológicos significativos e que essas respostas

---

1 James, What is an Emotion? *Mind* IX, p.188-205. Reimpresso in: Dunlap (ed.), *The Emotions*, p.11-30. Todas as citações de James referem-se a esse volume.

Consciência

são sentidas e percebidas por um sistema de monitoração do cérebro. James ficou impressionado com o caráter complexo e multidimensional das respostas. De fato, afirmou ele, elas envolvem todo o corpo – o sistema cardiovascular, o sistema endócrino-hormonal, o sistema digestório, o sistema musculoesquelético e assim por diante. Ele também se impressiou com o grau em que essas alterações físicas são registradas pelo sistema de monitoração cerebral. James achou natural pensar que a textura ricamente guarnecida de uma emoção pode ser explicada em relação à complexa estrutura da representação cerebral que a registra.

Essas percepções levaram à seguinte proposta:

> Minha tese [...] é que *as alterações no corpo seguem-se diretamente à* **percepção** *do fato estimulante, e que nossa impressão das mesmas mudanças, conforme elas ocorrem, é a emoção.*[2]

Esse fragmento – localizado em uma parte importante do estudo de James – associa, de forma explícita, emoções a percepções de estados físicos, e acredito que neste ponto se encontra o teor geral da discussão de James. De qualquer forma, vou interpretá-lo aqui como totalmente envolvido com essa correlação.

Deve-se observar, entretanto, que há algumas passagens em que ele parece se inclinar à teoria de que as emoções não são percepções de condições físicas, mas, antes, as próprias condições físicas. Isso ocorre, por exemplo, em uma nota de rodapé em que ele reconhece que pode parecer que estejamos experienciando medo mesmo que nosso corpo não esteja passando pelas alterações cardíacas e viscerais relevantes. O excerto a que me refiro é o seguinte:

> É preciso admitir que há casos de medo mórbido em que, objetivamente, o coração não se desconcerta muito. Esses casos, entretanto, não conseguem provar nada contra nossa teoria, pois é,

---

2 Ibid., p.13.

O *clima interior*: a metafísica dos *qualia* emocionais

com certeza, possível que os centros corticais – normalmente percipientes do pavor como um complexo de sensações cardíacas e outras sensações orgânicas atribuíveis a uma alteração física real – devam se tornar *essencialmente* estimulados em doença cerebral e originar uma alucinação das alterações que estão lá – uma alucinação de pavor, portanto, consistente com uma pulsação comparativamente tranquila etc.[3]

Sem dúvida, se o pavor é uma representação perceptual de batimentos cardíacos acelerados etc., então seria errado descrever um sinal da representação que não esteja acompanhada desses fenômenos físicos como alucinação fóbica [*hallucination of dread*]. Em vez disso, seria correto dizer que o pavor existe em casos desse tipo, mas que ele é alucinatório: vivenciamos uma experiência real de pavor, mas esse estado de pavor desvirtua o estado atual do corpo.[4]

Com exceção de passagens atípicas como essa, James insiste firmemente na ideia de que cada emoção se constitui na representação perceptual de um conjunto de alterações físicas. Uma de suas principais preocupações é nos convencer de que as dimensões físicas das emoções têm "um alcance muito maior e são muito mais complicadas do que normalmente pensamos". Outra de suas preocupações é nos convencer a partilhar de sua visão de que essas ocorrências físicas são percebidas de forma consciente: "cada uma das alterações físicas, qualquer que seja ela, é *sentida* – de forma aguda ou obscura – no momento em que ocorre".[5] (A propósito, ao avaliar essa afirmação, é importante lembrar o termo "obscura". James não está declarando que somos explícita e separadamente conscientes de cada componente de uma série de alterações físicas. Pelo contrário, sua ideia parece ser a de que os microcomponentes de processos físicos são registrados por percepções somatossensoriais da maneira como

---

3 Ibid., p.24.
4 Ibid., p.14.
5 Ibid., p.16.

Consciência

microcomponentes de eventos físicos exteriores são registrados pela percepção visual. Os microcomponentes contribuem de forma causal para o sinal que é processado, e, com isso, podemos dizer que a representação resultante codifica informações sobre eles; mas nós não podemos diferenciá-los.)

James defende sua teoria com diversos argumentos. Dois deles são especialmente relevantes para nossas considerações. O primeiro é o famoso *argumento da subtração*. James convida o leitor a imaginar uma emoção. A imagem que o leitor faz dela – James tem certeza – incluirá representações de fenômenos físicos que a acompanham. Ele pede ao leitor que subtraia essas representações uma a uma da imagem original e, em seguida, ao final do processo, que observe se restou alguma coisa essencial à emoção. O leitor deve se perguntar: "Pode a noção de raiva (ou outra qualquer) encontrar um ponto de apoio aqui?" Ele tem certeza de que o leitor responderá "não". Ele diz:

> Se imaginarmos alguma emoção forte e depois tentarmos abstrair da consciência que temos dela todas as impressões acerca dos seus sintomas físicos típicos, descobriremos que não deixamos nada para trás, nenhuma "coisa mental" da qual a emoção possa se constituir, e que um estado frio e neutro de percepção intelectual é tudo o que resta.[6]

Vou chamar o segundo argumento de James de *argumento da indução*, porque ele tem a ver com a indução de uma emoção. A ideia é que podemos, por exemplo, induzir um estado de felicidade, ou de quase felicidade, ao produzir voluntariamente as condições físicas que, de maneira geral, caracterizam essa emoção. James nos faria relaxar, dar um sorriso largo, endireitar nossa postura e, em seguida, nos perguntaria se não sentimos algo semelhante à felicidade. Ele tem certeza de que nossa resposta estará de acordo com sua teoria. (Evidentemente, não sentiremos felicidade total e absoluta, pois não

---

6 Ibid., p.17.

O *clima interior*: a metafísica dos *qualia* emocionais

teremos decretado que todas as condições físicas relevantes passem a existir; não conseguiríamos ter feito isso – muitas dessas condições estão fora do campo do controle voluntário.)

Além de dispor de argumentos de suporte, James discute vários motivos para cautela com relação à sua teoria. Mencionarei dois deles. O primeiro é que havia em sua época – como há ainda hoje – dados clínicos indicando que pacientes que sofriam de anestesia corporal, como as vítimas de lesão medular, são capazes de experienciar emoção. O segundo motivo é que há emoções que parecem puramente psicológicas em sua natureza – os exemplos de James são os "sentimentos morais, intelectuais e estéticos".[7] Fazendo referência a essas emoções, ele desenvolve a seguinte objeção:

> Harmonia de sons, cores, linhas, consistências lógicas, congruências teleológicas nos afetam com um prazer que parece entranhado na própria forma da representação em si mesma, e que não toma nada emprestado de qualquer reverberação que surge das partes abaixo do cérebro. [...] Temos, então – ou alguns de nós parecem ter – formas genuinamente *cerebrais* de prazer e desprazer que, aparentemente, não se harmonizam, em seu modo de produção, com as chamadas emoções comuns que vimos considerando.[8]

Já que as percepções de música e de ideias lógicas podem "despertar imediatamente uma forma de sentimento emocional",[9] não se pode considerar, de maneira geral, que sentimentos são representações perceptuais de fenômenos do corpo.

James não demonstra muito interesse em discutir o problema apresentado por lesões medulares; portanto, não examinarei aqui o que ele diz a respeito do assunto. Por outro lado, Damasio lida com a questão de uma forma bastante convincente; discutirei sua

---

7 Ibid., p.25.
8 Ibid., p.25-6.
9 Ibid., p.26.

Consciência

resposta logo adiante. A discussão que James faz da objeção dos "prazeres superiores" é mais esclarecedora. Ao falar de casos de emoções "puramente cerebrais", ele diz o seguinte:

> A menos que nelas realmente esteja acoplada uma reverberação corporal de alguma espécie com um sentimento intelectual, a menos que realmente cheguemos a rir da clareza do dispositivo mecânico, a nos entusiasmar com a justiça do ato, ou a sentir um estremecimento diante da perfeição da forma musical, nossa condição mental está mais associada a um juízo do que é *correto* do que a qualquer outra coisa. E esse juízo tende mais a se classificar entre as consciências da verdade; trata-se de um ato *cognitivo*.[10]

E prossegue discutindo a "aridez" relativa do ato cognitivo e a "palidez e a ausência de qualquer brilho". Segundo James, ele não se caracteriza por sentimento; por conseguinte, não tem um caráter emocional.

Embora seja parcialmente persuasiva como está, essa resposta ao argumento dos "prazeres intelectuais" é incompleta. É necessário juntá-la a uma descrição das propriedades hedônicas de experiências que negue que o prazer, ou a agradabilidade, tem, ao final, um caráter qualitativo. Proponho tal discussão na Seção 7.3 – a qual sustenta que a agradabilidade de uma experiência é uma propriedade funcional. Acredito que não haja nada, na teoria de James, que o impeça de acatar essa asserção suplementar.

Passo agora para Damasio. Ao contrário de James, Damasio distingue claramente entre emoções e sentimentos. (Ele admite que essa distinção gera alguma violência no uso comum, mas afirma que ela é garantida por sua utilidade teórica.) Uma emoção começa quando um sistema de percepção detecta um estímulo que tem alguma relação com o bem-estar do organismo (um "estímulo emocionalmente competente"), ou quando um estímulo desse tipo

---

10 Ibid., p.26.

O *clima interior*: a metafísica dos *qualia* emocionais

é resgatado da memória.[11] Isso leva à ativação de um conjunto de instâncias corticais e subcorticais, incluindo o córtex prefrontal ventromedial, o córtex cingulado e as amígdalas, que podem provocar e regular uma resposta física.[12] A resposta física é uma reação adaptativa ao estímulo emocionalmente competente,[13] e é genuinamente multidimensional, consistindo em fenômenos cardiovasculares, endócrino-hormonais, musculoesqueléticos e assim por diante. Dependendo de sua composição específica, a resposta do corpo é planejada, seja para dar suporte a um comportamento adequado ao estímulo evocado, seja para dar suporte a uma acomodação interior adequada ao estímulo. Damasio a considera o ápice e o componente principal da emoção. A emoção completa consiste nessa resposta física, a percepção inicial ou memória do estímulo evocativo, uma avaliação desse estímulo[14] e a atividade resultante das instâncias cerebrais reguladoras. Por outro lado, um sentimento tem um caráter inteiramente mental ou psicológico.[15] O principal componente de um sentimento é uma representação perceptual do componente somático de uma emoção.[16] Muitas vezes, essa representação é o único componente.[17] Todavia, em outros casos, um sentimento inclui estados de consciência de dois outros tipos – mais especificamente, consciência [A] dos pensamentos que são ocasionados por uma emoção, e uma consciência [A] da velocidade e de outras características adverbiais dos processos mentais simultâneos. Quando estou triste, por exemplo, além de estar consciente de condições físicas, como falta de energia e frouxidão dos músculos faciais, posso perceber que meus pensamentos sempre voltam aos eventos que inicialmente causaram a queda de

---

11 Damasio, *Looking for Spinoza: Joy, Sorrow, and the Feeling Brain*, p.53-7.
12 Ibid., p.59.
13 Ibid., p.30 e 49.
14 Ibid., p.54.
15 Ibid., p.28.
16 Ibid., p.86-7.
17 Ibid., p.89.

Consciência

meu estado de espírito, e também que meus processos mentais estão lentos e fluem com dificuldade. Em um caso desse tipo, meu sentimento de tristeza apresenta três componentes – um estado de consciência física e dois estados de consciência introspectiva e psicológica. Resumindo esse quadro, Damasio afirma o seguinte: "um sentimento é a percepção de certo estado do corpo mais a percepção de determinado modo de pensar e de pensamentos contendo certos temas".[18]

Damasio nos fala de várias outras coisas a respeito de sentimentos. Uma de suas asserções importantes é que um sentimento é, pelo menos potencialmente, consciente.[19] Isso é necessário se a finalidade de um sentimento for a de informar o agente a respeito da condição atual de seu corpo. Outra asserção importante é que os sentimentos são altamente variegados e bastante complexos.[20] Damasio defende essa visão convidando-nos a atentar para nossos próprios sentimentos e também fornecendo uma descrição elaborada de exemplos, tais como sentimentos de cobiça e de orgulho. Ele ainda apresenta e explica com abundante justificativa experimental uma teoria relativa aos campos corticais que sustentam os sentimentos. Parece que os campos principais incluem os mapas somatotópicos na ínsula e o córtex somatossensorial secundário. Um padrão de atividade nessas regiões é, com efeito, uma representação perceptual do componente somático de uma emoção.

Como vimos, James abre espaço para casos em que há representações somatossensoriais sem serem acompanhadas dos fenômenos físicos correspondentes. Como a visão, a audição e as outras modalidades perceptuais exteriores, a percepção somatossensorial pode ser alucinatória. Damasio toma essa ideia e a desenvolve em grandes detalhes, sob o rótulo de "sentimentos *como se*".[21]

---

18 Ibid., p.86.
19 Ibid., p.110.
20 Ibid., p.87 e p.94
21 Ibid., p.115-21.

O clima interior: a metafísica dos *qualia* emocionais

Um sentimento "como se" é o indicativo de uma representação perceptual do corpo que não se realiza da maneira usual por uma onda de atividade somática, mas, em vez disso, por atividade cerebral de algum tipo. Em muitos casos, o mecanismo ativador é um processo em uma instância cognitiva de ordem superior, tal como memória episódica ou a imaginação visual. Sentimentos "como se" são geralmente menos vívidos e complexos que sentimentos causados por fenômenos físicos, mas são, não obstante, qualitativamente análogos a seus colegas mais robustos. Isso nos remete à discussão de Damasio sobre o problema apresentado por pacientes com lesão medular. Embora os dados relacionados a tais pacientes sejam um pouco contraditórios, de maneira geral, eles indicam que é possível ter emoções reconhecíveis na ausência das informações sobre o estado físico de uma pessoa, que normalmente são conduzidas por meio da medula espinhal. Alguns estudos chegam a indicar que pacientes com lesão na medula podem sentir emoções relativamente intensas. À primeira vista, portanto, os dados representam uma ameaça significativa a teorias somáticas de emoções e da experiência emocional. Damasio responde a esse desafio de várias maneiras. Um de seus argumentos é que a medula espinhal não é a única fonte de informações sobre o corpo – o nervo vago é outra fonte importante, como o é a corrente sanguínea, que carrega informações na forma química.[22] Outro argumento recorre aos canais neurais, que levam diretamente da face ao cérebro. Em todas as descrições, as expressões faciais desempenham grande papel nas emoções, mesmo quando elas são experienciadas em solidão, e os sentimentos que registram essas expressões exercem papel igualmente importante na experiência emocional.[23] Associados a vários outros argumentos apresentados por Damasio, esses são muito convincentes. No entanto, eles seriam frustrados se pesquisas futuras mostrassem

---

22 Damasio, *The Feeling of What Happens: Body and Emotion in the Making of Consciousness*, p.289.
23 Ibid., p.290.

Consciência

que a experiência emocional pode continuar de forma plenamente robusta mesmo que todas as fontes de informações físicas sejam bloqueadas ou reduzidas substancialmente. Esse é um dos motivos por que sentimentos "como se" são um componente essencial da teoria de Damasio. Sentimentos "como se" podem ser ativados por processos centrais, inclusive os próprios estados perceptuais, que normalmente induzem a respostas físicas adaptativas. Na verdade, esses sentimentos são menos vívidos que as percepções verídicas correspondentes; mas, na verdade, essa é, da perspectiva de Damasio, uma virtude, pois ele interpreta os dados de pacientes com lesão medular como reveladores de que suas experiências emocionais são prejudicadas ou restritas até certo ponto.[24]

Pessoalmente, não concordo com teorias somáticas da emoção. Elas estão, com certeza, corretas ao enfatizar as dimensões comportamentais e outras dimensões físicas da emoção, bem como o papel que a percepção dessas dimensões desempenha na fenomenologia emocional; no entanto, mostram certa dificuldade em explicar outros aspectos psicológicos da emoção que não sejam a consciência [A] qualitativa. Assim, como um grupo, elas têm pouco a dizer sobre o processo pelo qual estímulos exteriores são avaliados por sua significação ecológica e social. Que dimensões são relevantes para essas avaliações e qual é a natureza do esquema representacional em que elas repousam? Em que medida elas são automáticas e estão sob o controle do estímulo, e em que medida elas estão sob o controle de programas flexíveis de nível superior? Questões desse tipo deveriam ser plena e profundamente absorvidas por uma teoria das emoções e não marginalizadas ou ignoradas por completo. Outra deficiência é que teorias somáticas têm dificuldade em explicar o que significa para uma emoção ter um objeto intencional ou um alvo. Minha indignação está dirigida ao Congresso, meu medo à cobra e minha inveja ao vizinho que tem um Porsche. Esses fatos intencionais parecem estar inextricavelmente ligados às outras dimensões de suas

---

24 Ibid., p.289.

O clima interior: a metafísica dos *qualia* emocionais

respectivas emoções. Parece, entretanto, que faltam às teorias somáticas os recursos para explicar como as emoções adquirem objetos intencionais, ou o papel que a representação de um objeto intencional desempenha no decorrer de uma emoção. Da perspectiva de um estudioso da teoria somática, o objeto intencional de uma emoção teria de ser ou o estímulo evocador ou o estado atual do corpo, pois esses são os elementos representados aos quais as teorias somáticas atribuem maior ênfase. Contudo, nenhum desses objetos apresenta as propriedades certas. Assim, em muitos casos, o objeto intencional de uma emoção é bem diferente do estímulo evocador. Posso me tornar furioso com o Congresso por causa de uma leitura sobre um bombardeio em um país do outro lado do mundo. Aqui, o objeto intencional de minha emoção é o Congresso, ou talvez seu comportamento de Neandertal, não o estímulo evocador, que é determinado artigo de jornal. Tampouco é apropriado associar o objeto intencional de minha ira à condição de meu corpo. Minha ira é dirigida ao Congresso, não à minha respiração ou à frequência do pulso. Há também outros problemas com as teorias somáticas. Por exemplo, está começando a ficar claro que as emoções têm conexões profundas e sistemáticas com a percepção, o raciocínio, a aprendizagem, a memória e a imaginação. Damasio mostrou que teorias somáticas podem explicar algumas dessas ligações, mas parece improvável que tais teorias sejam capazes de fazer plena justiça a todas elas. Além disso, mesmo que possam explicar as ligações, elas serão forçadas a classificá-las como efeitos contingentes colaterais de emoções, não como fundamentais e constitutivas. Mas por que deveria o alargar das narinas de uma pessoa ser considerado mais essencial à sua ira que seus pensamentos e suas imagens de represália?

Por um lado, embora teorias somáticas da emoção colidam com problemas intransponíveis por causa de sua tendência a minimizar componentes psicológicos, elas nos ajudam a avaliar os recursos das teorias somáticas dos *qualia* emocionais. Dessa forma, como veremos logo adiante, ambos os argumentos jamesianos a favor das

Consciência

teorias somáticas das emoções que consideramos anteriormente – o argumento da subtração e o argumento da indução – podem ser reformulados de modo a fornecer suporte a teorias somáticas de *qualia* emocionais. Os argumentos parecem bastante convincentes. Ademais, o trabalho experimental de Damasio fornece um embasamento considerável para a asserção – essencial a teorias somáticas de *qualia* emocionais – de que nossa apreensão de *qualia* emocionais é perceptual. Portanto, como já comentamos, Damasio e seus colegas mostram que as alterações físicas envolvidas nas emoções dão origem a representações altamente intrincadas na ínsula e no córtex somatossensorial secundário. Independentemente, é possível que representações desse tipo possam se tornar conscientes e também que elas estejam relacionadas com mapas somatotópicos bastante semelhantes àqueles que amparam o tato e a percepção térmica. Em geral, é fácil adaptar os argumentos positivos de apoio que vêm sendo desenvolvidos por defensores de teorias somáticas da emoção, de forma a obter argumentos de apoio positivos para teorias somáticas de *qualia* emocionais.

É também verdade que defensores das últimas teorias podem fazer uso de algumas das medidas defensivas que partidários das primeiras desenvolveram. Anteriormente destacamos duas objeções comuns a teorias somáticas das emoções – a objeção do "prazer superior" considerada por James, e a objeção baseada em pacientes com lesão medular. Conforme o leitor pode reconhecer facilmente, ambas as objeções têm equivalentes direcionados a teorias somáticas dos *qualia* emocionais. Por exemplo, quando pacientes com lesão medular afirmam que continuam a desfrutar de uma vida emocional intensa depois das lesões sofridas, parte do que estão afirmando é que eles continuam a experienciar muitos dos mesmos *qualia* emocionais. Essas objeções equivalentes são, à primeira vista, bastante fortes, mas as respostas que James e Damasio dão às objeções originais podem facilmente ser adaptadas de modo a fornecer respostas aos equivalentes. As respostas adaptadas nos levam, pelo menos, a meio caminho de respostas adequadas.

O *clima interior: a metafísica dos qualia emocionais*

Agora, gostaria de expandir minha afirmação de que os argumentos jamesianos da subtração e da indução podem ser ajustados de forma a gerar um suporte valioso para teorias somáticas dos *qualia*. Ao apresentar o argumento da subtração, James nos convida a "fantasiar" – o que presumivelmente significa imaginar – uma emoção e, nesse processo, a abstrair-se de vários componentes do estado imaginado. Não creio que o argumento seja muito convincente quando se baseia nessa forma de emoção imaginada. Quer sejam geradas pela memória ou pela imaginação, minhas imagens de emoções são vagas e frágeis demais para permitir excisões cirúrgicas delicadas. O que é pior, minhas imagens de emoções tendem a se centralizar em representações das expressões faciais e outros comportamentos manifestos. Não acho fácil sintetizar o clima interior na imaginação – ao imaginar como poderia me *sentir* em determinada ocasião, geralmente consigo apenas imaginar como eu poderia *parecer* nessa ocasião. No entanto, a situação é bem diferente quando aplico a técnica da subtração a uma emoção *real*. Observo, por exemplo, que se focalizo minha atenção em um "surto" passageiro de fúria no trânsito, no momento em que estou realmente experienciando-o, fica razoavelmente claro como aplicar a orientação de James e abstrair-me de outros componentes somáticos. Abstrair-se presumivelmente é o mesmo que prescindir de algo, e não tenho dificuldade em prescindir de características de meu estado, como a frequência de meu pulso, a maneira como agarro com mais força o volante, as expressões faciais relacionadas com o olhar fulminante que dirijo ao motorista infrator. A única diferença na aplicação do procedimento deriva do fato de que é fácil fazer vista grossa a componentes somáticos de uma emoção, ou classificá-los erroneamente como mentais. Portanto, quando me encontro enfurecido no trânsito, com frequência profiro maldições mentais e insultos ao outro motorista. Posso pensar: "Atitude brilhante, seu idiota execrável!" – ou pior. Invectivas desse tipo são interiores e pode parecer que elas continuam inteiramente no nível de pensamento puro. Contudo – pelo menos no meu caso –, uma

Consciência

introspecção cuidadosa revela que há um envolvimento somático, resultando talvez em uma subvocalização que envolve alguns dos mesmos músculos da fala manifesta. Mesmo em estados de espíritos mais leves, meus pensamentos frequentemente têm uma eletricidade somática desse feitio. Precisamos nos abstrair de todos esses fenômenos se a intenção for seguir à risca as instruções de James.

Suponha que alguém consiga segui-las. Quanto sobra da emoção visada? James diria que, praticamente, ela desaparece por completo, mas está bastante claro que isso não é verdade. Assim, por exemplo, as emoções influenciam ampla gama de processos mentais, alterando sua velocidade, fluência e coesividade, e também moldando o conteúdo em grande medida. Quando estamos agitados, os pensamentos vêm rápida e facilmente, e tendem a sofrer alterações espontâneas e até mesmo imprevisíveis em conteúdo. Além disso, se a agitação é positiva, os conteúdos do pensamento pendem para o otimismo. Por outro lado, quando estamos tristes por causa de algo que aconteceu, o pensamento torna-se comparativamente lento e moroso, e os conteúdos tendem a se apegar a um âmbito restrito de assuntos. Pode também haver um efeito amplamente sistemático sobre os conteúdos. De qualquer forma, isso é o que sugere a literatura sobre o "realismo depressivo". (Há algum suporte experimental a favor da ideia de que pessoas que sofrem de depressão leve são mais precisas que outras na avaliação de assuntos como sua reputação, suas habilidades e seu nível de controle de fenômenos exteriores.[25] "Realismo depressivo" é o nome desse fenômeno.) O procedimento da subtração de James deixa essas manifestações mentais das emoções completamente intactas.

Ademais, além de efeitos dos tipos discutidos – todos acessíveis à introspecção –, atualmente há amplo reconhecimento de que as emoções têm várias manifestações inconscientes. Elas moldam a memória, a aprendizagem e a motivação em longo prazo, de tal forma

---

25 Ver, por exemplo: Dobson; Franche, Conceptual and Empirical Review of the Depressive Realism Hypothesis. *Canadian Journal of Behavioral Science 21*, p.419-33.

O *clima interior*: a metafísica dos *qualia* emocionais

que vão além de nosso alcance introspectivo.[26] Da mesma maneira como ocorre com as manifestações conscientes descritas anteriormente, as dimensões subterrâneas das emoções são deixadas intactas pela técnica de subtração de James. Consequentemente, na medida em que pretende estabelecer a validade de teorias somáticas da emoção, o argumento da subtração fica muito aquém do esperado

Chegamos a uma avaliação bem diferente, entretanto, quando consideramos o argumento em relação a teorias somáticas de *qualia* emocionais; pelo menos, é isso o que penso. Quando tenho o cuidado de me abstrair de *todas* as sensações físicas que acompanham uma emoção, acho que sobra muito pouco para ser razoavelmente descrito como qualitativo ou próprio da emoção. Então, a meu ver, os componentes ou manifestações conscientes sobreviventes limitam-se a experiências perceptuais do estímulo evocador, a imagens mentais de vários tipos, a pensamentos conscientes, inclusive a intenções e outras atitudes proposicionais ocorrentes e a diversas determinações adverbiais de processos mentais. Nenhum desses fenômenos sobreviventes tem uma dimensão qualitativa que seja, de alguma forma, peculiarmente emocional em sua natureza. Na verdade, parece que as emoções influenciam nossa apreensão perceptual do estímulo evocador e, dessa maneira, produzem um efeito sobre os *qualia* perceptuais. Esses *qualia* perceptuais, no entanto, não têm relação particular com as emoções. Estas podem originá-los, dirigindo a atenção para um ou outro aspecto do estímulo evocador; mas a ocorrência deles não está condicionada à ocorrência de quaisquer emoções específicas, e eles desempenham uma função na cognição que é, em grande parte, independente de laços emocionais. A mesma coisa vale para as imagens que acompanham as emoções. Estas têm um papel a desempenhar na determinação de quais imagens estamos considerando, mas os *qualia* associados a imagens não têm

---

26 Ver, por exemplo: Armony; Ledoux, How Danger is Encoded: Toward a Systems, Cellular, and Computational Understanding of Cognitive-Emotional Interactions in Fear. In: Gazzaniga (ed.), *The New Cognitive Neurosciences*, p.1067-80.

Consciência

qualquer conexão particular e própria com a experiência emocional. Quanto aos outros fenômenos conscientes que sobrevivem à "redução jamesiana", pensamentos e determinações adverbiais de processos mentais, não vejo motivo para considerá-los como qualitativos. Entretanto, falarei um pouco mais sobre essa questão no próximo capítulo.

Isso nos remete ao argumento jamesiano da indução, ou melhor, à versão dele, concebida para dar suporte a teorias somáticas de *qualia* emocionais. Diferentemente da versão correspondente do argumento da subtração, essa versão do argumento da indução não pretende *estabelecer* teorias somáticas, mas apenas contribuir para sua plausibilidade. Mais especificamente, ela é concebida para mostrar que muitos dos *qualia* emocionais mais notáveis e característicos têm um caráter somático. Ela não argumenta diretamente a favor da afirmação mais geral de que todos os *qualia* emocionais são somáticos. Na prática, entretanto, ela tem o efeito de aumentar nossa confiança na asserção mais geral. Uma vez que tenhamos reconhecido a natureza física de ampla gama de *qualia* emocionais, torna-se mais fácil reconhecer a natureza física dos outros.

O argumento consiste em um convite para adotar as expressões faciais e outras manifestações corporais de uma emoção sob controle voluntário, e para perceber até que ponto o perfil qualitativo da emoção é induzido desse modo. Ele não afirma que o perfil completo passará a existir, pois há um reconhecimento em segundo plano de que muitos dos *qualia* relacionados a uma emoção referem-se a estados do corpo que ficam além do controle voluntário. Em vez disso, o argumento é de que, pelo menos em muitos casos, os *qualia* artificialmente induzidos serão bem significativos em número e variedade e incluirão muitos dos *qualia* mais característicos da emoção especificada. O leitor pode facilmente confirmar esse argumento realizando o seguinte experimento: monte o cenário, pensando em algo triste, e deixe que as consequências naturais de seus pensamentos se desenvolvam. Continue a pensar a respeito do mesmo tópico até se sentir genuinamente triste. Em seguida, sem mudar

O clima interior: a metafísica dos qualia emocionais

o teor de seus pensamentos, reconfigure sua face em um sorriso largo, certificando-se de que você sorri e "encarquilha" os músculos ao redor dos olhos na forma típica de quem está realmente se divertindo muito. Ao mesmo tempo, faça na garganta os ruídos que normalmente acompanham uma risada e deixe a parte superior do corpo vibrar de maneira correspondente. (Os ruídos são produzidos por pequenas explosões de ar. A garganta, o peito e os ombros se movimentam quando o ar é expirado dos pulmões.) Estou certo de que, à medida que fizer isso, você achará que seus *qualia* foram quase inteiramente transformados. Apesar de as mudanças físicas terem sido produzidas de forma artificial, o perfil qualitativo da tristeza desaparecerá em grande parte, abrindo caminho para o perfil qualitativo da alegria. Com certeza, isso é exatamente o que as teorias somáticas dos *qualia* emocionais preveem.

Se você realizar alguns experimentos suplementares do mesmo tipo, verá que é possível induzir uma grande diversidade de *qualia* emocionais ao arremedar as expressões, posturas e comportamentos apropriados, inclusive até mesmo uma variedade de *qualia* que parecem inicialmente relacionar-se mais à mente do que ao corpo.

Pode ser uma surpresa perceber quão grande é a proporção do perfil qualitativo de uma emoção que pode ser induzida na simples formação da expressão facial correspondente. Para reconhecer melhor a quantidade e a diversidade de tais *qualia*, imite as expressões da Figura 7.1 e preste muita atenção às mudanças qualitativas resultantes.[27]

Esses novos *qualia* formam tessituras muito expressivas e intrincadas. Ademais, acho que essas tessituras são suficientemente diferentes entre si e de outras tramas qualitativas, e chegam a determinar de forma única um conjunto de emoções – alegria, raiva,

---

27 Os créditos aqui vão para Paul Ekman e Jesse Prinz, que usam imagens semelhantes. Ver: Ekman; Friesen, Constants across Cultures in the Face and Emotion. *Journal of Personality and Social Psychology 17*, p.124-9, e Prinz. *Gut Reaction*: A Perceptual Theory of Emotion, p.107.

Consciência

tristeza, surpresa, repulsa e medo. Há uma variedade de outras emoções cuja "medição" pode ser feita diretamente de tessituras dos *qualia* faciais.

Além de ser embasada por experimentos de gabinete desse tipo, a afirmação de que os perfis qualitativos das emoções são, em grande parte, determinados por *qualia* faciais recebeu apoio razoável de investigações científicas. Em um estudo que fizeram, Strak, Martin e Stepper concluíram que a maneira como mantemos a boca quando estamos envolvidos na leitura de histórias em quadrinhos influencia de forma significativa nosso nível de diversão. Esses pesquisadores pediram a um grupo de pessoas que segurassem uma caneta entre os dentes enquanto olhavam para um conjunto de quadrinhos, e a outro grupo, que segurassem uma caneta entre os lábios. A primeira condição produz uma expressão semelhante a um sorriso; a segunda produz algo como um beiço. Os participantes do primeiro grupo acharam os quadrinhos mais divertidos que os do segundo grupo.[28] Em outro estudo, Zajonc, Murphy e Inglehart pediram aos sujeitos que lessem duas histórias contendo uma série de ocorrências da vogal "ü", cuja pronúncia requer uma configuração dos músculos dos lábios e das narinas que é oposta à configuração associada com o sorrir, e duas outras histórias que não continham qualquer ocorrência de "ü" ou de vogais com padrões de pronúncia análogos. As pessoas gostaram mais do segundo par de histórias que do primeiro, e também descreveram-nas como mais agradáveis.[29] Em ambos os experimentos, chegou-se à conclusão de que expressões faciais contribuem de forma significativa para a dimensão emocional e/ou dimensão hedônica de experiências.

---

28 Ver: Strak; Martin; Stepper, Inhibiting and Facilitating Conditions of Facial Expressions: A Non-obtrusive Test of the Facial Feedback Hypothesis. *Journal of Personality and Social Psychology 54*, p.768-77.

29 Zajonc; Murphy; Inglehart, Feeling and Facial Efference: Implications of the Vascular Theory of Emotions. *Psychological Review 96*, p.395-416.

O clima interior: a metafísica dos *qualia* emocionais

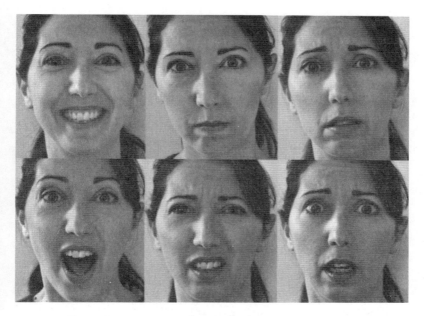

Figura 7.1. Expressões faciais de alegria, raiva, tristeza, surpresa, aversão e medo.

Fica difícil perceber como isso poderia ocorrer se elas não influenciassem a natureza qualitativa de uma experiência em um nível equivalente.

É hora de fazer uma pausa para reflexão. Iniciamos a discussão comentando que, se os *qualia* emocionais são físicos e a consciência deles é perceptual, então eles podem ser explicados por meio do mesmo mecanismo utilizado para explicar os *qualia* de dor no capítulo precedente. Motivados por essa observação, decidimos examinar duas merecidamente celebradas teorias somáticas das emoções, propostas, respectivamente, por James e Damasio. Pareceu-nos viável tomar emprestados dessas teorias ideias e argumentos úteis – e foi exatamente esse o caso. Além dos dois argumentos jamesianos a favor da natureza dos *qualia* emocionais que consideramos há pouco, estamos de posse de um poderoso argumento empírico, creditado

Consciência

a Damasio, a favor do caráter perceptual da consciência dos *qualia* emocionais, e também de respostas plausíveis a duas das objeções mais desafiadoras das teorias somáticas.

7.2 A tese perceptual/somática

Sinto-me agora em condições de fazer uma proposta sobre a natureza dos *qualia* emocionais. Digamos que uma categoria de *qualia* está *relacionada à emoção* se aparece de forma proeminente na etiologia ou no desenvolvimento de uma ou mais emoções. No que diz respeito a essa noção, minha proposta é que há três categorias – apenas três – de *qualia* emocionais: *qualia* somáticos, *qualia* perceptuais e *qualia* associados a imagens perceptuais.[30] Já vimos um caso para inclusão de *qualia* somáticos. *Qualia* perceptuais devem ser incluídos porque os estados perceptuais geralmente desempenham papel básico e relevante na etiologia das emoções. Além disso, em muitos casos – talvez na maioria – trata-se de um estado perceptual que supre uma emoção de seu objeto intencional. *Qualia* imagísticos precisam ser incluídos, pois as imagens são muitas vezes essenciais na elaboração de emoções e em sua habilidade de determinar ações. Meu argumento, entretanto, é que não há outros *qualia* que necessitem ser incluídos.

Em minha opinião, é muito plausível, tanto por razões introspectivas quanto por razões geradas por pesquisas científicas con-

---

30 Devo enfatizar uma característica do uso que faço da expressão "*qualia* somáticos" que, de outra forma, poderia passar despercebida. Conforme a utilizo, ela significa não apenas os *qualia* associados aos fenômenos jamesianos de tensão facial, força dos batimentos cardíacos e ritmo de respiração, mas também os *qualia* associados a ações e às várias formas de prontidão para agir. (Assim, por exemplo, ela se aplica tanto aos *qualia* associados ao grito quanto aos *qualia* físicos relacionados ao estar prestes a gritar.) Diversos estudos de psicologia deixam claro que *qualia* relacionados com ação geralmente acompanham as emoções (e talvez as constituam parcialmente). Há discussões especialmente esclarecedoras desse tópico em: Lambie; Marcel, Consciousness and the Varieties of Emotion Experience. *Psychological Review 109*, p.219-59.

O *clima interior*: a metafísica dos *qualia* emocionais

temporâneas sobre imagens mentais, que os *qualia* associados a imagens perceptuais são fundamentalmente semelhantes aos *qualia* perceptuais.[31] Muitas vezes, eles não são nem tão vívidos nem tão definidos como os *qualia* que são, de fato, associados às modalidades perceptuais comuns, não obstante, são suficientemente semelhantes aos últimos para serem considerados perceptuais. Portanto, não há necessidade de desenvolver uma teoria metafísica à parte para explicá-los. Uma vez explicado os *qualia* perceptuais, teremos, em princípio, explicado também os *qualia* associados a imagens perceptuais. Aplicando essa noção ao nosso levantamento de *qualia* relacionados à emoção, acreditamos que podemos reduzir a complexidade do levantamento em um terço. Então, em sua forma mais básica e simples, a proposta que desejo fazer é que todos os *qualia* relacionados à emoção têm um caráter ou somático ou perceptual. Chamarei isso de *tese perceptual/somática* e direi que qualquer teoria de *qualia* emocionais que incorpore essa tese é uma *teoria perceptual/somática*.

A seção anterior fornece razões abundantes para essa tese e também alguns dos principais reforços necessários para sua defesa; porém, há algumas questões adicionais que merecem nossa atenção. Essas questões surgirão nas seções seguintes sob a forma de objeções. Em cada caso, tentarei mostrar que a objeção pode ser resolvida. Essas respostas ampliarão o arsenal teórico apresentado na Seção 7.1, mas não farão qualquer concessão. A tese perceptual/ somática emergirá ilesa de nossas investigações.

Entretanto, antes de considerarmos as objeções, será proveitoso fazer uma breve pausa para considerarmos os *qualia* perceptuais envolvidos nas emoções. O que já foi discutido até agora é que a consciência dos estímulos evocadores geralmente será perceptual, que o objeto intencional é, com frequência, fornecido pela percepção e que os *qualia* perceptuais estão envolvidos na elaboração imagística de uma emoção. Tudo isso está correto, mas parece que as emoções

---

31 Ver o apêndice do Capítulo 3.

muitas vezes interagem com a percepção ainda de outra maneira. Sabe-se bem que interesses e expectativas podem ter uma profunda influência no processamento perceptual, tanto ao conduzir a atenção para vários detalhes do que é percebido – dessa forma alocando energia de processamento para mecanismos perceptuais de nível inferior – quanto ao instruir os mecanismos superiores envolvidos no reconhecimento de propriedades macroestruturais de vários tipos. Assim, por exemplo, um perito em Velázques perceberá detalhes do trabalho do pintor que são invisíveis ao iniciante e será também mais sensível às características de ordem superior dos trajes e da expressão que denotam o *status* e a personalidade dos sujeitos de Velásquez. E, também, haverá maior probabilidade de uma mãe reconhecer as características de ordem superior da expressão de um filho, as quais traduzem seu estado de espírito, do que o restante das pessoas. É fácil multiplicar exemplos desse tipo e é extremamente plausível que as emoções moldem o processamento perceptual em ambos os procedimentos – enfatizando o processamento de detalhes e facilitando o reconhecimento dos padrões de ordem superior. É possível reconhecer isso com a observação de que as emoções exercem importante papel na determinação de nossos interesses e expectativas, pois, conforme acabamos de ver, interesses e expectativas são muito importantes na moldagem do processamento perceptual. Um exemplo: suponha que você esteja furioso com um amigo. Não será mais provável, então, que você reconheça oposição e talvez até mesmo hostilidade na expressão facial desse amigo? Em casos como esse, a maneira como você interpreta sua expressão pode ser inteiramente a uma expectativa e, por isso, ser levemente alucinatória, ou pode ser que suas expectativas o tenham levado a reconhecer a informação real sobre o verdadeiro estado da expressão que ele demonstra, que você, de outra forma, teria ignorado. Entretanto, em qualquer um dos casos, a raiva que você sente carrega uma classificação de nível superior de seu amigo, que está direcionada negativamente a você, e essa classificação exerce uma influência *top down* sobre o processamento perceptual em nível inferior, ou seja, caminha do

O clima interior: a metafísica dos qualia emocionais

mais geral para o mais específico, realçando alguns de seus aspectos e inibindo outros.

Algum dia ainda haveremos de compreender de que maneira uma emoção como o amor nos concede a habilidade de ver as faces daqueles que amamos como belas ou nobres, e como as emoções estéticas nos permitem observar quadros e evidências matemáticas como magníficas ou elegantes. Uma conjectura disso é que a percepção da beleza tem a ver com o reconhecimento de certas simetrias faciais, dando a elas o devido peso; entretanto, muito tempo ainda passará até que possamos penetrar no âmago de tais questões. É claro que as emoções exercem papel significativo na moldagem da experiência perceptual e, portanto, dos *qualia* perceptuais, mas não temos ainda uma percepção profunda dos detalhes do processo.

7.3 A dimensão hedônica da emoção

Uma objeção às teorias perceptuais/somáticas – pelo menos em como foram desenvolvidas até agora – é que elas não fazem justiça à natureza hedônica da experiência emocional. Algumas emoções são agradáveis, ao passo que outras são desagradáveis. Qual é a diferença? Uma teoria das emoções nos deve uma resposta satisfatória a essa questão. Além disso – continua a objeção – não está bem claro que a resposta teria de recorrer aos *qualia* – que a diferença entre experiências agradáveis e experiências desagradáveis é uma diferença qualitativa? Indo mais além: não estaria bem claro que os *qualia* que resultam em situações ou coisas agradáveis e situações ou coisas desagradáveis são diferentes em sua espécie de todos os *qualia* que vimos discutindo até aqui? Considere quão agradável é observar um quadro de Vermeer. Seria, afinal, plausível dizer que os aspectos que tornam essa experiência agradável são os *qualia* somáticos? Ou que são ou os *qualia* perceptuais ou imagísticos? É provável que não. Portanto, não parece certo afirmar que essa questão de situação ou coisa agradável deriva das sensações físicas que acompanham nossa experiência perceptual. Ademais, se pensarmos em *qualia perceptuais* ou imagísticos como relacionados à vivência de qualidades perceptuais, como cores e formas, parece bastante equivocado dizer que a *agradabilidade* de contemplar um Vermeer é uma questão de vivência de *qualia* perceptuais. Em geral, é possível que a agradabilidade ou desagradabilidade de uma experiência não seja um fator qualitativo interior à consciência perceptual de nosso corpo ou à consciência perceptual do mundo, ou ao fato de estarmos nos entretendo com uma imagem. Trata-se de algo superior e acima dos *qualia* somáticos, dos *qualia* perceptuais e dos *qualia* imagísticos de uma experiência. Diante disso, não é evidente que as teorias perceptuais/somáticas, conforme definidas na última seção, carecem de recursos que expliquem a agradabilidade e a desagradabilidade? Elas excluem *qualia* importantes e não conseguem corrigir esse erro sem uma revisão substancial.

Embora essa objeção seja inicialmente plausível, acho que ela peca ao considerar as características de agradabilidade e a desagradabilidade das experiências como qualitativas. Um exame criterioso demonstra que não há qualidade sentida que seja comum a todas as experiências agradáveis ou mesmo a qualquer grande subconjunto dessas experiências. E também não existe um componente qualitativo comum das experiências que achamos desagradáveis. Imagine o sabor de um vinho de boa procedência, o sabor do chocolate, o perfume de uma orquídea, a impressão de um quadro de Vermeer, o som de uma cantata de Bach, o vaivém de uma conversa entre pessoas que têm os mesmos interesses e uma grande empatia uma pela outra, e a sensação de ser acariciado por alguém a quem se está romanticamente ligado. Tudo isso é agradável; mais fundamentalmente, talvez, a experiência que temos dessas experiências é agradável. Contudo, é certo que não há qualquer característica qualitativa fundindo em apenas uma a experiência de beber vinho, a de comer chocolate e as experiências de qualquer outro tipo. Não existe nenhuma qualidade que possamos separar como componente de uma ou duas das experiências, atentarmos para elas cuidadosamente e depois reconhecê-la como componente de todas as outras.

O *clima interior*: a metafísica dos *qualia* emocionais

Da forma como entendo tudo isso, a única coisa comum a todas as experiências que acho agradáveis é que eu *gosto* delas; eu as *aprecio*. Mas o que significa gostar de uma experiência? Entendo o gostar como uma propriedade funcional complexa, mais fundamental que o desejo, porém semelhante a ele em alguns sentidos. Se gostamos de uma experiência, então, penso que mostramos uma tendência a atentar para o elemento que serve como objeto dessa experiência, e também a nos lembrar desse elemento e a como entramos em contato com ele; mostramos uma propensão a nos envolver em comportamentos que nos levem a prolongar a experiência e em atitudes que a intensificam, além de nos envolver em comportamentos que prometem gerar experiências análogas no futuro. Ademais, o gostar de uma experiência revela uma propensão para influenciar a expressão facial, abrandando uma expressão grave e talvez até mesmo promovendo um sorriso; pode também produzir um efeito na postura, levando-nos a adotar uma atitude mais aberta; mostra ainda certa tendência para reduzir condições somáticas que ficam em segundo plano, como tensão e agitação, ao mesmo tempo que aumenta o sentido de energia disponível. Por fim, se temos os recursos conceituais necessários, então o gostar de uma experiência pode produzir certos desejos – mais particularmente, o de prolongar a experiência, o de intensificá-la e o de viver experiências semelhantes no futuro. Contudo, é também possível gostar de uma experiência mesmo que a capacidade de criar desejos seja limitada. Crianças pequenas podem gostar de objetos; filhotes de gatos e cães também.

Da mesma forma em que não há elemento qualitativo compartilhado por todas as experiências que achamos agradáveis, também não há elemento qualitativo compartilhado por todas as experiências consideradas desagradáveis. Qualquer busca introspectiva de tal elemento será frustrada. O que é comum a experiências desagradáveis é exatamente o fato de que a pessoa *não gosta* delas, e "não gostar" é um estado funcional complexo. Como no caso do gostar, o não gostar de uma experiência inclui certa tendência a prestar atenção ao objeto da experiência e a se lembrar de que forma foi estabelecido um

Consciência

contato com esse objeto, mas todas as outras tendências que fazem parte do não gostar são opostas às tendências que fazem parte do gostar. Assim, por exemplo, em vez de certa tendência para realizar experiências semelhantes a dada experiência, o não gostar envolve uma tendência a evitar tais experiências.

Embora os detalhes dessas proposições possam ser vistos com certa reserva, acho que não temos escolha senão aceitar a ideia de que a agradabilidade e a desagradabilidade são propriedades funcionais. Elas não podem ser explicadas em termos de *qualia* compartilhados ou de similaridade qualitativa. As explicações devem, portanto, recorrer a tendências causais compartilhadas. É preciso reconhecer, contudo, que as análises anteriores têm algumas consequências contraintuitivas. Uma delas relaciona-se a forças causais que a psicologia do senso comum atribui à agradabilidade. De acordo com a psicologia do senso comum, somos propensos a buscar algo *porque* o achamos agradável. A análise anterior de agradabilidade não consegue sustentar essa visão porque ela sugere que ter uma tendência a buscar algo é *parte* do que significa achá-lo agradável. Se essa tendência é um componente da agradabilidade, então, presumivelmente, ela não pode ser causada pela agradabilidade. Portanto, a análise merece um pequeno reexame da psicologia do senso comum.[32] A outra

---

32 Meu argumento de que esse é um reexame "leve" da psicologia de senso comum foi contestado por Joseph Levine e um árbitro anônimo da Cambridge University Press. Admito que achamos muito natural dizer algo como "Quero que esta experiência continue *porque* ela é agradável – eu a aprecio pelo prazer que ela me dá". Uma teoria estaria abruptamente em desacordo com nossas intuições se ela sugerisse que tais afirmações são sempre profundamente inadequadas. Acho, entretanto, que minha teoria da agradabilidade pode acomodar uma parte desse assunto. Sem dúvida, a teoria sugere que não é apropriado atribuir eficácia causal à agradabilidade em ocasiões em que uma concepção humeana rígida de causação está operacional. Uma disposição para causar eventos do tipo E não pode ser uma causa humeana de um evento especial do tipo E, pois causas humeanas são metafisicamente independentes de seus efeitos. Uma vez que minha teoria da agradabilidade sugere que a agradabilidade consiste, em parte, de uma disposição em tentar prolongar as experiências, a agradabilidade não pode ser uma causa

O clima interior: a metafísica dos *qualia* emocionais

consequência contraintuitiva relaciona-se ao masoquismo. A análise anterior da desagradabilidade sugere que achar uma experiência desagradável envolve uma tendência a evitar experiências semelhantes no futuro; entretanto, é natural pensar que o masoquismo tem propensão a buscar experiências desagradáveis. Evidentemente, se a análise anterior for aceita, essa maneira natural de descrever o masoquismo precisa ser descartada. Para o leigo, não fica evidente se ela deve ser substituída pela proposição de que o masoquismo inclina-se a buscar experiências *normalmente consideradas* desagradáveis, ou pela proposição de que o masoquismo envolve tendências conflitantes, de aproximação e também de esquivamento, e que as tendências de aproximação são dominantes. Tudo o que se pode dizer aqui é que uma ou outra dessas duas novas descrições – ou a junção, em parte, de ambas – *precisa* ser aceita. Precisamos aprender a usar um sapato, se é o único que serve, mesmo que seu estilo não combine muito bem com o traje que estamos vestindo.

Em resumo, desejo sugerir que as características hedônicas de nossas experiências devem ser entendidas em termos funcionais. Características hedônicas relacionam-se ao que aprendemos das experiências, aos programas de ação que elas ativam, a seu efeito sobre várias condições corporais de segundo plano e a sua capacidade de produzir atitudes proposicionais. A teoria de que elas são qualitativas não resiste a um exame mais detalhado.

---

humeana de desejar que uma experiência agradável continue. A reflexão mostra, entretanto, que às vezes temos uma concepção mais liberal de causação na mente, de acordo com a qual uma causa é qualquer coisa que forneça certa quantidade de *insight* explicativo; e mostra ainda que, quando estamos pensando em causação dessa maneira mais inclusiva, nós nos permitimos dizer que inclinações são causas de eventos particulares. Assim, por exemplo, apesar do fato de o magnetismo ser um pretexto para atrair, nós nos permitiríamos citar a natureza magnética de certo objeto como causalmente relevante aos movimentos de certos arquivos de ferro especiais. Penso ser possível que geralmente tenhamos essa concepção inclusiva de causação na mente quando atribuímos eficácia causal à agradabilidade. Se isso for verdadeiro, então minha teoria da agradabilidade é inteiramente compatível com tais atribuições.

Consciência

7.4 *Qualia* mentais

A objeção precedente começa pela menção a uma perspectiva específica da experiência emocional e, em seguida, passa a questionar teorias perceptuais/somáticas para explicá-la. A segunda objeção que desejo considerar é bem diferente. Em vez de apontar para uma dimensão particular da experiência emocional, ela simplesmente afirma a existência de *qualia* emocionais que não podem ser explicados em termos somáticos ou perceptuais. Nas versões que encontrei, a objeção é expressa mais ou menos assim:

> É possível que muitos, se não a maioria, dos qualia emocionais sejam somáticos em sua natureza e é, sem dúvida, verdadeiro que as emoções geralmente têm componentes perceptuais e imagísticos. No entanto, a introspecção revela a existência de *qualia* emocionais *mentais* que não são redutíveis a *qualia* perceptuais e imagísticos. Isto é, há *sentimentos* emocionais que têm um caráter puramente psicológico. Não é possível descrever esses sentimentos com muita precisão nem mesmo dar instruções precisas para localizá-los na experiência que temos deles. Não seria, entretanto, simplesmente óbvio que, por exemplo, haja sentimentos de elevação, expansão e vigor que acompanham a alegria, e que alguns desses sentimentos sejam puramente psicológicos?

Não sei se essa preocupação poderá um dia ser totalmente eliminada, mas há três respostas que a fazem parecer menos categórica e imperativa. A primeira é que não é absolutamente nada fácil reconhecer a natureza somática dos *qualia* emocionais. Penso que isso vale especialmente para os *qualia* relacionados às expressões faciais e para os *qualia* que se referem às condições físicas generalizadas, tais como tensão, agitação, relaxamento, energia, harmonia e conflito.[33]

---

33 Para discussões desses "sentimentos de bastidores", ver: Damasio, *Descartes'error*, p.150-5; e Id., *Looking for Spinoza*, p.43-4.

O clima interior: a metafísica dos qualia emocionais

Assim, por exemplo, como vimos anteriormente, é mais que uma surpresa perceber quão grande é a proporção de *qualia* que podem ser atribuídos somente a expressões faciais que acompanham a alegria apenas. Aquilo que, no início, parece mental acaba se tornando físico. O mesmo se aplica à sensação de estarmos sendo energizados. Afirmarei logo adiante que, quando temos consciência dessa sensação, um pouco da energia que experienciamos tem natureza mental. Acredito, entretanto, que os *qualia* que acompanham esse processo de energização sejam inteiramente somáticos. Para avaliar os méritos desse argumento, faça uma "redução jamesiana" na próxima vez que vivenciar uma situação de muito entusiasmo. Quero dizer, apague todos os aspectos físicos de seu entusiasmo focalizando a atenção estritamente naqueles aspectos que são inquestionavelmente psicológicos. Se você for como eu, vai achar que não restou nada que mostre grande pretensão ao adjetivo "qualitativo".

A segunda resposta começa com o que pode inicialmente parecer uma concessão. Desejo confirmar aqui que é perfeitamente adequado empregar termos como "elevado", "expansivo" e "vigoroso" ao componente psicológico da alegria, e termos que contêm conotações "qualitativas" semelhantes às dimensões psicológicas de outras emoções. Penso, no entanto, que os "fazedores de verdade" de descrições de estados mentais que envolvem esses termos não são fatos qualitativos, mas, antes, fatos relacionados a conteúdos semânticos de estados mentais e determinações adverbiais de processos mentais. Portanto, se estamos em um estado mental "sublime" quando estamos vivenciando um sentimento de alegria, isso ocorre porque nossas avaliações daquilo que estamos considerando inclinam-se a ser muito superiores ao que seriam em outros contextos. Quando vivemos uma experiência de alegria, nossa propensão é olhar para o lado positivo das coisas. Nosso foco recai sobre as virtudes das coisas que estamos considerando e as louvamos por serem tão maravilhosamente incríveis. Além disso, a estrutura de nossas preferências sofre uma mudança temporária: achamos que há mais coisas que merecem ser buscadas e ficamos mais dispostos a nos dedicar integralmente à busca daquilo que preferimos. Os "fazedores de verdade" de "expansivo" são semelhantes. Quando estamos experienciando alegria, o campo de nossa aprovação literalmente se expande para incluir mais pessoas, mais objetos, mais cursos de ação, mais ideais, mais teorias, mais sensações e mais maneiras de ser. E o que dizer dos "fazedores de verdade" de "energizado"? Nesse ponto, acho necessário recorrer a determinações adverbiais de processos mentais. Quando passamos por uma experiência de alegria, ou por qualquer outra emoção positiva correlata, nossos pensamentos fluem de forma mais rápida e fluida e são também mais vigorosos, uma vez que temos mais confiança na sua adequabilidade. Ademais, revelamos certa propensão para empreender esforços mentais de vários tipos e para persistir nesses esforços com propósito e eficiência. Dessa maneira, por exemplo, quando vivemos uma emoção positiva, podemos nos sentir mais dispostos a trabalhar com problemas difíceis de xadrez e lidar com dificuldades com mais confiança e persistência. Se combinados, esses fatos podem tornar bastante apropriado o emprego do termo "energizado" e de expressões cognatas ao nosso estado mental.

Observações análogas aplicam-se a outros termos com conotações vagamente qualitativas utilizados para descrever as dimensões psicológicas das emoções, como "contraído", "congelado" e "intensificado". Esses termos têm conotações qualitativas porque estabelecem analogias entre estruturas da mente e condições físicas dotadas de uma fenomenologia própria ou entre estruturas da mente e condições físicas exteriores que originam *qualia* distintivos quando os encontramos perceptualmente. O que desejo argumentar, entretanto, é que se refletirmos sobre os fatos que tornam as analogias ou metáforas apropriadas, veremos que eles podem ser adequadamente caracterizados sem recorrermos aos *qualia*. As metáforas podem ser substituídas por descrições que se referem exclusivamente a fatos envolvendo conteúdos e também propriedades de processos mentais,

O clima interior: a metafísica dos qualia emocionais

tais como velocidade, coerência, robustez e autonomia (ou seja, independente do controle do agente).

Minha terceira resposta à presente objeção é que ela deve muito de sua plausibilidade à vagueza e à ambiguidade de *"qualia"* e expressões correlatas. Com efeito, a objeção propõe que, quando realizamos a "redução jamesiana" sobre um estado emocional, resta-nos um resíduo qualitativo – um resíduo intangível e muito difícil de ser descrito, mas que pode ser parcialmente apreendido – ou pelo menos podemos fazer alguns movimentos em direção a ele por meio de metáforas. A objeção, portanto, pressupõe que o termo "qualitativo" tenha um significado fixo e determinado. Na verdade, entretanto, o uso desse termo torna-se perigosamente elástico em contextos em que ele não é garantido por paradigmas, como a dor e a maneira como coisas amarelas são percebidas. O presente contexto pertence a essa categoria, o qual é definido pela pergunta: "Existem *qualia* emocionais que não são nem físicos nem perceptuais?" Inerente ao conteúdo dessa pergunta está a ideia de que os paradigmas comuns fornecerão pouca orientação útil para tentativas de resposta à questão. Portanto, é impossível *provar* que a resposta à pergunta deveria ser "não," mas isso está longe de ser motivo para pensarmos que a resposta deva ser "sim". Pelo contrário, visto que a noção intuitiva, pré-teórica, do qualitativo é vaga, não devemos supor que questões formuladas em relação a isso permitam respostas determinadas. Se desejamos obter respostas, precisamos reformular as perguntas de forma a usar noções mais definidas. Eu recomendaria que, ao estruturar tais noções, nos orientássemos principalmente pelos paradigmas comuns. Se não quisermos ficar à deriva em alto-mar, precisamos fazer pleno uso das âncoras à nossa disposição.

Por todos esses motivos, parece conveniente deixar de lado a presente objeção. Talvez haja alguma maneira de reformulá-la que aumente sua eficácia, mas melhorias bastante substanciais terão de ser feitas para que ela garanta maior atenção. Não vejo, por ora, quais poderiam ser essas melhorias.

Consciência

7.5 Conclusão

O território dos *qualia* emocionais é vasto e diversificado. Minha preocupação principal neste capítulo foi mapear suas fronteiras e subdivisões e, em especial, examinar a tese de que ele se exaure pelos membros de três categorias – *qualia* somáticos, *qualia* perceptuais e *qualia* imagísticos. Encontramos várias linhas de pensamento que fornecem suporte para essa tese. Percebemos também que diferentes e fortes objeções feitas a ele, à primeira vista, podem ser respondidas. De maneira geral, ele parece aceitável.[34] Esse resultado

---

34 Embora ache as linhas de raciocínio precedentes plenamente persuasivas, uma conversa me deixou consciente de que outros têm uma visão diferente. Eles continuam convencidos de que há sólidas razões introspectivas para se achar que a dimensão fenomenológica das emoções inclui uma gama de *qualia* emocionais que não são nem somáticos nem relacionados com qualquer das modalidades perceptuais padrão. Então, preciso reconhecer que é provável que eles estejam certos, pois é possível que meus poderes introspectivos estejam falhando em um ou mais aspectos. Portanto, acrescento o seguinte: se é verdade que os *qualia* emocionais residuais existem, pode ser possível explicá-los combinando uma das hipóteses-guia do presente trabalho com a teoria do conteúdo representacional da experiência emocional desenvolvida por Jesse Prinz. A hipótese em questão é a asserção de que a fenomenologia pode ser plenamente explicada com o argumento de que os *qualia* são propriedades que são objetos de consciência experiencial – isto é, propriedades representadas por experiências perceptuais ou quase perceptuais. Para aplicar essa hipótese aos *qualia* emocionais residuais, seria necessário mostrar que o sistema límbico produz representações que podem ser adequadamente classificadas como perceptuais ou quase perceptuais; mas seria possível mostrar isso invocando a teoria das emoções de Prinz, que sustenta o argumento de que as emoções necessariamente envolvem representações de propriedades que têm significação biológica e psicológica. Com efeito, Prinz postula uma modalidade perceptual acima e além da visão, da audição e de outras formas comuns de percepção – uma modalidade que poderia ser chamada de *percepção emocional*. A principal diferença entre percepção emocional e as formas-padrão é que ela tem a tarefa de manter o organismo informado de certas propriedades *normativas* – mais especificamente, propriedades como *ofensivo*, *perigoso* e *uma ameaça à autoestima*. Talvez fosse possível afirmar que os *qualia* emocionais residuais são propriedades desse tipo e que eles devem seu *status* de *qualia* ao caráter perceptual de representações límbicas. (As posições de Prinz são desenvolvidas em detalhes em seu esplêndido livro, Prinz *Gut Reactions: A Perceptual Theory of Emotions*.)

306

O clima interior: a metafísica dos *qualia* emocionais

é bem-vindo, pois sugere que o aparelho teórico desenvolvido em capítulos anteriores pode ser aplicado sem grandes modificações aos *qualia* emocionais. Para ser mais específico, já que os *qualia* imagísticos são redutíveis aos *qualia* perceptuais, isso sugere que todos os *qualia* emocionais podem ser analisados ou em termos da estrutura para explicação dos *qualia* perceptuais, apresentada no Capítulo 5, ou em termos da estrutura para explicação dos *qualia* somáticos, apresentada no Capítulo 6.

Portanto, agora obtivemos uma teoria mais ou menos unificada de todas as características amplamente aceitas como qualitativas – uma teoria que fornece muito encorajamento à esperança de que será possível contar uma história metafísica abrangente sobre a realidade – uma história unificada e comparativamente simples.

8
Introspecção e consciência

8.1 Introdução

Como vimos no Capítulo 1, há um sentido do termo "consciente" de acordo com o qual, falando de maneira bem simplificada, o estado mental é considerado consciente somente caso o agente relevante esteja introspectivamente cônscio dele. Este capítulo refere-se à forma de consciência denotada nesse sentido do termo.

Essa forma de consciência, *consciência introspectiva*, é uma propriedade relacional, como a propriedade de ser casado e a de ser esclarecido. Ela está amplamente distribuída no território dos fenômenos mentais. Pensamentos, volições e outros estados mentais ocorrentes podem ser introspectivamente conscientes, e o mesmo sucede com crenças, planos de longo prazo e outros fenômenos duradouros armazenados na memória. Uma série de processos mentais – inclusive planejamento, decisão, avaliação e inferência – pode apresentar consciência introspectiva.

A consciência introspectiva vem sendo reconhecida e discutida há séculos. Por exemplo, o contraste entre a motivação introspectivamente consciente e seu oposto é muito visível – sem ser explicitamente

Consciência

mencionado – em *Mansfield Park*, de Jane Austen. Uma das personagens do livro, a senhora Norris, não para de censurar, marginalizar e atribuir tarefas degradantes à jovem heroína, Fanny Pryce. De forma consciente, a senhora Norris se vê como se estivesse ajudando Fanny, que, na verdade, foi levada ao Mansfield Park pelos tios em um gesto de compaixão. Na opinião da senhora Norris, Fanny precisa ser constantemente lembrada da inferioridade e da fragilidade de sua posição na família, se quiser reconhecer a natureza da situação em que se encontra e se adaptar a ela. Na verdade, entretanto, como fica claro ao leitor e, em alguma medida, à própria Fanny, o comportamento da senhora Norris é moldado por uma motivação inconsciente que inclui certo grau de puro sadismo, além de um desejo de tornar a superioridade comparativa de sua própria posição na família mais evidente, tanto para ela própria quanto para Fanny. Em uma frase, as descrições que Austen faz das interações entre a senhora Norris e Fanny são uma espécie de argumento construtivo a favor da importância da motivação que não é introspectivamente consciente. Com certeza, Austen está pressupondo que seus leitores estejam familiarizados com o contraste entre os estados mentais introspectivamente conscientes e os estados em que esse traço está ausente. Que sua pressuposição estivesse totalmente válida fica demonstrado pela grande admiração de gerações e gerações de leitores pelo romance.

Embora a noção de consciência introspectiva seja parte do que herdamos da psicologia de senso comum, não foi senão depois que Freud desenvolveu uma detalhada teoria da motivação inconsciente que "consciente" passou a ser amplamente utilizado como termo para estados mentais que são objeto de consciência [A] introspectiva. Freud era atipicamente reservado em relação à natureza da consciência, talvez porque achasse que não fosse possível analisá-la. (Ele escreveu que a consciência "desafia qualquer explicação e descrição".)[1] Todavia, considerando o papel que a noção de consciência

---

1 Freud, *An Outline of Psycho-Analysis*. In: Strachey (ed.), *The Complete Psychological Works of Sigmund Freud* XXIII, p.157.

Introspecção e consciência

exerce em sua teoria psicológica e, em particular, em sua descrição dos objetivos da terapia, é razoável pensar que Freud sustentava as seguintes teorias – ou pelo menos sugeria um envolvimento com elas: (i) a mente consciente consiste em fenômenos mentais que são objeto da consciência [A] introspectiva; (ii) a mente pré-consciente consiste em fenômenos mentais que, no momento, não são objetos de consciência [A] introspectiva, mas poderiam facilmente adquirir esse *status*; e (iii) a mente inconsciente consiste em uma variedade de fenômenos mentais, inclusive desejos sexuais impróprios, memórias indecorosas e desejos irracionais, que são ativamente reprimidos e, portanto, inacessíveis à consciência [A]. De qualquer forma, essa é uma interpretação corriqueira e amplamente compartilhada da posição de Freud. Eu a menciono aqui para lembrar o leitor da centralidade da noção de consciência introspectiva em discussões contemporâneas de consciência.

Neste capítulo, minha preocupação será com três séries de questões. Primeira, qual é a natureza interior de estados de consciência introspectiva? São eles uniformes ou surgem em duas ou mais variedades? Em que medida têm eles uma natureza conceitual e doxástica? Em que medida são eles subconceituais? Mais especificamente, são eles perceptuais, e se forem, em que medida o são? Segunda, qual é a natureza dos processos que produzem estados de consciência introspectiva? Em que medida, se for o caso, eles se assemelham aos processos responsáveis pela produção de estados de consciência perceptual? Se os modelos perceptuais fracassam, o que deveríamos colocar em seu lugar? São os processos essencialmente semelhantes uns aos outros, ou são diferentes? Terceira, é necessário que um estado de consciência introspectiva esteja consciente a fim de poder conferir consciência introspectiva a seu objeto? É claro que não poderia ser verdade que um estado de consciência precisa ser introspectivamente consciente para conferir consciência introspectiva, pois, com base nesse princípio, nenhum estado poderia estar introspectivamente consciente, a menos que estivesse engastado em uma série infinita de estados introspectivamente conscientes, cada

Consciência

um dos quais consciente do membro imediatamente subsequente da série. Entretanto, poderia ser verdade que um estado deve apresentar uma consciência *experiencial* a fim de poder conferir consciência introspectiva a seu objeto. *Seria* isso verdadeiro? A consciência introspectiva pressupõe consciência dessa outra espécie? (Como o leitor pode se lembrar do Capítulo 1, considera-se que um estado mental apresenta consciência experiencial se ele estiver disponível para uso por uma variedade de instâncias cognitivas de ordem superior, inclusive aquelas responsáveis por estabelecer crenças, fixar memórias episódicas, gerar planos, orientar ações intencionais, produzir fala e estabelecer inferências.)

Além de discutir esses três tópicos básicos dedicarei minha atenção também a questões epistemológicas. Tradicionalmente, sustenta-se a teoria de que crenças introspectivas são diferentes da maior parte de outros tipos de crenças, uma vez que elas apresentam um grau muito maior de garantia epistêmica. De maneira geral, sou solidário a essa teoria, porque acho que a distância causal entre crenças introspectivas e os estados de coisas que servem como seus "fazedores de verdade" são propensos a ser muito menor que em outros casos. Considerando que a distância causal é pequena, há menos espaço para que haja engano. Ao mesmo tempo, entretanto, parece-me incorreto afirmar que *todas* as crenças introspectivas desfrutam de um *status* epistêmico altamente privilegiado, como também acho incorreto afirmar que alto privilégio, se houver, equivale a uma espécie de certeza. No final da Seção 8.5, discutirei, de forma sucinta, essas dúvidas relativas ao quadro tradicional, mas não tentarei defendê-las sistematicamente.

Concluo esses comentários introdutórios com algumas observações sobre a teoria, bastante familiar na literatura contemporânea, de que a consciência introspectiva de atitudes proposicionais envolve *deliberação* acerca do mundo.[2] Essa teoria está muito em evidência em discussões sobre a consciência [A] introspectiva de crenças.

---

2 Moran, *Authority and Estrangement*: An Essay on Self-Knowledge.

Introspecção e consciência

Argumenta-se que, para que um agente determine se acredita que *p*, ele precisa determinar se é verdade que *p*, e esse último esforço envolve deliberação racional sobre a natureza do fato extramental. Colocando o assunto de forma um pouco paradoxal, argumenta-se que a introspecção requer extrospecção, pelo menos em uma grande variedade de casos. Não pretendo me ocupar com essa teoria em detalhes neste capítulo, mas simplesmente direi que ela me parece basear-se em certa confusão. Estabeleço uma diferença entre crenças reais explícitas e crenças potenciais implícitas. Na verdade, uma crença implícita é uma crença com a qual estamos envolvidos, mas que tem base em nossas crenças explícitas. Ilustrando: as crenças explícitas de um agente geralmente incluirão, por exemplo, a crença de que seu nome é tal e a crença de que Colombo desembarcou no Novo Mundo em 1492, mas só se pode afirmar que o agente acredita implicitamente que seu nome tem menos de 267 letras ou que Colombo nunca desejou ter um Corvette. Pois bem, a meu ver, não há necessidade de fazermos deliberação alguma para nos tornarmos introspectivamente conscientes das nossas crenças explícitas. Na medida em que a deliberação está ligada à introspecção, fazemos deliberações porque é necessário *fixar* nossas crenças sobre determinados tópicos, converter nossas crenças implícitas em crenças explícitas, antes que possamos apropriadamente afirmar que temos consciência [A] introspectiva delas. Entretanto, afirmar isso é o mesmo que dizer que não há qualquer relação interna necessária entre deliberação e introspecção. A deliberação é precursora da introspecção, uma atividade que, com frequência, precisa ocorrer antes que a introspecção seja possível. Não podemos estar introspectivamente conscientes de uma crença que, na verdade, não temos, da mesma forma como não podemos perceber eventos que ainda não ocorreram de fato.

Isso não é negar que muitas vezes determinamos se temos uma crença quando consideramos uma questão relacionada ao mundo. Recentemente, um amigo me perguntou: "Você é a favor da legalização da maconha?" Ao responder à pergunta, comecei a substituí-la por uma questão mais simples, que estava relacionada mais com o mundo que com o *status* de minha opinião, a saber: "A maconha deve ser legalizada?" Em um período muito anterior em minha vida poderia ter sido necessário me envolver em uma deliberação para responder a essa questão mais simples; mas há muito tempo sustento uma opinião bem estabelecida sobre o assunto; portanto, uma resposta ("É claro!") veio de imediato à mente, e ela levou imediatamente a uma resposta à primeira pergunta. "Sim," respondi, "sem dúvida alguma acho que a maconha deveria ser legalizada". Creio que o que aconteceu nesse caso é bem típico. Frequentemente chegamos a conclusões de segunda ordem fazendo perguntas de primeira ordem; mas isso não tende a mostrar que chegamos a juízos de segunda ordem envolvendo-nos em deliberações de primeira ordem. Sabemos qual é a resposta a muitas perguntas sobre o mundo sem necessidade de qualquer deliberação.

8.2 A lógica doxástica e o pluralismo

Sabemos que a consciência introspectiva assume a forma de conhecimento proposicional em um grande número de casos. Na verdade, nos casos em que M é qualquer estado mental que, intuitivamente, conta como acessível à introspecção, é plausível que o agente relevante possa formar um juízo introspectivo que lhe forneça conhecimento proposicional de M. Assim, podemos facilmente adquirir conhecimento proposicional de nossas crenças, desejos, intenções, pensamentos ocorrentes, estado de espírito, emoções, experiências perceptuais, imagens e sensações físicas. Além disso, podemos facilmente adquirir conhecimento proposicional relativo a uma variedade significativa de processos mentais, incluindo o escolher, o planejar, o fazer cálculos, o fazer deduções, o dar explicações e o imaginar.

Diante desses fatos, é natural que sondagens na natureza da consciência [A] introspectiva assumam a forma de tentativas de determinação do grau em que nossas habilidades introspectivas se fundamentam em juízos. Há três posições possíveis aqui: *lógica doxástica, pluralismo e perceptualismo.*

Introspecção e consciência

A lógica doxástica é a noção de que a consciência [A] introspectiva sempre adota a forma de juízos ou crenças. (Meu ponto de vista é o de que um juízo é ocorrência mental – uma espécie de crença ocorrente; porém, crenças também incluem estados semipermanentes localizados em vários depósitos da memória. A lógica doxástica alega que algumas vezes a consciência introspectiva assume a forma de juízo, outras, a forma de uma fé duradoura. Contudo, para simplificar a exposição ao discutir a lógica doxástica, a partir daqui, mencionarei apenas juízos.)

Em oposição à lógica doxástica, o pluralismo afirma que a consciência introspectiva pode adotar a forma de juízos e também a forma de estados perceptuais. Ele afirma, por exemplo, que a consciência [A] de pensamentos geralmente assume a forma de juízos e que a consciência [A] de estados qualitativos revela, com frequência, um caráter perceptual. Além do mais, como deverei entendê-lo aqui, ele defende, ainda, a ideia de que há certos tipos de estados mentais que podem ser conhecidos em mais de uma forma. Sendo M um estado mental de um desses tipos, o pluralismo reconhece que é possível alcançar a consciência de M por meio de um juízo introspectivo, mas afirma que é também possível alcançar a consciência de M por meio de um estado subconceitual e subdoxástico de algum tipo. Assim, por exemplo, no caso da dor, o pluralismo admite que é possível estarmos introspectivamente conscientes de uma dor por meio de um juízo, já que estamos sentindo dor, mas afirma que, em um caso típico, o agente relevante estará perceptualmente consciente da dor e também que a consciência [A] doxástica da dor estará epistêmica e causalmente fundada nessa consciência perceptual.

Como seu nome indica, o perceptualismo afirma que *todas* as formas de introspecção têm um caráter inteiramente perceptual. Em minha opinião, essa ideia é pouco convincente; portanto, não vou discuti-la aqui. Afinal, *sabemos* que a consciência [A] introspectiva toma a forma de juízo em ampla variedade de casos. O perceptualismo está excluído por esse fato. Pretendo me concentrar na lógica doxástica e no pluralismo.

Consciência

Acredito que seja possível demonstrar que a lógica doxástica está correta, mas o pluralismo tem um forte apelo inicial. À primeira vista, pelo menos, *parece* que temos consciência perceptual de muitos de nossos estados mentais. Há três razões principais para isso. Vou descrevê-las de forma resumida no presente momento e depois avaliá-las nas seções 8.3 e 8.4.

A primeira razão é que algumas das formas de consciência [A] que, intuitivamente, são consideradas introspectivas têm uma fenomenologia própria. Isso é verdadeiro, por exemplo, com relação à consciência da dor. Embora o estar consciente da dor seja algo complexo e difícil de caracterizar, está claro que temos grande propensão para considerá-lo como introspectivo. Ademais, não há como negar o fato de que estados que contam intuitivamente como estados de consciência da dor têm uma profunda dimensão fenomenológica. Então, se um estado de consciência tem uma dimensão fenomenológica, é mais natural interpretá-lo como perceptual que como conceitual e doxástico. Portanto, à primeira vista, há um argumento poderoso para se afirmar que a consciência da dor é tanto introspectiva quanto perceptual (ou quase perceptual). Além disso, o mesmo vale para várias outras formas de consciência, inclusive a consciência de outras sensações físicas além da dor, e a das características qualitativas das emoções. Essas formas de consciência são vistas intuitivamente como introspectivas e também como perceptuais, por causa de seus vívidos componentes fenomenológicos. Evidentemente, na medida em que podem ser sustentadas, essas teorias constituem poderoso argumento a favor do pluralismo.

A segunda razão para pensarmos que a introspecção é perceptual está relacionada a nosso acesso a imagens mentais. Por vários motivos, parece natural afirmar que *vemos* imagens visuais, que podemos *examiná-las* no decorrer de várias tarefas cognitivas e que *damos um close* nelas para adquirirmos informações de detalhes. Deve haver algo sobre nosso acesso a imagens mentais que torna afirmações dessa natureza apropriadas. O que seria? A resposta óbvia é que falamos a respeito de percepção de imagens porque, de fato, nós as percebemos.

Introspecção e consciência

Na terceira razão, temos certa tendência em considerar que a consciência introspectiva de atitudes proposicionais ocorrentes tem uma dimensão fenomenológica. Isso é verdade, por exemplo, com relação à consciência introspectiva de pensamentos. Dessa maneira, somos levados a afirmar com bastante convicção que há algo parecido com achar que *p*, e pode ser tentador concluir disso que a experiência de pensar que *p* tem um caráter fenomênico de algum tipo; porém, se pensar que *p* tem um caráter fenomênico, então a consciência [A] do pensar que *p* é, sem dúvida, perceptual, porque é evidente que é a percepção – e apenas a percepção – que nos coloca em contato com propriedades qualitativas.

Podemos mostrar que, embora tenham boa dose de fascínio à primeira vista, essas três razões para adotarmos o pluralismo devem ser rejeitadas, e a lógica doxástica deve ser adotada como a teoria correta. Os veículos de consciência introspectiva são juízos e crenças, não representações perceptuais ou quase perceptuais. Depois de chegar a essa conclusão na Seção 8.6, prosseguirei e considerarei um argumento a favor da teoria de que os *processos* que levam a juízos introspectivos têm caráter perceptual. Essa teoria reconhece a verdade da lógica doxástica, mas sustenta a ideia de que a relação entre a introspecção e a atenção nos dá motivo para pensarmos que precisamos de um modelo perceptual dos mecanismos responsáveis por juízos introspectivos. Afirmarei na Seção 8.7 que essa posição é equivocada e, ao final dela, terei apresentado um caso com base ampla para pensarmos que os modelos perceptuais de introspecção não são corretos.

8.3 Consciência [A] de sensações físicas

Há certo consenso na noção de que uma coisa é estar consciente de uma dor e outra, estar consciente de uma coceira. Em geral, sendo *S* qualquer sensação física, a consciência [A] de *S* tem uma fenomenologia correspondente. Diante desse fato, é bastante provável que a consciência de sensações físicas seja perceptual. Menos claro está, entretanto, que a consciência de uma sensação física deva ser

Consciência

classificada como uma forma de consciência introspectiva. Segundo o dicionário, fazer uma introspecção é examinar a própria mente ou seus conteúdos. Portanto, se a consciência da dor é uma forma de introspecção, a dor deve ser um estado mental de alguma espécie. Contudo, de maneira alguma está claro que as coisas sejam dessa forma. Há um consenso no que diz respeito à noção de que a dor é interior ao sujeito que a tem; mas interior a quê? À mente? Talvez; mas também é bem possível afirmar que a dor é um estado físico, e que uma dor é interior ao sujeito apenas quando ela é interior ao corpo do sujeito.

No Capítulo 6, consideramos três teorias relativas à dor e à consciência da dor. De acordo com a primeira teoria, sentir uma dor é sofrer certo tipo de distúrbio físico, e estar consciente de uma dor é estar perceptualmente consciente de um distúrbio desse tipo. Supondo que a "introspecção" seja usada apenas para representar a consciência [A] interior de fenômenos *mentais* – como registra o dicionário –, essa teoria sugere que a consciência da dor não é uma forma de introspecção. Com base na segunda teoria, sentir uma dor é se encontrar em certo tipo de estado perceptual – especificamente, um estado perceptual direcionado a um distúrbio físico do tipo determinado. Isto é, de acordo com essa teoria, uma dor é equivalente a um estado de consciência perceptual. A teoria também argumenta que o ter consciência da dor assume a forma de um juízo – um juízo sobre o fato de que um sujeito está sentindo dor. A teoria afirma que, após certa reflexão, é possível ver que juízos desse tipo se referem a estados de consciência perceptual considerados como dores. Conclui-se dessa teoria que ter consciência da dor é ter consciência de um estado mental e, portanto, é ter consciência introspectiva. Assim, a segunda teoria sustenta a intuição de que a consciência da dor é uma forma de consciência introspectiva. Isso me conduz à terceira teoria. Diferentemente das duas primeiras, essa não propõe uma asserção conclusiva a respeito da natureza da dor. Pelo contrário, ela afirma que não há nenhum fato real sobre qual das duas primeiras teorias está correta. Ela permite que cada uma dessas teorias honre importantes fios na descrição da tessitura da dor que está enredada na psicologia do senso comum, mas nega que qualquer uma delas honre todos esses fios. Além disso – o que é mais importante para nossos propósitos –, ela alega que nenhuma dessas teorias faz um trabalho melhor que a outra na apreensão da descrição psicológica do senso comum. Nenhuma delas é considerada como a incomparavelmente melhor sistematização de nosso pensamento e de nossa fala acerca da dor. Na verdade, então, a terceira teoria nega que haja algo como dor e também algo como consciência da dor.

Depois de comparar os pontos fortes e fracos das duas primeiras teorias, afirmei no Capítulo 6 que a terceira teoria está correta. Não há como sabermos com segurança o que serve como referente para o conceito de dor do senso comum. Essa afirmação traz consigo uma implicação importante no que diz respeito ao conceito de consciência da dor. Se não há como sabermos com segurança o que serve de referente ao conceito de dor, não podemos saber com segurança o que serve de referente ao conceito de consciência da dor. Isso, por sua vez, nos leva à conclusão de que o conceito de consciência da dor não tem relação com questões sobre a natureza da introspecção, inclusive a questão sobre se há formas subconceituais, subdoxásticas de consciência introspectiva. Já que ele é por si só indeterminado, o conceito de consciência da dor não pode corroborar respostas determinadas a questões relacionadas à introspecção.

Além de argumentar que o conceito comum de dor é referencialmente indeterminado, afirmei, no Capítulo 6, que devemos substituí-lo por três novas noções – uma que represente apenas distúrbios físicos envolvendo dano real ou potencial (*estados-D*); outra que represente apenas estados perceptuais direcionados a estados-D (*percepções-D*); e uma terceira que represente apenas afeto da dor, a atividade límbica que normalmente acompanha as percepções-D. Imagine por um momento o que acontecerá quando a utopia conceitual estiver ao alcance e estivermos usando três conceitos que respondem a essas especificações. Nessas circunstâncias felizes, reconheceremos quatro formas de consciência [A] – consciência perceptual de estados-D, juízos sobre o fato de que um sujeito se encontra em um estado-D, juízos sobre o fato de que um sujeito está desfrutando de uma percepção-D, e juízos relacionados ao fato de que um sujeito está vivenciando um afeto da dor. Será verdadeiro por definição que a primeira forma de consciência é perceptual; ela não fornecerá qualquer apoio à noção de que a introspecção é perceptual, pois será também verdade por definição que a primeira forma está relacionada com estados físicos e, portanto, não é introspectiva. Por outro lado, não teremos motivos para achar que qualquer das outras três formas de consciência é perceptual. Todas elas serão mais conceituais que experienciais; por conseguinte, não terão as várias características consideradas típicas de estados perceptuais.

Em resumo: há duas maneiras importantes de conceituarmos a dor e a consciência da dor: a maneira atual e a alternativa utópica. Nenhuma dessas conceitualizações nos permite discernir uma forma de consciência que seja tanto perceptual quanto direcionada a um estado considerado, inequivocamente, mental.

8.4 Consciência [A] de imagens mentais

Conforme observamos na Seção 8.2, de uma perspectiva rotineira parece absolutamente natural e apropriado afirmar que vemos uma imagem, que examinamos sua superfície com atenção e que damos um *close* em uma de suas partes. Na medida em que afirmações dessa natureza podem ser tomadas em seu valor de face, não há razão para acharmos que a consciência introspectiva de imagens seja perceptual.

Cheguemos a um acordo e digamos que afirmações desse gênero são *interpretações perceptualistas* de certos fatos relativos à nossa posse e uso de imagens mentais. O que desejo sugerir é que há uma interpretação alternativa mais precisa desses fatos. Assim, em minha opinião, em vez de afirmar que vemos uma imagem, poderíamos, com mais razão, afirmar que vemos o objeto imaginado, em que "ver" é empregado em um sentido intencional (isto é, em um sentido que permite ao locutor, ou seja, àquele que fala, fazer asserções do tipo x *vê um F* sem se comprometer com asserções existenciais do

Introspecção e consciência

tipo *Existe um F)*. Além disso, em vez de afirmar que examinamos cuidadosamente uma imagem, poderíamos afirmar que examinamos cuidadosamente o objeto imaginado, em que "examinar cuidadosamente" é empregado em um sentido intencional. E, em vez de afirmar que estamos dando um *close* em determinada parte de uma imagem, poderíamos afirmar que estamos dando um *close* em parte do objeto imaginado, em que "dar um *close* em" é empregado em um sentido intencional. De maneira geral, quando apresentamos uma interpretação perceptualista de um fato envolvendo uma imagem, o melhor seria fazer uma asserção intencional sobre o objeto imaginado.[3] Não haveria perda de informação e seriam evitadas certas implicações da interpretação perceptualista que uma reflexão mais profunda mostra não ser bem-vinda.

---

3 É plausível, de modo independente, acredito, que "ver" tem um sentido intencional. Assim, achamos perfeitamente natural usar esse termo para caracterizar alucinações, como quando dizemos que MacBeth vê um punhal à sua frente, e também para falar de pós-imagens, como quando alguém diz que vê uma pós-imagem em uma parece próxima. Portanto, parece bastante razoável propor, como tenho feito no texto, que, quando falamos de "ver" imagens visuais, nossas afirmações devem ser entendidas como afirmações no sentido de que estamos "vendo" (no sentido intencional) objetos físicos imaginados. É um pouco menos claro, entretanto que expressões como "examinar cuidadosamente" e "dar um *close*" estabeleceram sentidos intencionais, pois normalmente não os usamos ao falar de alucinações, sonhos, pós-imagens e coisas afins. Em minha opinião, a maneira correta de responder a essa observação é dizer que, quando alguém fala, por exemplo, de "examinar cuidadosamente" uma imagem visual, essa pessoa está pressupondo que há uma maneira de definir um novo sentido do termo que autorizará seu uso. E, de fato, é fácil fornecer definições de expressões como "examinar cuidadosamente" que lhes conferem sentidos intencionais. Então, quando alguém diz que está examinando cuidadosamente uma imagem visual de um *F*, podemos interpretar isso como significando que essa pessoa está imaginando que está examinando cuidadosamente um *F*, e quando alguém diz que está dando um *close* em uma imagem visual de um *F*, podemos entender isso como significando que ela está imaginando que está dando um *close* em um *F*. Em geral, onde "*V*" é um verbo extensional que denota alguma forma de consciência visual, podemos entender asserções da forma "*X* está *V*-ndo uma imagem de um *F*" como significando que *X* está imaginando que *X* está *V*-ndo um *F*. (Aqui foi de extrema importância uma conversa que tive com Jaegwon Kim.)

Consciência

Se fosse realmente apropriado afirmar que vemos imagens – usando "ver" num sentido extensional e relacional – então seria verdade que nossa relação com imagens compartilha várias características com a percepção visual do mundo exterior. Acontece que a percepção visual do dia a dia tem os seguintes traços: envolve experiências com fenomenologias próprias, faz uso de um órgão dos sentidos; codifica informações conduzidas pela luz; faz uso de mecanismos que medem constâncias; e fornece acesso a propriedades intrínsecas de objetos, tais como dimensão, forma e estrutura mereológica. Nossa relação com imagens não se caracteriza por quaisquer desses traços. Assim, por exemplo, o "ver" uma imagem nada nos diz sobre a dimensão, a forma ou a estrutura mereológica *da imagem*. Se, por exemplo, um agente está contemplando mentalmente a imagem de uma bola de basquete, ele terá uma compreensão acurada da dimensão e da forma da bola imaginada, mas não fará sentido do tamanho e da forma da imagem em si. Não quero afirmar aqui que nossa relação com imagens teria de conter todas as características definidoras da visão comum a fim de ser considerada uma forma de ver. Afinal, muitas vezes, os sistemas visuais de animais são bem diferentes dos nossos; e há uma forma de visão humana, conhecida como visão cega, que difere da visão humana comum em vários aspectos cruciais (por exemplo, ela não apresenta dimensão experiencial e, portanto, não envolve a fenomenologia). Contudo, parece justo afirmar que nossa relação com imagens deveria se assemelhar à visão comum em vários aspectos importantes para ser considerada uma forma de percepção visual. E também parece justo afirmar que não temos motivos para achar – mas muita razão para duvidar – que nossa relação com imagens satisfaz a esse requisito básico.

Diante dessas considerações, é melhor ver as interpretações perceptualistas de fatos que envolvem imagens como meras *façons de parler*. Quando desejamos ser precisos, devemos fazer uso de sentidos intencionais de expressões como "ver", "examinar cuidadosamente", "dar um *close*" e "observar a rotação de". Quando empregadas em seus sentidos intencionais, essas expressões não nos

Introspecção e consciência

obrigam a pensar na existência de fortes analogias estruturais entre fatos que implicam a posse e o uso de imagens e fatos envolvendo a percepção visual comum. Além disso, elas são relevantes porque enfatizam o caráter representacional de imagens, as quais sempre têm conteúdos representacionais: minha imagem de Bill Clinton é uma representação quase perceptual *de Clinton*, e minha imagem de um unicórnio é uma representação quase perceptual *de um unicórnio*. Isso, porém, significa que, ao caracterizarmos imagens, é sempre conveniente usar linguagem intencional, pois essa linguagem nos oferece uma maneira de atribuirmos conteúdos representacionais. Mais especificamente, se desejo afirmar que estou, no momento, considerando uma imagem mental de Clinton, é conveniente dizer que *estou vendo* Clinton, usando "estou vendo" em um sentido intencional, pois essa é uma maneira de atribuirmos certo conteúdo representacional à imagem. Da mesma forma, se desejo afirmar que, na minha imaginação, estou atentando de forma sucessiva para diferentes partes da superfície de uma mesa, é conveniente dizer que estou *examinando cuidadosamente* a mesa, empregando "examinando cuidadosamente" em um sentido intencional, pois essa é uma maneira de indicar que porções sucessivas do conteúdo da imagem que tenho da mesa estão sofrendo certas modificações, como o aumento na resolução.

Para resumir: embora seja perfeitamente aceitável utilizar interpretações perceptualistas de fatos envolvendo imagens mentais em discurso casual, há um motivo para não atribuirmos peso metafísico a tais interpretações. Existe uma maneira alternativa de descrever os fatos, que é melhor em dois aspectos.

8.5 Consciência de atitudes proposicionais ocorrentes

Afirmei no Capítulo 1 que a dimensão qualitativa de atitudes ocorrentes é bastante enganosa, se é que, de fato, ela existe. Devo agora esclarecer melhor essa asserção. Há uma categoria de atitudes

Consciência

cuja pretensão é verdadeira e, nesta seção, estaremos fundamentalmente interessados nos membros dessa categoria. Entretanto, é preciso reconhecer que muitas atitudes são acompanhadas de *qualia manifestos* de várias espécies. Em alguns casos, elas podem até ser parcialmente constituídas por tais *qualia*. Algumas vezes, os *qualia* em questão são visuais; algumas vezes, auditivos; outras, somáticos; e em outras, ainda, multimodais. Elaborando melhor com referência ao caso especial de pensamentos: (1) Pensamentos frequentemente se integram a imagens visuais para produzir representações de cenas complexas ou séries de eventos; em tais casos, as imagens podem simplesmente elaborar os conteúdos dos pensamentos, mas há ocasiões em que elas contribuem para o conteúdo do pensamento e, portanto, desempenham papel individuativo. Isso acontece, por exemplo, quando um pensamento demonstrativo adquire parte de seu conteúdo da imagem de um objeto. (Considere um caso em que um agente acha *ele ainda é muito bonito*, enquanto contempla a imagem mental de Bill Clinton.) (2) Ademais, muitos indivíduos acham que seus pensamentos são muitas vezes acompanhados de imagens auditivas: eles afirmam que, quando têm esses pensamentos, é como se sentenças faladas estivessem correndo em suas cabeças.[4] Aparentemente, parece a eles, ou pelo menos pode parecer a eles, que seus pensamentos são constituídos por essas imagens auditivas. (3) Indo mais além, muitas vezes acontece de o pensamento estar acompanhado de subvocalizações. Por exemplo, ao pensar a respeito

---

4 Suponha que seja verdade que os pensamentos são, de vez em quando, parcialmente constituídos por *qualia* somáticos. Seria possível concluir disso que a introspecção pode adotar a forma de consciência [A] corporal? Não; há outra interpretação igualmente defensável. Em vez de concluirmos que a consciência introspectiva de alguns aspectos dos pensamentos é perceptual, poderíamos com muito mais justiça concluir que alguns aspectos dos pensamentos são somáticos e a consciência [A] deles é, portanto, não introspectiva. Não importa muito o que afirmamos sobre esse assunto. A questão interessante é se existe uma forma de consciência de fenômenos puramente mentais que seja perceptual. Isto é, o que é interessante é se existe uma forma de consciência [A] inquestionavelmente introspectiva e inquestionavelmente perceptual.

Introspecção e consciência

do que dizer neste capítulo, percebi, em várias ocasiões, que minha garganta, língua e lábios se moviam. Alguns desses movimentos se assemelhavam muito àqueles que eu teria feito se estivesse realmente falando, e outros foram versões embrionárias de tais movimentos. Do ponto de vista do sujeito que está experienciando a situação, pode parecer que eventos desse tipo são constitutivos de pensamentos. Uma vez que subvocalizações envolvem *qualia* somáticos, conclui--se que, algumas vezes, pensamentos têm *qualia* somáticos como seus constituintes.

Uma vez que a dimensão fenomenológica de atitudes ocorrentes consiste em imagens visuais, imagens auditivas e dos *qualia* somáticos associados a subvocalizações, ela é naturalmente considerada como uma fenomenologia *perceptual*, mas isso não é relevante quando se discute se a introspecção pode ou não adotar a forma de consciência perceptual, pois as modalidades perceptuais de imagens visuais e imagens auditivas estão relacionadas a propriedades extramentais, e a modalidade perceptual que nos coloca em contato com *qualia* somáticos é, por definição, uma forma de consciência corporal.[5] A questão que nos surge no momento é se há uma modalidade perceptual distinta que está a serviço da introspecção, uma forma treinada exclusivamente em estados mentais. Logicamente, se queremos encontrar fundamentos fenomenológicos para supor que uma modalidade respondendo a essa descrição existe, precisamos considerar se a dimensão femonenológica de atitudes se exaure pelos *qualia* comparativamente *prosaicos* que estivemos considerando. Se, algumas vezes, atitudes são acompanhadas de ou constituídas por *qualia* não prosaicos, então haverá um argumento fenomenológico a favor de uma faculdade perceptual que se dedica ao rastreamento de estados mentais. *Qualia* prosaicos não fornecem motivos para acreditarmos que tal faculdade existe.

---

5 Para discussão a respeito desse tópico, ver: Hurlburt; Schwitzgebel, *Describing Inner Experience? Proponent Meets Skeptic*, p.60-6.

Penso que será proveitoso abordar esse tópico focalizando o que poderia ser chamado de atitudes ocorrentes *puras* – isto é, atitudes ocorrentes que não são acompanhadas de fenomenologia prosaica. A introspecção parece atestar a existência de tais atitudes. Certamente, isso é verdadeiro no meu caso e também no de Charles Siewart, que as invoca na passagem abaixo:

> [Há] casos em que um pensamento lhe ocorre quando não apenas você não forma uma *imagem mental* daquilo que pensa ou daquilo em que está pensando como também não *verbaliza* seu pensamento, seja silenciosamente ou em voz alta...[6]

Atitudes também foram mencionadas por vários sujeitos nos estudos controlados da introspecção feitos por Russell Hurlburt. Resumindo os dados, Hurlburt afirma o seguinte:

> Estou convencido de que as pessoas frequentemente pensam, sem ter tido qualquer experiência em palavras (articuladas ou ouvidas), imagens ou outros símbolos; portanto, não é possível que palavras experienciadas sejam essenciais ao pensamento...[7]

Então, parece que atitudes puras existem. O que exatamente encontramos quando as consideramos introspectivamente? Por definição, elas não são acompanhadas de *qualia* visuais, *qualia* auditivos ou *qualia* somáticos, mas seriam elas completamente livres de determinações qualitativas? Quando as consideramos, encontramos *qualia* de um quarto tipo? Talvez *qualia* menos vívidos do que *qualia* comuns?

Algumas vezes, argumenta-se que *todas* as atitudes proposicionais, inclusive aquelas puras, têm perfis qualitativos distintos e que

---

6 Siewart, *The Significance of Consciouness*, p.276.
7 Hurlburt; Schwitzgebel, *Describing Inner Experience?* Proponent Meets Skeptic, p.137.

chegamos a juízos introspectivos sobre as atitudes ocorrentes por inferências de tais perfis. Essa teoria não é muito compartilhada, mas tem tido alguns simpatizantes; portanto, merece ser levada a sério.[8]

Para apreender os detalhes da ideia, devemos recordar a distinção entre *tipos de atitude* e *conteúdos de atitudes*. Tipos de atitude incluem fazer um juízo, presumir, duvidar e desejar. Conteúdos de atitudes incluem a proposição *a crise do orçamento logo se abrandará* e a proposição *irei para Nova York na próxima semana*. A teoria *qualia de atitude* [*attitude qualia*] (a *teoria AQ*) afirma que cada tipo de atitude está associado a um caráter qualitativo distinto, e que o mesmo vale para cada conteúdo de atitude. De acordo com a teoria AQ, um agente forma um juízo introspectivo sobre a natureza de uma atitude ocorrente, percebendo os *qualia*-tipo associados a ela, os *qualia*--conteúdo correspondentes e depois inferindo uma representação conceitual dela com base nessas percepções. Na verdade, então, a teoria AQ tem duas partes – uma proposta relativa ao processo que leva a classificações conceituais de tipos e outra relativa ao processo que leva a classificações conceituais de conteúdos. Discutirei essas duas partes separadamente.

Se é verdade que identificamos tipos de atitude percebendo *qualia* correspondentes, então deveria estar em nosso poder responder a questões relativas à natureza, número e relações de *qualia* do tipo relevante. Parece, entretanto, que acreditamos ser impossível responder a essas questões. Isso lança dúvida sobre a teoria AQ.

Pergunte-se, por exemplo, se o perfil qualitativo do desejar consiste de um *quale* único ou de um conjunto de *qualia* que estão, de alguma maneira, relacionados uns aos outros. No meu caso, não há

---

8 Ver, por exemplo: Goldman, The Psychology of Folk Psychology. *Behavioral and Brain Sciences 16*, p.15-28. Goldman abandonou essa teoria nos anos recentes. Ele continua a acreditar que a consciência [A] de tipos de atitudes é perceptual, mas não defende mais a ideia de que ela tenha uma dimensão qualitativa. Além disso, ele nega que a cosciência de conteúdos de atitudes seja perceptual. Ver seu: Goldman, *Stimulaging Minds*: The Philosophy, Psychology, and Neuroscience of Mindreading, Capítulo 9.

esperança de resposta a essa questão. Em especial, não posso responder a ela atentando mais rigorosamente para desejos ocorrentes. Existe algo como atentar para nossos próprios desejos; mas no meu caso, atentar para eles não fornece qualquer informação relevante. Repetindo: decida se julgar com plena convicção e julgar com confiança moderada são dois *qualia* distintos, *qualia* semelhantes ou diferentes intensidades de um único *quale*. A teoria AQ sugere que devemos ter condições de responder a essa questão, pois está claro que podemos distinguir introspectivamente entre julgar com plena convicção e julgar com confiança moderada, e a teoria AQ sugere que qualquer juízo introspectivo de atitudes ocorrentes baseia-se na consciência perceptual de um perfil qualitativo. No entanto, não podemos responder à questão; ou pelo menos é o que suponho, já que eu mesmo não consigo responder a ela, e o mesmo vale para outras pessoas a quem tenho perguntado. Outra questão desse tipo é se o espaço de *qualia* de atitude é organizado por relações de similaridade, como acontece com o espaço de *qualia* de cor, de forma que ela conta como uma ordem de qualidade, ou se, em vez disso, é uma coleção de *qualia* incomensuráveis, como um conjunto de *qualia* visuais, auditivos, olfativos, gustativos e táteis. A meu ver, não há esperança de responder a essa questão. Não sei nem mesmo onde procurar uma resposta.

Parece, então, que a teoria AQ leva a perguntas irrespondíveis. O fato, em si mesmo, não é problemático. Há muitas perguntas perfeitamente relevantes e apropriadas sobre o passado remoto e galáxias distantes às quais não podemos responder. Para sermos mais precisos, a teoria AQ constitui um problema porque indica que mantemos uma relação íntima com os *qualia* de atitude, que é por ter tais *qualia* que chegamos a juízos introspectivos. Se estamos diretamente familiarizados com *qualia* de atitude, devemos poder dizer se eles são simples ou complexos, semelhantes ou diferentes, comensuráveis ou incomensuráveis.

Encontramos problema semelhante quando passamos a considerar as implicações da teoria AQ relativa aos *qualia*-conteúdo. Há uma

Introspecção e consciência

infinidade potencial de conteúdos de atitude; portanto, uma teoria sobre como reconhecemos conteúdos deveria indicar que os traços que possibilitam o reconhecimento têm uma estrutura composicional – ou, em outras palavras, que eles são gerados por um procedimento recursivo de algum tipo. Portanto, devemos entender que a teoria AQ sugere que perfis qualitativos de conteúdos de atitude são gerados por regras composicionais partindo de um conjunto finito de *qualia* de base. Mais especificamente, devemos presumir que ela sugere que o perfil da proposição *a mãe de Édipo era uma rainha* é estruturalmente mais simples (e mais inculcado) que o da proposição *a mãe de Édipo foi rainha de Tebas*. Devemos também presumir que ela sugere que, embora o perfil da proposição *a mãe de Édipo foi uma rainha* tenha apenas uma ocorrência do *quale* associado ao conteúdo *mãe*, o perfil associado à proposição *a mãe da mãe de Édipo foi mãe de uma rainha* tem três ocorrências daquele *quale*. Entretanto, se a teoria AQ tem implicações desse tipo, então, ela deve também indicar que podemos responder a questões como a seguinte: os *qualia* de base associados a conteúdos únicos como *mãe* são simples ou complexos? Há relações de inclusão entre os *qualia* de base? É verdade, por exemplo, que o perfil qualitativo associado ao conteúdo *avó* inclui o perfil associado ao conteúdo *mãe*, como uma parte genuína? Há relações de similaridade definidas com referência aos *qualia* de base, de forma que eles ocupem posições em um espaço de qualidade? As regras composicionais introduzem novos *qualia* (isto é, *qualia* acima e além dos *qualia* de base), ou elas simplesmente organizam os *qualia* de base em coleções de vários tipos? Se for o último caso, qual é exatamente a natureza das coleções? Quantas dimensões elas têm?

Creio que não consigo responder a essas perguntas. Não há dados introspectivos pertinentes.

Em vista dessas dificuldades, torna-se pertinente concluir que a teoria AQ é falsa. A consciência introspectiva de atitudes ocorrentes não é fundamentada em consciência [A] perceptual de qualia, mas isso não é necessariamente o fim da estrada para a noção de que atitudes têm naturezas qualitativas distintas. Ela demonstra que não

Consciência

reconhecemos atitudes individuais percebendo perfis qualitativos, mas poderia ainda ser verdade que atitudes *têm* perfis qualitativos e que podemos, de vez em quando, vislumbrá-los. Poderíamos argumentar a favor dessa teoria muito mais frágil e menos precisa da seguinte maneira:

> Considere dois pensamentos – digamos, o pensamento de que faltam apenas três meses para o Natal e o de que a bolsa de valores está agitada. Deixe ambos os pensamentos em estado puro. Agora, pergunte-se: há diferença entre como é contemplar o primeiro pensamento e como é contemplar o segundo? Não há uma diferença *experiencial* entre contemplar o primeiro pensamento e contemplar o segundo? A resposta natural a essas perguntas é 'sim'; mas se há uma diferença em como é contemplar os pensamentos, então, seguramente, há uma diferença fenomenológica. Afinal, o como se sentir em um estado é determinado pela fenomenologia do estado.

Se bem entendi Siewart, ele oferece um argumento desse tipo no excerto a seguir:

> Acho que se tentar, você conseguirá reconhecer exemplos de sua própria vida [...] de pensamentos não icônicos, não verbalizados. Algumas vezes, esses são bastante primitivos ou simples e, em outras, muitíssimo complicados, de forma que *dizer* o que alguém estava pensando iria requerer uma longa verbalização sintaticamente complexa –, mas, em qualquer caso, o pensamento ocorre, sem palavras, sem imagens mentais, condensado e evanescente. Se você admite que tem tais pensamentos não icônicos, não verbalizados, e a maneira como lhe parece tê-los difere da maneira como lhe parece ter imagens mentais e experiência sensorial, então admitirá que o pensamento não icônico tem um caráter fenomênico distinto do caráter próprio do pensamento icônico e da percepção.[9]

---

9 Siewart, *The Significance of Consciouness*, p.277-8.

Introspecção e consciência

Segundo Siewart, então, mesmo quando um pensamento é puro, o indivíduo que o está contemplando mentalmente *percebe-o de determinada maneira*. Contudo, o que significa para uma pessoa perceber um pensamento de determinada maneira? Tanto quanto entendo, o que Siewart tem em mente aqui é a mesma ideia de *como é* para uma pessoa ter o pensamento.

Acredito que muitas pessoas são infuenciadas por reflexões desse tipo, mas que o fascínio de tais considerações se dissipa quando notamos, como fizemos no Capítulo 1, que a noção de como é estar em um estado mental compreende uma variedade de fenômenos bem diferentes. Há um componente qualitativo em como é ouvir uma peça musical, mas há também componentes relevantes de outros tipos. Em qualquer ponto do ouvir uma peça musical temos memórias relacionadas a passagens anteriores e expectativas relacionadas a passagens futuras. Esses não são estados qualitativos. Temos, ainda, desejos de vários tipos – desejos relativos ao futuro curso da peça musical, e também os associados à nossa relação com ela. Por exemplo, podemos desejar prestar mais atenção à contribuição do violino. Além disso, inevitavelmente temos pensamentos de vários tipos – sobre o compositor, sobre a qualidade da execução e sobre muitas outras coisas, inclusive talvez sobre a festa à qual iremos mais tarde, depois do espetáculo daquela noite. Quando notamos a rica diversidade dos aspectos que se combinam para determinar como é ter uma experiência, torna-se claro que pode ser verdade que haja algo do "como" é estar em um estado, sem ser verdade que o estado tenha uma dimensão qualitativa. Em geral, a noção de como é estar em um estado é ampla demais para pesar muito em uma discussão de fenomenologia. Ademais, a vagueza da noção apresenta outro problema.

Ainda assim, é verdade que a *experiência* de pensar que faltam apenas três meses para o Natal é diferente da *experiência* de pensar que a bolsa de valores está muito agitada. Esse fato mostra que os pensamentos são diferentes quanto ao caráter fenomênico? Não. Conforme vimos no Capítulo 1, é possível entender a noção de uma

Consciência

experiência consciente como implicitamente funcional. Pensamentos são experiências, e experiências são também estados paradigmaticamente qualitativos, como percepções, emoções e sentimentos de dor. Mas disso não se depreende que os pensamentos são qualitativos, pois é bem plausível que a razão para agrupar esses elementos sob a rubrica "experiência" seja porque eles têm um papel causal comum. Sendo isso plausível, é impossível estabelecer conclusões fenomenológicas recorrendo à natureza experiencial de estados mentais.

8.6 O triunfo da lógica doxástica

Tendo em vista as linhas de pensamento das seções 8.3-8.5, parece que não há boas razões para admitirmos que a consciência introspectiva de fenômenos mentais às vezes assume a forma de consciência perceptual. Em outras palavras, ninguém é obrigado a aceitar a teoria que anteriormente chamei de pluralismo: a de que alguns dos veículos de consciência introspectiva são perceptuais ou quase perceptuais; porém, se não temos obrigação de aceitar o pluralismo, devemos aceitar a teoria doxástica, que sustenta a ideia de que os veículos da consciência [A] introspectiva são sempre juízos ou crenças. A teoria doxástica é mais simples que o pluralismo, já que ela reconhece apenas uma forma de consciência introspectiva. Consequentemente, ela tem, à primeira vista, uma vantagem epistêmica. Quando se descobre que argumentos a favor do pluralismo fracassam, a lógica doxástica torna-se mais profundamente arraigada em sua posição superior.[10]

---

10 Argumenta-se no texto que há três fontes principais da ideia de que a introspecção é perceptual – o caráter perceptual da consciência [A] de sensações do corpo, o fato de que somos propensos a descrever nosso acesso cognitivo a imagens em terminologia visual, e nosso senso de que há algo como é ter uma atitude proposicional ocorrente juntamente com uma impressão confusa de que o que é semelhante é basicamente qualitativo. Sinto-me seguro em dizer que essas são, de fato, as fontes principais, mas deveríamos reconhecer que há também uma quarta fonte. Quando estamos introspectivamente conscientes de pensamentos e outras

Introspecção e consciência

8.7 Introspecção e atenção

William Lycan e Alvin Goldman são os dois filósofos que mais têm trabalhado nos últimos anos para promover modelos perceptuais de introspecção. Ambos reconhecem que a maioria das formas de introspecção difere da percepção, já que elas não têm uma dimensão fenomenológica. Ademais, conforme os entendo, eles admitem que a consciência introspectiva geralmente assume a forma de juízos ou crenças. Ela não envolve representações perceptuais ou quase perceptuais. Mesmo assim, entretanto, insistem que a introspecção tem um caráter fundamentalmente perceptual. Em minha opinião, o motivo pelo qual ambos sustentam essa teoria baseia-se na ideia de que, segundo eles, os processos que produzem juízos introspectivos

---

atitudes proposicionais ocorrentes, parece-nos que ficamos imediatamente conscientes delas como se estivéssemos em determinado *local* – mais especificamente, em uma região do espaço interior que é mais ou menos atrás dos olhos. Então, em todos os outros casos, a consciência imediata, não inferencial de coisas, conforme localizadas, tem natureza perceptual. Sendo assim, é natural que concluamos que a consciência [A] dos pensamentos é perceptual. O que devemos entender dessa conclusão? Ou, falando com mais pertinência, o que devemos entender da impressão de que os pensamentos são localizados? Meu Deus! Devo confessar total ignorância aqui. Para completar meu argumento de que a introspecção é não perceptual, preciso justificar a impressão. No momento, entretanto, não vejo como posso fazê-lo. Uma possibilidade é que a impressão deve-se à influência *top down* de crenças, ou seja, de crenças que vão do mais genérico para o mais específico, sobre a localização de pensamentos. Outra possibilidade – enfatizada por meus colegas Justin Broackes e Bill Warren em conversas que mantivemos – é que ela se deve a um sentido quase perceptual de que o *self* está localizado no espaço. (Nós vivenciamos a experiência de estarmos, nós próprios, localizados. Curiosamente, a localização parece mudar com as preocupações do momento. Assim, por exemplo, quando estamos explorando com o tato um objeto exterior, experienciamos o *self* como estendendo-se até a ponta de nossos dedos; e quando exploramos um objeto que estamos segurando com a mão – digamos, a bengala de um deficiente visual –, experienciamos o *self* como se estendendo até a ponta do instrumento.) Infelizmente, não tenho a menor ideia de como desenvolver essas hipóteses e muito menos uma ideia de como avaliá-las.
Para discussão mais detalhada, ver: Hurlburt; Schwitzgebel, *Describing Inner Experience? Proponent Meets Skeptic*, 2007, p.160.

Consciência

são basicamente semelhantes aos processos perceptuais. Nesta seção, examinarei essa ideia sob o nome de *perceptualismo de processo*. O que torna essa teoria atraente? Embora haja vários motivos para defendê-la, o principal deles parece relacionar-se ao fato de que a introspecção é análoga à percepção no sentido de que ela é governada de várias maneiras pela atenção. Falando de representações de ordem superior que subservem a introspecção, Lycan afirma:

> As representações de ordem superior são tipicamente produzidas pelo exercício da atenção. Isso as torna mais semelhantes a percepções do que a pensamentos, já que não é típico de pensamentos serem diretamente produzidos pelo exercício da atenção (embora, evidentemente, possa acontecer de pensamentos serem produzidos pelo exercício da atenção, normalmente por meio de uma percepção mediadora.[11]

Goldman concorda. Segundo ele, "[o] 'órgão' da introspecção é a atenção cuja orientação coloca um sujeito em uma relação apropriada com um estado visado".[12] Parece que ele argumenta que esse fato é suficiente para caracterizar a introspecção como uma forma de percepção. Considerações baseadas na atenção são a principal base comum para esses autores, e está claro que elas constituem o componente mais substancial do argumento que eles apresentam a favor do perceptualismo de processo. Por essa razão, focalizarei essas considerações aqui. Mais especificamente, minha preocupação maior será discutir se há argumentos persuasivos, baseados na atenção, a favor da teoria de que a consciência [A] de *pensamentos ocorrentes* é essencialmente perceptual. A consciência de pensamentos ocorrentes é um importante caso teste, já que se acredita amplamente que

---

11 Lycan, The Superiority of HOP to HOT. In: Gennaro (ed.), *Higher-Order Theories of Consciousness*: An Anthology, p.105.

12 Goldman, *Simulating Minds*: The Philosophy, Psychology, and Neuroscience of Mindreading, p.244.

Introspecção e consciência

modelos perceptuais são muito plausíveis quando compreendidos como teorias da consciência de ocorrências mentais.

Vou considerar como um dado conhecido a ideia de que há uma forma de atenção que desempenha certo papel ao determinar se estou consciente de meus pensamentos, e utilizarei a expressão "atenção introspectiva" para designá-la. Precisamos considerar duas perguntas. Primeira: é a atenção introspectiva idêntica a qualquer uma das coisas que os cientistas têm em mente quando falam da atenção perceptual? E segunda: ela é análoga, de maneira relevante, a qualquer dessas coisas?

Parece que há três formas principais de atenção perceptual.

Primeira: esse tipo de atenção aparece na teoria da integração de características no processamento perceptual, de Ann Treisman.[13] Ela tem a tarefa de juntar representações de várias características sensíveis para produzir uma representação unificada de um objeto. No quadro habitual de Treisman, o processamento visual começa com a atividade de grande número de instâncias que operam em paralelo. Cada uma dessas instâncias tem a missão de produzir a representação de uma característica particular e de atribuir aquela característica a uma localização no campo visual. A atenção se encarrega de selecionar uma dessas localizações. Quando isso é feito, todas as representações que atribuem características àquela localização se juntam para produzir a representação unificada de um objeto. O objeto é representado com aqueles traços e permanece naquela localização determinada. Assim, essa forma de atenção é, na verdade, a instância que determina que objetos o sistema visual vai reconhecer. Ela é a grande geradora de entes. Utilizarei a expressão "atenção vinculante" [binding attention] para designar essa instância.

Segunda: a tarefa desse tipo de atenção é aumentar a precisão e a eficiência do processamento perceptual, e também intensificar a resolução e contraste figura/fundo. Na verdade, ela seleciona fluxos

---

13 Ver, por exemplo: Treisman, Features and Objects. *Quarterly Journal of Experimental Psychology 40*, p.201-37.

Consciência

de informações para tratamento preferencial, dando-lhes acesso aos recursos de processamento com capacidade limitada. Utilizarei a expressão "atenção de processamento" para designar essa segunda forma de atenção.

Terceira: esse tipo de atenção determina que representações perceptuais são acessíveis às instâncias cognitivas de ordem superior responsáveis por coisas como definir crenças perceptuais, planejar ações intencionais e estabelecer memórias episódicas.[14] O território de acessibilidade precisa de um "porteiro", e esse é o papel desse tipo de atenção. Utilizarei a expressão "atenção do vigia" [*gate-keeper attention*] para me referir a essa terceira instância.

Pois bem, na medida em que essas três formas de atenção estão relacionadas a modalidades perceptuais específicas, seria ilógico supor que elas sejam idênticas – ou mesmo muito semelhantes – à forma de atenção associada à introspecção. Isso ocorre porque é tarefa de cada uma das três formas influenciar o processamento de informações puramente perceptuais – isto é, o processamento de informações de propriedades como forma, cor, volume de som, tom e solidez. Fica claro que a atenção introspectiva está relacionada ao processamento de informações de natureza completamente diferente. Estados mentais não contêm forma nem cor, nem volume, nem tom, nem graus de solidez. Entretanto, mesmo que essas três formas de atenção perceptual sejam distintas da atenção introspectiva, ainda poderia ser válido que uma ou outra das anteriores é *mais ou menos* semelhante à última. Ou, colocando a questão de outra forma, ainda poderia ser verdade que é possível descrever os três tipos de atenção perceptual de uma maneira suficientemente abstrata para que uma ou outra das descrições se aplique à atenção introspectiva.

---

14 Para uma discussão a respeito dessa forma de atenção, ver, por exemplo: Kanwisher, Neural Events and Perceptual Awareness. In: Dehaene (ed.), *The Cognitive Neuroscience of Consciousness*. O que estou chamando de domínio de acessibilidade é geralmente compreendido como uma forma de memória – especificamente, memória operacional –, mas prefiro continuar neutro sobre essa questão. Para discussão, ver o antepenúltimo parágrafo do Capítulo 9.

E, de fato, uma reflexão mais profunda mostra que isso *é* possível. Portanto, uma reflexão mais profunda mostra que a atenção de processamento permite uma caracterização que não faz qualquer referência à percepção. Em vez de concebê-la como uma instância que realça especificamente o processamento perceptual, podemos pensar nela como uma instância – ou uma família de instâncias – responsável por realçar o processamento *de todos os tipos*. Com base nessa forma de concebê-la, além de atingir metas, como as de realçar a precisão e a resolução de representações perceptuais, ela também facilita e promove atividades como cálculo, planejamento, avaliação e raciocínio indutivo. Além disso, é possível dar uma caracterização abstrata semelhante à atenção do vigia, afirmando que ela torna as representações *de todos os tipos* acessíveis às instâncias cognitivas de ordem superior, as quais são responsáveis por coisas como definir crenças perceptuais, planejar ações intencionais e estabelecer memórias episódicas; mas quando descritas dessa forma abstrata, é fácil perceber que a atenção de processamento e a atenção do vigia têm um papel a cumprir na introspecção. Nesse sentido, a introspecção se assemelha à percepção.[15]

Essas observações me parecem corretas, mas será que elas legitimam modelos perceptualistas de introspecção? Não acredito que o façam. Quando consideramos a atenção de processamento e a atenção do vigia na forma abstrata necessária para que paralelos entre atenção perceptual e atenção introspectiva venham à superfície, estamos considerando-as como instâncias cognitivas – ou famílias

---

15 Segundo entendo, mesmo quando a atenção vinculante é descrita de forma abstrata, não há razão para se pensar que ela exerce um papel na introspecção. Certamente não há a mesma razão que há para a teoria de Treisman de que a atenção é responsável pela integração de elementos visuais. A teoria de Treisman está respaldada em ampla gama de estudos, inclusive das pesquisas da própria Treisman a respeito de "pop out", "busca conjunta" [*conjunction search*] e "vinculamento ilusório" [*illusory binding*]. (Ver referência na nota 13). Não há resultados comparáveis relativos ao processamento introspectivo; isto é, não há resultados que forneçam razão para se pensar que a *atenção* é responsável pela vinculação envolvida na consciência introspectiva.

Consciência

de instâncias – que podem exercer funções em várias atividades cognitivas bem diferentes. Portanto, não podemos mais dizer que a percepção mantém uma associação particular e própria com elas; isso, porém, significa que, quando são apreendidas na forma abstrata, a atenção de processamento e a atenção do vigia não podem desempenhar qualquer função em argumentos a favor de modelos perceptualistas de introspecção.

Para avaliar essa questão, lembre-se de que, quando a atenção de processamento é considerada dessa forma abstrata, passa a ser natural supor que ela esteja ocupada calculando, planejando, avaliando e fazendo raciocínios indutivos. Tudo indica que o mesmo vale para a atenção do vigia. Seria razoável concluir dessas considerações que calcular, planejar, avaliar e raciocinar indutivamente são formas de percepção? Seria útil desenvolver modelos perceptuais delas? Não. Cada uma dessas atividades é tão semelhante às outras quanto quaisquer delas são semelhantes à percepção; portanto, seria um equívoco achar que a semelhança entre elas e a percepção nos concede um poder explicativo especial ao pensar a respeito delas. Adotar um modelo perceptual de cálculo não seria mais razoável que adotar um modelo calculacional de percepção. Expressando a questão de outra forma: já que a atenção de processamento e a atenção do vigia não estão mais relacionadas à percepção do que ao cálculo, planejamento, avaliação e ao raciocínio indutivo, não há motivo para preferir um modelo perceptual de introspecção a um modelo baseado em cálculo, a um modelo baseado em planejamento, a um modelo baseado em avaliação ou a um modelo baseado em raciocínio.

Em suma, qualquer um que tentar justificar modelos perceptualistas de introspecção recorrendo à atenção enfrenta um dilema. Há duas maneiras de ver as três formas de atenção perceptual: podemos concebê-las concretamente, em termos das funções que exercem no processamento especificamente perceptual, ou abstratamente, em termos genéricos. Se pensamos nelas como instâncias concretas, especificamente perceptuais, achamos que, em sua natureza, elas são bem diferentes da atenção introspectiva. Por outro lado, quando

338

Introspecção e consciência

pensamos nelas em termos genéricos, como instâncias, ou famílias de instâncias, que são muito relevantes a uma vasta gama de atividades mentais, achamos que, pelo menos duas delas são pertinentes ao processamento introspectivo; mas, nesse caso, não temos razão para afirmar que a percepção é mais relevante à introspecção do que o são cálculo, planejamento e várias outras atividades mentais.

Parece, então, que não é conveniente argumentar com base no fato de que a introspecção é governada pela atenção ao perceptualismo de processo, a teoria de que os processos que produzem juízos perceptuais são muito análogos aos processos perceptuais. Consequentemente, parece que temos o direito de rejeitar o perceptualismo de processo. Os argumentos baseados em atenção não são os únicos que contam a favor dessa teoria, mas são os que os defensores da teoria consideram como os mais vigorosos. Além disso, o perceptualismo de processo nos vincula à existência de fortes analogias estruturais entre os processos que subservem a percepção e os responsáveis por juízos introspectivos. Há bons motivos para duvidarmos da existência de tais analogias, pois a tarefa que os sistemas perceptuais enfrentam é bem diferente daquela que o sistema introspectivo tem à sua frente. Os sistemas perceptuais precisam inferir representações experienciais de objetos extramentais com base em vestígios de tais objetos em receptores dos sentidos. O sistema introspectivo precisa inferir representações conceituais de estados mentais baseando-se nos próprios estados. Seria surpreendente se os sistemas com essas diferentes responsabilidades acabassem cuidando de suas tarefas da mesma maneira.

8.8 Diversidade

A lógica doxástica nos dá uma descrição positiva da natureza interior de estados de consciência introspectiva, sugerindo não apenas que as representações que aparecem nesses estados são construídas com base em conceitos, como também que os próprios estados têm a forma de juízos. Entretanto, ainda não temos uma descrição positiva dos processos responsáveis pela consciência introspectiva. A única conclusão que temos nessa área é a tese negativa de que os processos não são perceptuais. Tecerei alguns comentários sobre o processamento introspectivo nesta seção. Meu objetivo é esboçar um caso para uma teoria que chamo de *diversidade* – a de que os processos responsáveis por juízos e crenças introspectivos são um grupo altamente heterogêneo, diferindo um do outro de forma significativa em uma organização interna. Não tentarei atingir completude nem precisão de detalhes, mas apenas indicar a direção-geral em que, segundo me parece, a verdade sobre o processamento introspectivo pode ser encontrada.

Suponhamos que a teoria doxástica seja correta e que, consequentemente, são os juízos que nos fornecem consciência introspectiva de crenças e também consciência [A] introspectiva de experiências perceptuais. O que poderíamos concluir sobre os processos que produzem juízos desses dois tipos? Digamos que os processos que produzem juízos introspectivos sobre crenças ocorrentes são *processos do tipo P_1*, e os que produzem juízos introspectivos sobre experiências perceptuais são *processos do tipo P_2*. Evidentemente, já que ambos produzem juízos metarrepresentacionais, os processos do tipo P_1 se assemelham aos do tipo P_2 quanto aos *outputs*; porém, são bem diferentes quanto aos *inputs*. Os *inputs* dos processos do tipo P_1 são crenças ocorrentes, e os *inputs* dos processos do tipo P_2 são experiências perceptuais. Crenças são, sem dúvidas, bem diferentes de experiências. Entre outras coisas, elas diferem com relação às suas representações constitutivas: as representações que aparecem em crenças são construídas com base em conceitos e têm estruturas lógicas, mas as representações que aparecem em experiências perceptuais são presumivelmente paralelas e, de qualquer forma, icônicas até certo ponto. Processos que transformam representações conceitualmente informadas e logicamente estruturadas em juízos metarrepresentacionais vão, sem dúvida alguma, diferir de forma significativa de processos que transformam representações paralelas em juízos. A organização interna dos primeiros processos será, com certeza, muito mais simples que a organização interna dos últimos.

Introspecção e consciência

Fica claro, então, que os processos do tipo P_1 são bem diferentes dos processos do tipo P_2. Entretanto, isso é apenas o começo da história. A categoria de processos do tipo P_2 divide-se pelo menos em três subcategorias diferentes, pois há pelo menos três tipos muito diferentes de juízo introspectivo de experiências perceptuais e cada um desses tipos de juízo requer sua própria forma de processamento. Assim, juízos introspectivos sobre percepção incluem juízos do tipo *estou percebendo que p* e do tipo *a mim x parece F*, que usam *parece* em seu sentido fenomenológico, e do tipo *a mim x parece F*, que usa *parece* em seu sentido epistêmico (conforme discussão na Seção 5.3). Juízos desses três diferentes tipos diferem de maneira relevante uns dos outros quanto ao conteúdo. Portanto, eles não poderiam ser produzidos pelos mesmos processos e nem por processos similares. A diversidade de conteúdo só pode ser explicada pela diversidade de mecanismos causais.

Com o benefício da reflexão, concluímos que deve haver várias outras diferenças em grande escala entre os processos responsáveis por juízos introspectivos. Mencionarei apenas três delas. Isso será suficiente para demonstrar que os processos subjacentes aos juízos introspectivos revelam um grau significativo de diversidade.

Primeiro, os processos que dão origem a juízos de atitudes proposicionais duradouras devem ser muito mais complexos que os que dão origem a juízos de atitudes ocorrentes, pois eles devem ter acesso a depósitos de memória de longo prazo e – o que é mais importante – devem fazer uso de certos procedimentos para buscar nesses depósitos proposições especiais. Esses procedimentos devem ser bastante complexos. Para perceber isso, note que os domínios que estão dentro do campo de ação desses procedimentos de busca são vastos e heterogêneos e lembre-se de que é bem difícil projetar um mecanismo de pesquisa de computador para buscar blocos de informações comparáveis. Os processos que engendram juízos de atitudes ocorrentes são, sem dúvida, muito mais simples, pois necessitam apenas da capacidade de buscar um ou outro dos depósitos comparativamente minúsculos que constituem a memória operante. Sua tarefa é relativamente insignificante.

Consciência

Segundo, os processos responsáveis por juízos introspectivos de processos mentais devem ser bastante diferentes daqueles que produzem julgamentos sobre estados mentais. Considere os seguintes processos: pensar em Viena, fantasiar sobre feitos heroicos, imaginar uma conversa com Leonardo da Vinci, tentar provar um lema, descobrir como chegar a New Haven, planejar uma viagem à Rússia, avaliar a probabilidade de p, tentar decidir se a grama deve ser cortada hoje e procurar uma explicação do fato de que p. Além de ser possível nos engajarmos em projetos como esses, cada um de nós tem a capacidade de saber que está envolvido dessa maneira. Com certeza, conhecimento desse tipo requer mais do que conhecimento de estados mentais individuais. Conhecimento de estados mentais individuais é provavelmente pressuposto, mas, além disso, precisamos ser capazes de avaliar as metas em direção às quais as sequências de estados mentais estão avançando. Exatamente da mesma forma como o conhecimento de tais metas vai além do conhecimento de estados individuais, também os processos responsáveis pelo conhecimento do primeiro tipo devem ser mais inclusivos do que os processos responsáveis pelo conhecimento do último tipo. Entre outras coisas, os processos responsáveis pelo conhecimento de metas devem ter acesso aos depósitos nos quais se encontram listas de metas e às instâncias que regulam a atividade de alta ordem, direcionada a metas.

Terceiro, deve haver uma diferença entre os processos responsáveis pela consciência [A] introspectiva de atitudes proposicionais simples, não classificadas, e os processos responsáveis pela consciência [A] das atitudes mais complexas que envolvem categorizações. De fato, sabemos que é assim, pois essas diferenças são aparentes, sobretudo à introspecção. Portanto, para determinarmos se acreditamos em certa proposição – digamos, a proposição de que Nova York tem mais de oito milhões de habitantes –, teremos apenas que fazer uma sondagem, com uma pergunta apropriada, do tipo *Qual é a população de Nova York?* A resposta virá imediatamente, fornecendo-nos um motivo para acharmos que acreditamos realmente na proposi-

Introspecção e consciência

ção. A tarefa de determinar se acreditamos em uma proposição é, até certo ponto, muito mais complexa. Não podemos simplesmente nos perguntar se acreditamos em uma proposição até certo ponto. Não haverá uma resposta pronta. Em vez disso, precisamos realizar vários experimentos de pensamentos para determinarmos a probabilidade de que aceitaríamos apostar na proposição, ou então tentar determinar se nossa confiança nela é maior ou menor que em uma amostra representativa de outras proposições, em que os níveis que estão respectivamente associados a essas outras proposições são conhecidos de forma independente.

Quando, anteriormente, consideramos a natureza interior de estados de consciência introspectiva, chegamos à conclusão de que tais estados têm uma natureza semelhante. Eles são todos formas de juízos. Em contraste, nossas reflexões mais recentes endossam uma teoria pluralística do processamento introspectivo. Os processos responsáveis pela consciência introspectiva tendem a ser bem diferentes uns dos outros. Até aqui, concentramo-nos em diferenças de estrutura, mas devemos perceber que há também diferenças epistemológicas relevantes. Assim, por exemplo, quando refletimos sobre as diferenças entre buscar em um depósito de memória de longo prazo uma crença particular e sondar o depósito com a intenção de localizar a evidência na qual a crença se baseia, notamos que a complexidade extra da última operação carrega consigo um risco maior de erro. Em geral, juízos introspectivos sobre crenças distintas são muito mais seguros que juízos sobre a lógica que fundamenta tais crenças. Outro exemplo é oferecido pelos processos que nos fornecem juízos relativos a níveis de crença. Não temos acesso epistêmico direto aos níveis, mas é preciso fazer uma estimativa deles com base em experiências de pensamento de vários tipos – por exemplo, experiências de pensamentos envolvendo apostas. Não é fácil extrair determinados juízos de tais experiências e, de qualquer forma, quaisquer juízos resultantes são intuições mais do que observações de fato. Seria absurdo afirmar qualquer coisa como certa a respeito deles. De maneira geral, ser cético quanto a generalizações das credenciais epistêmicas de juízos introspectivos parece ser uma estratégia prudente. Muitos dos processos relevantes são altamente confiáveis, mas outros têm apenas um modesto grau de confiabilidade.

Eu gostaria de fazer mais um comentário epistemológico. De acordo com uma longa tradição, nossos juízos sobre nossos pensamentos e outras atitudes proposicionais ocorrentes são basicamente desprovidos de pressuposições e, portanto, desfrutam de um *status* epistêmico que se aproxima da certeza. Isso não me parece correto. Note primeiro que é muito difícil – talvez até mesmo impossível – julgar que um sujeito está pensando que *p* ao mesmo tempo que está simplesmente pensando que *p,* ou julgar que um sujeito está incidentalmente desejando que *p* ao mesmo tempo que está contemplando o desejo. Aqui, parece que a regra é a de que é muito difícil, se não impossível, ter uma atitude proposicional metacognitiva em mente e, ao mesmo tempo, contemplar uma atitude ocorrente à qual a primeira atitude se refere. É como se a parte da mente em que as atitudes ocorrentes acontecem – o estágio humeano no qual elas aparecem – tivesse espaço apenas para uma única atitude de cada vez. De fato, no estágio humeano, parece que não há espaço suficiente para uma atitude ocorrente e uma pergunta sobre ela. Se um sujeito se pergunta *Em que estou pensando* **exatamente agora?***,* a pergunta terá inevitavelmente deslocado o pensamento àquilo a que o sujeito se refere. O único pensamento presente será a própria pergunta.

Supondo que isso esteja correto, a consciência introspectiva de atitudes ocorrentes é geralmente – e talvez até mesmo necessariamente – retrospectiva. Mesmo que não seja apropriado perguntar *Em que estou pensando* **exatamente agora?** (a menos que o sujeito se refira à própria pergunta), faz pleno sentido perguntar *Qual era a natureza de meu pensamento* **imediatamente anterior?** Pois bem, na maioria dos casos, assim que o sujeito se perguntar, a resposta correta surgirá na mente; porém, como a própria pergunta, a resposta se referirá a um pensamento que existe na memória, não na consciência imediata do sujeito.

Introspecção e consciência

A moral dessas reflexões é que é um equívoco sustentar a ideia, como a tradição nos encoraja a fazer, de que a introspecção é desprovida de pressuposições. Longe de ser desprovida de pressuposições, a introspecção muitas vezes pressupõe a fidelidade da memória; mas, como todos sabemos, a memória é falível. Sem dúvida, seus veredictos relativos ao passado bem recente são, na maior parte das circunstâncias, plenamente confiáveis, mas pode haver lapsos ocasionais e também haver circunstâncias (envolvendo, por exemplo, treinamento, drogas, ou atenção dividida) em que a taxa de confiabilidade se reduz. Portanto, seria um equívoco declarar certezas relativas à introspecção, pelo menos na medida em que ela se relaciona com atitudes ocorrentes.

8.9 Consciência introspectiva e consciência experiencial

Passo agora para uma nova questão. Suponha que B seja uma crença que tem outro estado mental M como seu objeto; isto é, suponha que B incorpora uma representação de M e atribui a M uma ou mais propriedades. Suponha ainda que B seja obtido de M por uma inferência imediata. Então, se o próprio B está consciente, B vai, com toda a certeza, conforme penso, conferir consciência introspectiva a M. Mas B conferirá consciência introspectiva a M se lhe faltar consciência? Nesta seção, defenderei que a resposta é "não". Seria, sem dúvida, absurdo dizer que um estado representante pode, ele próprio, estar *introspectivamente* consciente a fim de conferir consciência introspectiva ao estado que representa, pois essa asserção, com efeito, postula um recuo infinito. Entretanto, não é absurdo – de fato, é bem verdade – afirmar que um estado precisa apresentar *consciência experiencial* para poder transmitir consciência introspectiva a um estado representado. Ou, pelo menos, é essa a noção que sustentarei.

Nossa principal intuição sobre a consciência introspectiva parece ser a seguinte: um estado mental tem consciência introspectiva

Consciência

somente caso o agente relevante tenha acesso cognitivo a ele – falando com mais precisão, somente caso tenha acesso cognitivo direto a ele. Acredito que quando tentamos explicar em detalhes o conteúdo dessa intuição, pensamos que, para que se considere que um agente tenha acesso cognitivo a um estado mental, ele precisa ter condições de classificar esse estado, responder a perguntas sobre ele – e, nesse ponto, as perguntas podem ser propostas em pensamento pelo próprio agente ou na fala por um interlocutor – e avaliar a sua relevância em relação a uma gama de esforços cognitivos, tais como planejamento, tomada de decisão e previsão. Então, com a finalidade de fornecer a um agente esse tipo de acesso a um estado, um estado representacional precisa estar disponível a uma variedade de instâncias cognitivas de ordem superior. Assim, por exemplo, se um estado R_1 em representação tiver de sustentar uma capacidade de responder a perguntas sobre um estado representado R_2, R_2 deve estar disponível a instâncias que possam processar vários tipos de informações metacognitivas, inclusive informações sobre o conteúdo representacional de R_2, informações sobre a relevância lógica e probabilística de R_2, e, em alguma medida, informações sobre a estrutura constitutiva de R_2. Contudo, uma representação que esteja disponível a instâncias de ordem superior desse tipo será considerada como experiencialmente consciente.[16]

Pode ser útil ilustrar esse argumento com uma experiência de pensamento. Suponha que certo agente, Jones, acredita que p, e que Jones acredita também que ele sustenta essa crença. Suponha mais ainda: nenhuma dessas crenças apresenta consciência experiencial. Para ser mais específico, suponha que os conteúdos de ambas as crenças sejam, de alguma forma, vergonhosos e que eles foram, portanto, reprimidos por um mecanismo freudiano de alguma espécie. Talvez eles tenham sido, algum dia, conscientes, mas

---

16 Ao tomar essa posição, afasto-me sobremaneira de David Rosenthal cuja teoria estou de pleno acordo (embora eu use o termo "introspecção" de diferentes maneiras). Ver: Rosenthal, *Consciousness and Mind*.

Introspecção e consciência

agora deixaram de ser. Além disso, eles não poderiam facilmente se tornar conscientes. Para completar o quadro, suponha que, em nível consciente, Jones agora tenha evidência bastante forte de que ele *não* acredita que *p*. Ele é movido por essa evidência e, portanto, duvida seriamente que sustente a crença. Seria mesmo plausível, dadas essas suposições, que a crença de que *p* é introspectivamente consciente? Com certeza não, pois seria muito implausível afirmar que Jones tem consciência [A] introspectiva da crença. Ele não tem acesso cognitivo a ela. A relação que ele mantém com ela é como a relação de um nadador com uma pedra no fundo de um lago. Ela não é nada para ele, e dificilmente poderia se tornar algo mais que nada. A moral aqui está clara: se uma crença metacognitiva não é experiencialmente consciente, então ela não tem poder para conferir consciência introspectiva ao seu objeto.

A propósito, esse resultado fornece suporte adicional para uma conclusão que alcançamos no Capítulo 1. Lá, formamos a opinião de que a consciência experiencial é uma propriedade funcional complexa – mais especificamente, uma propriedade que os estados mentais apresentam se estiverem disponíveis para uso por uma variedade de instâncias cognitivas de ordem superior. Antes de chegarmos a essa teoria, entretanto, consideramos a noção de que seria possível explicar o que é para um estado ter consciência experiencial, afirmando que um estado está experiencialmente consciente se ele for, de fato ou potencialmente, objeto de consciência introspectiva. Essa ideia é, no início, plausível porque a noção de consciência experiencial e a noção de estar acessível à introspecção parecem mais ou menos coextensivas em relação aos seres humanos. Ao final, entretanto, consideramos a ideia como inaceitável, por causa de nossa propensão para atribuir consciência experiencial a estados mentais de animais. Temos uma forte inclinação para pensar, por exemplo, que as experiências perceptuais dos macacos-*vervet* são conscientes, mas não temos nenhum bom motivo para achar que esses macacos são capazes de formar juízos introspectivos sobre suas experiências. Podemos agora admitir que há outra razão para duvidarmos que a consciência experiencial possa ser analisada em termos de consciência introspectiva. Acabamos de concluir que se uma crença metacognitiva não é experiencialmente consciente, então ela não tem o poder de conferir consciência [A] introspectiva ao objeto. Supondo que isso esteja correto, se fôssemos tentar explicar a consciência experiencial em termos de consciência introspectiva, acabaríamos com uma descrição mais ou menos assim: um estado mental M é experiencialmente consciente somente se M for o objeto real (ou potencial) de um estado de consciência introspectiva que é (ou seria) experiencialmente consciente. Essa descrição não é completamente circular como seria se utilizasse a oração "M está experiencialmente consciente", ao explicar o que significa para M estar experiencialmente consciente – ela diz que determinado *outro* estado mental precisa estar experiencialmente consciente se couber a ele a capacidade de conferir consciência experiencial a M. Está claro, entretanto, que ela pressupõe o próprio conceito que alega explicar e que, por causa dessa característica, esclarece muito pouco sobre a natureza da consciência experiencial.

8.10 Conclusão

Nas seções anteriores deste capítulo, encontramos motivos para nos afastar da tradição de tentar explicar a introspecção em termos de modelos perceptuais. Acreditamos que esses modelos não fornecem uma descrição adequada da natureza interior da consciência [A] introspectiva e tampouco esclarecem os processos cognitivos responsáveis por tais estados. Registramos, também, várias teorias positivas sobre a introspecção que, coletivamente, parecem fornecer uma alternativa atraente a teorias tradicionais. Uma dessas teorias é a da lógica doxástica, o conceito de que a consciência introspectiva sempre assume a forma de juízos, e a outra, a da diversidade, que traz o argumento de que os processos que subjazem a juízos introspectivos são uma diversidade altamente heterogênea, diferindo uns dos outros quanto à estrutura e também quanto à confiabilidade. Um terceiro

Introspecção e consciência

componente do quadro alternativo é a teoria de que uma crença metarrepresentacional precisa apresentar consciência experiencial a fim de conferir consciência introspectiva ao seu objeto. Conforme pudemos ver, há considerações que fornecem forte motivação para as três teorias. Assim, embora o quadro de introspecção que elas oferecem seja, na melhor das hipóteses, embrionário e sofra de considerável vagueza, parece razoável considerá-lo em condições de fornecer o esqueleto de uma teoria correta da introspecção, e de maneira análoga, de uma teoria correta da consciência introspectiva.

9
Um resumo, dois adendos
e um olhar mais além

Este capítulo de conclusão trata da consciência fenomênica, da consciência perceptual *de* e do futuro dos estudos filosóficos e científicos acerca da consciência. A história da consciência fenomênica que contei estende-se por vários capítulos. Iniciarei mapeando os vários componentes dessa história como um todo. Depois de reunidos, prosseguirei – na Seção 9.2 – e discutirei suas implicações para questões metafísicas a respeito da simplicidade e unidade do universo. Em seguida, considerarei a consciência [A] perceptual. No capítulo 5, argumentei, com algum detalhamento, que a consciência [A] experiencial de propriedades-A constitui o patamar básico da consciência perceptual consciente e que esse patamar básico capacita a consciência perceptual de propriedades de outros tipos; porém, nada foi dito até aqui sobre a consciência perceptual *de objetos*. Qualquer estudo que vise oferecer uma cobertura ampla da consciência deve considerar esse tópico, pois a consciência *de* é uma das seis formas fundamentais de consciência. Farei algumas reflexões acerca disso na Seção 9.3. Por fim, chamarei a atenção para algumas questões importantes sobre a consciência que o presente estudo não contempla. Elas são bastante complexas. Gostaria muito de poder responder a

Consciência

elas, mas receio que algum tempo ainda decorrerá antes que elas sejam resolvidas.

9.1 Consciência fenomênica

A teoria anterior de consciência fenomênica constitui-se de três componentes principais.

Primeiro, há uma análise preliminar de consciência fenomênica no Capítulo 1. Ela consiste em dois argumentos: um que representa a consciência fenomênica como consciência ciente de propriedades qualitativas, em que consideramos "consciente" como representante da consciência experiencial, e outro que explica a consciência experiencial em termos de poderes causais com relação a uma gama de instâncias cognitivas de ordem superior.

O segundo componente é a crítica de teorias convencionais de *qualia* que ocupa os capítulos 2, 3 e 4. As teorias que recebem mais atenção são o fisicalismo de estado central (juntamente com o dualismo conceitual) e o dualismo de propriedade. No Capítulo 2, vimos que a primeira dessas teorias carece de uma descrição adequada de consciência dos *qualia*, bem como dos recursos para responder com sucesso aos argumentos a favor do dualismo de propriedade. Ademais, já que nossas primeiras conclusões sobre os *qualia* nos capítulos posteriores tendem a associá-los ou a distúrbios físicos ou a estímulos exteriores, vimos, na verdade, acumulando evidência de que seria um equívoco associar estados qualitativos a fenômenos neurais do cérebro. Quanto ao dualismo de propriedade, observamos no Capítulo 4 que, embora a aparência inicial aponte em direção contrária, a motivação para aceitá-lo é realmente bastante fraca. Essa conclusão foi suficiente para desacreditar a teoria, pois, na ausência de argumentos de apoio convincentes, o dualismo de propriedade cai por terra diante de considerações relacionadas com a desejabilidade de simplicidade e uniformidade explicativa.

O terceiro componente é uma teoria positiva de *qualia* e de consciência de *qualia*, que consiste nos dez preceitos a seguir:

Um resumo, dois adendos e um olhar mais além

1. Como ocorre com todas as outras formas de consciência [A], a consciência de características qualitativas é representacional.

2. A consciência de características qualitativas é governada por uma distinção aparência/realidade. O domínio da aparência consiste nos *qualia* como eles são representados. O domínio da realidade consiste nos *qualia* como eles são em si mesmos.

3. Consequentemente, não é necessário que tomemos nossa experiência dos *qualia* em seu valor de face. Por exemplo, uma característica qualitativa pode ser bastante complexa mesmo que nos pareça simples.

4. Em geral, é possível fornecer explicações deflacionárias do porquê os *qualia* nos parecem ter propriedades que os separariam da esfera física. É possível fechar a lacuna explicativa.

5. A consciência de uma característica qualitativa tem sempre um caráter perceptual ou quase perceptual. É perceptual na medida em que envolve uma das modalidades perceptuais comuns, como audição e visão, ou envolve uma modalidade muito análoga a uma ou mais das modalidades comuns. É quase perceptual se for semelhante a uma ou mais das modalidades convencionais, mas também diverge das modalidades convencionais em aspectos relevantes. Aspectos relevantes de comparação incluem as propriedades sintáticas, funcionais e semânticas das representações envolvidas em uma forma de consciência.

6. É possível reunir as várias formas de consciência qualitativa sob uma única bandeira, recorrendo à noção de consciência experiencial introduzida no Capítulo 3. Ter consciência perceptual ou quase perceptual de algo é ter consciência desse algo experiencialmente.

7. Portanto, as características qualitativas podem ser explicadas como características que são objetos de consciência experiencial direta e absoluta (isto é, consciência experiencial absolutamente não inferencial e não mediada). Os *qualia* são

objeto de consciência experiencial cuja apreensão consciente é cognitiva e epistemicamente de base.

8. Características qualitativas surgem em pelos menos dois aspectos diferentes. Os *qualia* que são revelados pelas formas perceptuais comuns de consciência são propriedades de aparência – isto é, propriedades de objetos exteriores dependentes de ponto de vista. Por outro lado, os *qualia* que são revelados por consciência do corpo, como a dor, independem de ponto de vista ou de perspectiva. São formas de atividade do corpo.

9. Os *qualia* envolvidos em experiência emocional recaem em três categorias principais: perceptual, imagística e somática. Uma vez que os *qualia* imagísticos pertencem à mesma categoria geral dos *qualia* perceptuais, os *qualia* emocionais podem ser acomodados dentro da estrutura binária classificatória descrita em (8).

10. Não há conexão essencial entre *qualia* e atitudes proposicionais ocorrentes nem mesmo uma conexão nomológica. Assim, por exemplo, pensamentos podem ocorrer sem que quaisquer *qualia* estejam presentes. Ademais, *qualia* que algumas vezes acompanham atitudes ocorrentes não constituem território independente. Trata-se de *qualia* familiares, originários de várias formas de experiência perceptual – sobretudo *qualia* auditivos, *qualia* visuais e *qualia* somáticos.

Como vimos, esses preceitos são motivados tanto por considerações filosóficas quanto por considerações empíricas.

9.2 *Qualia* e fisicalismo

Qualia são ou aparências de objetos exteriores ou propriedades de vários tipos de distúrbios do corpo. Portanto, há bons motivos para acreditarmos que eles são redutíveis a propriedades físicas; mas qual é a forma relevante de redutibilidade? Como vimos no

Capítulo 2, a redutibilidade se apresenta em três aspectos diferentes: pode-se dizer que uma propriedade P é redutível a um conjunto de propriedades $\sum$ se (i) P for idêntico a um dos membros de $\sum$, ou (ii) P for realizado pelos membros de $\sum$ ou (iii) P for logicamente superveniente aos membros de $\sum$. Presumindo que os *qualia* sejam redutíveis a propriedades físicas, deveríamos dizer que a redução envolve identidade, realização ou superveniência?

A resposta depende do que significa "propriedade física". De acordo com a concepção amplamente inclusiva de propriedades físicas que adotamos no Capítulo 2, as propriedades físicas incluem as propriedades reconhecidas pelas ciências especiais mais básicas, tais como Química e Biologia, além das propriedades reconhecidas pela própria Física. Quando as propriedades físicas são interpretadas dessa forma amplamente inclusiva, é plausível que os *qualia* sejam idênticos a propriedades físicas. Assim, por exemplo, é possível que os tipos de distúrbios do corpo que equiparamos com os *qualia* somáticos sejam propriedades biológicas. Conclui-se, evidentemente, que eles são idênticos a propriedades físicas, considerando o atual entendimento amplo de fisicalidade. Entretanto, essa não é a história completa, pois existe também uma interpretação mais restrita de propriedades físicas, segundo a qual as únicas propriedades que contam como genuinamente físicas são aquelas mencionadas nas leis fundamentais da Física. Que conclusão extrair dessa segunda interpretação sobre o *status* metafísico dos *qualia*?

Está bastante claro que a interpretação exclui o pluralismo de identidade. Assim, temos motivos para duvidar da teoria de que as aparências podem ser associadas a propriedades físicas intrínsecas de objetos exteriores. Pelo contrário, elas são propriedades relativas a ponto de vista, dependentes de fatores contextuais, como localização e celeridade do observador, e da intensidade e distribuição espectral da fonte de luz. Além disso, é provável que elas possam ser definidas apenas pela aplicação de transformações bastante excêntricas nos dados do *input* – as quais são de importância apenas para organismos com mecanismos inferenciais espécie-específicos e

Consciência

necessidades informacionais espécie-específicas. Quanto à interpretação restrita de propriedades físicas, elas são traços que emergem apenas quando existe a preocupação de descrever as interações de categorias amplas de objetos e eventos em termos de leis maximamente simples e maximamente gerais. Seria surpreendente se as propriedades relativas a ponto de vista e reconhecidas pela via das transformações espécie-específicas acabassem sendo *idênticas a* propriedades que surgem em leis fundamentais da natureza. Muito disso é verdadeiro para os *qualia* das sensações. Seria surpreendente se as propriedades que despontam quando estudamos distúrbios no corpo humano acabassem se tornando *idênticas* a propriedades que vêm, de forma independente, atraindo a atenção de físicos. Isso não é negar que poderíamos associar os *qualia* a disjunções complexas de propriedades físicas; mas disjunções de propriedades físicas não são propriamente físicas, pelo menos se tomarmos o envolvimento nas leis da Física como critério para avaliarmos se uma propriedade é física.

Está claro, então, que a interpretação restrita de propriedades físicas impede a aceitação do fisicalismo de identidade. Contudo, poderia ainda ser verdade que os *qualia* se *realizam* por propriedades físicas – ou, em outros termos, que as instanciações de *qualia* são constituídas por instanciações de propriedades físicas. E, de fato, maior reflexão mostra que o fisicalismo de realização é bastante plausível. Para apreciar os méritos dessa teoria, concentremos nossa atenção na propriedade que foi relacionada à dor em discussões anteriores – a de ela ser um distúrbio físico que envolve dano real ou potencial. À primeira vista, pelo menos, esse é um caso especialmente espinhoso para o fisicalismo de realização, já que a noção de dano apresenta um conteúdo teleológico óbvio; porém, depois de algumas ponderações, podemos concluir que uma redução é possível. Dessa maneira, dano deve ser compreendido em termos de funcionamento adequado: é uma condição física que inibe o funcionamento adequado na(s) região(ões) em que ele ocorre. Funcionamento adequado, por sua vez, deve, presumivelmente,

Um resumo, dois adendos e um olhar mais além

ser entendido em termos de seleção natural: um componente do organismo está funcionando adequadamente quando estiver cumprindo a tarefa que lhe foi atribuída. E, finalmente, parece provável que se um componente de um organismo é selecionado ou não é, no nível mais profundo, uma questão puramente física e tem a ver com modificações na constituição física do material genético com o decorrer do tempo. Diante dessas observações, é natural supor que instanciações da propriedade de ser um distúrbio físico que envolve dano real ou potencial são constituídas por – ou compostas por – instanciações de propriedades físicas. Certamente, é possível explicar *plenamente* uma instanciação da propriedade anterior recorrendo a instanciações de propriedades físicas – isto é, explicá-la sem resíduo lógico e sem pressupor quaisquer leis contingentes associando dano a condições físicas.

E quanto às aparências? Seria razoável pensar que elas são realizadas pelas propriedades envolvidas em leis físicas fundamentais? No Capítulo 5, dei a entender que as aparências visuais podem ser vistas como certas propriedades de objetos exteriores – mais especificamente, aquelas resultantes da aplicação de funções computáveis a propriedades quantitativas de objetos exteriores, tais como ângulos visuais e formas angulares. Se presumirmos que isso esteja correto e também que propriedades quantitativas de objetos exteriores são realizadas por propriedades físicas, podemos concluir que aparências são realizadas por propriedades físicas.

O Capítulo 5 trata exclusivamente de aparências visuais, mas é provável que o que lá afirmamos sobre aparências desse tipo se aplica também a aparências de outros tipos. Isto é, é possível que as aparências associadas a outras modalidades perceptuais sejam propriedades de objetos exteriores dos quais as modalidades mantêm controle aplicando funções computáveis a propriedades quantitativas desses objetos. Se isso estiver correto, então o que acabamos de dizer a respeito da constituição de aparências visuais também vale para aparências auditivas, aparências táteis e as demais. Suas instanciações são realizadas por propriedades físicas.

Diante dessas considerações, defendo a ideia de que – não importa como a expressão "propriedade física" seja interpretada – é válido acatar a teoria de que os *qualia* são redutíveis a propriedades físicas. Há duas interpretações convencionais da expressão. Na primeira – uma interpretação amplamente inclusiva –, é plausível que os *qualia* sejam idênticos a propriedades físicas; e na segunda – uma interpretação restrita –, é plausível que eles sejam realizados por propriedades físicas.[1]

9.3 Consciência perceptual de

O capítulo 5 faz duas asserções sobre a natureza da consciência perceptual. Primeiro, afirma que, quando estamos perceptualmente conscientes de objetos, estamos, com isso, conscientes deles como instanciando certas propriedades dependentes de ponto de vista naturalmente chamadas de *propriedades de aparência (propriedades-A)*; segundo, apresenta uma proposta preliminar da natureza das propriedades-A, alegando que elas podem ser associadas aos resultados da aplicação de funções computáveis a certas propriedades quantitativas que são dependentes de ponto de vista. Essas afirmações nos levam a meio caminho de uma teoria de consciência perceptual, mas deixam diversas questões importantes sem resposta. A consciência perceptual envolve a consciência *de objetos*. No que consiste ter consciência de objetos? O que podemos dizer das representações que dão respaldo a essa forma de consciência [A]? Mais especificamente, o que dizer de seus conteúdos? De que forma a consciência de objetos está relacionada à consciência de propriedades-A? Esta seção ocupa-se dessas perguntas.

---

1 Para uma discussão sobre as muitas questões metafísicas que envolvem a realização e uma teoria que propõe respostas a várias delas, ver: Shoemakeer, *Physical Realization*. Admirador da teoria de Shoemaker como sou, desejaria poder dizer que ela fornece uma descrição adequada da noção de realização que estou pressupondo neste estudo. Infelizmente, por vários motivos, esse não é o caso.

Meu ponto de partida para buscar respostas é a teoria a seguir, derivada do magnífico livro de Roderick Chisholm, *Perceiving*:

(CT) Necessariamente, um sujeito x percebe um objeto y somente caso y pareça de determinada maneira a x.[2]

De acordo com essa proposta, um sujeito x vê um objeto y somente caso y pareça de determinada maneira a x, e x ouve um ruído z somente caso z soe de alguma maneira a x. Seguindo os objetivos de Chisholm, os termos "aparenta", "parece" e "soa" estão sendo usados aqui no sentido fenomenológico – isto é, no sentido que apresentam em afirmações como estas:

Aquele caminhão lá adiante aparenta ser pequeno.
Quando mantenho meus dedos bem diante dos olhos, eles parecem bem grandes.
Como está muito distante, a vibração dos motores do avião soa bastante fraca.

Indo mais além, e ainda seguindo os objetivos de Chisholm, (CT) é apresentada como uma asserção sobre a *consciência* perceptual. Pode-se dizer que um sujeito com visão cega percebe objetos mesmo que eles não lhe apresentem uma aparência visual. Porém, a cegueira cega não se constitui problema para a tese de Chisholm, pois ela está relacionada apenas à percepção que apresenta uma dimensão experiencial.

(CT) sugere que um sujeito pode ver um objeto mesmo que ele esteja lhe apresentando apenas *uma* aparência. Essa inferência pode ser equivocada. Portanto, acredito que temos alguma propensão para supor que não se deve dizer que um sujeito vê um objeto, a menos que este lhe pareça de duas ou mais maneiras, e o sujeito reconheça que as aparências têm uma base comum. Colocando a questão em outros termos, pode ser que a percepção de objetos requeira que o sujeito tenha juntado representações de várias aparências; entretanto, não explorarei essa possibilidade aqui. Qualquer que seja o resultado

---

2 Chisholm, *Perceiving*: A Philosophical Study, p.149. Expressa nas palavras de Chisholm, fica assim: "*S percebe x*' significa: x aparece de alguma maneira para *S*".

Consciência

da investigação, a essência de (CT) permaneceria substancialmente intacta. O que é relevante a (CT) é a ideia de que perceber envolve necessariamente aparências fenomenológicas. Para nossos propósitos, não importa muito se esse perceber requer apenas um ou muitos modos de parecer-p.

De qualquer forma, continuarei a supor que (CT) esteja fundamentalmente correta. Então, segue-se dessa conjectura que a maneira de chegarmos a uma teoria da consciência perceptual *de* é explicar o que significa um objeto parecer-p a um sujeito; já temos nas mãos um componente indispensável para tal explicação, pois, supondo que as principais linhas de pensamento do Capítulo 5 são válidas, sabemos que o seguinte princípio é correto:

(L) Se y parece-p de certa maneira W a x, então a experiência de x representa uma propriedade-A P, que corresponde a W, e (ii) y instancia P.

Acredito que outras modalidades perceptuais sejam governadas por princípios semelhantes, mas não tentarei explicar ou justificar essa noção aqui. Para garantir definidade, destacarei as ideias da consciência visual e do parecer-p.

(L) cita duas condições como necessárias para parecer-p. Seriam as condições também suficientes? Seria sempre verdade que, quando elas são satisfeitas, um objeto parece-p de certa maneira a um sujeito? A resposta é "não". Para perceber isso, observe que se propriedades-A são independentes de estados interiores do sistema visual, conforme argumentei no Capítulo 5, então um objeto pode instanciar uma propriedade-A sem estar em relação causal de qualquer espécie com a experiência visual do sujeito. Já que esse é o caso, é possível haver *alucinações verídicas* – isto é, situações com as seguintes propriedades: (i) um sujeito representa várias propriedades-A como coinstanciadas por um objeto à sua frente; (ii) há, de fato, um objeto diante do sujeito que instancia aquelas propriedades-A; (iii) a experiência visual do sujeito e os sinais particulares de representações visuais que constituem sua experiência

Um resumo, dois adendos e um olhar mais além

não se devem às propriedades-A dos objetos exteriores; (iv) pelo contrário, eles se devem ao mau funcionamento do sistema visual do sujeito. Pois bem, intuitivamente, em uma situação como essa, não se pode dizer que o objeto surja diante do sujeito. Evidentemente, a razão é que a experiência do sujeito teria ocorrido exatamente como ocorreu, mesmo que o objeto não estivesse presente, ou ele estivera presente, mas havia instanciado propriedades-A bem diferentes. Conclui-se que, se queremos caracterizar parecer-p de maneira adequada, precisamos incluir uma condição que pede uma relação causal entre as propriedades-A do objeto e a experiência do sujeito.[3]

Temos agora três condições que, individualmente, são necessárias para parecer-p: uma relacionada à representação de propriedades-A, uma relacionada à instanciação de propriedades-A e outra relacionada à causação. (A segunda condição é redundante, considerando a terceira, mas vou permitir que essa redundância inofensiva permaneça, por valorizar a ênfase que ela propicia.)

Seriam essas três condições as únicas necessárias para parecer-p? Isto é, combinadas, seriam elas suficientes? Estou propenso a achar que a resposta é "sim". Portanto, (L*) me parece correto:

(L*) y parece-p de certa maneira W a x somente caso (i) a experiência de x represente uma propriedade-A P, que corresponde a W, (ii) y instancia P, e (iii) a experiência de x é causada, de maneira normal, pelo fato de que y instancia P.

---

3 H. P. Grice foi o primeiro filósofo a recorrer a alucinações verídicas ao argumentar a favor da necessidade de incluir componentes causais em explicações de acesso perceptual ao mundo. Ver: Grice, The Causal Theory of Perception. *Proceedings of the Aristotelian Society 35*, p. 121-68. A Seção V é a parte relevante desse ensaio. Hoje se reconhece amplamente que análises da consciência de objetos precisam incluir uma condição causal, mas alguns autores argumentam, em suplementação, que a causação é *suficiente* para a consciência de objetos – que não há necessidades de incluir uma condição que envolva a instanciação de propriedades representadas. Discuto uma ideia nesse sentido em http://ndpr.nd.edu/review.cfm?id=13585.

361

Consciência

Além disso, já que estamos presumindo que (CT) seja verdadeiro, (L*) sugere uma descrição parelela da consciência perceptual – a saber, (PC):

(PC) x está perceptualmente consciente de y somente caso (i) a experiência de x represente uma propriedade-A P , (ii) y instancia P , e (iii) a experiência de x é causada, de maneira normal, pelo fato de que y instancia P .

Sinto-me inclinado a aceitar (L*) e (PC), porque parecem apreender minhas intuições sobre casos possíveis. Portanto, quando reflito sobre possíveis situações em que (i)-(iii) são satisfeitas, sinto-me fortemente propenso a descrevê-las como situações em que y parece de certa forma a x , e também como situações em que x está perceptualmene consciente de y . Isso é válido até mesmo para situações bastante estapafúrdias e nas quais, portanto, poderíamos esperar que correlações acidentais e meramente nomológicas se rompessem.

Ainda assim, há uma objeção a (PC) – e, consequentemente, a (L*) –, que precisa ser levada em consideração. Essa objeção sustenta que (PC) deixa de honrar o princípio de que toda consciência envolve representação. (PC) alega analisar a consciência perceptual de objetos exteriores, mas não faz qualquer referência à representação de tais objetos. Sua única referência à representação está no contexto de um requisito relacionado à representação de propriedades. Por isso – conclui a objeção – ela é inadequada.

Com certeza, é verdade que (PC) não tem uma cláusula separada no sentido de que a experiência de x representa y , mas, da forma como vejo, não se conclui disso que (PC) deixa de fazer justiça à dimensão representacional da consciência perceptual. Pelo contrário, (PC) *faz* justiça à dimensão representacional. Isso ocorre porque as condições (i)-(iii) *em conjunto sugerem* que a experiência de x representa y . A representação de y não é um componente extra da consciência perceptual – o qual é independente da representação de P , instanciação de P por y , e causação da experiência de x por y . Pelo contrário, ela *consiste* nessas três coisas. Isso pode ser percebido da seguinte forma:

Um resumo, dois adendos e um olhar mais além

Já que sabemos independentemente que toda consciência [A] envolve representação, sabemos que a consciência perceptual de *y* envolve constitutivamente uma representação de *y*. Além disso, da mesma forma, podemos estar certos de que qualquer conjunto de condições que seja suficiente para a veracidade de afirmações do tipo '*x* está perceptualmente consciente de *y*' é também suficiente para afirmações do tipo 'a experiência perceptual de *x* representa *y*'. Existe, contudo, um motivo para acharmos que (i)-(iii) são suficientes para a veracidade de afirmações do tipo '*x* está perceptualmente consciente de *y*', pois as útimas afirmações parecem ser verdadeiras em situações possíveis em que (i)-(iii) são verdadeiras. Portanto, é muito provável que o caso (i)-(iii) forneça uma descrição correta da representação perceptual de objetos.

Talvez seja útil formular essa linha de raciocínio de maneira um pouco diferente. A primeira objeção tenta opor a análise da consciência perceptual proposta por (PC) à tese de que toda consciência é representacional. Ao responder à objeção, argumentei que acontece exatamente o oposto: que a tese pode, na verdade, ser usada para demonstrar que (PC) sugere que a consciência perceptual de *y* envolve constitutivamente uma representação de *y*. A ideia central do argumento é: já que sabemos que a consciência perceptual de *y* envolve uma representação de *y*, quaisquer considerações que indiquem que (PC) faz uma descrição correta da consciência perceptual nos fornecem razões para pensarmos que (PC) consegue apreender o que está envolvido na representação de *y*. Entretanto, intuições sobre casos possíveis indicam que (PC) fornece uma descrição correta da consciência perceptual. Consequentemente, temos motivos para achar que (i)-(iii) são suficientes para a veracidade de "a experiência de *x* representa *y*".[4]

---

4 No decorrer deste estudo presumi a teoria de que a representação perceptual de propriedades é uma forma *fundamental* de representação. Essa ideia não é implausível e, de alguma forma, há uma vantagem prática em pressupô-la, pois ela

Consciência

9.4 Conclusão

Inevitavelmente, já que sou o autor, sinto que este estudo significa um avanço substancial em direção a uma explicação da consciência. Ele discute ampla gama de questões e, em cada caso, oferece uma resposta mais ou menos correta; ou pelo menos, é o que penso. Dito isso, devo prosseguir e reconhecer que o livro tem ambições com-

---

torna possíveis certas simplificações explicativas. Existe, contudo, uma teoria alternativa, de acordo com a qual as representações perceptuais de propriedades são um aspecto ou a dimensão de uma forma de representação mais fundamental – a representação de estados de coisas. Esse talvez seja o momento certo para reconhecer que a teoria pressuposta não é inevitável. De acordo com a noção alternativa, em vez de presumir que representações perceptuais tenham propriedades-A como seus valores semânticos básicos, deveríamos presumir que elas tenham propriedades semânticas análogas aos significados linguísticos que *David Kaplan* chama *caracteres* – isto é, funções que vão de contextos a conteúdos. (Kaplan argumenta, por exemplo, que o valor semântico básico do marcador "eu" é uma função que mapeia cada contexto de verbalização na pessoa que está falando naquele contexto. Ver, por exemplo: Kaplan, Dthat. In: Cole (ed.), *Syntax and Semantics*. v.9, p.221-53). Que R seja uma representação perceptual parcialmente constitutiva de certo tipo de experiência visual; então, de acordo com a teoria alternativa, há um propriedade-A P e uma função f, de tal forma que, para cada contexto C que contenha uma indicação T de R, se houver um objeto y em C, de tal forma que y tenha P e origine T em virtude de ter P, então os mapas $f(C)$ sobre o estado de coisas y é P; e se não houver tal y, então $f(C)$ fica indefinido. Aqui f é a *característica* de R. Estabeleçamos que T seja um *símbolo* concreto de R, e que C seja o contexto em que T ocorre. T terá uma característica, que herdará de R. Terá ainda um *conteúdo* – desde que $f(C)$ seja definido. O conteúdo de T será um estado de coisas do tipo y é P. Com base nessa visão, a noção da propriedade representada por R é secundária, sendo definível como a propriedade que aparece na característica de R. Além disso, a teoria nega que haja algo como o *objeto* que é representado por R. E ainda, a noção nega que haja algo como o *objeto* que é representado por R. De acordo com a teoria, a representação de objetos é uma característica de *indicações* de R – indicações diferentes representam objetos diferentes. A noção do objeto representado por uma indicação T de R é secundária, sendo definível como o objeto que aparece no conteúdo de T. Asserções intencionais de experiências – como quando se diz que uma alucinação é a experiência de um punhal – são explicadas recorrendo-se a caracteres.

Um resumo, dois adendos e um olhar mais além

parativamente modestas. Muitas vezes, as respostas que ele propõe são parciais. Além disso, há muitos tópicos que não são discutidos, alguns dos quais bastante importantes. Concluirei comentando várias dessas limitações.

Talvez a limitação mais importante seja que muito pouco foi explicado sobre a teoria de que a consciência [A] necessariamente envolve representação. Com certeza, encontramos uma série de motivos para pensar que a teoria é *verdadeira;* uma delas é que ela é intuitivamente plausível; outra é que ela é pressuposta pela ciência cognitiva; uma terceira razão é que ela desfruta de vantagens explicativas relevantes sobre sua principal adversária – a teoria de que ter consciência é estar familiarizado; a quarta razão é que a teoria nos permite explicar o que é comum a experiências perceptuais verídicas e às alucinações correspondentes, e explicar as condições de verdade de afirmações que descrevem alucinações em termos *de que* alucinações são essas; a quinta razão é que ela nos permite pôr um fim no impasse entre fisicalistas e dualistas; e a sexta razão: a teoria tem sua utilidade consubstanciada ao desenvolver descrições positivas de formas de consciência [A] que, de outra maneira, seriam opacas, como consciência de *qualia* perceptuais e consciência da dor.

Diante dessas considerações, acredito que podemos afirmar que *sabemos* que toda consciência é representacional. Entretanto, não está claro a que esse conhecimento equivale, pois ele não oferece uma teoria geral da natureza da representação nem mesmo uma descrição de representação experiencial, a forma de representação mais ressaltada nas páginas precedentes. Além disso, embora haja na literatura várias ideias muito atraentes sobre a representação, nenhuma teoria que garanta ampla aceitação foi desenvolvida.[5] Portanto, não posso preencher essa lacuna no presente estudo encaminhando o leitor para outras fontes.

---

5 Ver, por exemplo: Millikan, Biosemantics. *The Journal of Philosophy 86*, p.281-97. Dretske, *Naturalizing the Mind*. Tye. Ten Problems of Consciousness. Neander. Naturalistic Theories of Reference. In: Devitt; Hanley (ed.), *Philosophy of Language*, p.374-91.

Ademais, apesar de ter havido muita discussão sobre os *qualia* visuais nas páginas precedentes, na verdade, fiz pouco mais que arranhar a superfície desse tópico vasto e complexo. Há uma incompletude significativa até mesmo na descrição dos *qualia* de forma, que, juntamente com os *qualia* de tamanho, são os únicos *qualia* visuais que receberam bastante atenção. Assim, como está indicado nas notas 22 e 31 do Capítulo 5, os únicos *qualia* de forma que podem ser interpretados como propriedades Thouless são os que estão associados às silhuetas de objetos – os limites das superfícies dispostas uma diante da outra. Nada foi dito sobre os *qualia* de forma tridimensionais, associados às concavidades e convexidades nas superfícies de objetos. Também – o que é mais importante – houve muito pouca discussão a respeito da categoria de *qualia* visuais, que muitos acreditam constituir os desafios mais sérios à Filosofia – a categoria dos *qualia* de cor. De fato, minha discussão sobre esse tópico está confinada a uma única nota: a nota 31 do Capítulo 5. Qualquer um que desejar investigar esse importante campo deverá se valer do estudo de outros como ponto de partida.[6]

Qualia visuais são os *qualia* perceptuais que receberam mais atenção de filósofos, mas os *qualia* associados às outras modalidades perceptuais oferecem seus próprios desafios. Com exceção de algumas observações promissoras, nada foi dito sobre esses outros *qualia*. Há estudos importantes a respeito deles, desenvolvidos por outros filósofos, mas ainda estamos longe de entendê-los.[7]

A discussão da introspecção também está incompleta. Mencionando apenas a maior falha, eu disse pouca coisa positiva sobre os

---

6 Ver, por exemplo: Hardin, *Color for Philosophers*: Unweaving the Rainbow. Byrne; Hilbert (eds.), *Readings on Color. The Philosophy of Color*. v.I. E Matthen *Seeing, Doing and Knowing*: A Philosophical Theory of Sense Perception.

7 Para uma discussão dos *qualia* associados à percepção térmica, ver: Akins, Of Sensory Systems and the 'Aboutness' of Mental States. *The Journal of Philosophy 93*, p.337-72. Para uma discussão de *qualia* auditivos, ver: O'Callaghan, C. *Sounds*. E para uma discussão de *qualia* olfativos, ver: Batty, *Lessons in Smelling*: Essays in Olfactory Perception.

Um resumo, dois adendos e um olhar mais além

mecanismos metacognitivos responsáveis por juízos introspectivos. O Capítulo 8 oferece argumentos a favor da teoria de que esses mecanismos não são perceptuais, e também a favor da teoria de que eles são bastante diversos. Essas teorias, contudo, são em sua maior parte, negativas. Qual é – desejamos saber – a natureza do mecanismo que fornece consciência [A] de atitudes proposicionais ocorrentes? Qual é, mais exatamente, sua estrutura, e como ela funciona? Além disso, como exatamente ela difere do mecanismo responsável pela consciência de atitudes proposicionais duradouras? Indo mais além, como exatamente esses mecanismos diferem daquele que nos aconselha sobre a direção e a eficiência de processos mentais? Qualquer descrição da consciência introspectiva que pretenda ser abrangente precisa responder a essas perguntas e a várias outras do mesmo gênero.

Passo agora para a consciência experiencial, a forma de consciência que é compartilhada por atitudes proposicionais ocorrentes e eventos com uma fenomenologia própria. Essa forma de consciência foi muito negligenciada desde o Capítulo 1. De acordo com a descrição que lá é oferecida, um evento mental x está experiencialmente consciente somente caso x seja, potencialmente, pelo menos, um precipitador causal maximamente proximal de várias instâncias cognitivas de ordem superior que são reconhecidas pela psicologia comum. Dito isso, a descrição continua e lista as instâncias relevantes, citando aquelas responsáveis por produzir a fala, formar crenças e outras atitudes proposicionais, fazer escolhas, elaborar planos, exercitar controle *on-line* de ações intencionais, criar memórias, monitorar estados mentais e produzir juízos introspectivos. Infelizmente, a exposição não vai além disso. Portanto, embora ela apreenda algumas das principais características da consciência experiencial, está claro que ela levanta mais perguntas do que responde.

Algumas dessas perguntas referem-se à relação entre a consciência experiencial e a memória. Verbalizar um pensamento leva tempo; fazer uma escolha leva tempo; até uma memória episódica se estabelecer leva tempo. Em geral, leva tempo até para que as instâncias cognitivas

Consciência

especificadas na definição da consciência experiencial se tornem ativas e empreendam determinada tarefa. Como consequência, um evento mental precisa persistir durante certo tempo ou deixar um vestígio de que persista durante determinado tempo, para que possa ter o poder de ativar processos específicos envolvendo as instâncias que aparecem na definição de consciência experiencial. Segue-se, então, que a memória é necessária para respaldar os poderes causais que surgem naquela definição e segue-se disso, por sua vez, que uma teoria de consciência experiencial precisa especificar o depósito – ou depósitos – de memória que embasam os poderes relevantes. Poderia o depósito estar associado à memória operante?[8] Ou seria ele talvez um depósito cujos conteúdos são mais efêmeros do que aqueles da memória operante? Temos motivos para acreditar que a mente tem, pelo menos, dois depósitos de muito curto prazo – a memória icônica[9] e a faculdade que Mary Potter denomina *memória conceitual de curto prazo*.[10] Será que esses dois depósitos trabalham em conjunto para dotar estados mentais de consciência experiencial, com a memória icônica emprestando consciência a eventos qualitativos, e a memória conceitual de curto prazo emprestando-lhe atitudes proposicionais ocorrentes? Está claro que essas são perguntas empíricas. Além disso, elas são totalmente abertas. A ciência precisa avançar em vários *fronts* antes que elas possam ser respondidas.

Outro conjunto de perguntas está relacionado às condições causais que permitem as representações alcançarem a consciência experiencial. Grande volume de estudos clínicos e experimentais

---

8 Para um resumo da literatura sobre memória operante, ver: Reisberg, *Cognition*: Exploring the Science of the Mind.

9 A noção de memória icônica foi introduzida por George Sperling em 1960. Ver seu: Sperling, The Information Available em Brief Visual. *Psychological Monographs 10*. Para uma discussão relativamente atualizada do tópico, ver: Palmer, *Vision Science*, p.575-80.

10 Ver: Potter, Understanding Sentences and Scenes: The Role of Conceptual Short Term Memory. In: Coltheart (ed.), *Fleeting Memories*: Cognition of Brief Visual Stimuli, p.13-46.

Um resumo, dois adendos e um olhar mais além

sugere que a *atenção* é necessária à consciência experiencial em muitos casos, pelo menos para estados perceptuais. Isso é verdadeiro, por exemplo, em trabalhos clínicos sobre a síndrome de Balint e a heminegligência e em trabalhos experimentais sobre cegueira de mudança e cegueira por desatenção.[11] Esses resultados levaram alguns pesquisadores a afirmar que a atenção é necessária para que *qualquer* estado perceptual seja consciente, mas a experiência diária sugere que isso é um exagero. Não estou no momento atentando para o teclado do computador à minha frente. Pelo contrário, estou me concentrando na tela, mas parece que tenho *alguma* consciência [A] do teclado. Portanto, precisamos perguntar: em que medida a atenção é necessária para que estados perceptuais alcancem a consciência experiencial? O que diferencia os casos em que a atenção é necessária dos casos em que ela não o é? E qual exatamente é a forma de atenção que exerce a função causal relevante? Ademais, a maior parte da pesquisa contemporânea unindo atenção e consciência experiencial está relacionada a estados perceptuais. Qual exatamente é o papel da atenção quando se trata de conferir consciência experiencial a estados de outros tipos, e quais exatamente são as formas de atenção que desempenham esse papel?

Como essas reflexões nos lembram, a consciência é um tópico imenso. Se desejar compreendê-la, não apenas em parte, mas de forma abrangente, "você estará ocupado pelo resto da vida".[12]

---

11 Para discussões magnificamente esclarecedoras desses tópicos, ver: Palmer, op. cit.

12 Este comentário é uma repetição do que Warren McCulloch fez a Rufus Jones, filósofo quacre, um de seus primeiros professores:
"No outono de 1917, entrei no Haverford College [...] Naquele inverno, Rufus Jones me chamou em sua sala. 'Warren', disse ele, 'o que você pretende ser na vida?' E eu lhe disse: 'Não sei'. 'E o que pretende fazer?' Novamente, eu lhe disse: 'Não tenho a menor ideia; mas há uma pergunta que eu gostaria de responder: qual é um número que um homem possa saber, e o que é um homem que possa saber um número?' Ele sorriu e disse: 'Caro amigo, estarás ocupado pelo resto da vida'."

Este fragmento encontra-se na p.2 de McCulloch, *Embodiments of Mind*.

Referências

AKINS, K. Of Sensory Systems and the 'Aboutness' of Mental States. *The Journal of Philosophy 93*, 1996. p.337-372.

AMONY, J. L.; LEDOUX, J. E. How Danger is Encoded: Toward a Systems, Cellular, and Computational Understanding of Cognitive-Emotional Interactions in Fear. In: GAZZANIGA, M. (Ed.). *The New Cognitive Neurosciences*. 2.ed. Cambridge, MA: MIT Press, 2000. p.1067-80.

ARNAULD, A. Sixth Set of Objections. In: COTTINGHAM, J.; STOOTHOFF, R.; MURDOCH, D. *The Philosophical Writings of Descartes*. v. II. Cambridge: Cambridge University Press, 1984. p.278-84.

BASBAUM, A. J.; JESSELL, T. M. The Perception of Pain. In: KANDEL, E.; SCHWARTZ, J. H.; JESSELL, T. M. (Eds.). *Principles of Neural Science*. 4.ed. New York: McGraw Hill, 2000. p.472-91.

BATTY, C. *Lessons in Smelling*: Essays in Olfactory Perception. MIT Ph.d. Dissertation, 2007.

BENNETT, D. *Phenomenal Shape Experiences, Shape Appearance Properties, and Shape Constancy*. Brown University, 2008.

BLAKE, R.; SEKULER, R. *Perception*. 5.ed. New York: McGraw-Hill, 2005.

BLOCK, N. On a Confusion about a Function of Consciousness. *Behavioral and Brain Sciences*, 18, 1995. p.227-47. Reimpressão com algumas alterações. In: BLOCK, N. (Ed.). Owen Flanagan and Güven

Güzeldere. *The Nature of Consciousness*. Cambridge, MA: MIT Press, 1997, p.375-415.

BLOCK, N.; FLANAGAN, O.; GÜZELDERE, G. (Eds.). *The Nature of Consciousness*. Cambridge, MA: MIT Press, 1997. p.351-4.

BYRNE, A.; HILBERT, D. (Ed.). *Readings on Color*. The Philosophy of Color. v.I. Cambridge, MA: MIT Press, 1997.

CAMPBELL, J. *Reference and Consciousness*. Oxford: Oxford University Press, 2002. p.116.

CARLSON, V. R. Instructions and Perceptual Constancy Judgments. In: EPSTEIN, W. (Ed.). *Stability and Constancy in Visual Perception*. New York, NY: Wiley, 1977. p.217-54.

_____. Orientation in Size Constancy Judgments. *American Journal of Psychology 73*, 1960. p.199-213.

CHALMERS, D. J. *The Conscious Mind*. Oxford: Oxford University Press, 1996.

CHENEY, D. L.; SEYFARTH, R. M. *Baboon Metaphysics*. Chicago: University of Chicago Press, 2007.

CHISHOLM, R. M. *Perceiving*: A Philosophical Study. Ithaca, NY: Cornell University Press, 1957. p.149.

COTTINGHAM, J.; STOOTHOFF, R.; MURDOCH, D. *The Philosophical Writings of Descartes*. v.II. Cambridge: Cambridge University Press, 1984. p.14.

CURRASCO, M.; PENPECCI-TALGAR, C.; ECKSTEIN, M. Spatial Attention Increases Contrast Sensitivity across the CSF: Support for Signal Enhancement. *Vision Research 40*, 2000. p.1203-15.

DAMASIO, A. *The Feeling of What Happens*: Body and Emotion in the Making of Consciousness. New York: Harcourt, Brace, and Company, 1999. p.289.

_____. *Looking for Spinoza*. p.43-4.

DAVIDSON, D. Knowing One's Own Mind. *Proceedings and Addresses of the American Philosophical Association 60*, 1987. p.441-58.

DECARTES, R. Meditations on First Philosophy. In: COTTINGHAM, J. R. S.; MURDOCH, D. (Eds.). *The Philosophical Writings of Descartes*. v.II, Cambridge: Cambridge University Press, 1984. p.53.

DOBSON, K.; FRANCHE, R. L. Conceptual and Empirical Review of the Depressive Realism Hypothesis. *Canadian Journal of Behavioral Science 21*, 1989. p.419-33.

Referências

DRETSKE, F. *Naturalizing the Mind*. Cambridge, MA: MIT Press, 1995.

_____. *Explaining Bahavior*: Reasons in a World of Causes. Cambridge, MA: MIT Press, 1988.

DUCASSE, C. J. D. Moore's "The Refutation of Idealism". In: SCHILPP, P. A. (Ed.). *The Philosophy of G.E. Moore*. Lasalle, IL: Open Court Publishing Co., 1942. p 225-51.

ECKSTEIN, M. Spatial Covert Attention Increases Contrast Sensitivity across the CSF: Support for Signal Enhancement. *Vision Research 40*, 2000. p.1203-15.

EKMAN, P.; FRIESEN, W. V. Constants across Cultures in the Face and Emotion. *Journal of Personality and Social Psychology 17*, 1971. p.124-9

FREGE, G. On Sense and Nominatum. In: FIEGL, H.; SELLARS, W. (Eds.). *Readings in Philosophical Analysis*. Trad. de Fiegel. New York, NY: Appleton-Century Crofts, 1949. p.85-102.

FREUD, S. *An Outline of Psycho-Analysis*. In: STRACHEY, J. (Ed.). *The Complete Psychological Works of Sigmund Freud XXIII*. London: Hogarth Press, 1966-74. p.157.

FUMERTON, R. Classical Foundationalism. In: DePAUL, M. R. (Ed.). *Resurrecting Old-Fashioned Foundationalism*. Lanham, MD: Rowman and Littlefield Publishers, Inc., 2001. p.3-20.

GARDNER, E. P.; MARTIN, J. H.; JESSELL, T. M. The Bodily Senses. In: KANDEL, E. R.; SCHWARTZ, J. H.; JESSELL, T. M. (Eds.). *Principles of Neural Science*. 4.ed. New York: McGraw Hill, 2000. p.430-50.

GARDNER, E. P.; KANDEL, E. R. Touch. In: KANDEL, E. R.; SCHWARTZ, J. H.; JESSELL, T. M. (Eds.). *Principles of Neural Science*. 4.ed. New York: McGraw Hill, 2000. p.451-71.

GIBSON, J. J. *The Perception of the Visual World*. Boston, MA: Houghton Mifflin, 1950.

GOLDMAN, A. I. *Simulating Minds*: The Philosophy, Psychology, and Neuroscience of Mindreading. Oxford: Oxford University Press, 2006.

_____. The Psychology of Folk Psychology. *Behavioral and Brain Sciences 16*, 1993. p.15-28.

GRAHEK, N. *Feeling Pain and Being in Pain*. Oldenburg: Bibliotheks-und Informationssystem der Universität Oldenburg, 2001.

GRICE, H. P. The Causal Theory of Perception. *Proceedings of the Aristotelian Society 35*, 1961. p.121-68.

HARDIN, C. L. *Color for Philosophers*: Unweaving the Rainbow. Indianapolis: Hackett, 1993.

HARMAN, G. The Intrinsic Quality of Experience. In: BLOCK, N.; FLANAGAN, O.; GÜZELDERE, G. (Eds.). *The Nature of Consciousness*. Cambridge, MA: MIT Press, 1997.

_____. The Intrinsic Quality of Experience. In: TOMBERLIN, J. J. (Ed.). *Philosophical Perspectives*. v.4. Atascadero, CA: Ridgeview Publishing Company, 1990. p.31-52.

HELLIE, B. That Which Makes the Sensation of Blue a Mental Fact: Moore on Phenomenal Relationism. *European Journal of Philosophy 15:3*, 2007. p.334-66.

HILL, C. S.; BENNETT, D. J. The Perception of Size and Shape. *Philosophical Issues 18*, 2008. p.294-315.

HILL, C. S.; McLAUGHLIN, B. *Philosophy and Phenomenological Research* LIX, 1999. p.445-54.

HILL, C. S. Modality, Modal Epistemology, and the Metaphysics of Consciousness. In: NICHOLS, S. (Ed.). *The Architecture of the Imagination*: New Essays on Presence, Possibility, and Fiction. Oxford University Press, 2006. p.205-36.

_____. Remarks on David Papineau's *Thinking about Consciousness*. Philosophy and Phenomenological Research 71, 2005. p.147-54.

_____. OW! The Paradox of Pain. In: AYDEDE, M. (Ed.). *Pain*: New Essays on its Nature and the Methodology of its Study. Cambridge, MA: MIT, 2005. p.75-98.

_____. Imaginability, Conceivability, Possibility, and the Mind-Body Problem. *Philosophical Studies 87*, 1997. p.61-85.

_____. *Sensations*: A Defense of Type Materialism. Cambridge: Cambridge University Press, 1991. p.22-26.

_____. In Defense of Type Materialism. *Yinthese* LIX, 1984. p.295-320.

HORGAN, T. From Supervenience to Superdupervenience: Meeting the Demands of a Material World. *Mind 102*, 1993. p.555-86.

HUEMER, M. *Skepticism and the Veil of Perception*. Lanham, MD: Rowman and Littlefield, 2001.

HURLBURT, R. T.; SCHWITZGEBEL, E. *Describing Inner Experience?* Proponent Meets Skeptic. Cambridge, MA: MIT Press, 2007.

Referências

JACKSON, F. Epiphenomenal Qualia. In: CHALMERS, D. J. (Ed.). *Philosophy of Mind*: Classical and Contemporary Readings. Oxford: Oxford University Press, 2002. p.273-80.

———. What Mary Didn't Know. In: BLOCK, N.; FLANAGAN, O.; GÜZELDERE, G. (Eds.). *The Nature of Consciousness*. Cambridge, MA: MIT Press, 1997. p.567-70.

———. What Mary Didn't Know. *Journal of Philosophy 83*, 1986. p.291-5.

———. Epiphenomenal Qualia. *Philosophical Quarterly 32*, 1982. p.127-36.

JAMES, W. What is an Emotion? In: DUNLAP, K. (Ed.). *The Emotions*. Baltimore, Williams and Wilkins, 1922. p.11-30.

———. What is an Emotion? *Mind IX*, 1884. p.188-205.

KANWISHER, N. Neural Events and Perceptual Awareness. In: DEHAENE, S. (Ed.). *The Cognitive Neuroscience of Consciousness*. Cambridge, MA: MIT Press, 2001.

KIM, J. *Philosophy of Mind*. 2.ed. Cambridge, MA: Westview Press, 2006.

———. *Mind in a Physical World*. Cambridge, MA: MIT Press, 1998. p.29-47.

KRIEGEL, U.; WILLIFORD, K. (Eds.). *Self Representational Approaches to Consciousness*. Cambridge, MA: MIT Press, 2006.

KRIPKE, S. *Naming and Necessity*. Cambridge, MA: Harvard University Press. 1979.

———. Identity and Necessity. In: SCHWARTZ, S. P. (Ed.). *Naming, Necessity, and Natural Kinds*. Ithaca: NY: Cornell University Press, 1977. p.66-101.

LAMBIE, J. A.; MARCEL, A. J. Consciousness and the Varieties of Emotion Experience. *Psychological Review 109*, 2002. p.219-59.

LEVIN, J. What is a Phenomenal Concept? In: ALTER, T.; WALTER, S. (Eds.). *Phenomenal Concepts and Phenomenal Knowledge*. New York, NY: Oxford University Press, 2007.

LEVINE, J. *Purple Haze*. Oxford: Oxford University Press, 2001. p.69.

LOAR, B. Phenomenal States. In: TOMBERLIN, J. J. (Ed.). *Philosophical Perspectives*. v.4. Atascadero, CA: Ridgeview Publishing Company, 1990. p.81-108.

LYCAN, W. G. The Superiority of HOP to HOT. In: GENNARO, R. J. (Ed.). *Higher-Order Theories of Consciousness*: An Anthology. Amsterdam: John Benjamins Publishing Company, 2004. p.105.

Consciência

MACK, A. Three Modes of Visual Perception. In: PICK, M. H. (Ed.). *Modes of Perceiving and Information Processing*. Hillsdale, NJ: Earlbaum, 1978. p.171-86.

MARTIN, M. G. F. The Transparency of Experience. *Mind and Language* 17, 2002. p.376-425.

MATES, B. *The Skeptic Way*. Oxford: Oxford University Press, 1996. p.104.

MATTHEN, M. *Seeing, Doing and Knowing*: A Philosophical Theory of Sense Perception. Oxford: Oxford University Press, 2005.

McCULLOCH, W. S. *Embodiments of Mind*. Cambridge, MA: MIT Press, 1965.

McDOWELL, J. *Mind and World*. Cambridge, MA: Harvard University Press, 1994.

_____. Criteria, Defeasibility, and Knowledge. *Proceedings of the British Academy* 1982. p.455-79.

McLAUGHLIN, B. Color, Consciousness, and Color Consciousness. In: SMITH, Q.; JOKIC, A. (Eds.). *Consciousness*: New Essays. Oxford: Oxford University Press, 2003. p.97-154.

MILLIKAN, R. Biosemantics. *The Journal of Philosophy 86*, 1989. p.281-97.

_____. *Language, Thought and Other Biological Categories*. Cambridge, MA: MIT Press, 1984.

MOORE, G. E. The Refutation of Idealism. *Philosophical Studies*. London: Kegan Paul, 1922. p.1-30.

MORAN, R. *Authority and Estrangement*: An Essay on Self-Knowledge. Princeton: Princeton University Press, 2001.

NAGEL, T. What is it Like to be a Bat? In: CHALMERS, D. J. (Ed.). *Philosophy of Mind*: Classical and Contemporary Readings. Oxford: Oxford University Press, 2002. p.219-26.

NEANDER, K. Naturalistic Theories of Reference. In: DEVITT, M.; HANLEY, R. (Eds.). *Philosophy of Language*. Oxford: Blackwell, 2006. p.374-91.

NOË, A. *Action in Perception*. Cambridge, MA: MIT Press, 2004.

O'CALLAGHAN, C. *Sounds*. Oxford: Oxford University Press, 2007.

PALMER, S. *Vision Science*. Cambridge, MA: MIT Press, 1999.

PAPINEAU, D. *Thinking about Consciousness*. Oxford: Oxford University Press, 2002.

_____. *Philosophical Naturalism*. Oxford: Blackwell, 1993.

Referências

PAPINEAU, D. *Reality and Representation*. Oxford: Blackwell, 1987.

PEACOCKE, C. *Sense and Content*. Oxford: The Clarendon Press, 1983.

PLACE, U. T. Is Consciousness a Brain Process? *British Journal of Psychology* 47, 1956. p.44-50.

POTTER, M. Understanding Sentences and Scenes: The Role of Conceptual Short Term Memory. In: COLTHEART, V. (Ed.). *Fleeting Memories*: Cognition of Brief Visual Stimuli. Cambridge, MA: MIT Press, 1999. p.13-46.

PRICE, D. D. *Psychological Mechanisms of Pain and Analgesia*. Seattle, WA: IASP Press, 1999.

PRINZ, J. J. *Gut Reaction*: A Perceptual Theory of Emotion. Oxford: Oxford University Press, 2004. p.107.

PROFFITT, D. Embodied Perception e the Economy of Action. *Perspectives on Psychological Science 1*, 2006. p.110-22.

PROFFITT, D. R. et al. Perceiving Geographical Slant. *Psychonomic Bulletin and Review 2*, 1995. p.409-28.

PUTNAM, H. Psychological Predicates. In: KIM, J. *Philosophy of Mind*. 2.ed. Cambridge, MA: Westview Press, 2006.

_____. Psychological Predicates. In: CAPITAN, W. H.; MERRILL, D. D. (Eds.). *Art, Mind and Religion*. Pittsburgh: University of Pittsburgh Press, 1967. p.37-48.

RAINVILLE, P.; CARRIER, B.; HOFBAUER, R. K. et al. Dissociation of Sensory and Affective Dimension of Pain Using Hypnotic Modulation. *Pain Forum 82*, 1999. p.159-71.

RAINVILLE, P. et al. Pain Affect Encoded in Human Anterior Cingulate but not Sometosensory Córtex. *Science 277*, 1997. p.968-71.

REISBERG, D. *Cognition*: Exploring the Science of the Mind. 3.ed. New York, NY: Norton, 2005.

RENSINK, R. A.; O'REAGAN, J. K.; CLARK, J. J. To See or Not to See: The Need for Attention to Perceive Changes in Scenes. *Psychological Science 8*, 1997. p.368-73.

ROCK, I. *The Logic of Perception*. Cambridge, MA: MIT Press, 1983.

_____. *An Introduction to Perception*. New York, NY: Macmillan Publishing Company, 1975. p.30-2.

ROSENTHAL, D. *Consciousness and Mind*. Oxford: Oxford University Press, 2005.

RUSSELL, B. *The Problems of Philosophy*. Oxford: Oxford University Press, 1959.

_____. On the Nature of Acquaintance. In: MARSH, R. C. (Ed.). *Logic and Knowledge*: Essays 1901-1950. London: George Allen and Unwin, 1956. p.127-74.

_____. *Mysticism and Logic*. London: George Allen and Unwin, 1917.

SCHWARTZ, R. *Vision*. Oxford: Blackwell, 1994.

SEDGWICK, H. A. Space perception. In: BOFF, K. R.; KAUFMAN, L.; THOMAS, J. P. (Eds.). *Handbook of Perception and Human Performance*. v.l, Sensory Processes. New York: Wiley, 1986. p.21.I-21.57.

SELLARS, W. Philosophy and the Scientific Image of Man. In: _____. *Science, Perception and Reality*. Atascadero, CA: Ridgeview Publishing Company, 1991. p.1-40.

_____. Philosophy and the Scientific Image of Man. In: COLODNY, R. (Ed.). *Frontiers of Science and Philosophy*. Pittsburgh: University of Pittsburgh, 1967. p.35-78.

SHOEMAKEER, S. *Physical Realization*. Oxford: Oxford University Press, 2007.

_____. *The First Person Perspective and Other Essays*. Cambridge: Cambridge University Press, 1994.

SIEWART, C. P. *The Significance of Consciouness*. Princeton University Press, 1998. p.277-8.

SMART, J. J. C. Sensations and Brain Processes. *Philosophical Review 68*, 1959. p.141-56.

SNOWDON, P. Objects of Perceptual Experience. *Proceedings of the Aristotelian Society*. V. suplementar 64, 1990. p.121-50.

SPERLING, G. The Information Available em Brief Visual Presentations. *Psychological Monographs 10*.

STRAK, F.; MARTIN, L. L.; STEPPER, S. Inhibiting and Facilitating Conditions of Facial Expressions: A Non-obtrusive Test of the Facial Feedback Hypothesis. *Journal of Personality and Social Psychology 54*, 1988. p.768-77.

TARR, M. J.; BULTHOFF, H. H. Is Human Object Recognition Better Described by Geon Structural Descriptions or by Multiple Views? *Journal of Experimental Psychology*: Human Perception and Performance 21, 1995. p.1494-505.

Referências

THE Oxford English Dictionary. 2.ed. v.5. Oxford: Oxford University Press, 1989.

THOULESS, R. Phenomenal Regression to the Real Object I. *Journal of Psychology 21*, 1931.

_____. Phenomenal Regression to the Real Object II. *Journal of Psychology 22*, 1931.

TREISMAN, A. Features and Objects. *Quarterly Journal of Experimental Psychology 40*, 1988. p.201-37.

TYE, M. Content, Richness, and Fineness of Grain. In: GENDLER, T. S.; HAWTHORNE, J. *Perceptual Experience*. Oxford: Oxford University Press, 2006. p.504-30.

_____. *Consciousness, Color, and Content*. Cambridge, MA: MIT Press, 2000.

_____. *Ten Problems of Consciousness*. Cambridge, MA: MIT Press, 1995.

VAN CLEVE, J. Troubles for Radical. In: HORGAN, T.; SEBATÉS, M.; SOSA, D. (Eds.). *Supervenience in Mind*: A Festchrift for Jeagwon Kim. No prelo. Cambridge, MA: MIT Press.

WEBSTER'S Ninth New Collegiate Dictionary. Springfield, MA: Merriam--Webster Inc., 1989.

WOLFE, J. et al. *Sensation and Perception*. Sunderland, MA: Sinauer Associates, 2006.

WOLFE, J. Inattentional Amnesia. In: COLTHEART, V. (Ed.). *Fleeting Memories*. Cambridge, MA: MIT Press, 1997. p.71-94.

YESHURAN, Y.; CURRASCO, M. Attention Improves Performance in Spatial Resolution Tasks. *Vision Research 39*. 1999. p.293-305.

ZAJONC, R. B.; MURPHY, S. T.; INGLEHART, M. Feeling and Facial Efference: Implications of the Vascular Theory of Emotions. *Psychological Review 96*, 1989. p.395-416.

Índice remissivo

A

adaga de Macbeth, 113-4
adverbialismo, 121-6, 190
afeto da dor, 259-60, 263, 265, 269
agradabilidade, 298-300
Akins, Kathleen, 366 n.7
Albritton, Rogers, 78, 174, 174 n.4
Alucinação, 66, 115-6, 137-9, 277, 364
  alucinações verídicas, 360
ângulos visuais, 89, 230, 357
aparências
  Ver propriedades de aparência
argumento
  aparência/realidade, 66-8, 175-6
  da indução, 278, 286, 287-94
  da lacuna explicativa, 60, 62-3, 74, 94, 172
  da subtração, 278, 286-7, 289-90
  de conhecimento, 55-6, 73, 147, 148, 167-8
  de espectro invertido, 211, 217-20

  de introspecção, 87, 333
  de Nagel, 57-60, 169-72
  de realização múltipla, 42-4, 45-9
  do núcleo, 68
  modal cartesiano, 50-4, 63, 73, 92, 148, 165
Armony, Jorge, 289 n.n.26
Armstrong, David M., 18 n.n.9
Arnauld, Antoine, 51 n.10, 52, 148, 166-7
assimbolia de dor, 48, 260
atenção, 133, 194-5, 195 n.9, 226-9, 246, 257-8, 331, 333-9, 369
  a aparências, 194-5, 222-9
  de processamento, 336-8
  do vigia, 336-8
  introspectiva, 335-8
  vinculante, 335
atitudes proposicionais ocorrentes, 2, 12, 36-37, 317, 323-32, 344-5, 354
Austen, Jane, 310

Consciência

B

Balog, Katalin, 71 n.27
Basbaum, Allan, 249 n.4
Batty, Clare, 366 n.7
Bennett, David, 181, 230-1 n.22, 252 n.5
Berkeley, George, 184
Blake, Randolph, 101 n.1
Block, Ned, 3 n.4, 21-4, 29, 29 n.13
Broackes, Justin, 333 n.10
Bulthoff, H. H., 199 n.10
Byrne, Alex, 366 n.6

C

Campbell, John, 118-20, 120 n.13
caráter fenomênico, 118-21, 137, 139, 209-10, 317, 330, 325
Carlson, V. R., 194, 194 n.8
Carrier, B., 248 n.3
Carruthers, Peter, 15 n.6
cegueira de mudança, 195, 195 n.8, 227, 369
cegueira por desatenção, 195, 227, 369
Chalmers, David, 93 n.41
Cheney, Dorothy, 15 n.6, 16 n.7
Chisholm, Roderick, 359, 359 n.2
Clark, James, 195 n.9
conceito de dor, 260-4, 265-70, 319-20
conceitos, 131
Consciência [A]
 agente, 1, 4
 de (consciência relacional), 1, 25-6, 33-6, 358
 de acesso, 12, 16, 21-4
 de dor, 66-9, 142, 165-6, 244-51, 316, 317-20
 direta, 130, 162
 dos *qualia*, 142-6, 352-4
 Doxástica, 132-3
 Experiencial. *Ver* consciência experiencial

experimental, 2, 3, 5, 7, 11-3, 15-6, 19-21, 24-5, 28, 32, 35, 77, 83, 119, 127-37, 144-5, 147, 153, 157, 159, 161-2, 165, 167, 172, 176, 190, 196, 206, 208, 213, 215, 248, 264, 271, 306, 312, 345-8, 352-4, 367-9
 fenomênica, 1, 2, 5, 26-3, 34-6, 57, 351, 352-4
 introspectiva, 1, 7-11, 33-6, 309-12, 345-8
 perceptual, 19, 25-6, 32, 34, 36, 80, 101-102, 110-23, 130, 164, 171, 181, 202, 214, 225, 245, 247, 358-60
 proposicional, 1, 5
 reflexiva, 13 n.5
 teoria de Moore, 110-21
 teorias adverbiais, 121-6, 190
 teorias do conhecimento por contato, 102-10, 119-21
 teorias relacionais de, 115-20
 teorias representacionais de. *Ver* representacionalismo
consciência relacional. *Ver* consciência perceptual
consciente
 sentido extensional, 124, 139
 sentido intensional, 124, 138
Currasco Marissa, 133 n.16, 248 n.2

D

dados do sentido, 108-9, 184-6, 204 n.12
Damasio, Antonio, 275-80, 281-4, 285, 286, 293, 302 n.33
Davidson, Donald, 90 n.39, 211 n.15
Descartes, Rene, 51 n.10, 51-3, 148, 166, 183-4
dimensão hedônica, 297-301
disjuntivismo, 115-6, 120 n.13,

Índice remissivo

distinção entre aparência/realidade
   aplicada às aparências, 208-9, 209 n.14
   aplicada à dor, 67-8, 142, 241-4, 250-1, 258, 261-6
   aplicada à *qualia*, 141-2, 146, 150-6, 172, 207, 352
   doxástica, 151, 173-4
   Fregean, 151, 173, 174, 175
   perceptual, 151, 173, 175
   representacional, 151-3, 173, 174, 264 n.8, 353
diversidade, 339-45
Dobson, K., 288 n.25
dor, 1, 53-4, 66-7, 89, 157, 241-71, 315-8, 354
dor em membros fantasma, 242, 259
Doxástica, 314-7, 332, 339
Dretske, Fred, 91 n.40, 365 n.5
dualismo
   conceitual, 71 n.27, 71-80
   de identidade, 49-50
   de propriedade, 30-1, 39, 42, 49-71, 207, 216, 217 n.17, 352
   de realização, 49, 50, 64
   de superveniência, 49-50, 64
Ducasse, C. J., 102, 121, 122, 122 n.14

E

Eckstein, Miguel, 133 n.16, 248 n.2
Ekman, Paul, 291 n.27
emoções, 273-307
exemplo do motorista de caminhão, 18-9
experiência, 2, 35-7
   de dor, 249, 255-6, 257, 263, 265

F

fenomenologia, 2, 12, 84, 91, 123, 124, 127-9, 182, 189-91, 196-7, 206, 226, 244, 247, 306 n.34, 317, 322, 325, 331

fisicalismo, 39-45, 354-8
   de identidade, 40-5, 65, 92, 93-4, 96-7, 356-7
   de realização, 40 , 41 n.3, 64, 92-3, 95, 97, 356
   de superveniência, 40, 41-42 n.3, 45, 65, 92-7
   do estado central, 45, 45 n.6, 48, 71-80, 352
forma de transparência, 203, 204, 208
formas angulares, 230, 232, 234
Franche, R. L., 288 n.25
Frege, Gottlob, 151, 151 n.2
Freud, Sigmund, 11, 310, 310 n.1, 311
Friesen, W. V., 291 n.27
Fumerton, Richard, 103, 104 n.4
funcionalismo, 39, 45-49
fundacionalistas epistemológicos, 103

G

Ganis, Giorgio, 140 n.18
Gardner, Esther, 249 n.4
Gibson, J. J., 194, 194 n.8
Goldman, Alvin, 327 n.8, 333, 334, 334 n.12
Grahek, Nikola, 48 n.9, 260 n.6
Grice, H. P., 361 n.3

H

Hardin, Clyde, 366 n.6
Harman, Gilbert, 80-92, 80 n.32, 80 n.33, 81 n.34, 88 n.38, 89-91, 113, 113 n.10
Hellie, Benj, 111-2 n.7
heminegligência, 369
Hilbert, David, 366 n.6
Hill, Christopher, 71 n.27, 79 n.31, 96 n.45, 181, 241, 361
Hofbauer, R. K., 248 n.3
Homem do pântano, 90, 181, 210-7

Consciência

Horgan, Terry, 95 n.42, 111 n.7
Huemer, Michael, 186, 186 n.5
Hume, David, 145, 184
Hurlburt, Russell, 325 n.5, 326, 326 n.7, 332-3 n.10

I

ilusão, 66-7, 138
imagem, 316, 320-3, 324
imediatismo apresentacional, 134, 162-4
Inglehart, M., 292, 292 n.29
introspectiva, 9-11, 14-6, 33-4, 82-3, 111, 112, 115, 126, 128, 197, 210, 220, 221, 223, 299, 309, 348, 367
e deliberação, 312-4
intuição
de abismo intransponível, 157, 160
de propriedades intrínsecas, 156, 164-5
de vivacidade, 160-1

J

Jackson, Frank, 55-6
James, William, 275-9, 275 n.1, 280, 282, 286-9
Jessell, Thomas, 249 n.4
Jones, Rufus, 369 n.12

K

Kandel, Eric, 249 n.4
Kant, Immanuel, 134
Kanwisher, Nancy, 336 n.14
Kaplan, David, 364 n.4
Kim, Jaegwon, 41 n.1, 46 n.7, 47 n.8, 206, 206 n.13, 321 n.3
Kosslyn, Stephen, 140, 148 n.18
Kripke, Saul, 95-6

L

Lambie, John, 294 n.30

LeDoux, Joseph, 289 n.26
lesão medular, 279, 283, 284, 286
Levin, Janet, 71 n.27
Levine, Joseph, 61-3, 74, 74 n.28, 172, 300 n.32
Libet, Benjamin, 18 n.8
Loar, Brian, 71 n.27
Lycan, William, 333, 334, 334 n.11

M

Mack, Arien, 194, 194 n.8
Marcel, Anthony, 294 n.30
Martin, John H., 249 n.4
Martin, L. L., 205, 205n.28
Martin, M. G. F., 115 n.11
Masoquismo, 300-1
Mates, Benson, 183 n.1
Matthen, Mohan, 366 n.6
McCulloch, Warren, 369 n.12
McDowell, John, 115 n.11, 134, 134 n.17
McLaughlin, Brian, 71 n.27
Meinong, Alexius, 103 n.3
memória
conceitual de curto prazo, 368
icônica, 368
operante, 341, 368 n.8
Memória, 345, 368
Millikan, Ruth, 91 n.40, 365 n.5
modelo perceptual (de consciência de dor), 250-1, 258
modo
distal de percepção, 192-5
proximal de apresentação, 193, 194
modos de apresentação, 150
Moore, G. E., 102, 110-21, 11 n.7, 112 n.8, 130
Moran, Richard, 312 n.2
Morris, Kevin, 95
Murphy, S. T., 292 n.29

Índice remissivo

N

Nagel, Thomas, 57 n.15, 57-60, 169-72
Neander, Karen, 365 n.5
Nichols, Shaun, 96 n.45
Noë, Alva, 186, 186 n.5

O

O'Callaghan, Casey, 366 n.7
O'Regan, Kevin, 195 n.9
objeção a objetos interiores, 89

P

Palmer, Stephen, 101 n.1, 193, 193 n.6, 194, 200 n.11, 368 n.9, 369 n.11
Papineau, David, 71 n.27, 77 n.29, 79 n.30, 91 n.40
paradoxo da dor, 245, 267-8
"parece"
sentido epistêmico, 187
sentido fenomenológico, 186-8, 359
Peacocke, Christopher, 85-87, 85 n.35, 87
Penpeci-Talgar, Cigdem, 131 n.16, 248 n.2
percepção
háptica, 248, 249
térmica, 248
perceptualismo, 314-5
de processo, 334, 339
piscada atencional, 195, 227
Place, U. T., 45 n.6
Platão, 184
pluralismo, 314-317, 332
posição de Harman, 82, 83, 85, 114
Potter, Mary, 368, 368 n.10
Price, Donald, 249 n.4
Prinz, Jesse, 291 n.27, 306 n.34
problema das aparências, 85, 87-8
Proffitt, Dennis, 154, 154 n.3, 233 n.25
"propriedade física", 355, 358

propriedades
de aparência, 26, 88, 188, 192-200, 222-39, 352, 356, 358-63, 363 n.4
de projeção, 231 n.23, 239 n.31,
Propriedades Thouless, 235-7, 366
propriedades-A
Ver propriedades de aparência
propriocepção, 248
Putnam, Hilary, 43 n.4, 46 n.7

Q

qualia, 26-33, 35-6, 39-97, 113, 122-3, 135-41, 142-9, 151-3, 154-7, 160-5, 167, 169-77, 179, 181, 206-10, 273-307, 324-9, 352-6
agradáveis, 298-9
de dor, 271, 293
emocionais, 167, 179, 273-307, 354
imagística, 295
mentais, 302-5
simplicidade alegada de, 177 n.5
visual, 36, 157, 162, 179, 206-9

R

Rainville, Pierre, 248 n.3
Realismo
depressivo, 288-9
direto, 81
receptividade, 133-5, 162-4
Reisberg, Daniel, 368 n.8
relatividade perceptual, 182-6, 188-92, 199-200
Rensink, Ronald, 195 n.9
representação, 91 n.40, 136, 137, 152, 211 n.16, 233, 362-4, 365
representacionalismo (teorias representacionais de consciência), 36, 39, 80-92, 101-2, 109, 116, 140, 149, 158, 160, 179, 211, 216, 249, 255, 362-3, 365

representacionalismo harmaniano, 39, 80, 89, 91, 179
representações somatossensoriais, 253, 255-6, 263-5, 268, 282
representações-D, 265-9
Rock, Irvin, 194, 194 n.8, 200 n.11
Rosenthal, David, 346 n.16
Russell, Bertrand, 102, 102 n.9, 103, 103 n.3, 106, 108, 108 n.6, 110, 115, 117, 122, 184-5

S

Schwartz, Robert, 230 n.21
Schwitzgebel, Eric, 325 n.5, 326 n.7, 333 n.10
Sebatés, Marcello, 111 n.7
Sedgwick, H. A., 200 n.11
Sellars, Wilfrid, 68, 68 n.26
Sexto Empírico, 183, 184
Seyfarth, Robert, 15 n.6, 16 n.7
Shettleworth, Sara, 15 n.6
Shoemaker, Sydney, 186, 186.n.5, 358 n.1
Siewart, Charles, 326, 326 n.6, 330-1, 330 n.9
síndrome de Balint, 369
Smart, J. J. C., 45 n.6
Snowdon, Paul, 115 n.11
Sosa, David, 111 n.7, 113 n.9
Sperling, George, 368 n.9
Stepper, S., 292, 292 n.28
Strak, F., 292, 292 n.28
Sutton, Jennifer, 15 n.6

T

Tarr, Michael, 199, 199 n.10
teoria
 AQ, 327-9
 do distúrbio físico (da dor), 252-60

perceptual/somática da dor, 258-60, 265, 266
russelliana do conhecimento de contato, 102-10, 119
teorias
 perceptuais/somáticas de *qualia* emocional, 295, 297-306
 somáticas das emoções, 273-94
tese da transparência de Harman, 82-5, 90, 124, 204 (aparece transparência harmaniana)
Thompson, William, 140 n.18
Thouless, Robert, 234-6, 234 n.26, 235, 235 n.27, 239 n.31
transformações
 de constância, 196, 199-200, 202-03, 232, 234-8
transparência mooreana, 110-21, 135, 163, 204 n.12
Treisman, Anne, 335, 335 n.13, 337 n.15,
Tye, Michael, 228 n.20, 365 n.5

V

Van Cleve, James, 111 n.7, 112, 112 n.9
"ver"
 sentido extensional, 322
 sentido intencional, 321, 323

W

Warren, William, 32-3 n.10
Wolfe, Jeremy, 101 n.1, 227 n.19

Y

Yeshuran, Yaffa, 133 n.16, 248 n.2

Z

Zajonc, R. B., 292, 292 n.29

SOBRE O LIVRO

Formato: 14 x 21 cm
Mancha: 10,4 x 16,4 cm
Tipologia: Iowan Old Style 10/14
Papel: Off-white 80 g/m² (miolo)
    Cartão Supremo 250 g/m² (capa)
1ª *edição:* 2011

EQUIPE DE REALIZAÇÃO

Assistência Editorial
Olivia Frade Zambone

Edição de Texto
Silvia Correr (Ab Aeterno) (Copidesque)
Mariana Vitale (Preparação de original)
Maria Alice da Costa (Revisão)

Capa
Estúdio Bogari

Editoração eletrônica
Eduardo Seiji Seki (Diagramação)

Impressão e Acabamento

FARBE DRUCK
gráfica e editora ltda.